职业技能培训系列教材

求职就业
案例分析与指导

QIUZHI JIUYE ANLI FENXI YU ZHIDAO

主编 梁 辉 李 莉

扫描二维码打开职场老饕之门
畅享求职、升职经验飞速积累

广西科学技术出版社

图书在版编目（CIP）数据

求职就业案例分析与指导／梁辉，李莉主编.—南宁：广西科学技术出版社，2009.6（2018.2 重印）

ISBN 978 - 7 - 80763 - 263 - 4

Ⅰ.求…　Ⅱ.①梁…②李…　Ⅲ.①职业选择—案例—分析②专业学校—毕业生—职业选择—案例—分析　Ⅳ.G647.38　G718.3

中国版本图书馆 CIP 数据核字（2009）第 102456 号

求职就业案例分析与指导

主　编　梁　辉　李　莉

责任编辑：彭溢楚	封面设计：潘爱清
责任校对：周华宇	责任印制：陆　弟

出版人：卢培钊	出版发行：广西科学技术出版社
社　址：广西南宁市东葛路 66 号	邮政编码：530023

经　销：全国各地新华书店

印　刷：广西万泰印务有限公司

地　址：南宁市经济开发区迎凯路 25 号	邮政编码：530031

开　本：787mm × 1092 mm　1/16

字　数：344 千字	印　张：17

版次印次：2018 年 2 月第 2 版第 15 次印刷

书　号：ISBN 978 - 7 - 80763 - 263 - 4	定　价：25.00 元

总 主 编　黄干才

本 书 主 编　梁　辉　李　莉

副 主 编　莫坚义　陈煜明　王　瑶　叶　燕　冯建华
　　　　　　莫创才　李柳红　谢其渊　钟芳晖　陆海林

编 写 人 员　韦统斌　付玉春　李建和　陈锐亮　王永宁
　　　　　　刘良军　文　新　周丹娜　莫务海　封　为
　　　　　　张　珍　沈文亮　李炜宁　龙化强　黄鸿权
　　　　　　严云晓　方艳丹　郭海君　黄文智　刘跃成
　　　　　　莫　华　江孙裕　吴　静　余　春　赵新红
　　　　　　张佩勉

编写说明

　　科学的职业指导起源于 20 世纪初的美国，以帕森斯 1908 年在波士顿创立职业局为起点。科学的职业指导既关注个体某一职业问题、获得一份工作，同时也关注个体职业生涯各阶段的发展问题，主要涉及职业发展问题诊断、职业能力培养等方面。在职业指导的实践方面，我国职业教育的先驱黄炎培先生走在前列。他在实践中形成的一些观点和做法虽未形成专门的理论或提出专业名词，但其包含的思想却超越了时代的局限，即使在职业生涯教育已经走向科学化的今天，依旧绽放出耀眼的光芒。黄炎培先生给职业指导的定义是"供给事实、经验、意见，帮助个人选择、预备、获得、改进职业"，主张职业指导应当重在"帮助"，而非"教导"，职业指导只起辅助作用，真正的决策者和践行者只能是谋职者本人。他在实践活动中总结了这一规律，超越了"说教式"的职业指导，切合我国的国情和民族传统文化，对我们科学而有效地开展职业生涯指导工作具有极高的借鉴意义和现实意义。

　　职业教育是人人教育，就业教育。随着我国职业教育的蓬勃发展，越来越多的人进入职业院校学习职业技能。对即将毕业的学生来说，就业是他们人生的新起点，检验着他们的社会适应能力、社会信息判断能力及对未来职业的把握能力，对其一生的发展影响深远。2007 年 12 月 28 日，教育部制定《大学生职业发展与就业指导课程教学要求》，对职业指导教育的教学目标、教学内容、教学方法提出了明确的要求，其原则对于大中专（职）学校学生都是适用的。

　　当前，受国际金融危机影响，中国经济增速减缓，就业形势十分严峻。共渡就业难关，不仅需要政府出台积极的政策措施，还需要包括大中专（职）毕业生、下岗失业人员、返乡农民工等求职者在内的全社会努力。大力开展职业培训，加强和改进就业指导工作，给求职者提供切实有效的帮助和人文关怀，是我们面临的一项紧迫任务。为了有针对性地做好就业指导工作，增强就业指导工作的实效性，我们在调查研究和总结经验的基础上，按照党的十七大精神，根据当前国家就业形势和青年求职者的特点和实际需要，组织编写《求职就业案例分析与指导》一书。本书具有以下特点：

　　一、和。以人为本，人职和谐，人与人和谐，人与社会和谐发展。本书坚持科学发展观，坚持以人为本的理念，以人职和谐发展为主线，将构建和谐社会的要求落实到就业教育中。我们针对职业院校学生和社会青年劳动者"选择、预备、获得、改善职业"中经常遇到的问题和疑惑，"供给事实、经验、意见"，促进自我认知、自我定位、自我发展和自我实现，正确引导求职者制订科学合理的职业生涯规划，树立理性、成熟的择业观念，做好职业生涯的充分准备，从而主动、顺利地实现就业，希望能够为求职者排忧解难，提供切实有效的就业建议和心灵抚慰，做一件实实在在的有益工作。

二、新。新思维、新结构、新案例、新方法。本书结构新颖，从案例入手，注重求职者就业创业能力的培养和提高。全书分为就业准备、求职面试、步入职场三编，每编选取大量的正反两个方面的新案例，每个案例附有分析点评，有的还加上相关链接的知识、心灵驿站、示例参考文本等，知识面广，以利读者开阔视野，深入思考，体验领悟，从中举一反三，触类旁通，实践操作。全书内容和形式丰富多彩，文字生动活泼，深入浅出，可读性强，适合不同文化层次的读者阅读和领会。

三、实。理论联系实际，有的放矢，针对性、实用性强。本书紧密联系当前人力资源市场和青年劳动者的实际，精选案例，涵盖面广，具有现实性、典型性、启发性；分析点评不拘一格，具有实用性和指导性；每编导语概括全编主要内容和观点，提纲挈领，画龙点睛，一目了然。全书求职就业、再就业的实务内容丰富、系统完整、资料翔实，具有极强的针对性和可操作性。内容编排重点突出，职业生涯发展理论简明精要，着重阐述劳动者求职就业的关键环节和实际问题，力求避免空洞说教。

本书是新世纪劳动者求职就业实务大全，是职业院校学生职业生涯成功指南。全书共有 26 个求职就业知识单元、126 个求职成败的案例故事、81 项求职就业实务知识和择业技巧，是一本具有创新意义的就业、再就业培训教材。

本书可作为职业院校就业指导课教材，或职业生涯规划课案例教学的辅助教材，亦可作为社会劳动者就业岗位培训教材或实用参考工具书。

本书作者来自 10 多所职业院校和人力资源和社会保障部门，大多是长期从事职业指导教育和实践的专家、教授、高级讲师、高级职业指导师和拥有丰富教学经验的骨干教师。本书也是作者们多年心血的结晶，更是集体劳动和智慧的成果。

本书在编写过程中，得到了广西劳动和社会保障厅和有关职业院校领导的具体指导和大力支持。本书还参考了国内外相关的专著、教材和论文，也吸收了一部分国内外专家、学者的研究成果，引用了一些作者的精辟见解和案例。这些都为本书增辉不少，特此说明，并致谢忱。

对于本书的不足之处，敬请广大读者批评指正，以便我们日后及时修订。

编者

目录 Contents

扫描二维码打开职场老饕之门
畅享求职、升职经验飞速积累

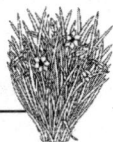

上编　就业准备

导语 ……………………………………………………………… 3

一、择业，人生的一道坎 ………………………………………… 8
　［案例1］　十个哲理寓言，十个成功秘诀 …………………… 8
　［案例2］　总有一天，你要自己养活自己 …………………… 12
　［案例3］　危机生存五天记 …………………………………… 12
　［案例4］　求职"拉练" ……………………………………… 14
　心灵驿站　我们什么都可以没有，但不能没有希望 ………… 15

二、机会只眷顾有准备的人 ……………………………………… 16
　［案例5］　"硬件""软件"，就业"宝剑" ………………… 16
　［案例6］　职业院校毕业生走进中国科学院 ………………… 18
　［案例7］　第六次应聘 ………………………………………… 19
　［案例8］　大学生求职缘何被拒40多次？ ………………… 20
　［案例9］　26个英文字母与世界500强 …………………… 21
　［案例10］　最重要的一课 …………………………………… 21
　相关链接　美国大学生必做的二十件事 …………………… 22

三、树立科学择业观 ……………………………………………… 23
　［案例11］　曾荫权第一次求职的故事 ……………………… 23
　［案例12］　从乡镇企业走出来的老板 ……………………… 24
　［案例13］　技术创造财富 …………………………………… 24
　［案例14］　一个优秀高职毕业生为何被婉言辞退？ ……… 25
　相关链接　就业、职业和事业 ……………………………… 26

四、心态决定命运 ………………………………………………… 26
　［案例15］　走出自卑的阴影，每个人都会超越自己 ……… 26
　心灵驿站　播种自信的种子，消除自卑的杂草 …………… 27
　［案例16］　相信自己，一切皆有可能 ……………………… 28
　［案例17］　"三高"的误区 ………………………………… 29
　［案例18］　"热门"不一定适合你走 ……………………… 30
　［案例19］　上帝为你关上一扇门，就可能同时为你打开另一扇窗 … 31

五、职业个性也能成为求职中的亮点 …………………………… 32
　［案例20］　人尽其才 ………………………………………… 32
　［案例21］　如果餐馆不景气，只好去做银行家 …………… 33
　相关链接　（一）"为爱好而工作"易致富 ………………… 34
　　　　　　（二）兴趣类型与适合职业对应表 ……………… 34

［案例22］　别让情绪误了职场好事 ·············· 35

相关链接　气质与职业选择 ·················· 36

［案例23］　改变自己会痛苦，但不改变自己会吃苦 ·········· 38

相关链接　性格与职业选择 ·················· 39

［案例24］　惠普公司女掌门人求职之路 ············· 40

相关链接　美国劳工部公布的最受雇主欢迎的10种能力 ····· 41

六、给自己一个准确定位 ·············· 42

［案例25］　选择一条自己的路，并且一路走好 ·········· 42

相关链接　目标与人生 ··················· 42

［案例26］　努力＋好方向，方能出好结果 ············· 43

相关链接　五种职业定位法 ·················· 44

［案例27］　职业方向在哪里？ ·················· 45

［案例28］　一专多能的复合型人才更容易找到工作 ········· 46

［案例29］　从画匠到车间主任 ················· 47

七、制订职业生涯规划 ·············· 48

［案例30］　"我希望情况变成什么？" ·············· 48

相关链接　职业生涯规划基础知识 ··············· 49

［案例31］　从我做起，从现在做起 ··············· 50

相关链接　职场成功，始于规划 ················ 51

［案例32］　不做人生规划，你离挨饿只有三天 ·········· 52

相关链接　（一）生涯规划箴言12则 ············· 53

　　　　　（二）职业规划的十项内容 ············· 53

［案例33］　"蚯蚓"的目标 ·················· 54

相关链接　职业生涯设计的十大误区 ·············· 55

［案例34］　两份清单 ····················· 56

相关链接　SWOT分析法 ··················· 57

示例一（学业期规划）　职业院校学生职业生涯规划书 ······· 58

示例二（谋职规划）　明天，我将是一名汽车改装大师 ······· 61

八、人品是最高的学位 ·············· 63

［案例35］　一瓶饮料与一份工作 ················ 63

［案例36］　诚信是人生的最大财富 ··············· 63

［案例37］　白卷夺冠 ····················· 65

［案例38］　都是自私惹的祸 ·················· 65

［案例39］　撑起责任的天空 ·················· 66

［案例40］　寻找最珍贵的宝贝 ················· 67

九、能力才是力量 ·············· 68

［案例41］　拥有一技之长，是最好的生存方法 ·········· 68

［案例42］　高技能人才"奇货可居" ·············· 69

［案例43］　能力是金，证书是银 ················ 70

相关链接　人的三大基本能力 ················· 71

［案例44］　中职生变"马达维修大王" ············· 71

［案例45］　技多不压身 ···················· 73

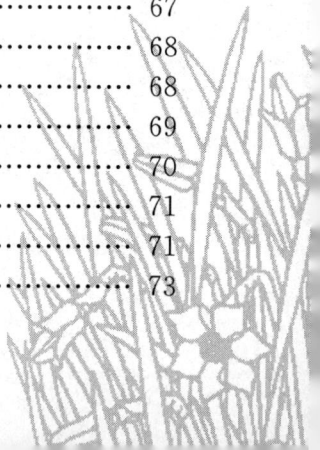

相关链接　十项基本技能 ………………………………………………… 73

十、融入社会 …………………………………………………………… 74

[案例46]　一个特殊的县职校学生 …………………………………… 74

[案例47]　最酷的亲情 ………………………………………………… 75

[案例48]　处处留心皆学问 …………………………………………… 76

[案例49]　实习——就业前最重要的事情 ………………………… 77

中编　求职面试

导语 ……………………………………………………………………… 81

一、就业信息的收集与应用 ………………………………………… 87

[案例50]　早做准备，抢占先机 …………………………………… 87

相关链接　职业信息的来源与分析 ………………………………… 88

[案例51]　谁决定你的命运 ………………………………………… 89

相关链接　如何网上求职 …………………………………………… 90

[案例52]　市场拒绝盲目的人才 …………………………………… 91

二、简历、求职信的撰写 …………………………………………… 92

[案例53]　简历都写不好，还找什么工作 ………………………… 92

相关链接　（一）巧妙避免简历十大错误 ………………………… 94

　　　　　（二）填写求职表格的诀窍 ………………………… 95

示例四（常规）　个人简历（一） ………………………………… 96

示例五（创意）　个人简历（二） ………………………………… 98

[案例54]　都是求职信惹的祸 ……………………………………… 99

相关链接　求职信写作注意事项 …………………………………… 100

示例六（应届毕业生）　求职信（一） …………………………… 100

示例七（社会青年）　求职信（二） ……………………………… 101

三、求职心理准备与调适 …………………………………………… 102

[案例55]　求职要先过自己这一关 ………………………………… 102

心灵驿站　消除紧张情绪五法 ……………………………………… 103

[案例56]　以平常心定位，以进取心拼搏 ………………………… 104

[案例57]　应聘有时挺简单，心理平和最重要 …………………… 105

心灵驿站　（一）精神放松法 ……………………………………… 106

　　　　　（二）快速放松法 ……………………………………… 106

[案例58]　做真实的自己 …………………………………………… 106

相关链接　就业心理准备 …………………………………………… 108

[案例59]　小李和小张 ……………………………………………… 109

相关链接　求职心理障碍 …………………………………………… 110

[案例60]　不要怕推销自己 ………………………………………… 111

相关链接　就业心理的调适 ………………………………………… 112

四、求职策略和技巧 ………………………………………………… 115

[案例61]　成功得先有勇气去敲门 ………………………………… 115

相关链接　成功求职八大要素 ……………………………………… 116

[案例62]　知己知彼，有的放矢 …………………………………… 116

相关链接　实用求职小技巧 …………………………………………………… 117

[案例63]　问题出在哪里？ ……………………………………………… 118

[案例64]　凸显优势，展现特长 ……………………………………… 119

相关链接　招聘单位到底最看重什么？ ………………………………… 121

[案例65]　求职，转换思路天地宽 ………………………………… 121

相关链接　大中职学生就业竞争中的优势与劣势 ……………………… 122

五、面试语言艺术技巧 …………………………………………………… 123

[案例66]　巧言妙语破难关 …………………………………………… 123

相关链接　常见的面试类型 …………………………………………… 124

[案例67]　"面试第一问"暗藏玄机 ………………………………… 125

[案例68]　学会推销自己 ……………………………………………… 127

[案例69]　逆向思维，出奇制胜 …………………………………… 128

相关链接　回答面试官疑难问题的妙方 ………………………………… 130

[案例70]　应答的智慧 ………………………………………………… 130

相关链接　（一）面试中常见典型问题的回答思路 …………………… 132

　　　　　（二）面试中常见的错误 ………………………………… 134

示例八（社会青年）　自我介绍（一） ………………………………… 135

示例九（应届毕业生）　自我介绍（二） ……………………………… 135

六、形象与细节 ………………………………………………………… 136

[案例71]　笑到最后才最美 …………………………………………… 136

相关链接　求职二十忌 ………………………………………………… 138

[案例72]　职场上的"金拐杖" …………………………………… 138

相关链接　求职面试礼仪 ……………………………………………… 140

[案例73]　此时无形胜有形 …………………………………………… 141

[案例74]　小细节，大收获 …………………………………………… 142

相关链接　解读招聘中的"特殊语言" ………………………………… 143

七、女生求职 …………………………………………………………… 144

[案例75]　"妹妹"你大胆向前走 ………………………………… 144

[案例76]　关键时刻，亮出自己的美丽 …………………………… 146

相关链接　女性就业的优势与不足 …………………………………… 147

[案例77]　芬妮和尼尔亚 ……………………………………………… 147

[案例78]　阿娟该怎么办？ ………………………………………… 148

相关链接　部分女性就业心理障碍 …………………………………… 149

[案例79]　女性求职面试如何面对尴尬问题 ……………………… 150

相关链接　女生如何提高求职成功率 ………………………………… 152

八、求职挫折应对 ……………………………………………………… 152

[案例80]　世界上最执着的求职者 ………………………………… 152

相关链接　正确看待失业现象 ………………………………………… 153

[案例81]　你被解雇了 ………………………………………………… 154

[案例82]　坚持就是胜利 ……………………………………………… 155

[案例83]　田妹的"笨气" …………………………………………… 156

相关链接　突破求职瓶颈的方法 ……………………………………… 157

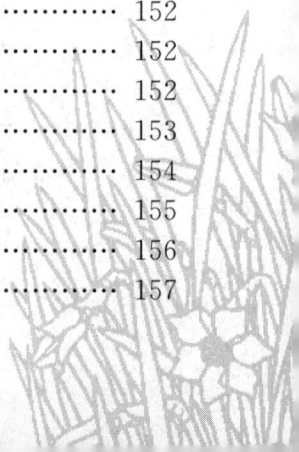

九、就业权益保障 ·· 160
　　[案例84]　李铁为啥"有苦说不出"？ ································ 160
　　相关链接　专家解读《中华人民共和国劳动合同法》 ·········· 161
　　[案例85]　合同细节马虎不得 ·· 172
　　相关链接　谨防陷阱合同 ·· 173
　　[案例86]　如何维护自己的合法权益 ··································· 174
　　相关链接　求职中常见难题的处理方法 ······························ 175
　　[案例87]　公司该不该赔偿？ ·· 176
　　相关链接　社会保险知识 ·· 177
　　[案例88]　不能想走就走 ·· 177
　　相关链接　劳动者的基本权利和义务 ··································· 178
　　[案例89]　解除劳动合同，难获经济补偿 ···························· 178
　　示例十（参考文本）　劳动合同 ··· 179

十、谨防求职陷阱 ·· 183
　　[案例90]　违规中介门庭若市 ·· 183
　　相关链接　警惕和防范"黑中介"五大骗术 ······················ 185
　　[案例91]　不能忽视招聘单位的骗局 ··································· 186
　　相关链接　求职中的防骗技巧 ·· 188
　　[案例92]　提防被传销分子拉下水 ······································ 189
　　相关链接　直销与传销的区别 ·· 190
　　[案例93]　警惕掉入网络招聘的陷阱 ··································· 191

下编　步入职场
导语 ··· 197
一、角色转换与心理调适 ·· 204
　　[案例94]　一个老总的"人才账" ······································ 204
　　相关链接　学生与职业人角色的差异和转换 ······················· 205
　　[案例95]　一些优秀生为何变成职场弱势群体 ···················· 207
　　相关链接　岗位心理适应 ·· 209
　　[案例96]　三分天注定，七分靠打拼 ··································· 210
　　[案例97]　自信与坚持是成功的基础 ··································· 211
　　心灵驿站　担心不如面对 ·· 212
　　[案例98]　从小事入手，从低处做起 ··································· 212
　　[案例99]　早落脚早稳定，先生存快发展 ···························· 213
　　相关链接　比尔·盖茨实话实说勉励职场新人 ····················· 214
二、工作态度决定职场高度 ·· 215
　　[案例100]　平凡是工作岗位，平庸是工作态度 ··················· 215
　　[案例101]　工作是上天赋予的使命 ···································· 217
　　相关链接　九种人驰骋职场不顺 ··· 217
　　[案例102]　"最牛的小学" ·· 218
　　[案例103]　年轻人，你在职场第几层？ ····························· 219
　　[案例104]　从洗车工走出来的公司老总 ···························· 221

相关链接　不断学习，自我完善 …………………………………………… 222

［案例105］成败就在三分钟 ……………………………………………… 223

三、建立和谐的人际关系 ………………………………………………… 224

［案例106］先学会做人再做事 …………………………………………… 224

相关链接　冲浪职场的总原则 …………………………………………… 226

［案例107］宁静的智慧 …………………………………………………… 227

相关链接　怎样和上司相处 ……………………………………………… 227

［案例108］小慧的苦恼 …………………………………………………… 229

相关链接　赢取同事之心七大招 ………………………………………… 229

［案例109］职场应戒学生气 ……………………………………………… 230

相关链接　正确处理人际关系矛盾的方法 ……………………………… 232

［案例110］职场不相信眼泪 ……………………………………………… 232

相关链接　练好社交"内功"，建立良好人际关系 …………………… 234

四、职业人身上要流淌道德的血液 ……………………………………… 235

［案例111］职业的尊严 …………………………………………………… 235

相关链接　什么是职业道德 ……………………………………………… 236

［案例112］最敬业的厕所清洁工和最忠于职守的内阁大臣 ………… 236

［案例113］惊心动魄的"完美迫降" …………………………………… 237

相关链接　如何培养责任心 ……………………………………………… 239

［案例114］希尔顿饭店首任总经理的传奇故事 ……………………… 240

［案例115］小赢凭智，大胜靠德 ……………………………………… 241

五、理性对待职业再选择 ………………………………………………… 242

［案例116］第一次跳槽 …………………………………………………… 242

相关链接　（一）如何调换工作 ………………………………………… 244

　　　　　　（二）试一试再跳 ………………………………………… 244

［案例117］中职毕业生你别急 …………………………………………… 244

相关链接　怎样进行职业再选择 ………………………………………… 245

［案例118］一边是职场漂泊，一边是事业有成 ……………………… 246

［案例119］路在何方 ……………………………………………………… 247

［案例120］巨大压力前，转行还是前进？ …………………………… 249

六、创新与创业 …………………………………………………………… 250

［案例121］"毛毛虫理论"——不创新，就灭亡 …………………… 250

相关链接　创新能力与创业活动 ………………………………………… 251

［案例122］定式思维：不要被老眼光束缚 …………………………… 252

相关链接　培养创造性的思维习惯 ……………………………………… 253

［案例123］成功的秘诀——两则小故事 ……………………………… 254

［案例124］小手工编织大梦想 …………………………………………… 255

［案例125］平凡工作也能开启精彩的人生 …………………………… 255

［案例126］温州仔2角5分钱绝处逢生 ……………………………… 257

相关链接　创业者的六大心理品质 ……………………………………… 258

主要参考文献 …………………………………………………………… 260

上编

就业准备

导　语

　　人生是一趟旅行，只卖单程票，不卖回程票。生涯即竞争，生涯要规划，更要经营，生涯的起点是自己，终点也是自己，没有人能代劳。

　　机会偏爱有准备的人，成功的职业生涯不会自己降临。当今社会处在变革的时代，到处充满着激烈的竞争，尤其是人力资源市场的竞争更加激烈。要想在这场激烈的竞争中脱颖而出并立于不败之地，就必须对自己的职业生涯及早做准备。首先要回答：我是一个什么样的人？我要成为一个什么样的人？我怎样做才能成为这样的人？回答了这三个问题，也就抓住了职业生涯准备的核心：认识自己，规划自己，完善自己。要认识自己，通过对职业心理的分析，包括兴趣、特长、性格、学识、智商、情商、思维方式等，客观地认识自己的生理特征和心理特点，寻找与职业个性相匹配的工作岗位；要规划自己，制订科学合理的职业生涯规划，拟定一生的发展方向，锲而不舍，艰苦奋斗，落实好实现职业目标的各项具体措施和步骤；要完善自己，培养良好的职业素质，包括职业道德素质、科学文化素质、专业技能素质、身体心理素质、综合素质等，不断完善自我、超越自我。职业院校学生应树立崇高的职业理想和正确的择业观，德智体美全面发展，努力提高自己的职业素质和能力，把个人志向与国家利益和社会需要有机地结合起来，为今后的就业、创业做好准备。

　　近几年，全国高校毕业生总体就业率为70%左右，出现"一边大学生过剩，一边技术人才短缺"的现象，全国各地职业院校高达90%以上的一次性就业，使职校毕业生成为人力资源市场的"香饽饽"。据上海市就业促进中心和广西等地人才市场的调查，近60%的大中专（职）毕业生对就业"没有想清楚"，也没有职业规划，只有30%的毕业生认为非常了解或比较了解自己的个性、兴趣、能力和职业发展的优劣势，70%的毕业生认为自己求职最缺的就是工作经验；不到40%的毕业生能够从事与专业对口的工作，60%的毕业生是通过"双选会"或学校推荐找到工作的。上海市就业促进中心的职业指导专家认为，学生在积累学历、技能证书等就业"硬技能"的同时，不能忽视就业观念、职业素养等"软技能"的培养。另外，学生之所以迈不过就业这道坎，与他们不愿从最底层做起，一味寻求稳定高薪、大城市工作以及过分强调专业对口等想法有很大关系。而这几年大学的"扩招热"造成的同专业、同层次人才的激烈竞争，也加剧了人才市场上供求关系结构失衡的状态。

　　职业技术院校主要培养实用型的中、高级技能人才，培养各行各业第一线实际操作的技术人员或技术工人，毕业生具有广阔的就业前景。但找工作需要实力、技巧、经验和积极的心态。古罗马哲学家塞内加有句名言:"幸运总降临于那些准备好迎接机会的人。"职校毕业生要注意不断提高自身的就业竞争力,培养、积累自身的专业素养和专业技能,全面提高自身的综合素质,踏踏实实走好学校生活的每一步,积极主动地做好就业前的各项准备。

一、树立科学的择业观,实现人生的价值

择业观念是一个人的世界观、人生观、价值观念在择业问题上的综合反映,是人们对职业的根本看法,对就业具有导向和动力作用。谋取一个职业岗位固然重要,但有一个正确的择业观念更为重要。

(一) 树立"大众化"的择业观,勇于到基层就业

在高等职业教育大众化的今天,高校毕业生就业也必然趋于大众化,相当一部分人会从一般的工作起步。社会所能提供的就业岗位大多是在制造业、服务业、集体经济、私营经济领域和经济欠发达地区。毕业生择业要放低眼光、着眼长远,适应社会,适应艰苦环境,从基层做起,从第一线工作做起,刻苦磨炼,增长才干,一步一个脚印地向着自己的职业目标迈进,把火红青春献给现代化建设的壮丽事业。

(二) 遵循"人职匹配"原则,充分发挥自己的优势

职业选择成功与否不在于选择了哪种职业,而在于选择的职业是否适合自己。找工作好比穿衣服,漂亮的衣服不一定适合你,只有选择适合自己的,才能穿出气质。同样,在职场上每一个毕业生都应该对自己和职业有个清醒的认识——自己想干什么、能做什么、社会提供什么、职业岗位要求什么等,保持理性求职,既不盲目攀比一味求高,又不会为了就业委屈低就,丧失发挥优势和才能的机会。

(三) 树立学好技能闯市场的就业观念,取得进入人才市场的"通行证"

随着劳动就业制度的改革,现在职业院校学生从毕业到就业已经没有"直通车"可坐。毕业生能否顺利实现就业,并非仅仅取决于拥有某种学历,而主要取决于劳动力市场的供求状况、劳动者个人知识技能和求职能力。所以,青年学生从进校第一天起,就必须努力学习,把学好一技之长作为立身之本,紧紧抓住宝贵的学习时光,学技术,学技能,掌握一门或多门实际本领,这是毕业生进入人才市场的"通行证"和"护身符"。

(四) 树立综合素质竞争的就业观念,提高职业竞争力

"自主择业,双向选择"的就业方式,必然导致就业岗位的竞争。每一位毕业生都要正视就业竞争的现实,树立强烈的竞争意识,敢想、敢说、敢干,积极主动进入市场自主择业,凭真才实学,参与竞争。目前,用人单位在招聘时已不再只看毕业生的学习成绩或某项专业技能,更多的是关注毕业生的综合素质和发展潜力。综合素质包括思想道德素质、文化素质、业务素

质和身心素质，其中任何一个素质的欠缺都会造成人的整体素质的降低，都会影响人的就业竞争力和职业发展的空间。因此，一个综合素质和能力强的毕业生，总是受到用人单位的青睐，在市场上占得先机。

（五）树立"先就业，后择业，再创业"的观念，保持一定的择业弹性空间

求职者择业，用人单位择人，双方的地位是平等的，但有时择业的话语权、主动权并不完全在自己一边，明智者在择业问题上应保持一定弹性。希望一步到位找到一份理想工作往往是不现实的，找不到理想工作就不就业是不明智的，变成"啃老族"更是不行。能够先择业后就业当然最好，暂时做不到，就"先就业，后择业，再创业"，先求生存后谋发展。先找一个自己可以接受的单位就业，在现实的职业环境中锻炼自己，积累经验，增长才干，待时机成熟后，根据自己的职业认识和定位，再选择理想的工作岗位，或自主创业。"条条道路通罗马"，只要我们定位准确，努力并坚持下去，就一定能够达到自己的职业目标，实现美好的人生。

二、制订职业生涯规划，促进个人的全面和谐发展

个人职业生涯规划又称职业发展规划，是指结合自身情况和所处环境确定职业目标，选择职业发展道路，积极主动地实现职业生涯目标而确定的行动时间和行动方案。学校进行职业生涯规划指导，可以帮助学生准确定位自己，使他们在择业时做好充分的心理准备，以积极的心态面对就业竞争，并根据社会需要，全面提高自身综合素质和能力，合理地规划未来的职业生涯，促进个人的全面、和谐发展，最大限度地实现个体和用人单位双赢，使国家社会资源、人力资源得到优化配置和合理利用。

制订职业发展规划应当实事求是，遵循人职和谐原则和共同利益原则。人职和谐原则，即寻找并从事个人喜爱、擅长的职业，使个人在职业中得到更多的满足，使工作因为有了合适的人而更加出色，实现人职和谐发展。共同利益原则，即寻求社会、企业和个人利益的结合点，实现共同利益最大化。

职业生涯规划按时间长短来分类，可分为人生规划（整个职业生涯的规划，时间可长达 40～50 年）、长期规划（一般为 10 年）、中期规划（一般为 5 年）、短期规划（一般为 3 年）、一年规划（类似年度学习、工作规划）。年度规划，比如职业院校学生一年级时扎实掌握专业基础技能、计算机和外语基础技能；二年级时掌握专业核心技能，获取专业职业资格证书及计算机、外语等级证书；三年级时提升专业核心技能，上岗实际操作熟练，初次就业落实等。年度规划要具体、详细，具有可操作性。在实际操作中，时间跨度太长的规划由于环境、个人的变化而难以把握，而时间太短的规划又没有太大意义，所以我们一般提倡个人职业生涯规划掌握在 2～5 年内为宜。

职业生涯规划内容和操作步骤包括自我评估、外部环境分析、目标确立、实施策略和反馈评估五个环节。受各种因素的影响，一个人的职业发展道路通常有三种：立足本职、转换职业、自主创业；职业生涯方向或从商、或从政、或做学问等。

如果你不知道你要到哪儿去，那通常你哪儿也去不了。志向是事业成功的基本前提，没有志向，事业的成功也就无从谈起。俗话说："志不立，天下无可成之事。"立志是人生的起跑点，反映了一个人的抱负、胸怀、情趣和价值观，影响着一个人的奋斗目标及成就。所以，在制订生涯规划时，首先要确定志向，立下奋斗目标，这是制订职业生涯规划的关键，也是生涯设计最重要的一点。

（一）确立职业生涯目标

职业生涯目标的确立，是职业发展规划的核心。古人云："凡事预则立，不预则废。"结合自己特点、切实可行的职业目标可以成为成功的内驱力，能充分发挥个体的潜能和优势，更是对个人的鞭策和督促，自觉抵御人性特点——"惰性"的侵袭。人的努力很重要，但努力的方向更为重要。方向对了，目标明确，可以使人事半功倍。

目标是照亮人生道路的火炬，是大海航行的指路明灯。一个人事业的成败，很大程度上取决于有无正确适当的目标。经营自己的优势能使你的人生增值，不克服自己的劣势会使你的人生贬值。美国政治家、科学家富兰克林有句名言："宝贝放错了地方便是废物。"中医里也有句话："草药的功效用对了是药，用错了是草。"在选择人生的努力方向时，只要你确定了最能使你的品格和长处得到充分发挥的目标，锲而不舍地坚持下去，终会获得成功。

（二）准确评估

准确评估包括两方面的内容，即自我评估和职业生涯环境（机会）的评估。"知己知彼，百战不殆"，准确的评估是进行职业生涯设计的基础。

知己，就是认识自己，弄清自己能干什么，想要什么，恰当地评估自己是正确择业的前提和基础。首先要全面盘点自己的"家底"，了解自己的能力、爱好、特长、追求和专业技能，以及性格、气质等情况，全面审视，综合考虑，对自己作出一个恰当的认知和定位。在认识自己的问题上，要注意避免两种倾向：一是高估自己，认为自己能力强，无所不能，标准定得太高，不切实际，以致用人单位并不认可，结果高不成低不就，信心受挫；二是低估自己，一些学历低或有性格缺陷的人，往往过于自卑，自信心不足，就业时畏首畏尾，不敢向理想的单位靠拢，结果又会失掉本来很好的机会。其次，必须弄清楚自己到底想要什么，弄清自己择业的标准，当面对众多择业机会时，就有了选择性，减少盲目性，有助于找到适合自己的工作岗位。

知彼，就是要了解社会环境发展的趋势，了解就业形势及其变化。择业者在盘点自己的基础上，要把目光更多地投向用人单位。一般说来，不同单位有不同的理念和用人标准。择业时，一定要了解用人单位的工作性质、专业情况、企业实力、管理制度、用人标准、工资待遇等相关内容。为此，要进行必要的调查了解，不仅可以通过网络了解相关信息，也可以通过别的渠道，甚至向该单位内部工作人员了解情况。同时，不妨把圈子放大一些，多了解一些别的工作单位，然后进行多角度分析比较，对它们的硬件和软件情况，特别是选人标准、用人理念进行比较，进而确定与自己择业目标相接近的单位作为主攻方向。总之，对用人单位的信息掌握越多，择业成功率就越高。职业院校学生要想真正"知彼"，就要走出校园，多参加社会实践活动，一、二年级时就应该提前接触社会，了解社会，在不影响学习的情况下更好地融入社会，根据社会发展的大趋势，不断充实自己，调整自己，不断对职业的变化、新要求有所了解，有所准备，有所适应。

（三）早规划，早行动

做好每一件事都离不开有效的规划，做好职业生涯规划，要"从我做起，从现在做起"，要未雨绸缪，及早培养职业意识，确定就业目标，了解职场动态，从而制订出合理的职业发展规划。职业院校是很多人走进社会前的最后一个平台，学生应当从踏入校门开始就做好求职准备，把学校作为进入社会的起点，对将来的求职早认识、早思考、早策划。最好制订一个长远的计划，培养自己吃苦、实干、创新的精神和进取、严谨、合作的态度，为将来的求职做好充分准备。只有提早设计和实施好职业生涯规划的学生，在毕业时，才会多一份从容，多一份自信，才能在求职竞争中脱颖而出。

（四）跟踪评估与修订

俗话说："计划赶不上变化。"影响职业生涯规划的因素很多，"知己知彼"也有一个长期的实践过程，各种变化因素难以预测。因此，职业生涯规划不可能一成不变，一劳永逸，也不能做完规划后就束之高阁。要使职业生涯规划行之有效，就需要不断地对其进行跟踪与修订。修订的内容包括：职业的重新选择、职业生涯路线的选择、人生目标的修正、实施措施与计划的变更等。

三、加强职业指导工作，促进社会和谐

（一）以人为本，以学生为中心

职业指导工作要以人为本、以就业为导向、以学生为中心、以提高学生择业能力为重点。我国职业教育先驱黄炎培给职业指导下的定义是"供给事实、经验、意见，帮助个人选择、预备、获得、改进职业"。可见，黄炎培主张职业指导应当重在帮助，而非"说教"，职业指导只起辅助作用，真正的决策者和践行者只能是学生本人。职业指导的目的，不是单纯找到一份工作，更不是"一纸职业生涯规划书"，而是着眼于人的全面发展和社会和谐进步，促进自我认知、自我定位、自我发展和自我实现，提升素质和择业能力。学生择业能力主要包括：①自我评价能力；②获得职业信息能力；③目标筛选能力；④职业规划制订及实施能力；⑤问题解决能力。在开展职业生涯指导活动中，学生要发挥主体作用和主观能动性，积极进行职业生涯规划设计，并持之以恒、有计划地逐步实施，提高综合素质和职业能力，为今后的职业选择和事业成功奠定基础。

（二）联系实际，全程指导

当前就业难的问题，主要原因不在于社会和市场需求不足，而在于结构性矛盾和毕业生就业观念的错位，所以出现有业不就和无业可就并存的结构性失衡，出现高不成低不就的现象。用人单位普遍反映毕业生的知识结构、职业能力、职业道德、团队精神、吃苦精神等与实际要求存在差距，不能很好地满足职业岗位的要求。这些问题与毕业生自我认知能力普遍不高，不了解社会和用人单位对人才的素质要求，不懂得规划职业生涯，对自己的职业生涯没有明确认识，不能准确定位，没有提前做好素质能力准备有关。一年级是适应、探索阶段，学生要初步了解自己、了解社会、了解职业，特别是自己未来所希望从事的职业或与自己所学专业对口的职业，作出择业决策；二年级时，通过一些专家咨询或职业心理测试，深化自我认识，评估自己的中期学习目标，进一步加深对职业的思考，发挥职业规划的定向和激励作用，使职业规划落到实处；三年级时，主要目标是成功就业，要强化自己的求职能力和技巧，了解用人信息，做好材料准备，积极参加各项招聘活动。

做好职业规划和职业指导工作，是保证人才资源优化配置的需要，是保持社会稳定大局、促进社会和谐进步的需要，是推进中国特色社会主义事业不断发展的需要，也是保持职业教育自身持续健康发展的需要。新东方教育集团文化研究院院长徐小平在《哈佛职业生涯设计》一书的序言中指出："从来没有一个时代，身处其中受到良好教育的一代青年，既拥有那么多激动人心的机会，却又面临那么多进退两难的选择；既享受那么多经济繁荣的实惠，又遭受那么强烈的心理失衡的痛苦。在这个中国社会正走向未来、走向伟大复兴的时代，最需要的精神雨露之一，就是以市场为导向的正确职业规划和职业指导。"

一、择业，人生的一道坎

[案例1]　十个哲理寓言，十个成功秘诀

有很多人去听一位哲学家讲授人生成功的秘诀，结果那位哲学家给每位听众一

本小册子，上面有十个寓言故事，人们看了以后，都觉得受益匪浅。

孩子，你开错了窗户

一个小女孩趴在窗台上，看窗外的人正埋葬她心爱的小狗，不禁泪流满面，悲恸不已。她的外祖父见状，连忙引她到另一个窗口，让她欣赏他的玫瑰花园。果然，小女孩的心情顿时开朗起来。老人托起外孙女的下巴说："孩子，你开错了窗户。"

◆秘诀1：打开失败旁边的窗户，也许你就看到了希望。

相信自己是一只雄鹰

一个人在高山之巅的鹰巢里，抓到了一只幼鹰，他把幼鹰带回家，养在鸡笼里。这只幼鹰和鸡一起啄食、嬉闹，渐渐长大，羽翼丰满了。主人想把它训练成猎鹰，可是由于终日和鸡混在一起，它已经变得和鸡完全一样，根本没有飞的愿望。主人试了各种办法，都毫无效果，最后把它带到山顶上，一把将它扔了出去。这只鹰像块石头似的直坠下去，慌乱中它拼命扑打翅膀，就这样，它终于飞了起来！

◆秘诀2：磨炼召唤成功的力量。

五枚金币

有一次，年少的阿巴格和他爸爸在草原上迷了路，阿巴格又累又怕，到最后快走不动了。爸爸就从兜里掏出5枚硬币，把一枚硬币埋在草地里，把其余4枚放在阿巴格的手上，说："人生有5枚金币，童年、少年、青年、中年、老年各有一枚，你现在才用了一枚，就是埋在草地里的那一枚，你不能把5枚都扔在草原里，你要一点点地用，每一次都用出不同来，这样才不枉活一世。今天我们一定要走出草原，你将来也一定要走出草原。世界很大，人活着，就要多走些地方，多看看，不要让你的金币没有用就扔掉。"在父亲的鼓励下，那天阿巴格走出了草原。长大后，阿巴格离开了家乡，成了一名优秀的船长。

◆秘诀3：珍惜生命，就能走出挫折的沼泽地。

扫阳光

有兄弟二人，年龄不过四五岁，由于卧室的窗户整天都密闭着，屋里很阴暗，他们看见外面灿烂的阳光，十分羡慕。兄弟俩就商量说："我们可以一起把外面的阳光扫一点进来。"于是，兄弟两人拿着扫帚和畚箕，到阳台上去扫阳光。等到他们把畚箕搬到房间里的时候，里面的阳光就没有了。这样一而再再而三地扫了许多次，屋内还是一点阳光都没有。正在厨房忙碌的妈妈看见他们奇怪的举动，问道："你们在做什么？"他们回答说："房间太暗了，我们要扫点阳光进来。"妈妈笑道："只要把窗户打开，阳光自然会进来，何必去扫呢？"

◆秘诀4：把封闭的心门敞开，成功的阳光就能驱散失败的阴暗。

9

一只蜘蛛和三个人

雨后，一只蜘蛛艰难地向墙上已经支离破碎的网爬去，由于墙壁潮湿，它爬到一定的高度，就会掉下来，它一次次地向上爬，一次次地又掉下来……第一个人看到了，叹了一口气，自言自语："我的一生不正如这只蜘蛛吗？忙忙碌碌而无所得。"于是，他日渐消沉。第二个人看到了，说："这只蜘蛛真愚蠢，为什么不从旁边干燥的地方绕一下爬上去？我以后可不能像它那样愚蠢。"于是，他变得聪明起来。第三个人看到了，立刻被蜘蛛屡败屡战的精神感动了。于是，他变得坚强起来。

◆秘诀5：*有成功心态者处处都能发现成功的力量。*

自己救自己

某人在屋檐下躲雨，看见观音正撑着伞走过。这人说："观音菩萨，普度一下众生吧，带我一段如何？"观音说："我在雨里，你在檐下，而檐下无雨，你不需要我度。"这人立刻跳出檐下，站在雨中："现在我也在雨中了，该度我了吧？"观音说："你在雨中，我也在雨中，我不被淋，因为有伞；你被雨淋，因为无伞。所以不是我度自己，而是伞度我。你要想度，不必找我，请自找伞去！"说完便走了。第二天，这人遇到了难事，便去寺庙里求观音。走进庙里，才发现观音的像前也有一个人在拜，长得和观音一模一样，丝毫不差。这人问："你是观音吗？"那人答道："我正是观音。"这人又问："那你为何还拜自己？"观音笑道："我也遇到了难事，但我知道，求人不如求己。"

◆秘诀6：*成功者自救。*

让失去变得可爱

一位老人在高速行驶的火车上，一不小心一只刚买的新鞋从窗口掉了下去，周围的人备感惋惜，不料老人立即把第二只鞋也从窗口扔了下去。众人大惊。老人说："这只鞋无论多么昂贵，对我而言已经没有用了，如果有人能捡到一双鞋子，说不定他还能穿呢。"

◆秘诀7：*成功者善于放弃，善于从损失中看到价值。*

六个字

30年前，一个年轻人打算离开故乡，开创自己的前途。他动身前去拜访本族族长，请求指点。老族长正在练字，听说这位后辈开始踏上人生的旅途，就写了3个字："不要怕"。然后抬起头来，望着年轻人说："孩子，人生的秘诀只有6个字，今天先告诉你3个字，供你半生受用。"30年后，这个年轻人已是人到中年，有了一些成就，也添了很多伤心事，又回到了家乡，他又去拜访那位族长。到了族长家里，才知道老人家几年前已经去世，家人取出一个密封的信封对他说："这是族长生前留给你的，他说有一天你会再来。"还乡的游子这才想起来，30年前他在这里听到人生的一半秘诀，拆开信封，里面赫然又是3个大字："不要悔"。

◆秘诀8：*中年以前不要怕，中年以后不要悔。*

司机考试

某公司准备以高薪雇用一名轿车司机，经过层层筛选和考试之后，只剩下三名技术最优秀的竞争者。主考者问他们："悬崖边有块金子，你们开着车去拿，觉得能距离悬崖多近而又不至于掉落呢？""两公尺。"第一位说。"半公尺。"第二位很有把握地说。"我会尽量远离悬崖，愈远愈好。"第三位说。结果公司录取了第三位。

◆秘诀9：不要和诱惑较劲，而应离得越远越好。

狮子和羚羊的家教

每天，当太阳升起时，非洲大草原上的动物们就开始奔跑了。狮子妈妈教育自己的孩子："孩子，你必须跑得快一点，再快一点，你要是跑不过最慢的羚羊，你就会活活饿死。"在另一个场地上，羚羊妈妈也在教育自己的孩子："孩子，你必须跑得快一点，再快一点，如果你不能跑得比最快的狮子还要快，那你就肯定会被它们吃掉。"

◆秘诀10：记住，你跑得快，别人跑得更快。

分析：

这十则哲理寓言，昭示人生成功的十大秘诀，也是我们职业生涯的成功宝典。

职业是参与社会分工，利用专业知识和技能，为社会创造物质财富和精神财富，获取合理报酬作为物质生活来源，并满足精神需求的工作。职业既是挣钱谋生的手段，更是实现人生价值、保持和谐幸福的生命内容的一个重要组成部分。职业与金钱、地位相关，但职业的本质是付出和贡献。马克思说过，能给人以尊严的只有这样的职业：在从事这种职业时，我们不是作为奴隶般的工具，而是在自己的领域内独立地进行创造。人生的价值不仅在于索取，而且还在于奉献，在于我们创造的价值。一个有价值的人，并不一定有发明创造，并不一定权高位重，更不一定腰缠万贯，在任何一个平凡岗位、任何一个人生阶段，都能够做出令人感动的业绩。

择业，是人生的一道坎，是机遇，也是挑战。择业成功需要实力，需要方法，也需要经验，更需要自信。以下十条择业的锦囊妙计，是根据对职场成败多年的潜心研究得出的结果。

学历固然重要，但能力更重要；

能力固然重要，但人品更重要；

环境条件虽然重要，但人的心态更重要；

人的努力很重要，但努力的方向和方法更重要；

兴趣虽然重要，但人的综合能力更重要；

专业虽然重要，但综合素质更重要；

获得职业岗位虽然重要，但人的择业观念更重要；

职业机会虽然重要，但适合自己更重要；

择业临场发挥固然重要，但职前的准备和积累更重要；

前面一步固然重要，但下一步走对更重要。

上面十条"妙计"，你同意吗？你可以思考，可以借鉴，可以灵活运用，但决不能把它当做教条，不能绝对化，因为职场的成功总是因人、因时、因地而异，成功的经验也有局限性，不可能有亘古不变的"灵丹妙药"。

成功者自助。择业这道坎要自己跨，职业发展的道路要自己走。职业的道路十分宽阔，世上总有一条属于你而别人无法走通的路。而生命的价值就在于你能找到这条路，并坚定不移地走下去。

[案例2] 总有一天，你要自己养活自己

2007年7月17日，短道速滑世界冠军杨扬拿到了清华大学工商管理学士学位。1998年长野冬奥会的失利让杨扬开始思考自己的出路："我不去学习不行了，我才二十二三岁，去学习还不晚。不学以后退役咋办？我得养活自己啊。"1999年，杨扬到澳大利亚待了一个夏天学习英语，回国后，简单的训练生活开始发生改变。在国家队，每天早餐过后，队员们都有一个小时的休息时间，别人可能睡个回笼觉，杨扬就坐在那儿看书、背单词，然后跑步的时候满脑子都是单词。

2002年，杨扬为中国夺得冬奥会首金。她不打算坐享金牌带来的种种好处，于是，急流勇退去清华大学读书，随后又去了美国犹他大学和旧金山州立大学留学。

后来，国际滑联运动委员会、国际奥委会找到杨扬，请她去做事。今天的杨扬，正如美联社评价的那样：以大方、平和的微笑面对公众，能说一口流利得让人吃惊的英语，代表着中国新一代体育明星——时尚、富有魅力且具有品牌价值。

"如果你想有一个完整的人生，就要有危机意识。"正是这种危机感，成就了今天的杨扬。

分析：

古语云："人无远虑，必有近忧。""艰难困苦，玉汝于成。""生于忧患，死于安乐。"这些都是我们的祖先留下的至理名言。

杨扬的可贵之处，一是失利时考虑到"我得养活自己"，奋起刻苦学习；二是成功时急流勇退，到清华大学读书，到国外深造，抓住机遇到国际体育机构就职。

现在，有相当一部分学生是中考、高考失利后，来到职业院校就读的。一次失利，并不等于人生的失败。失利时，你能像杨扬一样发奋学习吗？你思考过今后怎样养活自己的问题吗？自己今后靠什么在社会上安身立命呢？"适者生存，优胜劣汰"的规律对你适用吗？如果每个学生都能严肃思考人生问题，积极应对择业的机遇和挑战，做好职业发展规划，并付诸行动，相信会取得职业生涯的成功，铸造人生的辉煌，而那种"目标缺乏，行为懒散，厌学浮躁"的校园现象也会销声匿迹了。

[案例3] 危机生存五天记

2006年春天，河南机电学校进行一项德育实训活动——危机生存训练，让10名身无分文的学生，靠自己的智慧与双手在西安生存五天。虽然遇到许多困难和挫折，但同学们不仅在异地他乡生存下来，而且还挣了357元，取得很好的德育效果。

训练活动第一天，10名学生分3个小组，按照他们原来的设想找工作，并解决

吃住问题。一开始同学们怀着较高的目标，热衷于大公司，最好还是专业对口，但屡屡碰壁。直到上午 11 点半，只有第三组的 3 个同学给带队老师发了短信："在东大街的西安烤鸭店找到活了，一个是后厨勤杂工，一个是前厅服务员，一个是外卖售货员。"中午 1 点，他们吃上第一顿自己挣来的饭，用他们的话说"真香"。其他 7 个同学因为饥饿所迫，下午降低了找工作的标准，但直到天黑，算下来从早到晚找了 30 多家，可还是一无所获。天黑后，7 个同学在钟楼广场会合。尽管一天没有吃饭，但还是给带队老师回短信："不渴，不累，士气高涨。"他们坐在钟楼广场，总结一天的收获：没有把自己放在合适的位置，把目标定得太高；应先生存，后挣钱；要讲究自我推销的方式。直到晚上 10 点多，找到工作的第三组同学给他们送来十几个烤鸭店剩下的馒头。当天夜里，7 名同学相互依偎着，在钟楼大街上度过终生难忘的一个夜晚。

第二天中午 12 点 40 分，第一组的 4 名同学给带队老师发来短信："在友谊西路的宋氏烧菜馆找到工作，刚吃了两大碗面，香。"下午 2 点，第二组的李靖给带队老师发来信息："在西一街的江南美食，能过来吗？"等老师到达后，这位 21 岁的小伙子流着泪说："找口饭吃怎么这么难呢？"至此 10 名同学虽然都找到工作，吃上了饭，但工作岗位与所学专业没有一个对口的。

第三天，带队老师"暗访"了他们的工作岗位。工作最辛苦的是第二组最后找到工作的赵鹏杰。早晨 6 点就被老板叫醒，直到晚上 12 点才能睡觉。因为在店里住没有床，只好把椅子拼起来当成床，躺在凹凸不平的"床"上 5 分钟就睡着了。其他几位同学也都体验到了工作的艰辛和收获的幸福。第三组的刘坤给带队老师的短信说："工作虽然辛苦，还有点枯燥，但确实长见识。"干一天就想跳槽另找一份专业对口工作的第二组的王淑焱，在下午找到第二份工作，虽然仍与专业毫无关系，但他还是决定留下来。因为经过一天的奔波，他更加体会到找一个饭碗实在太不容易了。

训练活动的第四天，第二组赵鹏杰成为 10 名学生中淘得"第一桶金"的人。他所在的泡馍店劳动强度很大，头一天他一次就刷了 200 多个碗。他向老板提出要离开，也许是老板对他一天来的工作表现满意，给了他 10 元钱工资和一份午餐。晚上 7 点，他给老师发短信："今天不用街头露宿了，在西大街的柯达影像店、芭比娃娃店和一家手机专卖店同时找到工作，我正挑他们呢！"

在训练活动的第五天，带队老师又一次"暗访"时，发现同学们在各自工作岗位上得到了老板和顾客的认可。最先找到工作的曹起峰在烤鸭店学会了炸鸡柳和卷荷叶卷。他告诉带队老师："在这里学到了在学校学不到的东西，每当顾客夸奖时，那种成就感真是难以描述。"具有成就感的还有王淑焱，他已在花店插出了第一盆花。

五天的训练活动结束，虽然 10 名同学总共才挣了 357 元钱，但他们的收益是多少钱也买不回来的。赵鹏杰要把 5 天挣的这 10 元钱珍藏起来。郑剑和高瑞鑫每人挣了 57 元钱，这两个城市来的孩子第一次挣到钱首先想到的是孝敬父母，郑剑给妈妈买了一条工艺手链；高瑞鑫给妈妈买了一个漂亮发卡，给爸爸挑了一个打火

机。王淑焱要把挣到的10元钱捐给贫困失学儿童。刘坤在总结中写道："这次训练活动，使我真正体会并理解了生活的艰辛，以及知识、能力的可贵和柴米油盐的难得，特别是做人的真谛。"训练活动使同学们突然间成熟了。

分析：

俗话说："吃得苦中苦，方为人上人。"又说："不经风雨，怎么见彩虹？"这些话，许多人都会说，但个中滋味并没有真正体验，也没有真正打算去体验。"当家才知油盐柴米贵"，这次，河南机电学校参加危机生存训练的同学真正去"当家"五天，流着泪发出了"找口饭吃怎么这么难呢？"的呼喊，初步理解到"生活的艰辛，以及知识、能力的可贵和柴米油盐的难得，特别是做人的真谛"，学到书本上没有的东西，经受了一次难忘的磨炼，获得了一笔宝贵的精神财富。这一堂生存训练课上得好，可惜这样的课目前在学校还是较少，应采取不同的形式，多补这一类的课。

就业准备，需要有充分的心理准备。而艰苦奋斗、吃苦耐劳、顽强意志和抗挫折的耐受力是必不可少的。没有艰苦创业的心理准备，往往会造成理想与现实强烈的心理反差，会令人沮丧叹息，怨天尤人，影响个人职业生涯的发展。

孟子说："故天将降大任于斯人也，必先苦其心志，劳其筋骨，饿其体肤，空乏其身，行拂乱其所为，所以动心忍性，曾（增）益其所不能。"一个人成人和成才，必须经过艰苦的磨炼，自立自强自助。要对学生进行挫折和磨难教育，组织学生参加劳动和社会实践，体验工作的酸甜苦辣，提高其生存能力和竞争能力。无论学生将来从事何种职业，如果没有忍受酷暑、严寒、饥渴和其他种种逆境的能力，生命力就弱，就难负重任，难成大器。

择业是人生一道坎，是毕业生走向社会的第一步。你迈出第一步，并走好第二步、第三步，一定会有光明的前程。

［案例4］ 求职"拉练"

打开笔记本，里面跳出长长一串的单位地址和电话号码。陈鹏看着自己半年时间"南征北战"的硕果，记忆又回到那段难忘的日子。

对于大多数毕业生来说，招聘会是找工作的重要渠道。每到年底，当全国各大城市的招聘会信息开始满天飞时，空气中就弥漫着硝烟的味道。大家开始惶惶不安起来，生怕少去一个地方就会丢掉一大把机会。但时间和钞票有限，陈鹏的目标是广州、上海和北京三地，所以注定要在南来北往颠簸中度过。

12月9日广州要举办招聘会，机会当然不能错过。清晨6点钟，长途汽车把陈鹏抛在三元里。当往东西方向各走1000米都没有找到汽车站牌时，陈鹏的头皮不由得开始发麻。好容易碰到一个卖香蕉的，从他浓重的广东腔里捕捉到"火车站""附近"两个有效信息后，陈鹏一路小跑到了火车站，又转车去招聘会所在的天河体育中心。到现场才发现招聘单位都是广东偏远县市的，广州、深圳和珠海的单位都单独举行招聘会。陈鹏大呼上当，随便递了几份简历就悻悻回到学校。

真正的考验是在北京和深圳。印象最深的是会场外汹涌的人潮，用人单位桌旁几尺厚的简历和桌前的"一字长蛇阵"。伶牙俐齿的学子们总能在两三分钟内摆事实讲道理，介绍自己的诸般长处。开始时，陈鹏还不习惯这种场面，见多以后也逐渐适应了。即使被戳到软肋也能面不改色心不跳，还要微笑着证明自己绝对可以胜任。心理承受能力的提高，算是找工作的一个副产品。

招聘会后自然是笔试和面试。陈鹏自认为条件不错，名牌大学毕业、学生会主席、相貌也还端正。但面试中最经常的感觉是：考官是极挑剔的顾客，自己则是菜市场中的大白菜，被翻来翻去最后也不见买主。

参加的十几次笔试中，在一家新闻单位的遭遇最"恐怖"。寒冬腊月，陈鹏从地铁口钻出来，走到快冻僵时终于到了考场。3 小时要完成厚厚一本试题，从四书五经、民主党派到北京申奥、艾滋病形象大使、阿尔巴尼亚总统、F1 赛车、兴奋剂，再到英文翻译、写作。到后来陈鹏已是头昏眼花，不知怎么出的考场。

京城消费奇高，渐渐不能应付衣食住行的巨大开支，陈鹏看着钱包一天天瘪下去，痛感"京都米贵，居大不易"。找不到工作是痛苦的，面临两难选择时同样是一种痛苦。年初陈鹏剔除一家家单位后选定了广州一家公司。待遇优厚、成套住房、有机会保送 MBA，陈鹏以为已经找到了将来要走的路，整日捧着经济学书籍恶补。然而，在被京城一家媒体看中后，陈鹏开始动摇。文化中心、专业对口、起点高、机会多，另一条闪光的路出现在面前。经过几天认真的思考后，陈鹏作出了到北京的选择。一年时间里，期待、痛苦、焦虑、迷茫、狂喜，陈鹏经历了所有的烦恼。细想起来，正是在这种煎熬中，自己对未来的生涯规划一点点清晰起来。

分析：

人只有在痛苦煎熬中才能学会长大，人生只有在岁月的风霜打磨下才会变得越来越成熟。

找工作是需要"拉练"的，名校高材生陈鹏经过一年的磨炼，饱尝求职的酸甜苦辣，才有了结果。其他的毕业生大致都会经过这种历程，对此，你有准备了吗？

智利诗人聂鲁达说过："面对未来，要是一个现实主义者，脚踏实地；面对现实，则要有理想主义精神，要多想想远方的土地。"革命的现实主义和理想主义的结合，是我们人生道路上的制胜法宝。

心灵驿站

我们什么都可以没有，但不能没有希望

2008 年"5·12"汶川大地震发生后，悲情笼罩着我们，但时时有感动让我们眼前一亮，那是爱的铺陈，是勇气的照耀，如同在嶙峋的石壁上，看到绚烂而温柔的小花。感动总是比悲伤具有更大的力量。

一个被困在钢筋水泥硬块里仍然没有脱险的女孩，从容地对记者说："我很高兴我还活着，谢谢你们来救我。"

一个 17 岁男生刚从废墟里被抬到担架上，他微弱地请求："叔叔我要喝可乐。"救援士兵安慰说："好的。"这时我听到那孩子再次说："要冰镇的……"在这个"可乐男孩"被救援的时候，被掩埋在一起的还有一个女孩，"可乐男孩"受伤比较重，他却坚持对救援人员说："你们先救她。"而那名女孩子则说："不，先救他，

他的伤势比较重。"

看这样的救援画面，我的泪眼里含着笑。

一个14岁的女孩，外婆在地震里去世了。但她没有沉浸在悲伤里，她用感恩冲淡哀愁，她带了几个同伴，把方便面（应该是救灾食品）的纸箱拆了，在这些厚纸板上写下"谢谢你""你辛苦了"，字体稚嫩、朴素，但是真诚……然后把它们插在公路边，让全国各地来的救援车辆经过这个村落的时候，都能看见她真挚的感激。

被埋在废墟里108小时的余老师奇迹生还，在接受采访时，他说，短暂昏迷后，他醒来，一片漆黑，他想，不可以慌，他要活着！于是他用手摸索着，居然找到一个空的矿泉水瓶！在接下来难熬的每一分每一秒里，他尽量放松自己，然后用那空瓶子接自己的尿喝，如此艰难循环；后来又摸到几本学生的作业本，就着尿、嚼着纸，维持着生命。他活下来了。能活下来的人，常常都可以在他们苦难的"灰"里看到一丝不经意的"绿"，那"绿"就是可贵的信心、智慧，以及豁达。

还有一个姓贺的26岁姑娘，她被埋在很深的地下，是她的男朋友郑广明找到并且唤醒了她。接下来漫长的两天多的艰难施救中，他一直跪在附近，给她讲故事，一起憧憬婚礼的场面，为的是不让她"睡过去"。在她被救援的士兵托出来后，女孩轻轻说了句："今夜的月亮真圆！"在医生要给姑娘输液的时候，郑广明还不忘给女友开玩笑："现在要挂点滴了，你要挂可乐还是营养快线，随便你选！"记者问他，这次地震的经历，对他们而言意味着什么，这位帅哥说："一生一世吧！"

一个刚刚被救出来的5个月大的女婴（孩子妈妈遇难了），依偎在一个士兵怀里，张望着，眼神里有惊奇，还有渴望……看着那天使一般的脸，我双眼湿润了，却与那士兵一样唇角有怜爱的笑。

温家宝总理说，一个民族在灾难中，总会有进步的补偿，"多难兴邦"。

中国政法大学教授蔡定剑说："大灾面前，顿感生命的无价，亲情和友情的珍贵，权力、名利的卑微。"

一位地震灾难中的幸存者说："只要你活着，就不应该绝望。"

希望是宝贵的，它犹如孕育生命的种子。只要活着，就有希望；只有抱有希望，生命便不会枯萎。

保持希望的人们是有力量的。在人生坎坷的征途上，需要携带的东西很多，但有一样东西千万别遗忘，那就是希望。

我们什么都可以没有，但不能没有希望。

二、机会只眷顾有准备的人

[案例5] "硬件""软件"，就业"宝剑"

玉晓成是某学院2003级公共管理系政治学与行政学专业的毕业生，现签约北京紫竹药业有限公司。这是他应聘的第一个单位，没想到，一击即中。

2006年11月以前，他一心准备考研，从没考虑过找工作。到了11、12月，铺天盖地的招聘信息迎面袭来，审视自己的复习状况，他毅然决定不考了，找工作。

2006年12月6日，紫竹药业到学院举办校园招聘会。见面会上午9点开始，快到时间了玉晓成才匆匆忙忙把简历打印出来。赶到会场一看，89个人应聘，其中学生会主席、副主席就有四五个。

一周之后，包括他在内的25个人接到了面试通知。热烈的小组讨论完毕，主考官布置了一篇3000字的文章：《论党委组织部在国企中的作用》，要求一星期后上交。文章很快写完交去。

转眼到了2007年1月，紫竹药业打电话来让他和另一个系的学生会主席去公司。本以为他俩会竞争一番，没想到同时被录用。他一颗悬着的心，终于放了下来。

大四没课，为了毕业后能马上适应工作环境，他平时都到公司上班，住公司宿舍，周末才回学校。与还在紧张找工作的同学相比，玉晓成很幸运。不过，这"幸运"的机会却是他在大学几年中一点一滴积累起来的。他觉得，要顺利就业，软硬件都不可少。

"硬件"，即在求职中必不可少的东西。如，非英语专业的学生英语拿到六级证书，具备基本的听说读写能力。期末考试成绩也得力争上游。学生的本职就是学习，用人单位通过看应聘者的成绩单大体可以估测到对方的学习能力。玉晓成在班里成绩基本都在前三名以内。另外，他还获得过几本荣誉证书和其他一些奖励。

"软件"能增加就业竞争中的筹码。玉晓成对此体会很深刻。

首先，要有一定的写作能力。对于文科生来说，文笔就是吃饭的本钱。写作能力又可以分为普通文章写作和专业写作。普通文章写作很多人都会，但专业写作就得下一番工夫了。玉晓成的专业是政治学与行政学，经常碰到公文写作和要求撰写的专业文章。在大学四年中，他经常参加本系老师带头的专业课题研究，除前期调查收集资料外，更主要的是进行文章的规范和写作，他投入了大量的时间和精力，也极大地锻炼了自己。不断的积累，不断的收获，他的许多文章发表在各种期刊上。到找工作的时候，他整理了一下公开发表的文章，竟然有十几万字。他挑了些好的订成一本个人作品集，带上它参加面试。文职岗位一般都很看重公文写作能力，紫竹药业能够对他敞开大门，这些作品就是一块很好的敲门砖。

其次，多参加学生会工作。他刚上大一就成功竞选上班长，借着这个契机，他又加入了系学生会，从干事一步步做到学生会主席。在当学生干部的过程中，他积极组织、策划、实施并参与各种活动，极大地锻炼了组织协调能力、与人沟通交往的能力，增强了工作责任心。流畅的语言表达能力也是在那时练出来的。当然，校外社会活动也能锻炼自己，关键是要参与进去，投身其中。也有人天生就不喜欢参加那些活动，但总得有自己的过人之处吧？如果一个大学生成绩很差，又没参加什么活动，简历上一片"空白"，岂能得到用人单位的垂青？

再次，他平时注意仪表、谈吐。平时讲究文明礼仪，切不可出口成"脏"。他认为综合素质不是单项素质的简单相加，而是在拥有必备素质的基础上表现出来的整体素质。这些素质在不经意的待人接物中，很明显就可以感觉出来。

最后，身体是革命的本钱。他认为平时应多参加体育锻炼，增强体魄。无论是考研还是找工作，消耗的体力极大。有的人体质一般，出去跑几天之后就灰头土脸，叫苦不迭，满满的自信也大打折扣。此时，良好的身体素质就显得相当重要。

分析：

玉晓成是成功的，他的"硬件"和"软件"，是他成功的"宝剑"。但他的这些经验，过来人年年说，后来者天天看，付诸实践的却不多。不少大学毕业生对很多东西都不屑一顾，然而，事到临头，扭头看见的，却只是生命中那一张依然鲜亮得耀眼的白纸，亮铮铮地折射出岁月在额头凿下的痕迹。求职时的那些"硬件""软件"，都是大学几年坚持不懈的结果，非临时抱佛脚能得到。许多东西大一、大二就要着手准备，到大三、大四再着手就晚了。

另外，机遇特别重要，机遇来了，就一定要好好把握。然而，没有平时的悉心准备，点滴积累，再好的机遇也只能眼睁睁地看着它溜走。临近找工作，许多人纷纷报考各种证书，也不管是否真的有用。其实，用人单位对应届毕业生的证书不是很看重，他们知道，没有工作实践的考验，只要交了钱，随便背背就可以获得的证书，没多少含金量。如果确实有那个时间、金钱，一定要考也无可厚非。选我所爱，爱我所选，既然选了，就好好的坚持做下去。机遇会垂青那些坚定的执著者。

机遇，不能光靠等，还要主动出击寻找。一旦遇到了，就要脚踏实地一步步努力，才能到达胜利的彼岸。

[案例6]　职业院校毕业生走进中国科学院

薛晓斌，现在中国科学院遥感所的一下属部门担任部门经理，主要负责卫星数据分析、国土规划等项目。小薛毕业于天津一所普通的职业院校，在校的成绩并非出类拔萃，但他却能拥有现在的职位，用小薛的话来说：机会只给有准备的人。

小薛是一名特困生，在校期间的生活费需要自己去挣，半工半读的经历让小薛深知：只有靠自己才能在社会上立足。大二那年，小薛在天津塘沽开发区的一家IT公司里找到了一份兼职。虽然他的工作只是理货、递送这些体力活儿，但小薛不嫌弃，比起曾经做过的发传单、贴海报，在他心目中这才是第一份正式的工作。带着这份工作热情，小薛事无巨细，件件认真负责。一天，在搬运产品宣传广告册时，有着计算机知识的小薛发现广告中有个明显的错误，原来是策划部门的职员弄错了一个参数，而这些广告资料第二天就要分发给客户。策划部门决定马上重新印制一批。这时小薛提议，只要重新印刷有误的那一页，然后做个替换就行了，这样既可以降低成本又能节约印刷时间。可是这些宣传广告已经装订成册，替换一页必须先拆订再重新装订，工作量是非常大的。小薛自告奋勇地"承包"了这项任务。为了保证第二天能按时分发，他忙得连晚饭都没顾得上吃。由于小薛表现突出，公司老总决定资助小薛余下两年大学生活的费用，并让他回校专心读书。可小薛不但没有辞职，反而比原来更努力工作，他说只有这样才能回报老板对他的恩情，同时也能贴补家用减轻父母负担。

大四那年，鉴于小薛两年来的优秀表现，公司决定让他毕业后直接留任。一年

18

后，一个绝好的机会来到小薛身边。公司要为一个中非国际合作项目提供建设设备和耗材，让小薛来主管负责这个项目中的遥感数据部分。小薛非常珍惜这次机会，每个细节问题都认真琢磨，与同事反复切磋。正是有这样一丝不苟的工作劲头，这次合作非常成功。小薛的能力不但被公司再次肯定，同时也得到了合作方——中国科学院遥感所一下属部门副经理的赞许，并诚邀小薛到他们单位工作。通过近两年的工作，小薛一直想在专业上有所深造，中国科学院是个很好的契机，于是，小薛决定辞掉现在的这份工作，到北京去发展，因为他相信：机会永远都会给有准备的人。

分析：

在竞争日益激烈的当今社会，如何在毕业时找到自己满意的工作已经成为莘莘学子十分关注的问题，尤其是毕业于非名牌学校的毕业生更是为自己的前途担忧。通过薛晓斌的故事，我们知道能拥有一个属于自己的岗位，即使是份不如意的工作，只要充满信心，扎实肯干，好机遇自然会自己来找你。薛晓斌之所以能成功，就在于他比别人多了一分对岗位的"爱"。他深知工作对他的重要性，所以他对工作充满热情。他勤奋、踏实、敬业，所以在机会到来时他才可以轻而易举地把握。当我们总埋怨社会对自己不公平，做事挑肥拣瘦时，机会就从身边溜走。而一个敬业的人是绝对不会失业的。

[案例7] 第六次应聘

一家通讯公司的人事主管每年都要到人才市场去招聘。他发现有个求职者每年都来公司招聘台投简历，态度非常谦恭。他总是说："我一直希望加盟你们公司。"

可是，他只有中专文凭，而公司要招本科以上学历的人才，他根本没有机会被录用。

到了第四次，人事主管就直接告诉他："公司的录用标准其实是硕士研究生。"人事主管的意思很明白——你不必再向本公司投递简历了。

但他仍然说："我一直希望加盟你们公司。"

人事主管笑笑，不再理会他。

在一次公司中层以上干部例会上，人事主管谈起了这个应聘者。在座的总经理听了便问："他真是这么说的?""是的，而且我记得近几年我们公司的每次招聘他都会来。""那他一共到我们公司应聘了几次?"

人事主管来到档案室，查看此人所有留档应聘简历，结果发现，他一共投了六次。

厚厚一叠简历摆在了总经理的办公桌上。几小时后，总经理走出办公室宣布："破例录用这名求职者。"

"为什么?"人事主管辩解说，"按照公司录用标准，他连起码的资格也没有。"

总经理举着这位应聘者所有的简历对大家说："第一份简历写的学历是中专，在机械厂当操作工；第二份简历是成人自考计算机专业在读；第三份简历上的工作经历多了在计算机公司当推销员；第四份简历写着计算机本科在读；第五份简历多了电脑维修工作经验；而最后一份简历说明他已取得计算机专业本科文凭。"

总经理笑了笑说："从这六份简历中我们看到，他一直把进入本公司作为自己的目标，一直在努力学习专业知识，并且一直在进步。对于这样一个善于学习、不断努力又如此执著的人，我们却对他如此漠然，这对公司来说是一种损失。"

总经理话音刚落，办公室里便响起了掌声。

分析：

一个人靠自学，从中专读到大专再读完本科，不易，这位求职者做到了；一个人掌握操作工、推销员、电脑维修工技能，学习技能能做到精一样，会两样，学三样，也不易，而这位求职者也做到了。这样一个执著、勤奋、坚持不懈的人，这样一个不断学习、不断进步的人，用几年工夫终于成功应聘了自己心仪的公司，这不正是"天道酬勤"，"机遇垂青有准备的人"吗？

一个人的学历和工作起点不高、没有背景不要紧，重要的是你是否有理想，有激情，有毅力，有坚持不懈的努力。一分耕耘，才能有一分收获。想要收获果实，就要先播种。我们只有脚踏实地地付出努力，才能改变命运。

[案例8]　大学生求职缘何被拒40多次？

从11月2日到现在，我已经在求职的路途上奔波一个多月了。在这段时间里，我总共向40多家企事业单位投过简历或提出申请，然而，大多数单位都在简历筛选阶段就把我拒绝了，鲜有机会进入笔试、面试环节。我深切地体会到：找工作不只是大四这个阶段的事情，而与自己整个大学生活的规划和前期的职业定位等都是密不可分的。如果有机会重来，我一定在前3年好好为自己积累"资本"。

找工作之初，虽然我在网上应聘了很多单位，但只有一家银行给了我复试消息。原因是，简历上个人奖励这一栏我几乎没什么可填的，而用人单位通常根据这些奖项来评判一个人的能力与素质的高低。后来我争取到了一家公司销售岗位的面试机会，但是，作为一个普通的法学本科生，我没有营销学的理论知识和实际经验，销售能力受到人事经理（HR）的质疑，加上回答提问时，语速太快，手势过多，叙述条理不清，给HR留下不太好的印象，最终败北。在一家集团的面试中，HR问我的英语口语如何，我迟疑了一下，说："还可以，但是仍需要加强。"此话一出，HR露出迟疑的表情，不用说，又没了下文。我印象最深刻的是，在面试一家燃具公司时，HR看过简历，叫我用英语介绍《演讲与口才》，我磨磨蹭蹭地挤出几句话来，不知道如何表达清楚自己的意思。HR又问，假如接到一个客户的订单，接下来该怎么办？面对这个从来没有思考过的问题，我不知道该说些什么。

遇到这些问题，我开始反省，回想起来，读大学3年多，我很少有拿得出手的成绩。大一时很茫然，想去尝试一些东西，却没有胆量，总怕失败。结果，班干部、学生会干部、协会干事我都没有竞选，社会活动也没参加。虽说加入了5个协会，可是我唯一做的就是等别人把项目做好后，自己去观看，根本没有动手锻炼。大二考英语四级，大三考英语六级并准备考研，大四时放弃考研决定去找工作，这个过程中，我看似没有闲着，但基本上是在随大流，没有有意识地为以后的就业准备真正可用的条件和素养，致使专业知识掌握得很一般，英语口语不流利，表达能力欠缺，做项目、做课题的经验缺乏。由于没有清晰的目标和意识，考研也没有结果。

而今大学生活已经接近尾声，我才猛然意识到，曾经总觉得很遥远的就业问题已经迫在眉睫。如果当初就有紧迫感，就能为今天的求职进行定位，并有针对性地去提高自己欠缺的能力，去创造自己所不具备的条件，大概就不会出现今天的尴尬了。我终于明白了：找工作要尽早准备，大学生活应该有意识地去经营，切不可局限于每天上课、考试的程式化生活中，丧失感知和反省。

分析：

这位大学生求职40多次失败的实例告诉我们：现在，拥有大学学历不再是值得骄傲的就业资本。要想在市场竞争中胜出，还要根据自身特点进行职业规划和准备。择业成功与否，在很大程度上取决于一个人的知识、能力和素质，取决于自己能否为日后就业准备真正的条件和素养。如果只为学习而学习，随波逐流，局限于每天上课、考试的程式化生活，失去感知外界事物和反省自身不足的能力，即使学历再高，也可能一事无成，最后落到放弃所学、悔不当初的地步。

"找工作不只是大四这个阶段的事情，而与自己整个大学生活的规划和前期的职业定位等都是密不可分的。如果有机会重来，我一定在前3年好好为自己积累'资本'"，这位大学生的话无疑为我们敲响了警钟，很值得我们去认真思考，吸取教训，走好自己择业之路。

[案例9] 26个英文字母与世界500强

2007年7月，广东某一世界500强企业到某县中等职业学校招聘员工，该校毕业生跃跃欲试，高高兴兴地参加该企业的应聘考试，结果有喜有忧。情况是这样的：企业到校后，学校根据企业要求，设置了几道考试，经考试后，所有的学生全部过关。最后一道考题由企业设置，让所有的学生在有限的时间内写出26个英文字母的大小写，这道考题把部分学生难倒了，有二十分之一的学生仅能写出26个字母中的一部分，其中有部分人想作弊，有部分人想放弃，有部分人不知所措。为了不一棍子打死所有人，企业的老总给他们一个天大的机会，宣布让这些学生看书半个钟头后再来考同样的内容，但在随后考试过程中仍有8个同学放弃了考试。在场的教师为他们感到惋惜，他们放弃了一次多好的机会啊！后来通过考试的学生被录取了，而那些未被录取的学生十分后悔！

分析：

当前农村不少中等职业学校的条件较差，就读农村中等职业学校的同学，有的人不断努力学习，学到别人学不到的东西；而有些人则嫌弃学校的办学条件差，做一天和尚撞一天钟，得过且过，结果什么东西都学不到，连26个字母的大小写都写不出，让人觉得不可思议。鉴于当前农村学校的具体情况，作为一个学生应主动学习，自强不息，把学业搞好，掌握好技能，不要等到应聘考试不过关的时候才后悔！如果思想上不到位，平时不烧香，临时抱佛脚，最后只能"望业兴叹"！

[案例10] 最重要的一课

国际酒店业市场行销协会总裁、注册酒店高级职业经理人罗伯特·吉尔伯特博士，将自己的成功归结于一堂课对他的影响。

21

"我的一生最重要的一课，是在我刚进入大学时的第一堂课。"他说。

当时，教授在开口说话之前径直走向黑板，在上面写下了这样几行大字：

"大学是知识的源泉，少数的人如饥似渴地畅饮，更多的人优哉游哉地品饮，绝大多数人则只是漱了漱口。"

简单的话语，让年轻的罗伯特警醒：同样是汲取知识，态度上却有极大的不同。他欣慰地说道："所幸的是，我选择了畅饮。"

分析：

同样是到学校读书，但汲取知识的态度却是迥然不同，结果也大相径庭。你是如饥似渴地畅饮，勤奋刻苦，不仅学书本知识，还要掌握谋生技能、为人处世的本领；还是优哉游哉地品饮，学风懒散，虚掷时光，满足于一知半解；或只是"漱了漱口"，浮躁厌学，在学校里当个"小混混"虚度青春年华，到头来什么东西学不到？吉尔伯特"最重要的一课"，值得我们每一个人深思、反省。

相关链接
美国大学生必做的二十件事

大学生入学季节，《波士顿环球报》刊登一篇文章，题目叫"为了找到好工作现在要做的 20 件事"。

第一，走出图书馆。大学是四年人生经验，课外活动常常和功课一样重要。

第二，在你的宿舍里开始做生意。雅虎、谷歌都会争先恐后地买你弄出来的网站。谷歌本身就是大学宿舍里诞生的公司。

第三，别债务缠身。在普通的州立大学和名牌但昂贵的私立大学之间，最好选择前者。从个人前途上看，无债一身轻比花钱买个名牌要有利得多。

第四，积极参加校园活动。通过这种活动，可以学会怎么理解、帮助别人，满足别人的需要，和别人沟通。

第五，不要读文科博士，除非你离了学术不能活。读博士对实际工作毫无帮助。

第六，别上法学院，律师总是代表别人去争利，压力十分大。自杀是律师中第一号非正常死亡的原因。

第七，参加体育运动。调查表明，大学参加体育运动的人，毕业后比那些不喜欢体育的同学明显收入高。一个大学运动队的队长到华尔街找工作，优势会很大。

第八，别按父母的期待生活，要干自己喜欢的事情。惠普公司女 CEO 说过："千万别出卖你的灵魂！"

第九，干一些你不擅长的新事情。"你对自己未必了解"，这是苏格拉底给人类的教诲。所以，请给自己一个机会。

第十，以自己为中心来定义成功，别以外在的东西（比如金钱）来定义成功。

第十一，好工作要自己找，不要等着天上掉馅饼。

第十二，选修关于"幸福"的心理课程。在哈佛，这一门课程是最热门的课之一。

第十三，上表演课。美国社会整个就是个大舞台。从教授、政治家、企业总裁，到律师、将军、记者，不会表演就很难出头。

第十四，学会赞美别人。在生活中，既要当好演员，也要当好观众。很多时候我们总是感觉和别人有距离，其实就是缺几句简单的问候和一个拥抱。

第十五，使用职业咨询服务机构。请专业人员帮你分析自己的长短以及就业市场的前景，帮助你准备面试，修改申请信。

第十六，被拒后应该坦然面对。要自己定义自己，不要用外在指标定义自己。

第十七，要傲视名校，别觉得上了哈佛有多么了不起。

第十八，不要过分追求完美，不要给自己不必要的压力。生活不只是工作、学习，它还包括很多很多。

第十九，要靠打工读完大学，积累工作经验。这很重要，只有打过工的人才会真正珍惜生活。

第二十，把你的目标列成表，因为没有计划就不可能成功。不要整天无所事事，胡思乱想，只有真正的行动才能拯救你！

其实，这20件事就是一张表。这些建议，凝聚着在哈佛等校长期执教的许多教授的经验。

三、树立科学择业观

[案例11]　曾荫权第一次求职的故事

因为家境贫寒，现任香港特别行政区长官曾荫权在年仅二十岁时就辍学踏入社会。其时，正是经济萧条时期，要想找一份较为理想的工作极为艰难。一家知名医药企业刚刚贴出招聘科员的启事，就引来了数十名应聘者，曾荫权也在其中。

面试时，应聘者被一一编了号，曾荫权因来得较晚而被编在了后面。

面试开始不久，几位先参加面试的应聘者从招聘办公室走了出来，他们沮丧地说："招聘条件很苛刻，没有大学文凭和两年以上的从业经验者，一概不录用！"

在门外等待面试的应聘者们听后，呼啦一下散去了很大一部分。曾荫权虽然也不符合条件，但他却没有跟着其他人一起走掉。

不久，又有几名应聘者从招聘办公室里走了出来，他们更为沮丧地说："公司不仅要求有大学文凭和两年以上从业经验，而且还要求年龄在二十五周岁以上。"

剩下的应聘者听后，又散去了一部分。曾荫权仍然继续耐心地排队等待。

这时，曾荫权身后的一名应聘者小声地问曾荫权："小伙子，你符合他们的应聘条件吗？"曾荫权回答说："一条也不符合。"

那人说："既然如此，你肯定会被淘汰的。不如走掉算了！"

曾荫权听后，笑了笑说："机会难得啊！即便是不符合条件，也应该有试一试的勇气啊，说不定就被录用了呢！"

那些没走的应聘者听后觉得他有些不自量力。

但面试的结果，却让其他应聘者大吃一惊：不符合应聘条件的曾荫权，虽然未被聘为科员，但却因超于常人的勇气和伶俐的口齿，而被破格录用为药品推销员。

后来，已成为香港政要的曾荫权在一次答记者问时说："从前，人们都说从尖沙咀坐船到中环是不可能的，因为湍急的水流往往会让乘船者偏离航向。但我不相信，就试了一次。这一试，让我意外地发现，虽然坐船到不了中环，但却可以到达湾仔或西环。这不同样是很好的落脚点吗？"记者听后，若有所思地说："曾先生的意思是说，什么事情只要尝试了，就会有意想不到的收获！我说的对吗？"曾荫权满意地点了点头。

分析：

一些求职者在应聘时，常常会犯这样的错误：因为招聘单位苛刻的条件和自身的缺憾，就轻易地放弃竞争，丢掉眼前难得的机会，以致连试一试自己长处的勇气也没有了。而曾荫权却以自己的经历告诉我们这样一个求职道理，那就是——

求职要靠竞争，自身长处是"敲门砖"；

求职要有勇气，成功始于尝试！

[案例 12] 从乡镇企业走出来的老板

小周是某大学食品科学系的毕业生，在大四的时候，他常常思考自己今后的出路：外企、大公司里大学生多如牛毛，硕士、博士也不少，在那里一个普通大学生没有多少优势可言，即使是如愿进入，短时期内也很难出头。而到小企业发展，成功的机会也许会更多些。自己的家乡江西樟树是有名的酒乡，全国著名的"四特酒"的产地，除国有大型酒厂外，差不多每个乡镇都有酒厂，自己学的专业与酒可以沾上边，在家乡是会有很大发展潜力的。主意一拿定，毕业后他便回到家乡寻找机会。此时，小周的高中同学——一个乡镇酒厂的老板力邀他以技术入股的形式加盟，两人一拍即合。在这个乡镇酒厂，小周是唯一的大学生，加上他勤奋好学、勇于创新，他研制的几种新酒一投放市场便受到人们的欢迎，酒厂的经济效益直线上升，小周也得到了很好的回报。后来，他自立门户，又经过几年的打拼，成了资产数千万的老板。现在，他的不少大学同学也来给他打工了。

分析：

时下许多大中专毕业生在选择职业时，大都有"人往高处走"的心理，希望到那些经济效益好、收入高的国有大企业、外资和中外合资企业工作，到大专院校、科研单位、政府机构就业，不愿到基层和小企业，更不愿意到求贤若渴、急需人才的乡镇企业，生怕埋没自己的才能。其实，退一步海阔天空，在择业之初到小企业就业，你可以学到更多的东西，得到更好的历练；何况基层和小企业人才相对较少，竞争对手相对弱些，更容易受到重用，得到发展。小周的求职创业经历，值得每一位面临择业的青年学生们深思。

毕业生择业只要端正心态，从小事做起，从低处起步，从基层立足，不断地学习，不断地积累，不断地创新，就有可能不断地向你的人生目标进发。

[案例 13] 技术创造财富

李波，某职业院校牧医专业毕业，执意回农村养猪，找到了谋生致富之路。

李波养猪有三大特色：一是一头成年母猪（200多斤重）一顿只喂养一斤到一斤半的饲料。二是给猪崽"烤火"。三是他的养猪场干净，即使在里面随便打滚，衣服也不脏。

刚开始,对李波每顿只给猪喂养一斤到一斤半的饲料,连他的爸妈都感到不理解,甚至非常气愤。用他爸爸的话说,"你卖猪要对得起猪,你给它吃那么一点,怎么对得起猪呢,你猪都对不起,还能赚钱?"直到他那母猪长得又好又快,怀孕的母猪顺利分娩且产下的猪崽都很健康时,他爸妈才开始接受他的饲养方法。原来,他是从所学的营养学的角度,按照猪每天所需要的蛋白质、能量,科学给猪搭配饲料。比如说,只喂玉米缺少某些营养素,那么搭配一些其他饲料进去就可以了。而传统的剩饭剩菜加红薯叶等熬出来的东西,没什么营养,也就胀胀肚子。

给猪崽"烤火",这是因为猪崽生长的适宜温度是:1～3 日龄30～34℃,4～7日龄为28～30℃,15～30 日龄 22～25℃。因此,当气温低时,应对猪崽采取防寒保暖措施。刚开始大家也笑话他,从来只听说天冷了,人烤火,而没有猪烤火的。但当他喂养的母猪产下的猪崽百分之百存活时,大家信服了。

而他的养猪场干净,主要由于他的科学管理。

现在,他的养猪方式方法得到了越来越多人的认可。不仅本村的村民找到他,要求跟他一起养猪,邻近村的一些养殖户也慕名而来。他除了给养殖户们提供仔猪,还进行技术培训。

分析:

技术创造财富。很多从农村出来的大学生不愿意回去,李波在农村创业成功的事实证明,我们大学生有知识有技术,在基层是大有可为的。三百六十行,行行出状元,只要我们根据自己的兴趣,有知识、技能以及足够的心理准备,在农村、在基层也能实现我们的抱负和理想。李波的成功经验再一次说明:拥有一技之长,是最好的生存方法;技能是毕业生进入社会的"通行证"和"护身符"。

[案例 14] 一个优秀高职毕业生为何被婉言辞退?

小张是广西某职业技术学院旅游酒店管理专业优秀应届毕业生,中共党员,历任班长、系学生会负责人。有强烈的上进心,吃苦耐劳,善于沟通,具有较强的组织能力与管理能力。2002 年 6 月,来到南宁某五星级宾馆应聘,成为一名饭店服务员。饭店首先安排他做行李员,他自认屈才,开始即有抵触情绪。他认为,以他的才能,做个大堂副经理绰绰有余,他的表现给饭店管理层留下不佳印象。

与小张同班的女同学小李,也是优秀毕业生,同样来到小张服务的那家宾馆,做客房保洁员。由于家境困难,她非常珍惜这一工作机会,工作细心勤恳,态度温和谦逊,微笑常挂脸上。一天中午 12 点,负责一个会议的徐先生提前 1 小时来到饭店,搬了一箱会议资料,在店门口碰见做行李员的小张,徐先生要求小张帮他将资料搬到会议室。小张正好要下班,就说:"对不起,我下班了。"徐先生一脸不高兴,正在这时,刚上班的小李见状,连忙微笑着说:"先生,我来搬。"她的勤快消除了客人的尴尬与不满。这一切,被大堂值班经理看在眼里。

三个月试用期后,小张被婉言辞退;而小李却被提升为客房部值班经理,并且在以后的发展中得到逐年提升,三年时间就升任大堂经理。

就这样,两个同班且同样优秀的毕业生,一个由于对职位的热爱、珍惜,懂得从基层做起，职位得到了提升；而另一个却由于定位不准，丧失了良好的发展机遇。

分析：

本案例具有典型性，小张各方面条件优秀，却由于他自己对职位与职业的定位不准，缺乏一种从基层做起的心理准备，结果不仅不能实现自己的职业理想，反而遭受了挫折；而小李却能明白职业与职位的区别，从普通保洁员做起，努力熟悉宾馆各个岗位，结果逐年提升，三年后成为大堂经理（宾馆的中层重要岗位），向人生的目标稳步迈进。

一般来说，职位是需要在实际工作中逐级提升的，需要从基层做起，明确这一点非常重要。对初涉职场的职业院校毕业生来说，必须克服好高骛远的心理，脚踏实地，从零做起。从另一角度看，低起点意味着将拥有更大的发展空间。

职场上的年轻人并不缺机会，而是缺少把握机会的品质和能力。

相关链接

就业、职业和事业

人力资源市场调查显示，"先就业，后择业，再创业"正在成为当代青年学生普遍认同的就业理念。但先就业并不代表可以随意就业，而要认清形势、认清自己的实际情况，寻找单位用人与自我发展的契合点，不能因为竞争激烈而"捡到篮里就是菜"，"病急乱投医"。职业生涯设计师徐小平认为，人生职业分为三个层次：第一层次是就业，维持生存；第二层次是职业，从事比较稳定的工作，满足基本的物质要求；第三层次是事业，这个层次不仅有丰富的物质生活，更要有充实的精神满足。这三个层次是逐步推进、逐步实现的，不可能一步到位。

四、心态决定命运

[案例15]　走出自卑的阴影，每个人都会超越自己

他，从一个仅有 20 多万人口的北方小城考进了北京的大学。因为自卑，他一个学期都不敢和同班的女同学说话。

所以，第一学期结束的时候，有很多同班的女同学都不认识他！

很长一段时间，自卑的阴影都笼罩他的心灵：最明显的体现就是每次照相，他都要下意识地戴上一副大墨镜，以掩饰自己的内心。

她，也在北京的一所大学里上学。

她不敢穿裙子，不敢上体育课。她疑心同学们会在暗地里嘲笑她，嫌她肥胖的样子太难看，大部分日子，她也都在疑心、自卑中度过。

大学时期结束的时候，她差点儿毕不了业，不是因为功课太差，而是因为她不敢参加体育长跑测试！老师说："只要你跑了，不管多慢，都算你及格。"可她就是不跑，她不是抗拒，而是因为恐慌，恐惧自己肥胖的身体跑一步都显得非常笨拙，一定会遭到同学们的嘲笑。可是，她连向老师解释的勇气也没有，只能傻乎乎地跟

着老师走，老师回家做饭去了，她也跟着。最后老师烦了，勉强算她及格。

后来，在播出的一个电视节目上，她对他说："要是那时候我们是同学，可能是永远不会说话的两个人。你会认为，人家是北京城里的姑娘，怎么会瞧得起我呢？而我则会想，人家长得这么帅，怎么会瞧得上我呢？"

他，现在是中央电视台著名节目主持人，经常对着全国几亿电视观众侃侃而谈，很有"大家子气"，他主持节目给人印象最深的特点，就是从容自信，语言隽永而富有哲理。

他的名字叫白岩松。

她，现在也是中央电视台著名节目主持人，而且是完全依靠才气，丝毫没有凭借外貌走上中央电视台主持人岗位的。

她的名字叫张越。

分析：

自卑感是指个体在与他人比较后，觉得自己不如别人，因而表现出无能、软弱、猜疑、焦躁、精神不振等心理失衡状态，它是个体对自己的能力与品质作出偏低评价的一种自我意识，它对人的职业生涯将产生很大影响。

有位作家说过："一个自卑的人并非浑身缺点，但他拒绝看到自己身上闪光的地方，却用放大镜来看自己的短处……人好像灰色得活不下去，好像下一刻就是世界末日。一个人若时常处于自卑状态，就会成为自己的地狱。"

自卑心理每个人或多或少都会有一些，因为一个人不可能十全十美，关键的问题是，我们如何走出自卑的阴影。唯有相信自己，相信"天生我材必有用"，相信勤能补拙，扬长避短，才是战胜自卑最有效的办法。

心灵驿站

播种自信的种子，消除自卑的杂草

• 对自己进行客观评价。对自己的长处和短处进行客观分析与评价，不要把别人看得十全十美，把自己看得一无是处，以减少产生自卑的诱因。

• 以勤补拙。如果某方面的不足是由于自己没有尽全力，潜力没有充分发挥，那就要下更大的工夫去努力，以顽强的毅力和决心去克服缺点。

• 学会扬长避短。对于那些经过努力后仍难有改善的短处，就主动放弃它，并有意识地积极寻觅并发展自己的优势，以达到"失之东隅，收之桑榆"之效。

• 进行积极的自我暗示。经常让自己保持一种信念，用"我也能""我行""不信，做给你看"等恰到好处的自我暗示，在自己的心田播种自信，消除自卑的杂草。

• 确立合乎实际的目标，注意自我激励。做任何事都不可操之过急，目标不可定得太大、太高，不然就容易受挫。如果目标本身较大、较高，可将它分解为一个个子目标，这样就易于打胜仗，而每次成功都是一种激励，有利于提高自信心。

• 拓展自己的交际圈。心理学家认为，当人独处时，心理活动就会转入内部，朝向自我。而在与人积极交往的过程中，自己的注意力会被他人所吸引，心理活动

27

就不会局限于个人的小圈子里，性格就会变得开朗。

• 剔除消极用语。留意一下你自己是不是经常用一些消极性的自我描述用语，如"我就是这样""我天生如此""我不行""我没希望""我会失败"等。尝试把这些句子改成"我以前曾经是这样""我一定要改变""我能行""我可以试试""这次会成功的"，并且要经常对自己说。

［案例 16］　相信自己，一切皆有可能

故事一

一个清洁工在 3 年时间里就做到了公司的总经理，你认为可能吗？这多少让人难以置信，但方杰做到了，而且这个故事还发生在澳大利亚，他的成功像个神话。

方杰 1988 年留学澳大利亚，当初这个踏上异国他乡的小伙子，3 年后竟成了"澳大利亚第一华人职业经理人"。回国后，方杰又推出了"奥普浴霸"，这不仅引领了中国传统卫浴观念的一场革命，同时也创造了一种文化。方杰的成功就是缘于一股坚持到底的韧劲，最后把不可能的事变成了可能。

初到澳大利亚，方杰急于想找份工作，但人生地不熟，找工作谈何容易？一次，同学无意中提起 Light UP 公司开除了一名工人。言者无意，听者有心，方杰马上想到，这个公司势必会有一个职位空缺，于是他当即乘火车赶往 Light UP 公司。可到了公司，人家却说并没有什么职位空缺，而方杰却一再地推销自己。那老板被方杰搞得不胜其烦，便随口说："好了，我会打电话给你的。"聪明的方杰当然知道那是托词，但还是追问道："星期几？"老板当时火了，终于抬起一直低着的头，看了方杰一眼，答道："星期四。"没想到，方杰还"不知趣"地继续问道："几点？"方杰的执著让老板大感意外，结果他星期二就接到了电话。

尽管第一份工作是扫地，但方杰凭借自己的好学、聪颖与执著，从最底层一步步做起，直到最后的总经理。方杰自己的努力，成就了根本"不可能"的事。

故事二

一个农村放牛娃由于没有钱租房，曾睡在上海街头的屋檐下，可就是这个一穷二白的"外来弟"却在上海创办了全国第一家油漆涂料连锁公司，成了公司的董事长，你认为这样的事可能吗？

这个放牛娃叫李学全，他出生于沂蒙山区，由于家境贫寒，他不得不在初一辍学，然后在家放了两年牛。出于对上海的向往，当时 21 岁的李学全跟着老乡，冒冒失失地来到上海，靠着在装潢店打工每月 80 元的工资艰难糊口。

1992 年，浦东开发，李学全开始在梅园新村摆地摊卖建材。那时没有住的地方，他就睡在小区门房的屋檐下，一睡就是半年；没有摊位，他就在马路边摆几块样品；没有资金进货，他就小本经营，一点一点地积累，最终靠着诚信赢得了商家的信赖……他硬是一家店一家店地开了起来，直到如今成了一家拥有 30 多个门店的公司董事长，可谓创造了一个奇迹。

李学全的成功诠释了一个道理——世上没有不可能的事，只要你坚持不懈。他

的故事可以促使我们思考这样一个问题：他能做到的，我们是不是也能做到？

故事三

一个在珠海投资房地产不幸破产的人，欠了几十万元的债，他这辈子还能东山再起吗？这个落魄的人，从珠海来到上海，住在没有窗子的储藏室里，一日三餐靠方便面、馒头打发，而他却雄心勃勃地计划着自己要在3年内成为百万富翁，朋友们都嘲笑他，他能再次成功吗？

初到上海，是易发久最窘迫的时候。有一次，他上了公交车才发现，身上只有一枚5角硬币，最后不得不下车，步行去了目的地。尽管处境艰难，可易发久却满怀信心。他认为，要通过打工来还清一身债务是根本不可能的事，道路只有一条——继续创业。于是，一无资金、二无背景的易发久向自我挑战，决定要成为一名职业培训师。

为了能把自己的培训课程推销出去，易发久规定自己每天上午打100个电话。他去公用电话亭包下了两部电话，一部打出去，一部等待对方回电；下午则选定目标，有选择地去"扫楼"；而到了周末，易发久就去参加人才招聘会，向设摊的人事经理推销课程……通过这样的方式，易发久找到了最初的客户。如今他已成为国内著名的职业成功培训师，微软、可口可乐、强生、西门子、东航等许多公司的职员都接受过他的培训。易发久果真用3年时间实现了自己的梦想。

很多人的境遇都比易发久强多了，而成功却偏偏选择了他，这与他敢于向"不可能"挑战的自信密不可分。

分析：

在激烈的择业竞争中，自信心是成功的前提，一个人如果对自己失去了信心，也就失去了成功的机会。比如说，你想着这份工作要求很高，自己肯定不行，结果可能就真的应聘不上。这样一来，你看似是在应聘了、争取了，其实一点效果也没有，反而会适得其反，进一步挫伤自己的勇气和自信心。

如果一个人总是以"不可能"来禁锢自己，那么他注定难有成就，最终将被生活淘汰。成功者的故事告诉我们，有时只要再向前迈进一步，再坚持一下，也许"不可能"就会变成"可能"。而成功者之所以能成功，就是因为他们对"不可能"多了一份不肯低头的韧劲和执著。

［案例17］ "三高"的误区

吴敏是广西某工科中专学校模具设计与制造专业2005届的毕业生，因平常总听人说模具专业人才在社会上非常抢手，薪水很高，认为自己所学的专业需求旺，求职门路广，所以毕业择业时他给自己定的目标是"三高"：高工资、高职位、高起点。可是，初到社会，他的理想就被彻底粉碎了！小单位他不想去，工作辛苦的他不愿去，报酬低的他不考虑，他看上的单位又因为他缺乏工作经验或技能水平不高而对他并不认同。毕业两年，他去过的单位有十几个，长的做了三个月，最短的做了一周，不是他"炒"老板，就是老板"炒"他。经过了多次的失败挫折后，面对着强手如林的职场，眼花缭乱的招工单位，吴敏茫然了，着急了，在后来的择业过程中表现越来越差，陷入恶性循环而不能自拔，之后，他一蹶不振，产生了自卑感。现在，他不敢再去应聘，没有勇气再去面对失败的挫折，但在家里，又觉得无颜面对父母，所以他只好整天把自己关在房间里，不愿意和任何人接触和交谈，拒绝任何人帮他找工作。他性格暴躁，喜怒无常，甚至连他父母都无法和他进行正常的接触和沟通。心理医生说他已经产生了心理障碍，过高的期望与残酷的现实之间产生的巨大落差，加上多次的失败打击，让他由原来的过分自信变成了过度自卑，如果不及时解决这个心理问题，他永远都无法面对现实，甚至会毁掉自己的人生。

分析：

吴敏的失败在于其好高骛远，眼高手低，陷入"三高"的误区。理想太远大，现实太残酷，理想与现实的差距是一条不可逾越的鸿沟。要想做将军，首先做小卒。将军是理想和梦想，离我们有如太空般的遥远，小卒才是目前的合理选择，这是让你先生存下来的现实。要认识到自己刚刚毕业，没有职场实战的能力和经验，所以不要太过理想化。否则，就是水中捞月、雾里看花。

现在有许多大中专毕业生求职时，都有一种心理值偏高的现象。这种心理预期、自我期待从入学开始就很高，经过几年的校园生活到毕业时升得更高，有些甚至是好高骛远、想入非非。表现在择业时向往高工资、高职位、高起点。在上海浦东一场人才交流会上，近90%的毕业生要求明显过高：月薪开价动辄2500元"没商量"。一个外贸专业毕业生应聘到一家外贸公司，领导让他去一个乡镇企业组织货源，他竟手足无措。在他看来，外贸就是谈判、签约、参加仪式、出国开拓市场，岂有"上山下乡"之理。因此，无论是大中专毕业生，还是其他类型的求职者，都必须量力而行，合理调整择业期望值。如果是刚刚开始踏入社会的求职者，没有工作经验，更没有经历过市场大潮的风风雨雨，必须要记住三个原则：一是千里之行，始于足下；二是滴水之力，日久穿石；三是只要是真金，处处放光彩。

[案例18] "热门"不一定适合你走

小林是2004届通信专业的学生，也是一位聪明好学的好学生，同学、老师都相信她一定能找到自己满意的工作。2003年12月的一天，一家五星级外资酒店来校招人。招聘公告一发布，同学们争相报名，因为"外资"与"五星级"对同学们充满了诱惑，一下去了100多人。小林看着心里痒痒的，也去参加面试，结果被录用，这让她兴奋了好一阵子。可当她来到酒店，却被安排在前台服务。没有学过旅游服务的她什么都不能做，痛苦极了。一周后，她主动回到了学校。

小林在择业时不是看自己的优势与需求，而是因为别人都去了，所以自己也去，可去了之后才知道自己并不合适，不得不进行第二次选择。

分析：

热门行业、单位、岗位，一般待遇较高，有钱、权和地位，很多人都羡慕。你对热门有向往之心，是可以理解的，但要量体裁衣，热门别人可以走得通，却不一定适合你走。一位资深职业顾问告诫刚毕业的大学生："你可以效仿盖茨，但你毕竟不是盖茨，他找到了适合自己的路——弃学从商，成为了世界首富，你未必行。"

越是热门的行业竞争者越多，这也就加大了我们成功的难度；如果那些热门的行业并不与你的专业知识、能力相符合，就很难取得成功；如果不知己知彼，盲目随众去追逐热门，结果只会迷失自己，丧失自己的优势和职业发展空间。

按照辩证的观点来看，冷与热是相对的，也是可以转换的。不管热门、冷门，最适合自己的职业就是最好的职业。这里的"适合"应该包含三层意思：一是我们能胜任的职业；二是我们喜欢的职业；三是职业需要我们，有发展的空间。职业没有高低贵贱之分，只要是社会需要的都是高贵的职业，也都能干出一番事业。

［案例 19］　上帝为你关上一扇门，就可能同时为你打开另一扇窗

专业劣势　用技能弥补

某大学历史系毕业生小刘，身高只有 1.65 米，长相不起眼，所学专业也是冷门，这使他多次参加招聘均以失败告终。但小刘的英语口语特别棒，能进行同声传译。在参加某外资企业的面试遭淘汰后，小刘没有气馁，绞尽脑汁，通过老乡的引见，直接找到了中方负责人。负责人被他流畅的英语所折服，最终拍板要了他。

小毛是学地理的，本科毕业。一次去应聘某日本商行的高级主管，招聘比例是50：1，前去应聘的大多是研究生。在应聘过程中，秘书小姐说电脑坏了，经理急需的资料调不出来了。经理把求助的目光投向前来参加面试的学生，但只有小毛自信地站了起来，十几分钟后，在电脑恢复正常运作的同时，小毛也获得了录用。

冷门专业的学生经常感叹前途渺茫，其实不妨在本专业之外再掌握一些实用性强的辅助性知识或技能，说不定在关键时刻就能派上用场。

学历劣势　用自信弥补

某广告公司招聘广告设计师，优厚的待遇吸引了不少毕业生前来应聘。在面试前的半个小时里，应聘者都坐在接待室里。该公司总经理与人力资源部部长此时正通过闭路电视观察他们，其中一位始终面带微笑、神态自信的女大学生引起了他俩的注意，调出她的求职登记表，却发现她没有广告专业文凭，从事广告设计的经历也不长。即使这样，她的自信不由得让总经理忽略了她的学历，转而关注她的作品。

面试时，该学生毫不怯场，始终面带着自信的微笑，加上能够展示她才华的独特的作品创意，最终，她成了幸运儿。

不难看出，是微笑让她引人注意，使她在面试中超越其他对手，并让考官对她产生了信任感。如果学历不高的你相信自己的能力，那么，就亮出你的微笑。

健康劣势　用特长弥补

建军在一次打篮球时，右眼不幸失明，他很苦恼，为今后的就业忧心忡忡。同学们纷纷为他出谋划策。大家发现建军的嗅觉特别灵敏，平时同学们都戏称他为

"狗鼻子"，就建议他充分发挥这一特长。建军思量之下也觉得有道理。于是，在课余时间，他特地跑到某专业基地，向专家请教如何提高人的嗅觉及灵敏度等技术问题。"工夫不负有心人"，毕业后不久，建军被某大型香料制作企业看中。如今，他已是该企业的部门主管，担负着全厂出口香料的质量检测工作，待遇非常优厚。

什么劣势都可以弥补，唯独躯体的残疾会让人感到无力回天。但世事无绝对，上帝为你关上一扇门，就可能同时为你打开了一扇窗。只要能及时挖掘自己其他方面的优势，并将这些优势转化成生产力，天堑也能变通途。

性格劣势　用场合弥补

兴华天生害羞，一开口说话就脸红，被大家戏称为"含羞草"。大学毕业后的几次求职面试，均因心发慌、手发抖、头发晕、说话结结巴巴而败北，兴华为此很苦恼。一天，在某私企打工的同学向兴华透露一个信息：该私企近期要招聘一名总裁秘书。兴华很想得到此职位，但"面试恐惧症"又一时难以根除。正当兴华犹豫不决之际，那个同学告诉他该企业马上要举行"卡拉OK"大赛。兴华眼前一亮：自己是当年全校"卡拉OK"比赛的冠军，只要拿起麦克风，一点儿也不怯场，何不去试试？便央求那位同学想办法让自己以嘉宾身份参加比赛，结果如愿以偿。在"卡拉OK"大赛上，兴华以洒脱的形象、专业水平的演唱技压全场，一举夺得了大赛的冠军，引起了该企业总裁等高层人士的注意。此时兴华一点也不慌张，他向该企业领导说明来意，并拿出自己发表过的文章。最终，他成功应聘到了该职位。

性格上的弱点谁都有，在求职路上，要尽量避开可能暴露弱点的场合，抓住一个最能体现优势的时机，你就有可能应聘成功。不过此种求职方式需要创意和策略。

分析：

人无完人，每个人都有弱点和缺陷。在求职时，这些弱点和缺陷就会转化成劣势，成为求职障碍。尽管如此，带着劣势求职并非意味着失败，只要善于另辟蹊径，用长处弥补短处，求职就能突破重围，关键看你有无勇气和良好的心理素质。

五、职业个性也能成为求职中的亮点

[案例20]　人尽其才

一位老板想提拔他信任的甲、乙、丙三位助手，分别负责管理财物、推广业务、策划及后勤的工作。他想了解三位助手的个性特点，根据个性分配适合的工作。于是安排三位助手下班后留在公司与他一起研究问题，在这期间，故意制造一起假火警，以便观察他们三人各自的个性特点。

听到火灾警报，甲说："我们赶快离开这里再想办法。"乙一言不发，马上跑到屋角拿出灭火器去寻找火源。丙坐着不动，说："这里很安全，不可能有火警。"

老板通过三位助手各自的行为表现，找到了满意的答案。他认为：甲首先离开

危险区，保持不败之地，表现了个性的客观、谨慎、稳重、老练；乙积极向危机挑战，抢先救火，忠于公司，表现了个性的勇敢、大胆、敏捷、果断、敢于冒险；丙对公司的安全早有了解，充满信心，甚至可能才智过人，早已看出这是一出"戏"，表现了个性的沉着冷静、深谋远虑。老板通过自己的观察，认为甲的个性适合管理财务，乙的个性适合业务推广工作，丙的个性适合筹划和后勤工作。根据他们的个性特点，分别将三人安排在不同的岗位上，发挥他们的个性优势，做到了人尽其才。

分析：

职业个性心理是一个人在职业活动中形成的相对稳定的各种心理现象的总和，不同的职业需要不同的职业个性。个性决定成败，这一说法的确有些道理。在就业这个大浪潮中，具备良好的个性，确实可以将求职者的优势提高到一个新层次，为成功就业增加一个新的亮点。好的个性能够给自己带来无数个机会，不良个性往往使机遇与自己擦肩而过。在求职过程中，人们应该经常审视自己的个性，扬长避短，力求将自己的个性发挥到极致，以凸显自己的优势，千万不要将个性当做择业过程中的一个负担。

[案例21]　如果餐馆不景气，只好去做银行家

一位中国MBA留学生，在纽约华尔街附近的一间餐馆打工。一天，他雄心勃勃地对餐馆大厨说："你等着看吧，我总有一天会打进华尔街的。"大厨好奇地问道："年轻人，你毕业后有什么打算呢？"留学生很自信地回答："我希望学业一完成，最好马上进入一流的跨国企业工作，不但收入丰厚，而且前途无量。"大厨摇摇头："我不是问你的前途，我是问你将来的工作兴趣和人生兴趣。"留学生一时无语，显然他不懂大厨的意思。大厨却长叹道："如果经济继续低迷下去，餐馆不景气，我就只好去做银行家了。"留学生惊得目瞪口呆，几乎疑心自己的耳朵出了毛病，眼前这个一身油烟味的厨子，怎么会跟银行家沾得上边呢？大厨对留学生解释："我以前就在华尔街的一家银行当总经理，天天披星戴月，早出晚归，没有半点自己的业余生活。我一直都喜欢烹饪，家人朋友也赞赏我的厨艺，每次看到他们津津有味地品尝我烧的菜，我就高兴得心花怒放。有一天，我在写字楼忙到凌晨一点才结束了例行公事，当我啃着令人生厌的汉堡包充饥时，我下定决心要辞职，摆脱这种机器般的刻板生活，选择我热爱的烹饪为职业，现在我的生活比以前愉快百倍。"

分析：

兴趣是一个人积极探究某种事物的心理倾向。

大厨的选择在有些人看来是不可思议的，但无疑他又是非常明智的。没有兴趣的工作，既不会享受到乐趣，又不可能干得很出色，更难以体现人生的价值。所以，工作无高低，职业无贵贱，"对头"就好，"乐意"为佳，合适最是理想。

兴趣是最好的老师，是一种强大的精神力量。一个人选择了与自己志趣相投的事业，就不会陷入失败的境地。一旦选择了真正感兴趣的职业，人才能产生愉悦的感受，保持不懈的动力，使自己的长处更优，培养出职业核心竞争力。

比尔·盖茨说过："在你最感兴趣的事物上，隐藏着你人生的秘密。"这个秘密就是——兴趣是打开财富、幸福、荣誉和成功大门的钥匙。

我们在培养职业兴趣的过程中，要注意以下几点：一是要培养广泛兴趣，在职业变动时能够较快适应新的职业；二是形成中心兴趣，既广且精，学有所长；三是保持职业兴趣的稳定性，深入钻研，不要朝三暮四，见异思迁；四是培养切实的职业兴趣，量力而为，不追求时髦或自视清高、好高骛远。

相关链接

（一）"为爱好而工作"易致富

哈佛大学曾对1500名学生进行过一项调查，询问他们选择自己的专业是出于爱好还是因为赚钱。1255名学生回答是因为赚钱，245名学生表示是出于爱好。这项调查进行了10年，结果显示，10年后因为爱好而奋斗的人中有100人成了富翁，而为了金钱而工作的人中只有1人成了富翁。

科学的调查告诉我们，致富的唯一道路是做你自己喜欢的事情。在选择专业和职业时要听从内心的安排，不要被外在的标准和别人的意见所左右。只做自己喜欢的事情，这样既帮助了自己也帮助了社会。

（二）兴趣类型与适合职业对应表

为便于大家根据自己的兴趣选择合适的职业，下面介绍一个加拿大职业分类词典中各种兴趣类型和与之相适合的职业表。

兴趣类型与适合职业对应表

类型	兴趣类型	适合职业
1	愿与事物打交道，喜欢接触工具、器具或数字，而不喜欢与人打交道	制图员、修理工、裁缝、木匠、建筑工、出纳员、记账员、会计、勘测人员、工程技术人员等
2	愿与人打交道，喜欢与人交往，对销售、采访、传递信息活动感兴趣	记者、推销员、营业员、教师、行政管理人员、外交联络员等
3	愿与文字符号打交道，喜欢常规的、有规律的活动。习惯在预先安排好的程序下工作，愿干有规律的工作	邮件分类员、办公室职员、图书管理员、档案整理员、打字员、统计员等
4	愿与大自然打交道，喜欢地质类的活动	地质勘探人员、钻井工、矿工等
5	愿从事农业、生物、化学类工作，喜欢种养、化工方面的实验性活动	农业技术员、饲养员、水文员、化验员、制药员、菜农等
6	喜欢帮助别人解决困难，试图改善他人的状况，帮助他人排忧解难，喜欢从事社会福利和帮助人的工作	咨询人员、科技推广人员、教师、医生、护士等

续表

类型	兴趣类型	适合职业
7	喜欢掌管事情，以发挥重要作用，希望受到尊敬和获得声望	行政人员、企业管理干部、学校领导和辅导员等
8	愿研究人的行为和心理，喜欢谈论涉及人的主题，对人的行为举止和心理状态感兴趣	人事管理、思想政治教育研究工作以及教育管理工作、行为管理工作、社会科学工作者、作家等
9	喜欢通过逻辑推理、理论分析、独立思考或实验发现和解决问题	生物学、化学、工程学、物理学工作者，工程技术人员等
10	喜欢创新的式样和概念，喜欢独立地工作，对自己的学识和才能颇为自信，善于解决抽象的问题，急于了解周围的世界	社会调查、经济分析等类研究工作，化验、新产品研发人员，以及演员、画家、创作或设计人员等
11	对运用技术、操作各种机械、制造新产品或完成其他任务感兴趣，特别是喜欢大型的、马力强的先进机器，喜欢具体的东西	飞行员、驾驶员、机械制造人员等
12	喜欢制作看得见、摸得着的产品并从中得到乐趣，希望很快看到自己的劳动成果，并从完成的产品中得到满足	室内装饰设计师、园林设计师、美容美发师、手工制作及机械维修人员、厨师等

根据这种分类，一种兴趣类型可以对应许多种职业，同时绝大多数的职业特点也都与几种兴趣类型相近，而每一种职业往往又都同时具有其中几种类型的特点。假如你要成为一名护士，那就应有与人打交道（类型2）、热心助人（类型6）、愿做具体工作（类型12）这三个兴趣类型的特点；如果你对其中的某一方面缺乏兴趣，那就应努力培养和发展这方面的兴趣以适应护士职业的要求，否则，还是选择更适合你的兴趣类型的职业为好。

[案例22] **别让情绪误了职场好事**

在职场中，有时凭借自己的感性，能有特别的灵感和收获。然而，当感性被不合时宜地过分表现出来时，也会造成不可避免的损失。这时，就该好好约束自己的性情，控制好情绪，注意每一个细节，提高自己的成熟度，走好职场每一步。

陈泽是一家大型企业的高级职员，他的能力是有目共睹的，无论是工作能力，还是文笔，均是一流水平。这一点也得到了上司的充分肯定。平时，陈泽的热情大方、率真自然是比较受人欢迎的。但是，陈泽的冲动和不加掩饰，在职场中犯了大忌。

前不久，单位提拔了一个同事。陈泽心里很不平衡，认为该同事无论资历、能力还是业绩都不如自己。平时上司就对那位同事特别关照，提职、加薪等好机会都想着他，好事几乎都让他"承包"了，一年之内竟然被破格提拔了3次，真是太不公平了。

于是，陈泽恼了。他义愤填膺地跑到上司的办公室去质问，并义正词严地与上司理论起来，上司被陈泽搞得非常狼狈。

由于陈泽情绪化的举动，使他在公司的人事关系顿时紧张起来，工作越来越不顺利。

分析：

陈泽受挫，虽然原因是多方面的，但最主要的一条就是他的情商（EQ）出了问题，不能抑制自己的情绪，犯了职场中的大忌——在为人处世上缺乏技巧，遇事容易冲动。陈泽也想让自己"老练"和"成熟"起来，然而一碰到让人恼火的事情，他就控制不住自己的情绪，尽管事后觉得不值，但当时就是不能冷静下来。因此，职场中遇事应该学会以下几点：

一是遇到事情要冷静思考，这位同事之所以得到信任和提拔，一定有让领导认可的能力。

二是碰到恼人的事情，先不要发火，拼命让自己安静下来，然后再作决定。

三是一定要学会制怒，有些事情一旦发生，事后是无法弥补的。

四是学会缓解和释放压力，调整好心态，心平气和地做人做事。

相关链接

气质与职业选择

气质就是人们通常说的"脾气""性情"。现代心理学认为，气质是一个人心理活动的动力特征，它表现在情绪状态产生的快慢、情绪体验的强弱、情绪状态的确定性和稳定性、情绪变化的幅度以及语言、动作的速度等方面。

每种气质既有积极的一面，又有消极的一面。气质没有好坏之分，每种气质都有可能导致事业上的成功。但每种气质也有其较为适应的职业范围。在适应的职业种类中，人们往往能抑制自己气质的不足，发挥气质的优点。如何判断某一气质或性格的长短，很难有一个绝对的标准。例如，平稳、协调在一个工作有序的岗位上也许被看成一种优点，但在竞争激烈的市场中，单靠平稳、协调就可能无法立足。

关于人的气质类型的划分，现在较为流行的仍然是古希腊著名医生希波克拉底提出的"体液优势论"。他把人的气质分为四种类型：多血质、胆汁质、黏液质和抑郁质，每种气质类型都有其各自的特点。就职业选择和管理工作来说，根据气质类型选择职业或安排工作，有利于扬长避短，提高创造力和工作效率。

气质特征与适合职业对应表

类型	气质特征	适应职业
多血质	情绪兴奋性高，表现为情感变化迅速，对人对事易发生情绪反应，但情绪不稳定，心境变换较快，随意反应性强，具有较大的可塑性。工作能力强，容易适应新环境，工作面较广，办事多凭兴趣，富于幻想，缺乏忍耐力，不愿做需要耐心的工作，不适宜做过细的工作，也很难胜任单调机械的工作	外交人员、管理人员、驾驶员、服务员、医生、律师、运动员、冒险家、新闻记者、演员、侦探、干警等
胆汁质	情绪兴奋性高，抑制能力差，反应速度快但不灵活，情绪体验强烈而持久。表现为情绪产生迅速且带有爆发式特点。喜欢不断有新活动、新高潮出现，工作变换和环境转移不会对他们造成压力。适合做刺激性强而富于挑战的工作，适应热闹、繁杂的工作环境，很难胜任长期安坐、细心检查的工作	导游、节目主持人、推销员、演员、模特等
黏液质	情绪兴奋和随意反应性较低，内倾明显，外部表现少，反应速度慢但稳定性强。情感不易变化和暴露，不易激动，即使在最可能引起激动的情况下，也难引起冲突。但情绪一旦被引起，就变得强烈、稳固而深刻。他们行动稳定迟缓，说话慢且言语不多。遇事谨慎，善于克制、忍让，生活有规律，不为无关的事情分心，埋头苦干，有耐久力。但往往不够灵活，注意力不易转移，容易固执、拘谨。容易养成自制、镇静、不急躁的品质	外科医生、法官、管理人员、会计、播音员、调解员等
抑郁质	又称易抑制型，其特征是反应速度慢而不灵活，属于呆板而羞涩的类型。这种人感情细腻，做事小心谨慎，善于观察到别人注意不到的微小细节。但适应能力较差，易于疲劳，行动迟缓，生活中常有孤独、胆怯的表现，不适合做需要与各色人物打交道、环境经常变化、大量消耗体力和脑力的工作	保管员、排版员、化验员、保育员、研究人员等。成为艺术家的概率比较大，适合做一些需要细致观察和感受的工作如护士、心理咨询师、幼儿教师等

[案例23]　　改变自己会痛苦，但不改变自己会吃苦

　　咏梅在中等职业学校就读计算机专业，毕业后到一家计算机公司参加了工作。她性格活泼外向，在学校就参加了许多社团活动，为此她很有成就感。不过她对计算机并不感兴趣，她也不知道自己的兴趣在哪里。

　　几个月的工作时间算不上太久，但咏梅却觉得十分漫长。对她来说，工作没有给她带来丝毫的快乐，反而让她觉得心理压力很大。当早上醒来想到马上又要上班面对冰冷的计算机，而下班后还要苦思冥想时，她便心烦意乱。她半夜常做噩梦，甚至梦到沉重的计算机压在自己身上，为此烦恼不已。她怀疑自己可能患病了。

　　一天，咏梅与部门主管进行了一次长谈，通过交谈她发现，原来部门主管有过与她一样的经历，但是，今天的部门主管却完全适应了现在的工作环境，性格虽然并不缺乏活泼的一面，但在工作中已经改变了许多。咏梅通过对部门主管的了解，并与自己进行对照，确定了改变自己的方法：

　　（1）请主管安排她在一个同事多一点的办公室工作。

　　（2）在工作一段时间后，起身活动一下，并逐渐将工作的时间延长，渐渐减少工作中起身活动的次数。

　　（3）在自己使用的计算机中存入一些自己喜欢的东西，并给计算机起昵称。

　　（4）每当心烦时，就想想关心自己的上司和热情、友好的同事以及优厚的待遇。

　　不久，咏梅发现自己变了。她不但喜欢积极与人接触，而且喜欢日复一日地面对计算机。她希望能够在现实工作中与他人在一起，同时，她也喜欢天天围着她的"好朋友"计算机转。咏梅说，她一上班就先给自己的计算机"擦擦脸，擦擦手"，然后在这位"好朋友"的相互沟通和互动中完成工作任务。

　　咏梅说："现在，谁要想打断我的思路，把我从计算机前面叫起来，是一件十分困难的事情。"

　　咏梅说："如果说当时错误地认为，读中职时选择了'无生命'的计算机是一大错误的话，那么，在工作时又选择了'无生命'的计算机，却是因错得福。"

　　咏梅觉得自己十分幸运，她打算继续在公司干下去，与计算机做终生的朋友。

　　分析：

　　性格是个性的核心部分，而为人处世就是性格的核心。性格还制约着气质和能力的发展方向和表现形式，如勤奋可以造就天才，认真的性格可以使原来脾气暴躁的胆汁质的人忍耐琐碎、细致的工作，而敷衍的性格使原来沉静、稳重的黏液质的人做起工作来丢三落四、差错不断。

　　性格对职业有较大影响。印度古谚云："播种行为，收获习惯；播种习惯，收获性格；播种性格，收获命运。"我国古人讲过："积行成习，积习成性，积性成命。"这些都道出了性格的重要性。那些在事业上成功的人往往具有共同个性，他们不畏艰苦、百折不挠、善于忍耐、纪律性强、独立执著、责任心强、敢于创新，在他们身上很少有那些诸如暴躁、冲动、懦弱等不良性格。性格是相对稳定的，又是可以调适和完善的。改变人生首先要从改变自己的性格开始，如果你持之以恒地

改变自己的心态，那就能够改变自己的性格。青年人的性格特点正处于形成时期，可塑性很大，应该充分认识自己、了解自己，注意扬长避短，加强修炼，克服自己性格上的弱点，才能培养出适应各种职业环境的性格，成为自己命运的主宰者。

　　不同职业需要不同的职业性格。职业院校学生由于职业意识的发展，常常自觉地分析自己的性格，克服各种缺点，一般能形成符合职业要求的性格。每个人都有自己的性格特征，其中有些与职业要求相符，有些可能与要求不一致，这是十分正常的现象。对符合职业要求的性格特征，要充分发挥自己性格中的优势；对不符合职业要求的性格特征，就要调适、完善或改变。改变性格要有一个过程，有时也很痛苦，但不改变肯定会吃苦，很难在社会上生存，更难得到发展。案例中的主人公咏梅，除保持性格活泼的一面外，还培养了对计算机的兴趣和计算机服务人员的"重复、服从、耐性、严谨"的性格特征，"因错得福"，适应了岗位工作的要求。咏梅调适、完善自己性格的四点方法，对我们也很有启迪，可以根据具体情况灵活运用。

相关链接

性格与职业选择

　　人的性格千差万别，职业心理学的研究表明，不同的职业有不同的性格要求。虽然每个人的性格都不能百分之百地适合某种职业，但却可以根据自己的职业倾向来培养、发展相应的职业性格。不同的性格特征，对企业而言，决定了每个员工的工作岗位和工作业绩；对个人而言，决定着自己的事业能否成功。一些教育学、心理学研究人员根据我国的实际情况，将职业性格分为9种基本类型。

性格特征与适合职业对应表

类型	性格特征	适合职业
变化型	在新的活动或工作情境中感到愉快，喜欢有变化的和多样化工作，善于转移注意力	记者、推销员、演员等
重复型	按固定的计划或进度办事，喜欢重复的、有规律的、有标准的工种	纺织工、机床工、印刷工、电影放映员等
服从型	愿意配合别人或按别人的指示办事，而不愿意自己独立作决策或承担责任	办公室职员、秘书、翻译等
独立型	喜欢计划自己和指导别人活动，喜欢对未来作出决定，在独立负责的工作情境中感到愉快	管理人员、律师、警察、侦察员等
协作型	在与人协同工作时感到愉快，善于引导别人，并想得到同事们的喜欢	社会工作者、咨询人员等
劝服型	通过谈话或写作影响别人，对别人的反应有较强判断力，善于影响别人的态度和观点	辅导员、行政人员、宣传工作者、作家等

续表

类型	性格特征	适合职业
机智型	在紧张危险的情况下能自我控制并沉着应付，发生意外和差错时能不慌不忙地完成任务	驾驶员、飞行员、公安人员、消防员、救生员等
自我表现型	喜欢表现自己的爱好和个性，根据自己的感情作选择，通过自己的工作来表现思想	演员、诗人、音乐家、画家等
严谨型	注意工作过程中各环节、细节的精确性，愿意按规划和步骤工作，尽可能做得完美，通过努力工作体现出色完成工作的效果	会计、出纳员、统计员、校对员、图书档案管理员、打字员等

绝大部分职业都同时与几种性格特征相吻合，而一种性格特征也可能同时适合几种职业类型。在实际对应过程中，应根据个人的性格与职业的要求，具体情况具体分析，不能一概而论。性格属于什么类型无关紧要，不同的性格体现不同人的个性特征，关键是要找出个人的性格典型特点，扬长避短，发挥自己性格中的优势。

[案例24] 惠普公司女掌门人求职之路

一家著名的电脑公司公开向社会招聘高层管理人员，一位没有学过电脑，也没有从事过任何与电脑相关工作的女士，却跑去电脑公司应聘。出人意料的是，最终电脑公司录取的不是那些从事电脑工作的人员和电脑专家，而是她。为什么电脑公司会录用她呢？

原来，当那些对电脑熟悉的工作人员和专家各显其才的时候，她却通过细致的观察和深入的了解，发现公司目前所缺少的，不是技术人才，而是战略制定以及管理人才。在经过周密的思考和认真的整理之后，她向公司递交了一份有关方面的详细报告，并在后面附上了自己的意见和建议。她的这份报告很有意义，对公司发展很有帮助，公司领导十分重视。而从这份报告之中，公司领导看到了她的才能。公司目前所需要的，正是她这样的管理人才。于是，她被电脑公司录用了。

文中所说的电脑公司，就是世界上著名的电脑公司之一的惠普公司。而被惠普公司录用的她，就是卡利·菲奥里纳，如今的惠普掌门人。

如果卡利·菲奥里纳同那些熟悉电脑的工作人员和专家比技术比经验，她必败无疑。聪明的她意识到了这一点，于是，她另辟蹊径，发挥自己的长处，最终，她脱颖而出，达到了自己的目的。

分析：

职业能力是在学习活动和职业活动中发展起来的，直接影响职业活动效率。职业能力可分为一般职业能力和特殊职业能力。一般职业能力通常表现为语文能力、数学能力、表达能力、交际与合作能力、自我控制能力、适应变化能力、自我反省能力、抗挫折能力、收集处理信息能力、审美能力、创新能力等。特殊职业能力，是指从事某一特定职业所必须具备的特殊的或较强的能力。每个人的职业能力都存在个别差异，表现在类型、发展水平和发展速度三个方面。

每个人都有自己的长处，只有正确认识自己的长处，用心经营，才能脱颖而出，取得成功。卡利·菲奥里纳就是靠自己突出的管理和创新能力，取得应聘的成功和事业的辉煌。

不同的职业需要不同的职业能力。要当音乐家，必须具有较强的节奏感、乐感和音乐表现力等。运动健将、会计师、律师、服装模特都会做饭，但要让他们当一名合格的厨师，肯定还有差距。这是因为，社会上所有不同职业都存在一定差异，而不同职业为了保证该职业工作的顺利完成，一定会要求从业者必须具备该职业所需要的职业能力：一般职业能力和特殊职业能力。

能力的培养提高，贯穿人生职业发展的整个过程。只有树立终身学习的观念，不断根据科学技术的发展和职业发展的需要学习掌握新知识、新技能，才能成为一个有能力的人，一个能做成事的人。

相关链接
美国劳工部公布的最受雇主欢迎的 10 种能力

（1）解决问题能力。那些能够发现问题、解决问题并迅速作出有效决断的人，就业行情将持续升温。特别在商业经营、管理咨询、公共管理、科学、医药和工程领域需求量骤增。

（2）专业技能。工程、通信、汽车、交通、航空航天等领域，需要大量能够对电力、电子和机械设备进行安装、调试和修理的专业人员。

（3）沟通能力。一个公司的成功，很多时候取决于全体职员的团结协作。因此，人力资源、人事和管理决策部门必须尽量了解职工需求，在允许的范围内尽量予以满足。

（4）计算机编程技能。如果能够利用计算机编程的方法满足某个公司的特定需要，那么获得工作的机会将大大增加。它主要体现在 C^{++}，Java，HTML，Visual Basic，Unix 和 SQL Server 等计算机语言。

（5）培训技能。能够在教育、社区服务、管理协调和商业等方面进行培训的人才，需求量逐年增加。

（6）科学与数学技能。拥有科学和数学头脑的人才，需求量必将骤增，以应对这些领域的挑战。

（7）理财能力。投资经纪人、证券交易员、会计等职业的需求量也将继续增加。

（8）信息管理能力。系统分析员、信息技术员、数据库管理员以及通信工程师等掌握信息管理能力的人才，将会非常吃香。

（9）外语交际能力。掌握一门外语将有助于你得到工作机会。现在热门的外语是俄语、日语、汉语和德语（对于中国人来说，掌握英语显得尤为重要）。

（10）商业管理能力。掌握成功运作一个公司的方法是至关重要的。这方面最核心的技能，一方面是人员管理、系统管理、资源管理和融资的能力；另一方面是要了解客户的需要并迅速将这些需要转化为商机。

作为一个职业人，必备的技能还有很多，每个人要善于根据自己的优势和特长去培养优势的职业技能，以适应社会和职业发展的需要。

六、给自己一个准确定位

［案例25］　选择一条自己的路，并且一路走好

波廉从父亲手中接下面包店时，他立志走不一样的路。所以，他决定不做新口味面包，而是找回几乎被人们遗忘的老口味的面包。

波廉花了两年时间，登门求教了一万多个老烘焙师傅，尝过75种没吃过的面包，而且就整个研究过程写了一本书。这本书至今仍是法国各烹饪学校的必备教科书之一。此外，他还有一间专门收集面包书籍的私人图书馆，里面藏书超过2000册。

经过长期研究，波廉发现以前的法国面包是黑面包，而不是现在人们熟悉的白面包。波廉解释说："传统的黑面包，因为是穷苦人家吃的，第二次世界大战以后，几乎销声匿迹。而来自外国的白面包，象征有钱及自由，于是成为新宠。"

基于民族情感和市场定位，波廉不做白面包，将全部精力投入复古口味的黑面包。

波廉认为："三种相同的原料就能做出千种以上不同的面包，这是因为水与面粉混合比例、生产地气候、发酵时间，甚至烧炉设计及燃料来源，都会影响面包的味道。"因此，波廉坚持用砖及新土制造烤炉，而且燃料一定要用木材。他发现唯有如此，生产出来的面包，送到其他地方再加温才能保持原味。

为了做世界各地的生意，波廉便将面包厂设在巴黎机场附近，然后依靠机场旁的联邦快递转运中心，及时将面包送到世界各地。

波廉的面包顾客满天下，受到世界人们的喜爱。

分析：

面包师傅波廉的成功故事启示我们：择业的道路十分宽阔，世上总有一条属于你而别人无法走通的路。而生命的价值在于你能找出这条路，并一路走好。

一个人最重要的是找准自己的位置，不能见异思迁，这山望着那山高，到头来不知哪座山有柴烧。一生能把一件事做好就很不错了。凡事只有适合自己才是最好的，千万不要羡慕别人，也不要盲目地去跟风。

相关链接

目标与人生

哈佛大学有一个非常著名的关于目标对人生影响的跟踪调查。调查对象是一群智力、学历、环境等条件都差不多的年轻人，调查结果是这样的：

3%的人有清晰且长期的目标，25年中他们从未改变过目标，总是朝着一个方向不懈地努力。25年后，他们几乎都成了社会各界的成功人士，他们中不乏创业者、行业领袖和社会精英。

10%的人有清晰的短期目标，这些人大都生活在社会的中上层，他们的共同特

点是：不断完成预定的短期目标，生活状态步步上升。25 年后，他们成了各行各业不可或缺的专业人士，如医生、律师、工程师、高级主管等。

60％的人目标模糊，他们能安稳地生活与工作，但都没有什么特别的成就。

剩下的 27％，是那些 25 年来都没有目标的人群。他们几乎都生活在社会的最底层，日子过得很不如意，常常失业，靠社会救济，并常常抱怨他人、抱怨社会。

[案例 26] **努力＋好方向，方能出好结果**

20 世纪 40 年代，有一个年轻人，先后在慕尼黑和巴黎的美术学校学习画画。第二次世界大战结束后，他靠卖自己的画为生。

一日，他的一幅未署名的画，被他人误认为是毕加索的画而出高价买走。这件事情给他一个启发。于是他开始大量模仿毕加索的画，并且一模仿就是 20 多年。

20 多年后，他一个人来到西班牙的一个小岛，渴望安顿下来，筑一个巢。他拿起画笔，画了一些风景和肖像画，每幅都签上自己的真名。但是这些画过于感伤，主题也不明确，因此根本得不到认可。更不幸的是，当局终于查出他是那位假画制造者，考虑到他是流亡者，所以没有判他永久的驱逐，而给了他两个月的监禁。

这个人就是埃尔米尔·霍里。

毋庸置疑，埃尔米尔有独特的天赋和才华，但是由于没有找准自己努力的方向，终于陷进泥淖之中，不能自拔。虽然他也曾一时暴富，但他终日惶惶不安，并最终难逃败露的结局。最为可惜的是，在长时间模仿他人的过程中，他渐渐迷失了自己，再也画不出真正属于自己的作品了。

对人生而言，努力固然重要，但是更重要的则是选择努力的方向。

有一个年轻人，痴迷于写作，每天笔耕不辍，用钢笔把稿件誊写得清清楚楚，寄给天南地北的杂志报纸，然而，投出的稿子不是泥牛入海，就是只收到一纸不予采用的通知。他很苦恼，拿着稿子去专门请教一位名作家。作家看了他的稿子，只说了一句话："你为什么不去练习书法呢？"

5 年以后，他凭着自己出众的硬笔书法作品加入了省书法协会。

一粒种子的方向是冲出土壤，寻找阳光。而一条根的方向是伸向土层，汲取更多的水分。人生如是，正确的方向引领我们踏入成功之门，而错误的方向会让我们误入歧途，甚至误人一生。

分析：

案例中的两位主人公，一个画家，一个书法家，他们的人生经历证明了一个道理：正确的方向引领我们踏入成功之门，而错误的方向会让我们误入歧途，甚至误人一生。画家具有超人的天赋与才华，但 25 年来他陷入模仿、制造赝品的泥淖，迷失了自己，丧失了核心竞争力，落了个悲惨的结局。而书法家能从迷茫中走出来，找到适合自己的道路，走到"柳暗花明又一村"的新境地。

"男怕入错行，女怕嫁错郎。"在选择职业过程中，一定先要搞清楚自己想做什么，自己能干什么，才能确定稳定的发展方向，给自己一个清晰准确的定位。以下三点可以作为参考：

第一，分析知识背景和专业技能。人的一生是不断学习的过程，但学习的侧重

43

点却不尽相同，对于自己喜欢的那一行业，储存的知识和掌握的技能可能会相对多一些。职业无论怎样选择，最好要与自己的知识背景和专业技能相符或相近，那种不顾知识背景和技能胡乱择业的人，对自己和用人单位都是不负责任的。

第二，找到自己的兴趣倾向。兴趣是最好的老师，兴趣会影响就业。在择业时，如果认为从事自己感兴趣的工作能有所发展，不妨选择这类型的工作，说不定会取得很好的成绩。做一份自己一点兴趣都没有的工作，那种感觉是非常不好的。而且有兴趣才会花工夫去做、花工夫去想，才会努力使自己超越别人，做得更好乃至最好。即使兴趣与职业暂时毫无关联，建议也不要轻易放弃兴趣，因为只有不放弃兴趣，才能找到合适的机会，最终把兴趣变成职业。而二者结合，必然如虎添翼。

第三，确定自己希望进入的行业。这一点对于择业非常重要。选择好了，前途一片光明。反之，则可能为之付出沉重的代价。如果不顾主客观条件，盲目进入一个行业，不但没有找到适合自己的岗位，还会受到许多打击，最后处于两难境地：自己喜欢的行业没有能力去做，而目前所从事的行业却是自己不喜欢的。

相关链接

五种职业定位法

美国麻省理工学院人才学学者指出，职业可以分为以下五种定位。结合我国国情，我们略加分析：

（1）技术型

具有这类职业定位的人出于自身个性和爱好，往往不愿意从事管理工作，而是愿意在自己所处的专业技术领域内发展。我国职业院校培养学生的目标主要是生产、服务第一线的中高级技能人才，毕业生在自己的专业技术领域内大有作为。

（2）管理型

这类人有强烈的做管理人员的愿望，同时经验也告诉他们自己有能力达到高层领导职位。因此，他们将职业目标定位在职责相当大的管理岗位上。成为高层管理人员需要有以下3个方面的特质：①分析能力。在信息不充分或情况不确定时，判断、分析、解决问题，制定决策。②人际交往能力。影响、监督、领导、应对与控制各级人员的能力。③情绪控制能力。在面对危机事件时，不沮丧、不气馁，并且有能力承担重大责任，而不会被压垮。高层管理人员能力的培养不可能一蹴而就，他们一般要经过基层的锻炼，从低层做到高层，从"员"到"长"再到"总"，坐"直升机"上去容易摔下来。

（3）创造型

这类人需要创造与创新，需要建立完全属于自己的东西，如以自己名字命名的产品或公司，或是能够反映个人成就的私人财产。他们认为只有这些实实在在的事物才能体现自己的才干。

（4）自由独立型

这些人更喜欢创业或自谋职业，更喜欢独来独往，不愿像在大公司里那样彼此依赖。有这种职业定位的人同时也有相当高的技术型职业定位。但他们不同于那些单纯技术型定位的人，他们并不愿在组织中发展，而是宁愿独立作业，或与他人合伙开业。有些自由独立型的人往往会成为自由撰稿人，或是开一家小店。现在我国选择自由职业或创业的人越来越多。

（5）安全型

有些人最关心的是职业的长期稳定性与安全性，他们为安定的工作、可观的收入、优越的福利与养老制度而努力。绝大多数人都愿意选择这种职业定位。很多情况下，这是由社会发展水平决定的，相信随着社会的进步，人们的选择将会越来越宽泛。

［案例27］　职业方向在哪里？

做一名律师曾是小郑的理想，可毕业时这个专业的就业形势已时过境迁。校园招聘会小郑没有参加，针对应届生的人才招聘会也没有参加。

不参加招聘会还有一个原因，就是在这样的招聘活动中，应聘者总是处于弱势地位，而小郑很不愿意和其他应聘者"争抢"工作机会。小郑比较喜欢上网寻找工作机会，发 E-mail 递简历。

曾听过来人说："第一份工作对大学毕业生影响相当大，如果第一份工作没有找对、找好，也许会影响一辈子呢！"抱着这样的心理，小郑对第一份工作相当谨慎。今年 6 月份拿到毕业证书，同学们都已陆续签下第一份工作合约，老师们也在催小郑："第一份工作不用挑三拣四，先签约以后有机会可以跳槽嘛。"老师催促小郑是有原因的：签约率低了会影响他们的"工作业绩"。

匆忙中，小郑进了一家香港背景的金融公司。

一个月过去了，看着拿到手的 1000 多元工资，心里实在是不太好受——其实第一份工作工资多少无所谓，关键是能否学到东西。意识到这家公司并不适合自己后，小郑果断地离开了。

第二份短工是在一家民营管理咨询公司当行政助理。面试还算顺利，一星期后小郑被录用了，月工资只有 2000 元。

公司确实小，正式员工只有 7 名，培训师都是其他公司来兼职的。小郑的职位说是行政助理，其实是打杂。顶头上司是一位漂亮时髦的女孩，也是仅次于老板的第二号人物，据说是留学美国的 MBA。女 MBA 集老板秘书、人事、行政、财务、业务等部门主管于一身，小郑则成了她的个人助理，每天就是帮她接电话、打电脑、整理文件，中午还负责打电话订工作餐，有时还要出去采购办公用品。

女 MBA 表面上很客气，暗地里有点提防小郑。她曾"随口"说过这样的话："小公司有一个人管理就行了。做管理的不懂法律专业知识也没太大关系，真有法律纠纷，肯定会请律师出面。我看你还是进大公司当个白领比较好。"

一个月后小郑离开了。

之后小郑还在几家公司打过几次短工，时间都没有超过一个月。

小郑有一个同学，在广告公司做业务，因为业绩突出已升为主管。他曾劝小郑："你是得了工作恐惧症，怕第一份工作不正规，怕受到人际关系方面的伤

45

害——你自尊心强嘛，但待在家里也不是办法，还是先找一份工作干上两年。工资待遇之类要求不要太高，只要能学到有用的东西就行了。"

小郑的问题不是不想工作，而是不知道自己的职业方向在哪里，不知道自己究竟适合做怎样的工作。她曾有过投身法律事业的理想，但自从这个理想像断了线的风筝离她而去后，她就有点"失魂落魄"了，根本就不知道该往何处去，怎么才能走好今后的职业道路。小郑相信，和她一样对职业发展方向感到迷惘和困惑的人一定不在少数。

新的一年快到了，学弟学妹们都要开始找工作了，小郑再也不能"迷糊"下去了，决定还是找一份工作干上两年。

分析：

"先找一份工作干上两年"有道理，也许只有在工作中才能了解自己的兴趣所在，才能知道自己有多大的能力，才能找准自己的职业方向。

现在像小郑一样择业眼界过于狭窄，一碰到不如意的现实就失魂落魄，对职业发展方向感到迷惘和困惑的人较多，如何解决这类问题呢？办法之一就是把自己发展方向定位为"一专多能的复合型人才"，制定就业的主要目标和次要目标，优化自己的就业心理坐标。

择业者合理的就业目标主要包括两个方面：一是就业的主要目标。对于一个特定专业的学生来说，在目前的就业形势下，要尽可能从事与自己专业相关的职业。因此，毕业生应把能充分发挥专业知识和技能的职业作为自己就业的主要目标。二是择业的次要目标。这是由社会职业结构的不断变化造成对人才的需求变化所决定的。这就要求学生在学好专业知识的同时，要根据自己的兴趣、爱好，利用课余时间，学习有关知识，培养能力，尽量扩大自己择业的范围，树立与自己兴趣、爱好尽量相一致又能符合社会实际需要的就业目标。

在树立就业目标、确定职业定位的时候，既不能因蝇头小利而暗自欣喜，也不能因为选择的失误而捶胸顿足。在求职的道路上，要勇敢地面对现实，在追求自己理想境界的同时，随时根据社会的需要调整和完善个人的职业目标，挖掘自己的最大潜力，找到个人成才和社会需要的最佳结合点。

职业目标贵在及时修正。修正不等于放弃，要永远保持在"跳一跳才能够得着"的新高度上，以激励自己不断努力，铸造人生辉煌。

[案例28]　一专多能的复合型人才更容易找到工作

高考填报志愿时，小张报考的是当时热门的工商管理专业，却被调剂到历史系。这使她一入学就把自己的发展方向定位为"一专多能的复合型人才"，即在努力学好专业知识的同时，全面提高自己的能力。她加入了院系学生会、校法律协会，多次参加演讲比赛和社会实践活动，锻炼自己的组织协调及表达能力，丰富自己的阅历。小张特别钟情于旅游，并渐渐地爱上了导游这一行。大三暑假，她来到一家旅行社实习。她还利用业余时间自学导游专业知识并考取了导游资格证。毕业求职时，有着丰富的带团经验、扎实的旅游知识、良好的专业背景、出众的演讲能力的小张从诸多应聘者中脱颖而出，并成为某大型旅行社的业务骨干。

分析：

"一专多能的复合型人才"既是职业院校的育人目标，也是学子们的成才方向，在保持专业优势的同时，多方位、多层次地培养自己的其他才能，是很多学生在校期间孜孜以求的目标。而招聘单位对"一专多能的复合型人才"也是求贤若渴，"复合型人才"既可以尽快上岗，节约培训成本，又可以适应不同的工作岗位，便于人才的内部流动和培养。因此，能胜任多个岗位的"多面手"比只有单一工作技能的人，无疑更能得到用人单位的喜爱。因此，职业院校学生在校期间，既要有明确的学习、成才方向，又要对今后的人生发展和职业定位有着明确的规划。

所谓复合型人才指的是精通两门以上专业技能的人才，而不是博而不精的人。一个人对技能样样精通是不可能的，但精一样，会两样，学三样是有可能的。只有像小张那样早定目标，早做准备，才能成为一专多能的人才。

[案例29] 从画匠到车间主任

宋盼盼毕业于一所技校，学的是服装设计专业。她觉得自己在学校的表现很好，有优异的成绩，有丰富的学生干部经验，凭自己的优势应该能找到不错的工作。在参加招聘会时，她总是留意大公司、好单位，简历投了不少，但都如泥牛入海。

正当宋盼盼失望无助的时候，她的一个同学建议她去一个私营小公司工作。公司负责人介绍该公司基本情况时，表明瓷器画匠较缺乏，不知她是否能胜任此项工作。宋盼盼有一定的美术基础，在绘画、颜色调配、布局等方面都比较拿手，便欣然答应了。这时她也暗下决心要干一番事业，做个有傲骨但不傲气的人。

在公司每天从早到晚重复同样的工作，不停地在瓷器上画各种各样的画、涂颜色，经常加班到很晚，特别费眼力，很辛苦。为了能够快点适应工作，赶上手艺好的工友，她虚心向身旁的人请教，用心领会瓷器的艺术表现形式，利用休息时间琢磨瓷器上的图画，很多瓷器上的画面反映了旧时代的文化、生活，活像一本意韵深厚的历史书籍，让她很是着迷。浓厚的兴趣使她坚持不懈地学习，利用晚上休息的时间，自学有关美术、陶瓷艺术等知识，提升自己的工作能力。

专业知识储备及勤奋的工作态度使她很快被提升为车间主任，这小小的成绩更增添她前进的动力。工作时间她认真负责地将自己的技术及经验传授给工友，休息时间和大家一起探讨如何提高车间瓷器绘图数量和质量，如何活灵活现地准确体现瓷器的魅力。没过多长时间，她负责的车间在瓷器绘图上有了很大的进步，保证了公司高质量瓷器的出厂率。

公司看到宋盼盼踏实、勤奋、肯吃苦，决定让她到销售部门锻炼。这是个全新的工作环境，给她带来了更大的挑战，也带来了更大的发展空间。她利用一切时间充实自己，抓紧时间学习销售知识，认真分析客户资料，不断加强与客户的联系，建立良好的人际关系，还将公司的瓷器绘图情况编成小册子，时刻不忘为公司做好宣传工作。

宋盼盼把公司当成了自己的家，把公司的业务当成了自己的事来做，在苦和累中收获了骄人的成绩。销售主管的位置正等着她，相信这是她大展宏图的好时机。

分析：

宋盼盼一开始就瞄准大公司、大单位，总觉得自己是一个准备展翅翱翔的实干家。殊不知，事业是要一步一个脚印地踏实走下去，在前进的过程中有坎坷、有艰辛、有竞争，都需要用吃苦耐劳的精神战胜这些逆境。宋盼盼是一个聪明的人，知道自己的思路错了后马上改变择业方向，勇敢地到小公司谋职。选择小公司不是不求上进，安于现状，条条大路通罗马，只要能在苦和累中坚持下来，同样可以实现理想。

现在大多数求职者常犯的一个错误是自我期望值过高，光是瞄准最好或最精英的岗位，但是实际生活中大部分人必将从事普通的职位。如果把社会提供的就业岗位按高低排成一个金字塔，塔尖的是少数，而大部分都是中下层岗位，所以求职者要根据自身的条件，选准自己的岗位，不要盲目攀高附贵。

降低起点，从低处做起，从基层做起，不啻为一条明智的择业原则，也是我们进行职业定位时需要考虑的重要问题。

七、制订职业生涯规划

［案例30］ "我希望情况变成什么?"

一天，美国南卡罗来纳州一个学院正在召开演讲会。整个礼堂都坐满了兴高采烈的学生，演讲者走到麦克风前，眼光对着听众，由左向右扫视了一遍，然后开口道：

"我的生母是聋子，因此没有办法说话；我不知道自己的父亲是谁，谁也不知道他是否仍在人间；我这辈子找到的第一次工作，是到棉花田去干活。"

台下的听众全都呆住了。"如果情况不尽如人意，我们总可以想办法加以改变，"她继续说，"一个人的未来，不是因为运气，不是因为环境，也不是因为生下来的状况，"她轻轻地重复方才说过的话，"如果情况不尽如人意，我们总可以想办法加以改变。"

"一个人若想改变眼前充满不幸或无法尽如人意的情况，"她以坚定的语气往下说，"只要回答这个简单的问题：'我希望情况变成什么?'然后全身心投入，采取行动，朝理想目标前进即可。"

接着她的脸上绽放出美丽的笑容："我的名字是阿济·泰勒·摩尔顿，今天我以美国财政部长的身份，站在这里。"

分析：

摩尔顿的故事告诉我们：一个人现在所处的位置（环境、条件）并不重要，重要的是你要走向哪里，能不能朝理想目标迈出坚定的步伐。

摩尔顿所讲"我希望情况变成什么，然后全身心地投入，采取行动，朝理想目标前进即可"，也就是要设计自己职业目标和达到目标的路线，并实实在在地争取行动，这就是一种职业生涯规划（设计）。

职业生涯规划要回答"我是谁""我想干什么""我能干什么""社会让我干什

么""我怎样去干"这五个问题，我们要实现美好的职业人生，就要回答和解决好这五个关键问题。

职业规划的目的，在于掌握住现在，看得见未来，积极进取，量力而行，促进自我了解、自我定位、自我发展及自我实现，创造有意义的人生。

职业规划的主角是自己，起点是自己，终点是自己，没有人能代劳。职业规划的前提是："我希望情况变成什么？"了解自己，改变自己，超越自己，有进取心，有行动的决心。

成功的人生需要自己去经营。现在就为自己的人生做好科学规划，为人生点亮一盏明灯，赢在人生起跑线上。一个人只要想改变自己，事情就有转机，改变的意念愈强，胜算就愈大，成功的机会永远留给渴望改变和充分准备的人。

相关链接

职业生涯规划基础知识

一、职业生涯设计的概念

所谓职业生涯，是一个人一生的工作经历，特别是职业、职位的变动及工作理想实现的整个过程。

职业生涯设计，是指组织或者个人把个人发展与组织发展相结合，对决定个人职业生涯的个人因素、组织因素和社会因素等进行分析，制订有关对个人一生中在事业发展上的战略设想与计划安排。

二、职业生涯设计的意义

1. 以既有的成就为基础，确立人生的方向，提供奋斗的策略。
2. 突破并塑造清新充实的自我。
3. 准确评价个人特点和强项。
4. 评估个人目标和现状的差距。
5. 准确定位职业方向。
6. 重新认识自身的价值并使其增值。
7. 发现新的职业机遇。
8. 增强职业竞争力。
9. 将个人、事业与家庭联系起来。

三、职业生涯的四个阶段

1. 成长阶段

大体界定在从一个人出生到 14 岁。在这一阶段，个人通过对家庭成员、朋友以及老师的认同以及与他们之间的相互作用，逐渐建立起自我的概念。

2. 探索阶段

大约界定在一个人的 15~24 岁之间。这一时期，个人将认真地探索各种可能的职业选择。

3. 确立阶段

大约界定在一个人的 24~44 岁之间，个人在这期间能够找到合适的职业并全力以赴地投入到有助于自己在此职业中取得长久发展的各种活动之中。

4. 维持阶段

45～65 岁这一年龄段，许多人就很简单地进入了维持阶段。

四、自我与环境（生涯机会）评估

自我评估包括性格、兴趣、特长、学识、技能、思维、道德水准等。

环境评估主要是评估各种环境因素对职业生涯发展的影响，要分析环境条件的特点、环境的发展变化情况、自己在这个环境中的地位、环境对自己提出的要求以及环境对自己有利的条件和不利因素等。

1. 环境因素；2. 专业技能；3. 兴趣爱好；4. 天赋特长；5. 性格气质；6. 个人机遇。

五、制定个人长远职业目标

1. 长远目标期限不可太长，也不可过短，一般以 10 年左右为宜。

2. 确定长远目标，建立自己的事业和职业需要，必须能够适应工作环境的需要，能从市场角度探求人生的人，必可得到清晰的目标。

3. 眼光放远，不要圈于现实和眼前，应放眼未来，预测可能的职业发展。

4. 寻找自己最渴望和追求的东西，用心去思考和发现自己的长远职业目标。看清自己的欲望，是个人谋略的重要工具。

六、制定短期职业目标

短期目标是一种特殊工具，将长期目标具体化、现实化、可操作化，它是结果和行动之间的桥梁。

制定个人短期职业目标的基本要求：短期目标必须清楚、明确、现实、可行。

七、确定职业生涯发展策略应把握四条原则

择己所爱，择己所能，择世所需，择己所利。

八、职业生涯设计自我规划五步法

1. 我是谁？

2. 我想干什么？

3. 我能（会）干什么？

4. 目前的环境支持或允许我做什么？

5. 我的职业与生活规划是什么？

［案例 31］ 从我做起，从现在做起

罗筱克是某校科学与技术学院 2006 届毕业生。在填报高考志愿时，因为物理成绩不错，兴趣又偏向理科，她便毫不犹豫地选择了光信息专业。她是一个有主见的人，认为一个人最重要的是要知道自己擅长什么，定下目标，然后坚定地前进。

大一那年的暑假，罗筱克参加了贝塔斯曼公司的一个宣传活动，成为她大学时代的一个重要转折点。她在那次活动中认识了许多硕士生、博士生，还有一些名校的高年级学生。他们经常讨论工作，讨论世界顶尖的外资企业，他们对自己的人生有明确的规划，这些为她打开了一扇通往一个全新世界的窗户。罗筱克于是产生了"想去那些公司闯闯"这个非常强烈的念头。在朋友们的指点下，她开始留意学校

BBS 上每天更新的招聘信息。

有了方向之后，罗筱克的生活变得非常充实。她为自己订了一个详细的计划，上面有每一阶段的目标，每完成一项，就用彩笔划去一项。大学期间她曾给爱尔兰的媒体记者做过翻译；在 Intel 公司参加过软件开发测试；在微软做过技术；同时还在相对空闲的时候考了高级口译证书。

为了实习、学习两不误，罗筱克每天非常辛苦，在那些大公司实习，加班到晚上十一二点是家常便饭，有时候回到寝室，累得都不想动弹一下，可是第二天上午还有重要的专业课，只能挣扎着爬起来，到教室抢第一排的位子。大学三年一晃而过，罗筱克凭着她的经历和一大堆证书，轻松地进入了某外资企业。可她并不满足，计划着找一个合适的机会出国念书、打工，丰富自己的人生阅历。

分析：

进入大学是人生的一大转折点，学习和生活方式与以前相比发生了很大的改变，自主性是其主要特点。大学几年能不能过得有意义，能不能为今后的职业生涯奠定坚实的基础，就在于你能不能规划好这几年时间。

因此，大学生职业生涯规划从踏入大学校园时就要开始。首先要根据自己的兴趣爱好制订计划，一个人一生不能从事自己喜欢的职业是一件很痛苦的事；其次要根据自己在实践中不断增长的见识，适时调整自己的计划；最后是要注意规划的可行性，最好分阶段细化，一步一步从小事做起。规划订好后，就要执行计划。在大学阶段没有人来监督和检查，一切全在于自己的自主、自觉。因此，大学生要以对自己未来负责的强烈责任心来实施这些职业规划。罗筱克由于很好地做到以上几点，因而度过了充实的三年，使自己的职业生涯有了一个良好的开端。

制订和实施职业生涯规划，贵在"早"字，早规划，早行动，从我做起，从现在做起。把握现在，着眼未来，这是罗筱克成功经验给我们的一个重要启示。

相关链接

职场成功，始于规划

在求职面试的时候，企业经常会问以下几个问题：

"你认为自己人生当中所能取得的最大成就是什么？""你觉得自己最希望从事的职业是什么？""请你设想自己五年以后会从事什么岗位的工作？""你目前所应聘的岗位与你的职业生涯规划的目标有什么关联？"……

得到的回答大多是模棱两可，语焉不详，这说明很少有人认真思考过自己的职业规划，或者不清楚如何去做职业规划。这个结果与人力资源专家所做的调查统计表明：只有3％的人经过认真思考以后确定了自己人生的目标，并制订具体的计划，记录下来形成文字，然后定期加以参照；还有10％的人会认真思考人生的目标，但不会写出来，也无具体的计划；60％的人曾经或偶尔思考过人生的目标；而剩下的人就从不思考人生的目标，一切随波逐流。

试想：一个有目标、有计划的人和一个随波逐流的人比较，谁更有可能取得成功？答案当然是不言而喻的。

51

人力资源经理认为，回答以上的问题，可以体现应聘者以下方面的能力素质：

（1）目标意识。具有目标意识的人，工作的动力和意愿都更强，同时遇到困难时的表现会更有韧性，不会轻言放弃；相对而言，没有目标的人，遇到困难容易放弃，容易产生"大不了不做了"或"大不了换一个工作"的想法。

（2）结果导向。当你对自己的人生设定目标并付诸行动时，你会更自觉地关注结果的达成。企业一切行为都必须以结果为导向，所以企业会喜欢这种类型的员工。

（3）自主意识。懂得为自己规划职业生涯的人，具备了更高的自主性。表现在工作当中，会比其他人更热情，更勤于思考、愿意做事、"眼中有活"，而且更有学习的意愿，从而进步比别人快。

（4）责任心。为自己做职业规划，是对自己负责任的表现。懂得对自己负责任的人，才懂得对别人负责，对企业负责，对社会负责。

（5）职业定位。俗话说："知人者智，自知者明。"通过职业定位可以了解应聘人是否有"自知之明"。一个人只有了解自己的兴趣特长，优劣长短，才有可能为自己作出准确的职业定位和规划，企业也才能从中了解彼此是否具有适应性，从而作出合理的招聘和任用决定。

通过了解应聘人的职业规划，还可以了解其做事是否有条理、思路是否清晰以及是否具有设定目标、制订计划等方面的能力。总而言之，一个有效的职业生涯规划，体现出职场赢家多方面的成功特质，企业喜欢选用具有赢家特质的员工，是因为企业的成功是由员工的成功累积而成的。而真正有意义的人生往往是在确定职业方向、确定自己目标那一天才开始的。

［案例32］　不做人生规划，你离挨饿只有三天

实例一

张明是某市1998届旅游服务与管理专业的学生，在校时属于那种既不出类拔萃，也不落后调皮的学生，学业成绩总在中等偏下。读书时，他有一种"60分万岁，61分浪费"的观念，把及格和获得毕业证书作为自己唯一的目标。毕业选择单位时，他仍是很随意，能去哪儿就去哪儿。他的同学大多去了与自己专业对口的旅行社、星级酒店。他却随便选择了一家物业管理公司，两个月后又去了一家商场，没有半年又离开了。毕业至今快10年了，他还是一事无成，在不同的公司跳来跳去。已近而立之年的他，现在才开始后悔当初没有认真设计自己的职业生涯。

实例二

小陈，男，31岁，大专文凭，求职45次。下面是他的求职经历自述：

"现在还没有找到工作，其实我想找的工作也不限定，但要看待遇、工作环境、工作量等。我曾想去保险公司，觉得它各方面都挺好的，但要交160元的押金，我不想交押金就没去成。我前些天在一个广告公司面试过，该公司每个月只给600元加提成，而且每天要工作十几个小时，我觉得太低了。我觉得我没技术，也没什么

工作经验，又不大会沟通，每次找工作不是用人单位看不上我就是我看不上用人单位。"

分析：

小张和小陈多次求职失败的原因之一，是根本没有考虑过职业生涯规划，自身"硬件""软件"不好而又不注意去提升自我，缺少了目标，因而直到现在还一事无成。"人生设计师"徐小平说：不做人生规划，你离挨饿只有三天！

拥有成功的职业生涯，才可能实现完美人生，设计好职业生涯才能让人生变得更精彩。

相关链接

（一）生涯规划箴言 12 则

1. 在生涯规划中，重要的不是你现在所处的位置，而是迈向下一步的方向。

2. 生涯开发与管理只要开始，永远不晚；只要进步，总有空间。

3. 生涯的每一次发展都是以学习新知识、建立新观念为前提条件的。

4. 在生涯早期，对自己锻炼最大的工作是最好的工作；在生涯中期，挣钱最多的工作是最好的工作；在生涯后期，实现人生价值最大的工作是最好的工作。

5. 在生涯发展的进程中，什么时候你的工作热情、努力程度，不为工资待遇不高、上级评价不公而减少，从那时起你就开始为自己打工了。

6. 千万不要把你的主要精力放在帮助你的上级改正缺点错误上；用同样的时间和精力，你能从他身上学到的优点，一定多于你能帮他改正的缺点。

7. 在生涯发展的道路上没有空白点；每一种环境、每一项工作都是锻炼；每一个困难、每一次失败都是机会。

8. 在生涯初期，我们可能做的是自己不喜欢，而且不想从事一生的工作。要分清：喜欢不喜欢这份工作是一件事，应该不应该做好这份工作、是否有能力做好这份工作是另一件事。

9. 成功的人和不成功的人就差一点点：成功的人可以无数次修改方法，但绝不轻易放弃目标；不成功的人总改目标，就是不改方法。

10. 只有暂时没有找到解决方法的困难，没有解决不了的困难。

11. 企业不仅是挣钱谋生的场所，更是学习进步、实现人生价值的舞台。

12. 正确的角色定位需要理智，及时的角色转换需要智慧。

（二）职业规划的十项内容

1. 题目。包括方案人的姓名、规划时间等基本信息。

2. 个人职业方向。主要指职业类别，比如教师、医生、财会人员、营销人员、技术人员等。如果是长期规划，还应当落实到更具体的等级上。

3. 社会环境分析。包括宏观、微观的政治、经济、文化、社会、历史、地理等环境的分析。

4. 所在单位分析。具体包括所在单位的企业文化、业务发展前景及能否给予个人培训、晋升机会等。

5. 相关人物及其建议。具体指领导、人力资源管理人员、家人、亲友等对自己职业走向的意见，以及可能提供的帮助等。

6. 职业生涯目标及其实现时间。主要是指专业目标、工作能力目标、工作成果或业绩目标、经济收入目标等。每项目标又可以再分为短期、中期与长期三种。可以同时设立多项厂相互共存但并不相互排斥的目标，以便进行比较。

7. 界定成功的标准。因人而异，贵在客观真实。

8. 自身的条件与潜力等状况。主要有知识水平、专业能力、管理能力、交际能力、身体状况、个性特征、发展潜力，等等。如果这方面的状况自己看不清或难以看准，那就需要专业的素质测评或咨询了。

9. 目前能力与职业生涯发展目标之间的主要差距。尤其要注意寻找关键所在。

10. 解决差距的具体办法。通常是教育培训，讨论交流，在实践中锻炼等方面的举措。

[案例 33] "蚯蚓"的目标

"蚯蚓"是我的好友。"蚯蚓"不是原名，由于他长得黑矮瘦弱，因而得名。

我们 18 岁分开后，我在外为生活四处漂泊奔波，"蚯蚓"却上了大学，什么事都挺顺。在这分手的十年里，我们基本每隔两三年见一次面。每一次我都喜欢问他同一个问题，而得到的答案总是不相同。下面记录的是"蚯蚓"每次谈及目标的原话。

18 岁，高中毕业典礼上：我发誓要当李嘉诚第二！我要当中国首富！（好大的口气）

20 岁，春节同学聚会上：我想创立自己的公司，30 岁前拥有资产 2000 万元。

23 岁，在某厂当技术员，第二职业炒股：我正在为离开这家工厂而奋斗，这里工作太没前途了。我将全力炒股，三年内用 5 万元炒到 300 万元。（似乎有实现的可能）

25 岁，炒股失意而情场得意，开始准备结婚：我希望一年后能有 10 万元，让我风风光光地结婚。（挺现实的想法）

26 岁，不太风光的结婚典礼上：我想生一个胖小子，不久的将来当个车间主任就行，别的不提了。（是不是结婚都会使人成熟）

28 岁，所在工厂效益下滑，偏偏正是妻子怀胎十月的时候：希望这次下岗名单里千万不要有我的名字。（这时候我还能说什么）

分析：

"蚯蚓"要当"中国首富"的梦，无可厚非，但做梦易，圆梦难。只有锲而不舍地努力、付出，才能让美梦成真。"蚯蚓"的目标，反映的是一种急功近利、一夜暴富的浮躁心态。

制定目标是职业生涯规划的核心。如何切合实际制定择业的目标呢？

（1）目标高低恰到好处，难度适宜。比如说，一节课能背 50 个单词，那你就不要给自己定背 500 个单词的目标，因为它远远超出你的能力范围，违反了"跳一跳，够得到"的原则。同时，根据主客观条件的变化，适当调整。

（2）目标要分阶段细化，完成应有一个时间期限。目标应有长期、中期、短期之分，要把长期目标和短期目标结合起来，通过实现短期目标，最终实现长期目标。长期目标当然不能太具体，因为较长的时间内主客观条件会发生很大变化，调整的可能性大，但短期目标（三个月、半年、一年）则一定要合理、具体、可行。

（3）目标应该坚定，不能游移不定。在行进的道路上会有各种诱惑，会有一些岔道，它会分散你的注意力，可能会浪费你的时间和精力。成功的人可以无数次修改方法，但却决不轻易放弃目标；而不成功的人总是改变目标，就是不改方法。目标具有层次性。择业可以有主要目标、次要目标，有最高目标和最低目标，有总目标和子目标，可以从低位切入，从低做到高，也可以改变择业的道路和方法，但却决不轻易放弃基本目标和发展方向，要一步一个脚印地前进，锲而不舍地朝最终目标迈进。

相关链接

职业生涯设计的十大误区

《读者》杂志曾转载过《规划职业生涯谨防十大误区》一文，具体内容如下：

在做一个切实可行的职业生涯规划时，首先要走出自己思想上的一些误区。

误区之一：我的目标就是当总裁。

不少人相信"不想当将军的士兵不是好士兵"这句话。但现实生活中，将军位置很少，如果大家的目标都是当将军，这种主观愿望会与客观条件产生差距，在执行计划时，会产生许多挫折。因此，确定职业生涯时要从实际出发，切实可行。

误区之二：能做好下属就能做好主管。

有人以为只要把本职工作做好，就可以胜任主管的工作，其实不然。这是因为做主管还需要工作以外的条件，如决策能力、协调能力、领导能力等。所以，某人在一个职位做得好，并不表明在其他职位也做得好。

误区之三：成功的关键在于运气。

很多人坚信成功者是由于有好的机会，因此，他们被动地等待命运的安排，而不去主动地计划、经营和努力把握自己的生活，这种人只能守株待兔。

误区之四：做计划是人事部门的事，与我无关。

职业生涯设计是组织和个人双方都参与的事，最终的实现者是个人，因此，你不能抱着做一天和尚撞一天钟的态度来对待自己的未来。

误区之五：只有加班工作，才会得到赏识。

有些人以为在单位待的时间越长，越能显示自己的勤奋。其实，工作效率和工作业绩是最重要的，整天忙忙碌碌但不出成果，并不是有效率的工作者。

误区之六：由老板决定升迁的快慢。

如果过于迷信老板对你升迁的影响，你会因为迎合他的好恶而妨碍自己真正的成长，这样会使你走入歧途。

误区之七：只有改正了缺点，才能得到升迁。

这种想法使人只注意自己的不足，而忽视了自己的强项。一个人要完成自己的职业生涯规划，要依靠自己的优势，将自己的强项发挥出来后，再去试着纠正自己的弱点，这才是扬长避短。

误区之八：不管大事小事，都要尽力去做。

有人总说自己忙，老有干不完的活，由于事无巨细，浪费了很多时间和精力。应该将要做的事做好计划，分清轻重缓急，抓住主要矛盾。

误区之九：生活是生活，工作是工作，内外有别。

有些人不愿意自己的配偶过问工作，其实，家庭的支持对于工作的成功很重要。另外，职业生涯计划也不要忽略生活乐趣，因为工作和生活都是人生的重要目标。

误区之十：这山望着那山高。

这种心态总是觉得别人的工作更理想，因此产生跳槽的想法，而没有想到新的工作岗位要建立新的人际关系，面对新的矛盾和挑战。不管什么工作都是不容易的，因此，要客观分析自己的工作，要有现实的态度。

[案例34]　两份清单

小刘是某高校国际贸易专业的应届毕业生，在求职时遇到了三种工作——一家跨国大公司的业务员；一家企业的销售员；留校做学生工作辅导员。小刘究竟该选择哪一项工作呢？他是这样做的：

首先给自己列出一个清单，以便更清楚地进行自我了解——

专业：国际贸易；

经验：曾经在一个小公司打工，做过业务员；

特长：善于沟通；

个性：喜欢与人交往，乐于冒险，追求新意；

希望从事的工作：受人尊重，自由，能够接触许多人，初期工资适量，有发展空间，多劳多得，稳定；

弱点：有时耐性不够，英语口语表达能力较弱。

通过这样的比较，他认为应该把自己定位在第二个选择——销售员。但是选择做哪种销售呢？小刘又列了一个清单——

大企业：管理规范，比较容易做，可以学到很多知识，但是自由度不大；

小企业：管理不规范，工作富有挑战性，未来可以有大的发展，但是比较辛苦；

IT业：工作富有新意，有风险，待遇较高，未来可以在这个领域有大的发展，但工作辛苦，未来不可预测，稳定感不足；

医药业：工作刚开始很难，但未来的发展道路比较清晰，可是自己不是学医的，可能未来发展会受阻。

通过这两个清单，小刘认为：在IT业的中小企业做销售员是自己比较能够接受的，因为对自己来讲，发展空间小、工作辛苦和工作不稳定的职业更难以接受。

分析：

市场经济中，机会与风险总是并存的。

"自主择业，双向选择"的就业模式，既增加了求职者的选择空间，也增加了

择业的难度。每一位毕业生都应该力争走好人生的这一步。

世上没有绝对的东西，任何一个就业单位和职业都有其有利条件和不利因素。我们在选择职业时要"知己知彼"，既要考虑到人职匹配和社会需要，也要估量自己的能力能否得到完全发挥，工作条件是否可以接受，工作是否真的适合自己。

在进行自我分析的时候，可以通过SWOT分析的方法进行评估。为了便于在各个方案之间进行比较，可以对每个评估项目加权记分，进行量化分析。

相关链接

SWOT 分析法

S代表 strength（优势），W代表 weakness（劣势），O代表 opportunity（机会），T代表 threaten（威胁）。

在列表进行SWOT分析时，可以参考以下几个方面因素。

个人的优势：个人的兴趣、爱好、特长；在某方面的专业知识和工作技能；强烈的进取心，独立的思想和长远的眼光；获得的技能证书；自己或父母的关系网。总之，自己可以利用的一切资源都是优势。

个人的劣势：比如，在某方面专业知识和技能、工作经验的缺乏；不自信或太自负，心态未摆正；与人交谈时沟通不利，如表达不清楚、解释问题抓不住重点、谈吐条理不清、声音太小等。

外部环境的机遇：所学专业或技能的发展趋势良好；国家整体环境，如经济或政策的支持等。

外部环境的劣势：比如，想从事的工作所在的行业发展前景不明；外部环境竞争过于激烈等。

个人自我分析评估表

内部因素	外部因素
优势 ① ② ③ 利用优势和机遇的组合	机遇 ① ② ③ 改进劣势与机遇的组合
劣势 ① ② ③ 消除劣势和威胁的组合	威胁 ① ② ③ 监视优势和威胁的组合

57

通过这种对自身因素和外部因素的全面分析，可以扬长避短，发挥个人优势，弥补个人劣势，抓住外部机遇，避开外部威胁，完善自我，提升自我，发展自我。

示例一（学业期规划）

职业院校学生职业生涯规划书

姓　　名：_____

专　　业：_____

毕业时间：_____

200　　年　　月至 201　　年　　月

一、认识、评估自己

1. 我是谁	
职业需求	
职业价值观	
兴趣爱好	
职业性格	
职业气质	
职业能力	
职业倾向	

	具体优势	具体强化计划
2. 强化自己的优势		

	具体劣势	具体克服计划
3. 克服自己的劣势		

以上部分请结合下面"二""三"部分进行。

二、认识、分析职场环境

社会就业大环境	
专业（组织）就业中环境	
个人就业小环境	
职业目标确定	
职业路线选择	

三、在校三年的职业生涯规划

（一）总的目标规划

1. 智商方面	
（1）专业学习成绩	
（2）专业技能成绩（专业资格证书）	
（3）英语能力（相应等级证书）	
（4）计算机能力（相应等级证书）	
（5）其他方面能力	
2. 情商方面	
（1）个人品质和道德修养	
（2）身心健康与沟通、交际能力	
（3）职业倾向与社会实践	
（4）文体艺术、社团活动能力	
（5）其他方面能力	

（二）三年阶段规划

1. 一年级规划

规划期	生涯规划内容	具体实施项目内容	自我考评			
			优	良	一般	差
认识试探期	从自身角度、从旁人角度全面认识、评估自己					
	了解专业和职业，培养和提高专业兴趣，培养职业意识					
	明确就业岗位对专业的能力要求和专业学习目标，有计划地学习和实训					
	明确英语和计算机学习目标，有计划地学习和实训					
	注重综合素质拓展和人品修养，积极并有针对性地参加校园活动和校外社会实践					

2. 二年级规划

规划期	生涯规划内容	具体实施项目内容	自我考评			
			优	良	一般	差
成型调整期	深化就业岗位对专业的能力要求，并有针对性地强化学习和职业技能培训					
	为参加技能考核做充分准备，参加考试并获取专业技能资格证书					
	提升英语口语、计算机应用能力，通过相关证书考试并获取证书					
	积极、有针对性地到与自己专业相关的单位、岗位实践，尝试兼职，培养职业能力、职业主动性					
	体验不同层次的生活，在社会实践中培养自己吃苦耐劳精神、责任感，提高抗挫折能力					

3. 三年级规划

规划期	生涯规划内容	具体实施项目内容	自我考评			
			优	良	一般	差
定向实践期	主动走向社会，具体了解职场机会和环境，确定自己初次就业目标					
	做好就业准备（知识技能、心理、适应能力等），锻炼独立解决问题的能力和社会交往能力					
	掌握就业信息的收集整理，撰写就业推荐材料（包括个人简历、求职信等），学习求职面试技能，掌握实际就业能力					
	参加招聘，积极竞争，从实践中检验自己实际就业综合能力					
	寻找适合岗位并进行上岗实习，积累实践经验，开启个人职业生涯					
	完成企业课程或实习课程，完成毕业设计或论文，确保圆满毕业					
	在职业实践中调整职业发展目标，尽快适应工作环境，努力完成工作目标和任务					

四、人生职业生涯规划

提示：利用所学的知识，参考在校三年的学业期规划，结合自己的工作实际和职业目标，按短期规划期、中期规划期、长期规划期进行规划、实践、调整。

点评：

这是一份职业院校学生三年的学业期格式化规划，全面、具体、切合实际、操

作性强，很值得参考。

"千里之行，始于足下"，职业成功需要打好基础。要珍惜在校学习的机会，从品德、心理、知识、能力等方面培养和锻炼自己，成长成才。智商和情商结合，不可偏废，也可以说是"又红又专"，懂得做人做事。"红"是指思想品德好，爱岗敬业，团结协作等。"专"即专业知识和技能，要有做事的本领，有一技之长。那些在校期间思想品德好、学习成绩优秀、各方面表现优异，并且担任过班、团干，学生会干部或者是学生党员的德才兼备、品学兼优的大中职毕业生，用人单位都会优先招聘，他们成功的机会就比较多。

示例二（谋职规划）

明天，我将是一名汽车改装大师

现代社会需要的技术员工，仅有学历是不行的，还要有动手能力、灵活应用的本领。对于我来说，我要努力学习，要将知识与技术融为一体，做一个符合当今社会需要的汽车改装人才。

1. 自我介绍与汽车业现状分析

我叫王东，1988年12月出生，今年16岁了，是北京市汽车工业学校2004届的学生，学的专业是汽车制造。我从小喜欢车，对汽车改装有浓厚的兴趣，常常梦想自己成为一名汽车工程师。我追求极限，追求速度感，所以我选择了北京市汽车工业学校的汽车制造专业。我性格外向、直率，心胸宽广，有话直说。我生性好动、活泼，爱好音乐、跆拳道、街舞等。我善于交朋友，在与朋友的交流与沟通中，我清楚地认识到自己存在知识不够丰富等不足，我要努力完善自我。

目前中国的汽车整车制造企业已达123家，全国有27个省（市、自治区）生产汽车，17个省（市、自治区）生产轿车，23个省（市、自治区）已建成轿车生产线；全国汽车产能已达550万辆以上，轿车产能已达250万辆以上。中国汽车市场需求高速增长，在为汽车工业发展带来良好契机的同时，也导致汽车制造业和汽车服务贸易业的投资急剧扩张。2002年，汽车业固定资产超过3000亿元，工业产值超过5000亿元；随着人们物质文化生活水平的不断提高，人们越来越追求个性化、时尚化的东西，汽车改装业存在很大的市场空间。

2. 确立目标

考虑到自己的爱好和优势，最终我确立的目标是：做一名汽车改装大师。

改装行业现在正处在起步阶段，发展比较缓慢，不过现在汽车改装越来越时尚，相对来说还是比较吸引客户的。

在汽车文化发达的欧洲、日本，一辆车的改装结果，可以代表车主的品位以及对"驾驶"的看法。时下，一股改装汽车的热潮已开始在国内兴起。虽然汽车改装在国内起步晚，但从它身上体现出来的一种时尚文化的魅力却挡也挡不住！因此，我认定自己选择的这个目标有较大的发展潜力。

3. 规划发展阶段

我将我的"汽车改装大师"的奋斗过程规划为以下四个阶段。

第一阶段：在校期间（2004～2008年），认识汽车。

我要在中专这四年中，努力学习文化知识和专业知识，充分而全面地认识汽车。同时还要培养情操，学习做人的道理，做一个汽车制造专业优秀的毕业生，为职业目标打下坚实的理论基础和道德基础。

第二阶段：工作初期（2008～2013年），熟悉汽车。

改装汽车，首先要了解汽车。为此，我毕业后，要先在一家合资或外资的汽车制造厂从事制造工作，在掌握制造技术之后，转入修理或再加工工作岗位，积极努力地向老前辈学习，在实践中学习，充分、全面、细致地了解汽车的结构、制造、控制和修理，增强自身分析问题、解决问题的能力，做一名技术全面的优秀员工，为汽车改装做好充分的实际动手能力方面的准备。

第三阶段：工作中期（2013～2018年），把握汽车。

在这个阶段，我要接受正确的汽车改装理念，特别是对那些以改进原车性能为目的的改装，如加装空气动力套件、改装底盘和动力系统等；我要努力学习和钻研相关的汽车改装技术和原理，精通专业名词的含义。我还要把握机会，争取到技术先进的国家和地区取经。

第四阶段：工作后期（2018年以后），驾驭汽车。

在这个阶段，我要选择一家大型的具有独立品牌的汽车企业从事改装工作，成为改装行业的领军人物。我要将我的能力无私地奉献给我国的汽车产业，为民族的振兴和国人的幸福贡献全部的力量。

4. 制定实现措施

第一步，在中专这四年中，努力学习专业知识，学好数控技术与应用、汽车构造、电路、设备控制技术、英语、专业英语等课程，全面掌握有关汽车的基本知识。

第二步，在学好理论的同时，认真完成每一次实习任务，尽可能多地向师傅学习操作技能，争取参加学校与国外联合办学的活动，学习国外的先进技术和经验。

第三步，多参加汽车行业方面的展览会和交流会，听取专业报告，了解汽车发展的最新动态。

第四步，要娴熟地操作计算机，诸如 Office 之类日常办公软件是必须要掌握的，还要掌握 Photoshop、AutoCAD、3DMAX 之类专业性较强的软件。

第五步，课余参加外语培训班和美术鉴赏班，努力提高外语水平和审美能力。

第六步，做一名优秀的中专汽车制造专业的毕业生，争取考上业余本科高职，继续深造；同时争取一份相关工作，拉开职业生涯的序幕。

第七步，在工作中继续努力钻研业务，争取更大的进步，努力成为行业精英。

以上是我的职业生涯规划设计，敬请各位老师及评委批评、指正。

点评：

"明天，我将是一名汽车改装大师"，是个具体、形象、激励作用强的发展目标。"汽车改装"在我国是个有些超前性的行业，王东用简洁的语言，论述了汽车改装这种行业虽然刚刚起步，却发展前途光明，让人感到这个年轻人对社会经济发展带动职业演变的理解有其独到之处。他把自己的发展目标融于行业发展、职业演变之中，这位中职学生发展目标的前瞻性、合理性令人佩服。

用认识汽车、熟悉汽车、把握汽车、驾驭汽车来构建发展台阶，也有其新颖、独到之处。不但使阶段目标层次分明，有比较清楚的说明，直指远期目标，而且为发展措施的制定留下了充分发挥的余地。在王东的职业生涯规划中，处处能发现他在设计过程中的自我认识、自我赞同、自我承诺、自我实践，体现出职业生涯发展目标在整个规划中应有的地位和作用。

八、人品是最高的学位

[案例35] 一瓶饮料与一份工作

王闯是某校2003届财会税收班的学生，专业技能扎实，性格开朗活泼，人缘特别好，还是学生干部，多次被评为优秀学生、优秀学生干部。即将毕业的他被一知名外企看中，让他先到该外企一超市当收银员。一天，一名顾客在付款时将选好的一瓶饮料退掉，王闯顺手将退回的饮料放在自己的手边，等顾客高峰过去，付款的人比较少时，口渴的他打开瓶盖，一口气喝了个痛快，感觉舒服极了。

下班回家后，电话铃响了，是班主任打来的，让他到学校解释今天上班的事情，王闯想起了那瓶没有付款的饮料，他担心极了。就这样，一瓶饮料让王闯失去了这份满意的工作，还受到了学校的批评，他后悔极了。

分析：

思想道德素质是人在政治思想、思想信念、道德、人生观、价值观等方面的状况和水平，它指引着人们的职业活动方向，是从事各种职业活动的力量源泉和精神动力。

也许王闯并不是故意要无偿占有一瓶饮料，但在职场中，不注意修养和小节，对职业道德规范不甚了了，不经意间铸成大错，教训是极其深刻的。

职业的选择和发展，关键是人的素质、知识和能力。思想道德素质是人的重要素质。人品比能力重要。事业的发展，要靠能力去打拼，但更要人品的支撑。一个人的能力再强，如果品行卑劣、心术不正，他也是一个不受欢迎的人，在事业上很难有所建树。

人品有高尚和卑劣之分，也有高低和修养深浅之别。王闯的品行，不能说是"卑劣"的，但品格还欠修炼或修养还"浅"。提高人的思想道德素质，关键在于自身努力，要在日常的生活中养成，在专业学习中训练，在社会实践中体验，在自我修养中提高，在职业活动中强化，从而转化为个人内心的自觉要求和行动，成为一个具有高尚品德的人。

择业讲学历，讲能力，更讲人品。我们常说学位有学士、硕士、博士之分，但最高的学位却是人品。

[案例36] 诚信是人生的最大财富

有一个在日本读书的中国留学生，为赚取学费在课余时间为日本餐馆洗盘子。日本的餐饮业有一个不成文的行规，即餐馆的盘子必须洗上七遍。由于洗盘子

的工作是按件计酬的，这位留学生一天累下来，也得不了多少工钱。于是他计上心来，在洗盘子时少洗两遍。果然，劳动效率大大提高，不仅受到老板器重，工钱也迅速提高。

一起洗盘子的日本学生向他请教技巧。他毫不隐讳地说："你看，洗了七遍的盘子与洗了五遍的有什么区别吗？少洗两次嘛。"日本学生诺诺，却渐渐疏远了他。

日本人看人，有两个预先推定：一个，你是无罪的；另一个，你是诚实的。所以，餐馆老板只是偶尔抽查一下盘子清洗的情况。

在一次抽查中，老板用专用的试纸测出盘子清洁程度不够，便责问这位留学生，而他却振振有词："洗五遍和洗七遍不是一样清洁吗？"老板只是淡淡地说："你是一个不诚实的人，请你离开。"

这位留学生走到大街上，愤愤不平，但为了生计，他又到该社区的另一家餐馆应聘洗盘子工作。这位老板打量了他半天，才说："你就是那位只洗五遍盘子的留学生吧。对不起，我们不需要！"第二家、第三家……他屡屡碰壁。

不仅如此，他的房东不久也要求他退房，原因是他的"名声"对其他住户（多是留学生）的工作产生了不良影响。

连他就读的学校也专门找他谈话，希望他能转到其他学校去，因为他影响了学校的生源。万般无奈，他只好收拾行李搬到另一座城市，一切重新开始。

他痛心疾首地告诫刚到日本的外国学生："在日本洗盘子，一定要洗七遍呀！"

分析：

生活中有很多规则，我们要自觉地遵守。这不仅是一个人诚信的表现，而且也是一个人在为人处世中获得成功的关键。世上最走运的人，就是那些讲诚信的人。因为一个丧失诚信的人，会失人心、丢名声、孕祸胎，损害别人利益，因而是一个不受欢迎的人，必定会处处碰壁，连生存也成问题，遑论事业的发展。这位中国留学生因丧失诚信而陷入四面楚歌的境地，付出了沉重的代价，教训极为深刻。

人以诚信立身，企业以诚信为本，社会靠诚信平衡运行。如果丧失诚信，那将是一幅多么可怕的景象啊！2008年9月8日爆出三鹿毒奶粉事件，继而又查出22家品牌液态奶或奶制品含有三聚氰胺，影响波及全世界，我们国家为此付出了惨重的代价。因毒奶粉事件导致的经济损失，仅仅伊利和蒙牛两家就达到了上百亿元。三鹿集团净资产只有12亿多元，要收回将近万吨的毒奶粉，加上吃过三鹿奶粉儿童的体检和治疗费用，三鹿全部资产还不够赔付。凡是使用了牛奶或者奶粉做辅料的出口食品全被殃及，据估计，因毒奶事件造成的总经济损失可能达上千亿元，是承办奥运会开销的两三倍，相当于汶川大地震所造成的损失。这还是有形的经济损失，而无形的国家形象的损失，谁又能算得清楚？

"民无信不立"，这是一句至理名言。孔子说，人可以放弃武力和权威，可以放弃食物和生命，但万万不可放弃诚信。

诚信是市场经济的基石，是企业生存发展的根本，是人安身立命的灵魂，人品的极致，人生的最大财富，我们要像爱护生命一样百倍珍视，千万不能丢掉啊！

[案例 37]　　白卷夺冠

一家外商独资企业招聘一名技术员的消息不胫而走：月工资 5000 元，奖金除外，每年还可以到海外旅游一次。面对如此丰厚的工资和待遇，报考者蜂拥而至。

雷工坐在闷罐似的考场里，大汗淋漓。面对考题他并不怵，外文、专业技术类考题都答得十分圆满，唯有第二张考卷的两道题令他头疼："您所在的企业或曾任职过的企业经营成功的诀窍是什么？技术秘密是什么？"

这类题对于曾在企业搞过技术的求职者并不难。可雷工手中的笔始终高悬着，迟迟落不下去。多年的职业道德在约束着他：现在所在的工厂还在惨淡经营，面临倒闭的危险，我怎能这么自私为了自己的饭碗而砸大家的饭碗呢？

他心中似翻江倒海，最后毅然挥笔在考卷上写下了 4 个大字："无可奉告"。

就这样，雷工拖着沉重的步子回到家里，进门后，妻子一再追问，他才道出了答题的苦衷，全家人默默无语。

正当雷工连日奔波，另谋职业之际，这家企业却发来了录用通知。雷工技压群雄，白卷夺冠，这成为广州一大新闻。

分析：

作为一名优秀员工，保守商业秘密，不但是职业道德，也是法律义务。雷工是一名具有职业操守而且善良的人，这是人品的体现，也是他白卷夺冠的重要原因。

企业招聘人才比较看重几个方面的素质：诚信、忠诚、专长、责任心、团结协作、刻苦创新。人品比能力重要，在各类企业的选拔标准中，大都包含有"忠诚度"这一项。对企业来说，雇员突然离职、泄露商业秘密或者因腐败而侵害公司利益等不忠行为都会给公司带来损害。一些企业招聘时重点对人品进行考察，包括应聘者对薪酬、待遇、事业、人生抱负、荣辱与共等方面的态度和看法。总之，那些头脑机灵、反应敏捷但急功近利、缺乏恒心、难耐寂寞的人，那些滔滔不绝、夸夸其谈以及想博得对方好感而过于表现自己的人，其忠诚度是值得怀疑的。

哈佛大学教授乔西亚·伊斯曾指出，忠诚的表现分为三个层次：第一类是对个体的忠诚，比如忠诚于企业的领导；第二类是对组织的忠诚，比如忠于企业；第三类是对原则的忠诚，比如信仰、思想或操守。三个层次的忠诚的稳定性依次递增。

这一事例中，雷工的表现之所以能够得到外资企业的认同，并且最终获得了这个岗位，正是由于他对原则的忠诚赢得了招聘方的认可和尊重。

[案例 38]　　都是自私惹的祸

车同学，广州某著名大学毕业生，父母是当地官员，一直受到父母的溺爱，养成了自以为是、随意褒贬他人、追求虚荣的性格。小车毕业时，来到广州的一家跨国公司应聘一关键职位。通过学校推荐，通过笔试与心理测试，小车与另一位同学同时入围，进入面试环节的最后角逐。他们两人同专业、同班级、同寝室，相互间十分了解，现在成了竞争对手，心情各异。先是小车的同学进入面试房间，考官问他："两人都很优秀，但只能录用一个，你若不能被录取，有何想法？"小车的同学回答："首先我祝贺他被选上，然后我要了解用人单位看中他的哪些方面，便于我能找出差距向他学习。我未被录用，说明我条件与贵公司还有一定的差距，我会加

倍努力，提高技能，再次寻找新的机会。"考官脸上露出了笑容。接下来，小车进入面试室，考官问他："听说你与前一位同学同班、同寝室，你觉得他为人怎样？"小车脸上立刻露出灿烂的笑容，滔滔不绝起来："我的同学虽与我同班，但他能力不如我，为人处世更不如我。他最大的特点是死板、反应慢、太机械，而且他学习也比较懒惰。他出生在农村，土气，见识少，在广州更没有什么亲人、熟人……总而言之，从老师到同学，都认为我比他强。"考官点了点头。

最终结果，小车未被录用，而与小车同专业、同班级，出生于农村，毫无背景的同学却被这家知名公司录用了。

分析：

案例中的小车，在面试中把做人的原则置之脑后，以自我为中心，损人利己，结果还未走上社会就遭到社会的拒绝。人是社会中的人，正直善良，诚信做人，客观、公正地评价自我与他人，是融入群体的底线和前提，也是人与人和谐相处的不可或缺的基础。我们每一个人都应正确评价社会、别人和自己，正确地对待人生，以客观实际为出发点，实事求是，以健康心态、完整人格完成个人的职业生涯。

在生活中不难发现像小车这样的人，他们存在着过于浓厚的自我中心意识，信奉"人人为自己，上帝为大家"的人生哲学，表现为自私自利，损人利己，强烈希望别人尊重他，满足自己的欲望，却不知道自己也得尊重别人，也得为他人着想。这种自我中心意识会影响一个人的自我形象，影响良好思想品德的形成。无疑，企业在招聘人才时是不会考虑那些具有强烈"自我中心意识"的人的。

那么，怎样才能克服这种"自我中心意识"呢？首先，要正视社会现实，社会上的每个人都有其各自的欲望与需求，也都有其权利与义务，学会礼尚往来，在必要时作出让步，不能只顾自己，忽略他人的存在。其次，从自我的圈子中跳出来，多设身处地为他人着想，学会尊重、关心、帮助他人，这样才可能获得别人的回报，才能从中体验到人生的价值与幸福。最后，加强自我修养，充分认识自我中心意识的不现实性、不合理性及危害性。学会控制自我的欲望与言行，多一点公心和爱心，少一点私欲，把自我利益的满足置于合情合理、不损害他人的道德基础之上。

把对手当做队友还是敌人，往往反映一个人人品的高下和气度的大小，小车和他的同学的表现就是一个鲜明的对比。

[案例39]　撑起责任的天空

大学一毕业，王立拒绝了家乡一所重点高中的邀请，毅然踏上了南下深圳的路途。历经千辛万苦，终于在人才多如牛毛的深圳找到一份工作，但先要经过一个月的试用期。

王立试用期的最后一天是一个夜班。去上夜班时很远就看见经理在厂门口站着，他见到王立就说："实在抱歉，你没有通过公司的试用，这个夜班上完后，请你离开工厂。"说完，他把这个月的工资交给王立就走了。王立和另外一个"同命人"呆呆地站在那里一言不发。过了很久，王立说："上班时间到了，我们还是去

上班吧!""把我们炒了鱿鱼,还上什么夜班,你傻啊!"另一个人冲王立吼道。"我们都不去上夜班,那流水线怎么办?"王立问道。"管他的,反正工资已经拿到手了,最后一个夜班我才不去呢!"王立心里很难过,"就站好最后一班岗吧!"王立对自己说。下班铃响了,王立离开工作台时又忍不住朝那里多望了几眼,有些依恋,不知不觉,泪水涌了出来。

王立走出厂房,经理却站在厂房门口。他微笑着对王立说:"你的试用期正式结束了,明天到厂办公楼接受新职位的任命。"王立简直不相信自己的耳朵,经理看到王立满脸的疑惑,意味深长地说:"你们都很优秀,但我们要选择一个最优秀的,你和其他人相比,多了一份难能可贵的责任心,因此我们选择了你。"

第二天王立带着愉快的心情到厂办公楼报到上班,他的工作是为厂里的产品搞宣传策划,然后让业务人员带着这些方案去找客户。王立对一开始就做这样有分量的工作感到很不安。但经理说:"在车间的一个月,你对我们的产品了解得很透彻,按照你的理解做策划,不会错的!"带着对经理感恩的心情,王立发挥自己所有的想象力,再凭借自己的文字功底,经三天三夜的努力,做出了自己感觉还不错的作品。果然,当业务部的员工带着王立和另外几位同事的作品与客户洽谈时,客户一眼就看中了王立的作品。

而今,王立成为厂里策划部的主管,坐在宽敞明亮的办公室里,回想自己毕业这一年多走过的路,真是百感交集。能够在深圳这块竞争激烈的土地上站稳脚跟,得益于自己对事业的执著,对工作的投入,还有内心那份神圣的责任感……

分析:

唯有对事业执著追求、具有高度责任感、吃苦耐劳、坚持不懈的人,才能取得大的成功。王立的故事,也许对那些一毕业就想坐办公室做管理工作,或是频频跳槽最终一事无成的人们有所启迪吧!

责任感的培养是一个成功者的必备条件。责任心是个人对自己和他人、对家庭和集体、对国家和社会所负责任的认识、情感和信念,以及与之相应的遵守规范、承担责任和履行义务的自觉态度。责任心与人生观、价值观、道德观、理想、集体主义、爱国主义紧密相连。如果一个人的价值取向以奉献为乐,那么他就会有很强的责任心,反之则对人对事漠然置之。责任心与自尊心、自信心、进取心、事业心、慈悲心、同情心、孝心、关心、善心相比,是"群心"中的核心。责任心是健全人格的基础,是一个人能力发展的催化剂,也是21世纪必备的"通行证"。

品德是一种通过教育而养成的品质和习惯。责任心的培养需要家庭、学校和社会各方面的努力,更需要自己的努力和修炼。

我们需要撑起责任的天空。

[案例40] 寻找最珍贵的宝贝

中关村一家网络公司准备招聘一位主管。

董事会出的题目是寻宝:10多名求职者要从各种各样的障碍中穿越过去,到达目的地,把事先藏在里面的宝物——一枚金戒指找出来。

谁能找出来,金戒指就属于谁,而且面试也顺利通过。求职者听完后都十分兴奋。

他们开始行动，但是到达目的地的路太难走了，满地都是西瓜皮，每走几步就会滑倒。人们艰难地行进着。

在寻宝队伍中，有一名叫王洁的姑娘落在最后面。

对于寻宝之事，她似乎并不在意，她只是把垃圾车拉过来，把西瓜皮一锹锹地装了上去，然后拉到垃圾站去。

几个小时过去了，西瓜皮也快清理完了。

其他的人此时艰难走完路程，冲向了目的地，他们四处寻找，但是一无所获。

王洁却在清理最后一车西瓜皮的时候，发现了藏在下面的金戒指。

公司召开全体大会，正式录用这位叫王洁的姑娘。

董事长问大家："你们知道公司为什么录用她吗？"

"因为她找到了金戒指。"有人举手答道。董事长摇摇头。

"因为她能做好本职工作。"又有人举手发言。

董事长摆了一下手："这还不是全部，她最可贵的地方在于具有团队精神，在其他人争先恐后寻宝的时候，她在默默地清理障碍。团队精神，这是一个人、一个公司最珍贵的财富！"

分析：

在面试时，时刻为别人着想的人，总会得到意外的收获。

在经济高速发展的当代社会，现代企业再也不是独门独户的封闭经营，今天的企业比起以往任何时候都需要协作精神，资源共享、信息共享才能够创造出高质量的产品和提供高质量的服务。在企业需要联手合作的状况下，也必然要求员工具有合作精神。体现在招聘中，制度和标准变得越来越严格，团队精神成为不少企业招聘员工的必要条件。个人的能力毕竟是有限的，就算这个人是天才，如果其团队精神比较差，也没有企业愿意用。因此，具备团队意识是求职成功必不可少的素质。

九、能力才是力量

［案例41］　拥有一技之长，是最好的生存方法

一提起疙瘩村的王木匠，没有谁不竖起大拇指的，他的手艺远近闻名。

王木匠的手艺是祖传的。谁家里有儿女到谈婚论嫁年龄的，就早早买好木料排在他的院里，怕到时候轮不上给新人做家具。王木匠有四个儿子，他早就想从他的四个儿子中选一个接班人，使他的祖传手艺继续传下去。

王木匠的四个儿子中，数老四最聪明，也数老四文化最高——他是县中毕业的。但是，老四就是不愿做木匠。那年暑假，老四和王木匠大吵一架之后，背着行李包去了深圳，气得王木匠三天没吃好饭。

老四一走就是三年，三年里只写过三封家信。第一封信是第一年春节写来的，他说深圳到处都是机会，只要运气好，干一年顶做木匠十年。王木匠看完一句话没说，把饭碗一搁，带着孙子买爆竹去了。第二封信是第二年春节写来的，他说那边

机会虽多，但没有一个是留给乡下人的，他依然替人打工，比做木匠辛苦多了。王木匠看完还是一句话没说，就着老婆炒的小菜和另外三个儿子喝得一塌糊涂。第三封信当然是第三个春节写来的，王木匠看完信后只说了一句话："打电话叫老四回来。"十天后，老四真的回来了，他是瘸着一条腿回来的。

老四回来后，王木匠既不问他外边的事，也不支使他干活，老四天天吃了睡，睡了吃。一段日子之后，他就主动往王木匠跟前凑，进而四下找零活干。王木匠说："你在这儿碍手碍脚，倒不如去把院子里那堆废料卖掉。"老四高高兴兴地装了一拖拉机，拉到集市上卖了 100 元钱。几天之后，王木匠又让他去把做好的几个柜子卖掉，这次老四卖了 1000 元钱。又过了几天，王木匠又让他卖一组屏风，这次老四卖了 10000 元。王木匠说："同样是一堆木头，当劈柴，它值 100 元；做成柜子，它值 1000 元；做成屏风，它就值 10000 元。最值钱的是什么？是手艺。"

王木匠说这些话时，一直没有停下手中的活计，甚至连眼皮也没抬。而老四却一下子明白了，从此开始踏踏实实地跟王木匠学起了木匠手艺。

后来，人们都知道疙瘩村有个瘸子木匠，木匠的手艺是祖传的，远近闻名。

分析：

我国有一句古训："家财万贯，不如薄技在身。"纵有万贯家财，但"富不过三代"，坐吃山空，更何况"自古雄才多磨难，从来纨绔少伟男"，"家财"不是我们安身立命之本。

生活中有很多创造财富的方式，但可以肯定的是，拥有一技之长，是最好的生存方式，凭借自己的手艺、技能，就一定能够闯出一片天地。

［案例 42］ 高技能人才"奇货可居"

"2008 年广西一些好的高职院校的录取分数线都接近三本了，技师吃香啊！"

"在柳州，优秀技师月薪达 4000～5000 元；在沿海城市，高级技师更是身价百倍。"

中国人民大学劳动人事学院副院长刘尔锋说："大学毕业生不一定都当工程师，当技工收入可能会更多。"

现在，在广西，初中毕业经过 2 年的中职学校学习，可考中级工，经过 5 年学习可考高级工，而高中毕业经过 3 年技校学习可考高级工。一般中级工能拿到 1000～2000 元月薪，一个高级工一走出校门就能拿到 2000～3000 元月薪，技师则能拿到 3000～4000 元月薪。而在广东等经济发达地区，这个标准还要高。尤其是一些高级技能人才，如模具机加工人才，区内外的企业都非常缺。在广州的一次招聘会上，一企业开出年薪 20 万元的薪酬，但最后还是没有招到满意的高级模具工。

一流的产品需要一流的技术工人来制造，再先进的科技成果，没有技术工人的工艺化操作，也很难变成有竞争力的产品。德国的职业教育在全世界来说是最好的，培养出来的制造业工人的技能水平非常高，所以德国制造业水平一直领先世界，他们生产的汽车，如宝马和奔驰的质量世界一流。

我国的火箭技术是世界一流的，但 20 世纪 90 年代的几次发射失败，主要原因是制造问题，是火箭发动机的焊接点承受不了上天后的高压，之后请来高级技师才

解决了这个难题。我国正负电子对撞机的研制成功是世界级尖端技术的突破，但其谱仪线圈在大科研单位都无法制造，后来费尽周折找到有经验的技师才将其制造成功。这两个事例暴露了我国高级技工力量不足，严重影响"中国制造"的升级，影响我国经济的竞争力。

分析：

目前，我国技术工人只占全部工人的1/3左右，且多数是初中级技工，高级技工和技师仅占4%，而一般发达国家高级技工占到50%以上。我国制造业劳动生产率是美国、日本的4%，是德国的5%，从南到北蔓延的技工荒给我国教育敲响了警钟。

因此，无论你现在就读哪一类学校，都应该做到理论与实践、知识与技能相结合，要有一技之长，并具有学习新知识、新技术的能力，提高职业的竞争力，才能在这个不断变革和发展的社会中立于不败之地。

[案例43] **能力是金，证书是银**

某中美合资企业要招聘一名总经理助理。小田与其他求职者一样，带着简历以及各种证书，前往该公司面试。

公司的一名接待人员将所有应聘者安排在会客厅内等候面试。不一会，人事主管宣布了一条规定，他说："请各位仔细察看本公司的招聘要求，如有不符合的，请大家自觉离开，以免耽误个人以及公司的时间。"说完便转身离开了。小田反复地研究招聘启事，她各方面条件都符合，唯独没有英语四级证书。她知道，要想进合资企业，具备英语四级证书是最基本的要求。小田开始后悔自己不该来这里碰运气，当她抬头张望时，发现会客室里的人已经少了一半。于是，小田想，既然来了，就试试吧，要坚持到最后一刻。

没有离开的人大都很出色，与这些人竞争，无疑要花费一番心思。只见几个应聘者进总经理办公室的时候都雄赳赳气昂昂的，仿佛获得这个职位是易如反掌的事。可是，从总经理办公室走出来后，个个垂头丧气，显然没有顺利过关。外籍总经理看完小田递过来的简历和各种证书后，用蹩脚的中文对她说："你大概忘记带英语四级证书了。"小田满脸通红地说："对不起，总经理，我不是忘记带了，而是根本没有英语四级证书。"总经理用异样的眼光上下打量着小田，随后叫来工作人员请小田出去。此时，小田用流畅的英语激动地对总经理说："证书能说明什么问题？我虽然没有四级证书，但是我能用英语与外国人进行很好的交流。总经理就凭我没有证书就否定我的能力，未免有些偏激。作为一名助理，注重的是口头表达能力，并非书面上的一些东西……"

外籍总经理听完小田的这番话后，先前严肃的表情已被笑容取代了。他用中文对小田说："你说得很对，证书并不能说明什么，虽然你没有四级证书，但你是我接待过的应聘者中最出色的一个，欢迎你加入我们公司。"

小田幸运地成为该公司的一员，并出色地成为一名总经理助理。

分析：

"知识就是力量"，但知识要转化为能力，灵活或创造性运用到实践中去，才能产生力量。现在，凭借高文凭或证书就能找到一份好工作的时代已成为过去式，取而代之是凭能力找工作。从这个意义上说，我们可以认为："能力才是力量。"

深圳市汇臣房地产经纪有限公司招聘负责人潘先生说："我们招聘中级管理层人才时主要看重能力，主要是综合能力，特别是协调能力要强。我们不限制专业和学历，能力强，中专学历的也可以录用。能力上按不同职位要求不同，比如招商部门经理和主管就要求口才比较好、有亲和力，而策划部门经理就需要思维能力较强，商场经理就需要口才和思维能力兼备，等等。我们也招聘能力强的应届毕业生，但前来面试的很多人都没有正确估量自己，所以不作考虑。"广西南方百货有限责任公司负责人表示："我们看重的不是学历，我们更看重的是个人能力，我们需要的是一个思想品德高尚，有极强的学习能力和沟通能力，有高度责任感，能吃苦耐劳、勤奋务实的员工。"

小田的经历和两家企业负责人的一番话，反映了当前人才市场的发展趋势和企业的用人标准，都说明了一点：能力是金，证书是银，人品是最高学位。

用人单位降低学历门槛，不等于"读书无用"，更不等于不需要学历。在能力相当的情况下，学历往往决定一个人的视野、思路和工作岗位的层次。无论你就读哪一种类型学校，都应该努力做到德智体美等全面发展，实现学历和能力的统一，学历和能力的双丰收。

相关链接

人的三大基本能力

学校教育首要的是把学习作为学生精神快乐的源泉来开发，使得学生形成以学习为乐的心理和精神需求，养成终身学习的爱好和习惯，那么我们可以说学校教育在这个学生身上基本成功。

在此基础上，学生能力的培养可以划分为三大方面：思考力、表达力和实践力，这也是人的三大基本能力。

思考力主要由这几种能力组成：记忆力、理解力、分析力、判断力、综合力，思考力是解决实际问题能力的基础。

表达力分为两大方面：口头表达能力和文字表达能力。口头表达能力又分为演讲能力、辩论能力、个别交谈能力及外语表达能力。这四种口头表达能力又可再分为公众话语表达能力和专业话语表达能力。文字表达能力主要是掌握各类体裁如书信、报告、论文以及创作类文章的基本格式和要求，文字表达的属性基本上划分为记叙、说明、议论、应用四大类。

实践力，就是社会实践能力和专业实践能力两个大类。社会实践能力主要又可归结为人际交往能力和办事能力。人际交往能力包含：言谈举止、仪表风度、礼仪礼节、沟通能力、心理素质、人格塑造等；办事能力主要是分析力、决策力和行动力。专业实践能力，顾名思义就是该学生在所学专业领域里的实践能力。

[案例44] 中职生变"马达维修大王"

李文山在广东一所中职学校就读机电专业。毕业后，他借了2000元在县城开

71

了个"李文山专修店",专修马达。最初几个月生意冷冷清清,家人也劝他另找生计。但他不服输,他相信"三百六十行,行行出状元",只要洒下辛勤的汗水,就会有丰厚的收获。一次,一位姓黄的居民家里的双缸洗衣机一个马达烧坏了,送到一家维修店修理,维修店索价600元,一气之下拿回家,刚好碰上李文山,他只用半天工夫就修好了,只收成本费50元。姓黄的逢人就夸:李文山技术熟,收费低,服务好。从此,他的生意逐渐红火起来。但他并不满足于现状,又积极开拓工业用马达维修业务。一次他到下桥镇某厂,厂里两位技术员拿了一台报废的马达给他修,他当场就修好了,良好的技术使他成为该厂的编外技术员。李文山想:要在竞争中立于不败之地,必须有过人的本领、过硬的技术。无论怎么忙,他总是白天工作,晚上学习,努力做到理论与实际相结合,使技术炉火纯青,出类拔萃。一次,该县水电站的发电机坏了,该站的工程师修了两天也没有修好,又聘请了高级工程师折腾了3天,还是没有修好。李文山知道后,主动上门请缨。经过仔细检查,他发现发电机用了30多年,钢材老化,改变了滑环弹簧物理杆拉力,致使滑环弹簧拉力不够,当出现大电流时,滑环出现火花,发电机不能正常工作。他只稍稍改变一下弹簧的支点,便奇迹般地清除了故障。站领导称赞他"不是工程师,胜似工程师"。这样一传十,十传百,李文山的名气越来越大,尽管如此,他的服务质量和态度始终不变。1998年春天的一个下午,该县角尾乡一位养虾户从外地购回20台增氧机,使用时才发现,所有产品均不合格,根本不能供氧。眼看虾苗将因缺氧窒息而死亡,养虾户心急如焚,急忙来找李文山。李文山二话不说,带领10名伙计,赶到30多千米外的虾池进行抢修。一直抢修到次日凌晨三四点钟,最后全部修好了增氧机,为养殖场挽回经济损失20多万元。

李文山事业发达了,但他想到的是如何带领大家共同致富。他无私地传授马达修理技术,带领下岗职工、待业青年共同致富。他先后免费培训30多名省内外的待业青年和下岗职工,使他们得到了就业或再上岗的机会。创业以来,李文山一步一个脚印,事业不断发展,已从单纯的维修发展成为维修与代销相结合,他还想将维修店办到雷州市和海南去。

分析:

李文山在校期间认真学习专业知识,刻苦钻研专业技术,毕业后以精湛的技术、真诚的服务,成了远近闻名的"马达维修大王",令人赞叹不已。马达维修技能是他的核心技能、专业特长、成就职业人生的支点。核心技能是不可由机器替代的技能,掌握了核心技能就等于掌握了进入该职业领域的钥匙,毕业生进入社会就容易站稳脚跟,容易创造出成绩。

学好专业即具有扎实的专业知识和技能,是就业的必备条件。因为,在工作岗位上,没有一定的专业知识、专业技能,不具备职业所必需的本领,就无法履行岗位职责,完成工作任务,就像当驾驶员不会开车、当护士不会打针一样。而在职业舞台上,只有灵活运用专业知识,充分发挥专业特长,才能提高工作效率,出色完成工作任务,使聪明才智得以发挥,个性得以展示,人生价值得以实现。

在择业过程中,最好的是"学什么、干什么",如果做不到这一点,那就"干什么、学什么",在干中学,在学中干,干一行、爱一行,不断提高自己的职业技能。

[案例45] **技多不压身**

小李是广西某职业技术学院广播电视新闻专业的毕业生。一天,他到南宁某报社进行面试。当天一起面试的学生很多,偏偏用于现场面试考核的三台电脑相继出现了故障,致使面试被迫中断。时间过去40多分钟,现场的工作人员还没有把电脑修好。面试的学生议论纷纷,许多人对报社耽误时间表示强烈不满。

看到此情景,报社的招聘主管灵机一动,从应聘者简历中寻找出写有"精通电脑"的应聘者,看他们能否把电脑修好。在这关键时刻,不少人或是名不符实,或是不够自信,或是过于紧张,纷纷打起退堂鼓。而小李果断站出来,毛遂自荐,凭借在校期间学习掌握的电脑维护与修理技能,冷静地进行各种检测和调试,5分钟时间就修好了第一台电脑,不到10分钟一鼓作气把其他两台电脑修好了。

小李的表现,使报社招聘主管眼前一亮,毫不犹豫地聘用了这位拥有多种技能、动手能力强、能为报社解决实际问题的毕业生。

分析:

机会只留给有准备的人。所谓"技多不压身",哪怕偶然的机会,只要有真本领在身,特别是有现场解决实际问题的能力,就会给应聘者带来意外收获。特别是现在我们处于一个多元化社会,具有综合能力的复合型人才永远是最受欢迎的。职业院校毕业生求职时,要注意从自己的专业技能、专业特长等特点出发,争取机会展示自己与众不同的才能。

虽说"技多不压身",但要做到"十八般武艺样样精通"也难。而人要在职场更好地发展,成为中高层的人才,实现更高的人生价值,更重要的是注意培养自己的综合素质和能力,并在基本技能上不断提高其水平。

相关链接

十项基本技能

所谓技能是人运用已有知识、经验、能力、个性,在实际运用过程中形成的稳定、复杂、可以重复操作的动作系统。技能的学习途径很多,在教室、在实训室、在家里、在游戏中、在各种社会实践活动中都可以将一些具体的知识和能力应用于实际,从而转化为技能,并通过不断的重复,反复强化,逐步形成并稳定下来。以下是人的十项基本技能,也是职场的通用技能:

(1)学习技能。(2)表达沟通技能。(3)交往技能。(4)管理技能。(5)创新技能。(6)依法办事技能。(7)团队合作技能。(8)健身技能。(9)娱乐技能。(10)理财技能。

十、融入社会

[案例46]　一个特殊的县职校学生

陆建东是县办职校一个特殊的学生。之所以说特殊，是因为他在校期间从来都不参加学校组织的勤工助学活动，但每个假期结束时总能向学校交上一份令人满意的实习报告。第一学期假期结束返校上课时，他交的实习报告是利用假期学开车；第二学期假期结束返校时，他交的实习报告是到矿区跟车拉矿；第三学期假期结束返校时，他交的实习报告是跟表哥包车拉矿；第四学期假期结束返校时，他交的实习报告是到运德汽车运输集团有限公司应聘成为该公司的一名司机，并且开车到学校把参加顶岗实习的其他同学送到广东的实习单位。

推荐就业之前，陆建东获得了很好的就业机会：一是运德汽车运输集团有限公司录用他并决定派他和另外一位员工到新加坡学习，二是他父亲跟港商合资在广州兴建的电脑装配生产线即将完工投产，让他担任管理职务。谈到职校生如何选择职业，他说："应该鼓励他们多到人才市场找工作，不要老是依赖学校的推荐。我就是这么走过来的。"

原来，陆建东当初选择就读职业学校时，遭到家人的一致反对，这期间他从不向家人要一分钱，硬是靠自己走了过来。他就读的是机电专业，在假期自己寻找勤工助学的机会，并选定汽驾专业。从最初向表哥借钱到与表哥共事，然后到人才市场去应聘，到现在被老爸招回公司担任比大学本科毕业的哥哥更重要的职务，靠的是自己主动地接触社会，主动走进人才市场。换句话说，就是自己把自己当人才看，走出了一条成功路。

分析：

中职学生由于学历不高，有一种自卑感，只到劳动力市场找工作，不敢参加所谓的"人才"招聘会，其实拥有一技之长的中职学生不仅是人才，更是企业急需的人才。组织中职生到人才市场应聘，能够提高他们的自信心。不少企业负责人表示，只要有责任心，有工作经验，吃苦敬业，学历并不重要。经了解，到人才市场参加招聘会的绝大多数是中小企业，许多企业招聘岗位对学历要求并不高，其中要求中职学历的不在少数。由于中职学生在校期间至少有一年的实践经历，找到一份工作并不难，当然还要看个人的素质和能力。

职业院校是学生向职业人角色转变的过渡时期，是学生走上社会的桥梁和平台，是学生社会化、职业化的重要进程。培养自己的社会意识和职业意识，尽早地接触社会、适应社会，了解职业、了解市场。"主动地接触社会，主动走进人才市场"，这是陆建东同学给我们的宝贵经验。这两个"主动"很重要，靠的是人的自觉和毅力，否则就会被动进入社会，被动去找工作，其结果是截然不同的。前者在人才市场上如鱼得水、游刃有余，后者在人才市场上到处碰壁、路子狭窄，你想选择哪一种呢？

[案例47]　　最酷的亲情

一位拥有数百万资产的单身母亲，为了逼独生子成为真正的男子汉，狠心将他赶出家门，让他去经历艰苦的磨炼。而在做这一切时，她隐瞒了自己身患绝症的事实。

高考落榜逐出家门

1995年春天，沈阳北行开办家具市场，下岗的单身母亲赵敏凑足钱买下一个摊位，仅半年工夫，她就挣了3万多元。1997年，赵敏又投资办了一个家具厂。2002年，赵敏的儿子、18岁的徐建国没能考上大学。在他看来，母亲是拥有500多万元资产的富婆，他的前程不成问题。但是母亲对他的安排大大出乎他的预料："我打下的江山凭啥要白白送给你？你自己到外面闯去，一年后活着回来就行了。在这一年中，你不能回家，更不能向家里要钱。"

徐建国接过母亲递来的1000元，强忍泪水奔出家门。那天是2002年9月22日。

釜底抽薪空乏其身

徐建国辗转到了大连，一个月后，身上带的钱眼看要用光了，只好到一家酒店的厨房当月薪只有300元的小工。这活没有节假日，忙到后半夜是经常的事。

2003年春节前，徐建国鼓起勇气打电话回家，然而家里的号码竟是空号。徐建国决定直接回家，但当他敲开门后，走出来的竟是个陌生的女人。徐建国又去找母亲的工厂，岂料工厂也换了主人。无奈之下，徐建国只好返回大连。

贫病交加劳其筋骨

徐建国回到大连就病了，一个叫张哥的朋友把他送到医院。徐建国在医院里住了5天，花了2000多元。徐建国以为遇见了大好人，"让我怎么谢你呀？"张哥说："谢啥？你以为钱是白送的？给你半年期限，按银行的利息还钱。"徐建国想：半年后加上利息就不少于3000元了，啥时候才能还清呢？得另外找一份工作啊！

春节刚过，徐建国就跑到一个施工队当月薪1500元的小工。有一次搬水泥，大伙排着队按顺序抬，徐建国累得实在受不了了，跑到一个角落里休息了一会儿。他没料到，因为耍这个小聪明，竟付出了半个月的薪水和多抬30袋水泥的代价。

抓住机遇当小老板

三个月过去了，徐建国终于凑足了3000元，他的身体也比以前壮多了。一天，他了解到粉刷外墙利润不小，便大胆地说服涂料批发商以批发价给他涂料，然后他以1平方米便宜1元的价格出去揽活，揽到活后又去劳务市场招人。很快他就挣了1万多元。尝到甜头后，徐建国组织了一个专门刷外墙涂料的包工队。到了2003年8月，徐建国已挣了将近20万元。

2003年9月22日，张哥突然出现对他说："给，这是你妈写给你的信。自己好好看看吧。"看完信后，徐建国失声痛哭。

原来，徐建国离开的那天，母亲一直跟在他身后，并以高薪雇了三个人跟着儿子，张哥就是其中一个。2003年6月27日，病重的她离开了人世。

用心良苦的特别遗嘱

"建国，我的好儿子，当你看到这封信时，我已经在另一个世界了。在你离开我的时候，我已经患上了癌症。我最放心不下的就是你的生存问题，现在知道你能适应最艰苦的生活，而且活得挺坚强的，我终于可以闭上眼睛了。市场是无情的，今天你是富翁，明天就有可能成为穷光蛋，一个没有艰苦卓绝精神和未经社会磨炼的人是很危险的，早晚会被淘汰。我的好儿子，你离家后的一举一动都在我的掌握之中。我曾经动摇过多次，但我庆幸，我最终说服了自己。我的好儿子，现在我可以放心地把公司交给你了。我的遗嘱和移交手续都一一办妥了，相信你一定能成为出色的企业家。"

分析：

大爱无形。这对母子的亲情故事，催人泪下。"一个没有艰苦卓绝精神和未经社会磨炼的人是很危险的，早晚会被淘汰"，这位母亲振聋发聩的话语令人深思。

著名的发明家爱迪生说过一句话："我并没有失败一万次，我只是发现了一万种不能成功的方法而已。"实际上，任何一个人都免不了要遭受不幸和痛苦，痛苦有时也有它的价值。这就像若没有大气的压力我们的身体就要爆裂一样，人若没有了艰难和不幸，一切的需要都能满足，我们又会变成什么样子呢？

人需要经过社会的种种磨炼。苦难是人生的一笔财富。如果你可以因为成长而把苦难当做人生一笔难得的财富，那么苦难就是激励你成长的要素。

[案例48]　　处处留心皆学问

一天，那家位于龙华镇、一直让羽萍向往的大型台资企业给她打来电话，通知她去面试。羽萍惊叹这家公司的办事效率，也为自己闯过了第一关而暗自庆幸。

来到这家公司后，接待羽萍的是公司的财务总监王先生。

王先生是个爽快的人，他开门见山地说："你的简历我仔细看了，其中有一条——5年深圳工作经验，我想，你对深圳不说是了如指掌，起码也是比较了解的。"

"这个……还算是了解吧。"羽萍搞不懂王先生为什么不问专业知识，却抓住一个不太重要的话题追根究底。

"OK，那我们就直奔主题吧，请问深圳经济特区正式设立于哪年哪月？"王先生提出了第一个问题。"198……"，"8"了几遍，羽萍还是没能回答出来。

"1980年8月26日。"王先生用咄咄逼人的目光直视着羽萍，令她无法躲避。"第二个问题，深圳的市花和市树是什么？"

"好像是……木棉花……和榕树吧。"羽萍连猜带蒙，吞吞吐吐地答道。

"No，市花是杜鹃，市树是荔枝树。"王先生的食指左右晃动着，打着否定的手势，并步步紧逼。"第三个问题，深圳特区目前共有哪几个行政区？"

"5 个区，它们是南山区、福田区、罗湖区、宝安区和龙岗区。"羽萍终于舒了一口气，声音也洪亮了几分。

"还有一个，盐田区。"王先生一字一顿地补充道。

……

问完了 10 个与深圳相关的问题，王先生调整了一下姿势，看着羽萍说："很抱歉，10 个问题你只答对了两个，我不得不遗憾地告诉你，你落选了。"

闻听此言，羽萍脸上红一阵白一阵的。

王先生大概看出了她的窘态，不无惋惜地说："对于一个在深圳特区工作和生活了五年之久的人，竟然对它不甚了了，一问三不知，这起码说明了三个问题——第一，他没有历史认同感，容易淡忘历史；第二，他对周围的人和事肯定是漠不关心；第三，他无法顺应时代发展的潮流，无法跟上时代发展的步伐……我们公司是一家跨国集团公司，产品行销世界各地。作为一个高级主管，不仅要在专业上力求精通，而且对与产品相关的社会其他方面的认识也要达到相当的程度。'两耳不闻窗外事，一心只读圣贤书'的所谓才子，在我们公司是永远没有位置的。"

羽萍走出这家公司大门时，没有半点怨艾之情，相反却对自己的无知感到无比的羞愧。羽萍暗暗发誓，如果有机会再与王先生谋面，她一定会以一个新的面貌出现在他的面前，让他刮目相看！

分析：

求职者的面试准备工作，包括社会阅历和经验，是一点一滴地积累起来的，本文的主人公就是因为平时不留心积累而与机会失之交臂。羽萍如能认真反思，吸取教训，处处留心，相信学到的东西会很多，进步肯定也会很快，一定会达到令人"刮目相看"的程度。

处处留心皆学问。"留心"是什么意思？"留心"就是眼勤、耳勤和嘴勤，也就是要多看、多听、多问、多想。重要的是，仅仅明白这个道理还不行，还必须坚持去实践，并持之以恒。

在这充满挑战和机遇的时代，经济全球化、信息化、现代化，如果"两耳不闻窗外事，一心只读圣贤书"，生存与发展的道路是不会顺畅的，羽萍的失败经历就充分说明了这一点。前车之鉴，值得我们引以为戒。

[案例 49] 实习——就业前最重要的事情

赵嫊现就业于某团市委，在大学时，她曾担任过外语系团总支书记。她坦言，自己的学习成绩很一般，有两门功课还挂过科，但她认为，影响自己就业的最大问题是缺乏工作经验和动手能力。而实习就是解决这个大问题最重要的途径。于是，大三伊始，在努力提高自己考试成绩的同时，赵嫊就抓紧寻找实习机会。暑假开始，她就先后到某网站、某出版社、某市委市直机关工委实习，时间两至三个月不等。

刚开始赵嫊也极想当个自由自在的编辑、撰稿人。于是，她主动联系到某出版社实习。在出版社，赵嫊负责英文词典的编辑校对工作，干了 3 天，她感觉在出版社的工作毫无挑战性，毫无新意，并不适合自己。在某网站的实习也无法找到感

觉。于是，一个月后赵嬿开始转攻行政领域，打消了在出版社、网站找工作的念头。

经过一番艰苦的努力，某市委市直机关工委同意接受赵嬿实习，她被安排到团工委办公室工作。她和一个中国政法大学的男实习生，加上办公室领导，整个办公室就3个人，日常琐事全部落在两个实习生肩上。办公室工作本来就繁琐而枯燥，又适逢增强共青团员主题意识教育活动，赵嬿和办公室同事经常一起忙到八九点才能下班，有一次更是加班到凌晨3点。

但是，正是这段实习经历，开阔了她的眼界，锻炼了她的工作能力。实习结束后，赵嬿给市委领导留下了深刻的印象，尽管她最后不能留在那里，但领导们纷纷帮她联系工作，在得知她到某团市委应聘时，还主动为她写介绍信，这也使得赵嬿在应聘时脱颖而出。而对方看中的正是她实习时的工作经历和娴熟的公文写作能力。

大学生找工作应尽早确定自己的工作目标，不能漫天撒网、盲目求职，否则不仅发挥不出自己的长处，而且结果往往会不遂人意。对此，赵嬿的看法是，以实习来发掘自己的长处和兴趣，更重要的是获得宝贵的工作经验和动手能力。"千万不要忽略实习这个就业前最重要的事情。"赵嬿如是说。

分析：

大学生就业前要做的事很多，有的人总想面面俱到，但结果往往一事无成。

哈佛商学院可谓如今最大、最有名望、最具权威的管理学院。在学院的教学中，经常给学生讲述一个很有效的做事方法——"80对20法则"，即任何工作，如果按价值顺序排列，那么总价值的80%往往来源于20%的项目。简单地说，如果你把所有必须干的工作，按重要程度分为10项的话，那么只要把其中最重要的两项干好，其余的8项工作也就自然能比较顺利地完成了。所以，把自己的时间、精力集中在那最有价值的20%的工作中去，这会给你带来意想不到的收获。

现在，用人单位在招聘人才时，普遍把工作经验和动手能力作为重要条件，而这正是大学生缺少的。谁具备了一定的工作经验和动手能力，谁就能在激烈的竞争中占据主动。大学生在大学就读期间的经验和能力从哪来？最主要的途径就是实习。抓住实习机会，充分利用实习机会，锻炼自己，增加自己的工作经验，提高自己的动手能力，确实是一件非常重要的事情。赵嬿的就业经历充分证明了这一点。

中编
·····················
求职面试

导　语

　　求职是人生的一次重要选择，也是对自己综合素质的一次重要检验。求职者一定要做好择业前的准备，掌握求职面试整个过程的运作和技巧。

　　面试是招聘单位主考官为选择录用对象对应聘者进行当面的考核测试，是用人单位考核应聘者自身水平的一种重要手段，是一种有针对性的能力测试，而不是一般的面谈。用人单位通过面试可以了解到应聘者的表达能力、思维能力、应变能力、专业能力等在笔试中不一定能反映出来的个人能力和综合素质。从求职者来说，面试也是展现自我的一个好机会，是最具决定性的、也是难度最大的关键环节。面试的目的是使用人单位找到最合适的人选（不一定是最优秀的人选），使求职者找到最合适的职位（不一定是最理想的职位），这对于双方来说都是很重要的。

　　所谓求职面试技巧，实际上是求职面试过程中所应掌握的方法和手段，犹如过河的船，起着重要的作用。不懂得面试技巧的人，其就业机会将大打折扣，甚至坐失良机。面试技巧并非花言巧语，而是使自己的才华充分地展现、使形象鲜明突出的有效方法。

一、求职面试的准备

　　军事家最忌讳的就是打无准备之仗，求职面试同样如此。凡事都是考虑得越周密越好，准备得越充分越好，措施越具体越好。如果求职面试前做好充分的准备，包括德才能储备、心理准备、材料准备、形象准备、信息准备以及面试语言技巧准备等，求职成功的概率就越高，今后职业发展的道路也会越宽广。

　　（一）了解招聘单位和岗位的基本情况

　　在面试前应充分了解应聘单位的情况及应聘职位的背景。这是面试成功的前提，要尽可能多地了解一些情况，包括该单位的性质、背景、业绩、人员、效益以及用人标准等，同时尽可能了解这份工作的要求、工作范围、工作条件和方式、工作报酬和工作前景，想想你的哪些条件适合这份工作，你有什么特别有优势的地方，能否讲出个一二三来。

　　（二）做好面试前的心理准备

　　所谓心理准备，就是要正确认识自己、认识社会、认识岗位，调适求职心理，克服各种心理障碍，积极参与面试竞争，正确对待求职挫折。要将自己的专业、兴趣、需要、能力、目标、个性与所应聘岗位的要求进行比较分析，全面权衡后慎重作出决定。面试时要保持积极心态，情绪平稳，精力充沛，有活力和朝气。对于面试的结果，要坦然面对，总结失败经验教训，为以后的面试积累经验。

（三）面试内容的准备

首先，是语言表达能力的锻炼。良好的语言表达能力对面试成功和今后顺利开展工作意义重大。职业口才是人们从事职业活动的最经济、最有效、最常用、最重要的技能，也可以说是第一技能。言辞丰富、内容充实、清晰流畅、机敏灵活的语言表达可以反映一个人的见识、能力和潜质，这也是面试成功的关键。平时要加强口才训练，并做好面试的模拟练习。

其次，多想想考官可能会提出的问题，考虑如何回答更好。你可以向有经验的老师或已经走上工作岗位的师兄、师姐请教，并了解与此相关的工作情况。

（四）面试材料的准备

1. 求职信。求职信也称自荐信，就是自我介绍信，其目的是引起用人单位的注意和重视，获得面试机会，进而最终得到录用。求职信是求职者的第二语言。求职信语言要精练，直奔主题，不要繁琐，最好不要超过一页纸。内容要集中于具体的职业目标，提出你能为用人单位做些什么。对不同的用人单位和行业，求职信要有不同的针对性。求职信中对任何文字、细节的描述都要做到仔细再仔细，认真再认真，态度要诚恳，措辞要得当。

2. 简历。个人简历是个人生活、学习、工作、经历及取得成绩的概括总结。个人简历的真正用途是让用人单位全面了解自己，从而为自己创造面试的机会。人力资源专家认为，"真实、全面、简练、重点突出、语言准确、版面美观、评价客观"是成功简历的七大要素，值得我们借鉴。简历讲究重点突出、排版美观、吸引眼球，要把自己的特点和与众不同的地方首先展示出来，不要把个人优势这些突出自己特点的信息放在最后或不起眼的地方。简历要贴照片，让人对你有个印象，但是绝对不能用艺术照，一张简单的两寸毕业照就足够了。应把你的全名放在简历的最前面，把你的联系地址包括邮政编码、电话号码、电子信箱等与你的姓名一起排在前面。打印出来的简历要清晰、整洁，杜绝一切拼写和语法错误。

3. 其他材料。除求职信和个人简介以外，为了加深用人单位对自己的印象，有时需要提供进一步的材料。面试前，应把文凭、身份证、职业资格证书、立功受奖证明、论文、科研成果、发表文章、别人为你写的推荐信等材料带齐，以供考官需要时查看。

（五）形象和细节准备

注意面试的着装和个人修饰：面试穿着打扮整洁大方，要得体，男士衬衫要换洗干净，皮鞋要擦亮，女士不能穿过于前卫新潮的服装。注意服饰打扮一定要与应聘的职位相符。

文件包、钢笔和记事本：所有面试物品都要井然有序地放在一个较好的公文包中，要注意公文包不要太鼓鼓囊囊，给人一个良好的职业形象。

面试时间：提前 10～15 分钟到达面试地点，以表示诚意和对用人单位的尊重。

见面礼仪：见面时要主动向招聘者打招呼；招聘者没有请你坐下时，切勿急于落座；应尽量放松自己，表情自然；坐下后要保持良好的姿态。

面试交谈：交谈时，口齿要清楚，音量、语速适中；眼睛要适时注视对方，耐心倾听，不要打断对方的讲话，精神集中，以表现你的精力和兴趣。

面试结束：不论是否被录用，或者只是得到一个模棱两可的答复，你都应该以礼相待，用平常心对待用人单位，表示谢意。回去后，抽空以书信、E-mail 或短信的形式向面试单位发感谢信，感谢他们给你一个难得的机会。

二、求职策略和技巧

求职面试不是简单的面谈，而是应聘者智慧与实力的较量。在这个较量中，灵活地运用谋略，无疑会使你在成功道路上迈出一大步。

（一）充满自信，有勇气自我推销

自信是求职者成功面试的秘诀。如果你认为你有能力、有资格胜任这项工作，就要在心理上给自己打气，相信自己是胜利者。现代职场中，人才自由竞争，这为有自信、有勇气推销自己的人搭建了一个展现自我的舞台。在这个舞台上，求职者应该要有充足的信心和勇气扮演好自己的角色，使自己的才能得到淋漓尽致的展现。面试时间通常很短，抓住时机巧妙地展示你的特长，恰到好处地宣传自己，卓有成效地说服对方，只有自己敢于推销、善于推销，才可以使面试收到最佳的效果。面试时，要让招聘方相信你在未来的工作环境中能有所成就，就必须在最短的时间内把自己所具有的自信、勇气、才能、智慧一并展现出来。

（二）知己知彼，正确定位

《孙子兵法》云："知己知彼，百战不殆。"求职也是如此，只有正确认识自己，了解单位和职位的情况，才会有胜利的把握。而"知人者智，自知者明"，对个人而言，往往"明"比"智"更艰难，也更重要。求职择业只有全面弄清楚自己的想法——我最想干什么？我能够干什么？干不成怎么办？在搞清楚这三个问题的基础上，还要分析现在社会上有什么工作适合我干，我要做什么准备才能得到这份工作，知己知彼，正确定位，才有望成为职场上的常胜将军。择业时最重要的是确定职业目标，找准自己的位置，不盲目攀比，不人云亦云，不见异思迁，迷失自我，否则到头来一事无成。要努力寻找社会需要、岗位要求与个人职业个性的结合点，力求最佳，以此作为自己的职业目标和发展方向。现在劳动者求职难，究竟难在何处？最大的问题还在于求职者不能充分地认识自己，不能正确认识社会，定位不准，方向不明，或坐失良机，或盲目就业，影响求职的成功和事业的发展。

（三）摆正就业观念，开拓就业新天地

在应聘过程中，求职者是否具有与时代同步的科学择业观至关重要。陈旧的就业观念为"五多五少"，即想就业的多，敢创业的少；想搞管理的多，愿去一线工作的少；想托关系的多，愿凭本事干的少；想拿高薪的多，图发展的少；急功近利的多，踏实肯干的少。这些观念导致不少求职者的就业选择面过窄，流动性加大，客观上也给现阶段的就业形势造成一些负面影响。要知道，岗位可以调整，经验可以积累，本事可以学习，财富可以创造，没事干的人可以去做没人干的事。思路决定出路，转换思路天地宽。所以，转变就业观念，实实在在地从基层做起，从低处做起，开辟就业新天地，让路越走越宽广，这才是你的明智选择。

（四）练好基本功，以能力说话

当今的时代是以能力说话的时代，是以能力论英雄的时代。一个人仅有知识、文凭是不够的，还需要各方面的素质、能力，如思想品德、心理素质、专业技能、表达能力、社会适应能力、学习创新能力、组织协调能力、人际关系协调能力等。用人单位在面试过程中，则会有重点地、千方百计地甄别应聘者各方面的能力和素质。可以说，如何闯过面试这一关，对于每一个满怀着对未来的美好憧憬的职场人士而言都是至关重要的。能力培养，非一日之功，要靠平时的学习与训练。要讲究训练方法，扎扎实实练好基本功。当我们要提升某一领域的能力时，可将精力集中在一段时间内，制定详细的日程表，不仅自己学，还要与自己的朋友一起学，一起分享，互相促进，这样学习会特别有动力，效果更好。

（五）谦虚诚实，沉着应对

在招聘面试时，既不要故意炫耀自己如何博学多才，也不要在遇到对自己不利的问题时，故意撒谎，弄巧成拙。最好的办法是以诚实的态度回答对方的问题，切忌吹捧自己。求职面试中要注意感情、心理的沟通和交流。一个态度诚恳的谦谦君子首先让人感觉亲切可信，一个虚情假意、恃才傲物的人往往会被别人拒之门外。一位名人说过："真正的英雄并非没有胆怯的时刻，只是他能设法不让怯懦征服自己。"在面试中要沉着冷静、坚定自信、从容应对，充分发挥自己的特长和优势，展示潜力，力求打动考官，让考官感到你就是招聘岗位的不二人选，取得求职的成功。

三、求职面试语言技巧

语言是思想的体现，语言的明确取决于思想的清晰，语言的容量取决于思想的深刻，语言的新颖取决于思维的创新。

说话是个人的主动表达，答问则是个人的被动陈述。主动表述重在展示；被动陈述除了展示之外，还要揣摩对方问话的含意，暗含着不动声色的交锋——试探对方的用意，或应对对方的"刁难"。相对于求职者来说，答话更要注意技巧。

（一）具体实例法

有的求职者，为了表现自己的能力，大谈个人成就、特长、技能，老练的面试官一旦问："能举一两个例子吗？"应试者便无言以对，非常被动。为了向招聘者描述一个与众不同的你，进而获得应聘成功，你必须记住：不要概述，要展示——用事实来说明你所具有的能力、素质、技能，你对问题的看法；在叙述的时候，要抓住岗位要求的核心能力、素质，说话要简短，尽可能把真实的你展示给招聘者，让他们感到你确实是他们所需要的人。

（二）表现专业法

作为对专业知识笔试的补充，面试中对专业知识的考察更具灵活性与深度，所提问题也更接近岗位对专业知识和技能的要求。如你在学校学的是什么专业或接受过哪些特殊的培训？你是掌握高级专业技术，还是熟练中级技术或普通初级技术？回答这类问题时，应注意语言简洁，逻辑性强，适当使用专业词语，但切忌弄虚作假、故弄玄虚，否则若遇到专业能力很强的考官追问一些高难度的专业问题，而你无法回答就弄巧成拙了。

（三）突出个性法

中国有句俗话："山不在高，有仙则名；水不在深，有龙则灵。"个性鲜明的回答会给人留下深刻的印象。一般来说，个性没有绝对的优劣之分，所以在应试过程中不要过于掩饰自己，要表现真实的自我。想要突出个性，首先就应该用事实说话。其次，要实事求是，怎么想就怎么说（当然，除了一些敏感性问题需要把握分寸之外）。

李梅出生在内蒙古的一个小镇上，大学毕业后只身来到深圳发展。面试当天，李梅身着一身职业套裙，将高雅的气质淋漓尽致地展现出来。老板对她说："介绍一下你的家乡吧！"李梅骄傲地描述着家乡的美丽。老板听完后，继续说："内蒙古确实是个好地方，你为什么要远离家乡，千里迢迢来深圳工作呢？"李梅微微一笑，说："深圳四季如春，天天可以穿裙子！"李梅的回答，显然使老板有些吃惊，然后说："祝贺你，你被录用了，我很欣赏你这种纯真质朴的个性，希望你能将这种个性带到日后工作之中。"

（四）扬长避短法

面试中最重要的是要扬长避短。每个人都有缺点与不足，你只有恰如其分地扬长避短，才能赢得对方的认可。当然，这里所说的扬长避短并不是掩盖你的缺点，而是巧妙地运用语言表达，你的缺点并不可怕，是可以弥补的，你的不足也是可以转化为长处的。比如说，用人单位常说"我们这个职位需要有工作经验的人"，在工作经验上，你这个还未走出校门的毕业生确实欠缺，但你可以说："经验固然说明一定的问题，但个人的素质和潜能更重要，因为这正是现代社会对人才的要求。我是一个学习力和应用能力很强的人，在读书期间利用各种机会在相关行业做兼职。我相信自己的能力和天分可以很快满足工作的需要。"

（五）审时度势法

面试中审时度势法主要表现在以下两方面：一是掌握好回答问题的时间，做到心中有数，有的放矢，不要漫无边际地陈述，拖延时间。二是注意招聘者的表情，察言观色，见机行事，把握好对方的心态，迅速及时地调整自己的对策，必要时"投其所好"或"草率收场"都不失为一种应急之策。

（六）坦诚制胜法

面试时态度一定要坦诚，做人优于做事。所以求职面试时一定要诚实地回答问题，欺骗行为将不利于以后的发展。在面试时碰到不懂得如何回答的问题，最明智的做法是要么坦诚相告，并找出合理借口，要么表示弥补缺憾的决心。没有人什么都懂，只要态度诚恳、实事求是就能化不利为有利，争取考官的好感，提高面试成功率。

（七）以柔克刚法

当面试官提出的要求令你难以接受时，或者你对他的观点存有疑义时，可以委婉表达。这其实是一种以柔克刚的策略，在双方都听得懂的基础上，用含蓄的方式来表达，所达到的效果比明白地提出的效果要好得多。因为求职者有求于面试官，在人格得到尊重的前提下，你应该最大限度地维护他的尊严。这样做既可以表明自己的意思，又维护了对方的尊严。

（八）机智幽默法

求职面试是一种检测性的被动交谈，主考官可能会提出各种各样刁钻的、难以回答的问题来了解你的思维水平、品德修养、协调能力和应变能力，所以求职者在回答问题时要反应敏捷、机智应对。面试交谈时，除了表达清晰以外，幽默轻松的语言可以使谈话增加轻松愉快的气氛，也展示了自己的优雅气质和从容风度。尤其是遇到难题的时候，机智幽默的语言会显示自己的聪明才智，有助于化险为夷，给主考官留下深刻印象。比如：招聘者揶揄你"个子矮了点"，你不妨说"浓缩的才是精华"；说你"成绩一般"，你可以说"所以才会加倍努力"；考官感慨"姜是老的辣"，你可以说"菜是嫩的鲜，阅历浅的人接受新事物说不定更快"。

有位女生，应聘时主考官突然发问："你愿意嫁给希特勒还是肖邦？"女生脱口而出"希特勒"。全场哗然，女生接着说了一句："假如我嫁给希特勒，说不定第二次世界大战就不会爆发了。"这样的回答既显示出机智，又阻止了对方的发难。

求职者如何谋职？八仙过海，各显神通。你也许早有成熟的想法，但吸取他人的经验教训是只有好处而没有害处的。本书提供的一些处理问题的思路、方法、技巧，或许对你有不少用处。当然，技巧只是辅助手段，重要的仍然是求职者本身的素质和能力，以及求职者的临场发挥。

一、就业信息的收集与应用

[案例50]　早做准备，抢占先机

小孙来自农村，在某工科院校读书。刚进大学时他就看见师兄、师姐和高年级的老乡们为找工作辛苦奔波的情景，他也暗暗为自己的将来着急。因为他知道父母能供他读大学已属不易，将来工作只有靠自己找了。从大二开始，小孙就有意识地收集求职方面的资料。有一次，一位即将毕业参加工作的老乡在临别时，将一些介绍用人单位的资料、发布就业信息的报纸、就业指导方面的刊物和一本就业指导书送给了小孙。小孙利用课余时间把资料翻了一遍，对有关的求职知识和技巧有了大概的了解，他还细心地把用人单位的通信地址、网址和联系方式用一个小本子抄下来，准备将来派上用场。

从那以后，一有师兄、师姐和老乡毕业，他就主动向他们索取有关求职就业方面的资料，并请他们找到工作后多提供有关信息。平时，学校就业指导中心发布的就业信息他每期必看，并将用人单位的有关信息抄在自己的小本子上。三年来，这些信息汇集成厚厚的一大本。从对这些信息分门别类的整理中，他了解到哪些单位是学校主要用人单位，哪些地区需要的毕业生较多，他甚至对同一个单位三年不同的需求情况都一清二楚。有了这本"求职宝典"，他对自己以后的求职充满了信心。

大四第一学期，小孙就不动声色地忙开了。他先是给一些在上海工作的师兄、师姐和老乡们打电话，请他们提供本单位本年度的需求信息；然后，他去班主任家，留下了自己的两份自荐材料；最后，他到校就业指导中心查询了学校本学期就业工作的安排和即将举行的各地人才交流会的信息。做完这些之后，他又根据自己收集的过去三年的人才需求信息，对学校的主要用人单位需求情况做了一番分析和预测，找出今年有可能需要他这个专业毕业生的用人单位，他就发一封求职信过去。

春节前，各种渠道的信息慢慢地反馈回来。出乎他的意料，同时有7家单位愿意接收他，许多单位都对他如此熟悉本单位的情况惊讶不已。小孙最终选择了上海一家自己满意的公司，并决定先去那儿实习。就这样，当其他毕业生还在毫无头绪、忙着收集信息的时候，他已在计划着怎样才能迈好走向社会的第一步了。

分析：

有一句名言说得好："命运青睐有准备的头脑。"毕业生小孙来自农村，他知道在求职就业上没有其他优势可言，只有未雨绸缪，早做准备，才能抢占先机，捷足先登。因此从大学二年级起，他就已开始了就业信息的收集工作，从用人单位的背景资料、需求情况到有关求职的知识和技巧，他都主动去熟悉和了解，并进行了分析、研究。另外，他也重视接触各种就业渠道，师兄、师姐、老乡、班主任、就业指导中心等各种渠道的信息都畅通无阻地向他汇集。功夫不负有心人，他所做的一切准备使他从一开始就占据了比其他同学更大的信息优势，从而为他赢得了时间和机遇，也比其他人掌握更多的主动权。

有许多毕业生在求职就业上拥有比小孙更好的条件，但是他们却总是怨天尤人：怪学校公布的就业信息太少；好单位的岗位都照顾内部的一小部分人了；那些捷足先登者肯定有特殊关系，得到特殊关照……真是这样吗？据我们调查，所有院校都希望尽可能多地把自己的毕业生推荐出去，只要掌握了用人单位的需求信息，都会想方设法地通知到有关毕业生。相反，有些毕业生一方面平时不去主动收集、了解信息，不愿花时间、下工夫；另一方面，又由于他们的信息渠道不畅通，即使有什么需求信息也不能及时地通知到他们本人。结果往往是那些一呼即应、平时主动联系的毕业生抢占先机；而那些联系不上的毕业生，则往往错过许多就业机会。

相关链接

职业信息的来源与分析

职业信息的来源有：

（1）职业介绍机构（包括社会与学校的）；

（2）人才市场；

（3）亲友；

（4）用人单位；

（5）媒体（包括报纸、杂志、广播、电视等）；

（6）电话；

（7）网络；

（8）其他。

要从大量的就业信息中筛选出对自己有用的信息，必须学会对信息的鉴别和处理。常用方法一般是首先详细了解以下信息：

（1）用人单位的性质、准确全称、主管部门；

（2）用人单位的联系方法，包括人力资源部门联系人、电话、详细地址、邮编等；

（3）用人单位需要的专业、使用意图、具体工作岗位等；

（4）用人单位对需要人才的条件与要求，包括一般要求与特殊要求；

（5）用人单位的综合规模、整体规划、发展前景、地理环境等；

（6）用人单位的工资待遇，包括工资、奖金、福利、住房等；

（7）用人单位的企业文化以及外部整体大环境；

（8）用人单位的诚信度。

然后再对上述全部信息进行综合、核实、分析、比较，主要是：

（1）注意收集信息的时效性，宜早不宜迟。

（2）通过查询、核对等办法，尽可能对有关信息进行有效的核实，对信息的真实性和可用性进行甄别、筛选，去掉其中不实的、价值不大的信息。

（3）注意透过表面看本质，抓住最关键、最能说明问题的要点去分析，从中选择自己的主攻目标和方向，减少不必要的盲目奔波，提高求职应聘成功率。

（4）在与用人单位达成协议之前，尽可能先想细一点，想远一点。

[案例51]　　谁决定你的命运

参加面试时，短短的几分钟就可能决定你的命运，只有提前做好准备，在面试时用实力说话，才能顺利地找到职业生涯的起点与方向。北京某知名大学管理学院的本科毕业生许家运对这一点深有体会。

许家运学的是会计专业。大四开学不到两个月——11月22日，当同学们都在为求职面试四处奔波时，他已拿到了美国某著名咨询公司驻华机构的录用通知。

命运之神并没有特别眷顾许家运，按照许家运的话来说，他只不过将大多数同学在临毕业时才开始思考的问题提前了四年。作为职业发展的起点，许家运从大学一年级就开始思考哪些公司是他将来的求职目标了。

许家运的英语成绩比较拔尖，结合自己的专业及特长，经过细心的查询比较，他认为选择咨询公司作为事业的起点最合适。一旦锁定了目标，他就开始针对这个目标做各项准备。大学二年级时，他先后进入中国工商银行及一家知名的中外合资咨询公司实习。

在实习期间，许家运特别注意积累工作经验。记得在那家咨询公司实习时，有一次业务部经理约好与客户见面，但经理助理临时请假，而公司又抽不出其他人随他前往。许家运得知这一情况后，马上自告奋勇，主动请战，配合经理很好地完成了这一任务。这件事不但赢得了同事们的好感，他也因此亲历了与客户的谈判过程，积累了工作经验。

有了这两次的实习经历后，许家运在大学期间再也没有实习过了。因为他十分清楚，在那家知名咨询公司的实习经历完全可以帮助他在北京找到一家不错的咨询公司的工作。他把更多的时间和精力放在了参与学校的国际交流项目上。这种参与，不仅开阔了他的眼界，而且使他能更加自如地运用英语进行交流。

大学三年级时，许家运对北京排前5名的咨询公司分别进行过全方位的了解，掌握它们各自的特点、公司的业务范围、怎样向这些公司投简历、面试时要注意哪些问题……除在网上对这些问题进行了解外，平时在与师兄、师姐和朋友的聊天中，他也是个有心人，非常注意对这些问题进行探讨和求教，从别人那里得到了很多的启示和经验教训。所以，在参加面试之前，许家运已做好了充分的准备。

正因为有了这些积累，许家运最终如愿进入了他所心仪的公司。

分析：

著名科学家巴斯德说过："机遇最偏爱有准备的头脑。"择业求职就如同一场"战役"，必须未雨绸缪，做好充分的准备，其中包括心理准备、信息准备、求职材料的构思设计和精心制作等。一定要打有准备之仗，只要有实力，机会永远属于你。

可能有的人觉得许家运太幸运了，否则，为什么在职场竞争如此激烈的情况下，这么多人都碰得头破血流，唯独他一帆风顺呢？其实，但凡经历过职场残酷竞争的人都知道，能够在面试中脱颖而出的学生，他们的优秀不仅表现在那些令人心悦诚服的成绩单和获奖证书上，更重要的是，他们都是有心人。像许家运一样，在踏入学校的那一天，甚至更早，就开始为自己职业生涯的起点和方向做准备了。

信息在求职就业中占有重要的地位，谁能抓住有利的信息和情报，谁就能掌握主动权。毕业生对信息要有"三敏"，即敏感、敏锐、敏捷。要树立敏感的信息意识，注意通过网络、报纸、老师、亲朋好友等各种渠道收集了解就业信息，并进行分析、筛选，以确定自己的求职方向和目标，为择业求职做好信息方面的准备。敏锐就是要眼观六路，耳听八方，善于发现那些别人忽略了的求职信息，做发现求职信息的有心人。敏捷就是发现、捕捉到了有价值的求职信息，就要抓住机遇，运用适宜的求职方法，敢于尝试，处处争取主动，牢牢地把握住自己的命运。

相关链接

如何网上求职

网上求职是求职的主要渠道之一，对远距离的异地求职尤其有独到的好处，有条件的单位与个人都可考虑选择这种方式。

1. 求职网站的种类

（1）政府网站。比如教育部、人力资源和社会保障部及各省市的人事网或人事人才网，等等。其特点是发布消息比较权威，安全系数大，操作也较规范。

（2）专业求职网站。比如中华英才网、无忧工作网、智联招聘网，等等。其特点是信息量较大，但常常真假杂陈。

（3）门户网站。比如新浪、搜狐、网易，等等。其特点是常常同时容纳了好几家相关网站，并且能在一定程度上提供一些指导性的服务。

（4）企业自身的网站。比如各公司自己的网站主页。其特点是除了提供本单位的招聘信息外，还同时介绍该单位的企业文化与产品等相关信息。

实际应用中，应该将以上几类网站结合起来使用，效果可能会更好。

2. 上网求职的准备

（1）确定好求职的方位与区域，避免漫天撒网空费力气。

（2）申请一个个人电子邮箱，以方便相互联系。当然，最好能建立个人主页。

（3）准备好一份纯文本格式的个人简历。

（4）备好纸笔，及时记录联系的网站名称、用户名、密码等。

3. 上网求职的技巧

（1）巧选上网时间。通常情况下，早上6～8时是网络最通畅的时候，高电脑配置能让你产生"飞"一样的感觉；而8～24时则往往是网络最繁忙的时候，不但网络传输速度慢，还可能发生堵塞。

（2）留意首页。一般每个网站都会在首页发布最新消息，其中往往包含有最新的招聘信息和政策信息，既便于查找，也方便求职者全面了解。

（3）随时下载。对那些列有详细条件或招聘岗位太多的信息，及时下载至电脑，更有利于筛选、决策。

（4）注意保密。保密的办法，可以先使用英文名称报名，接到面试通知时再告知真实姓名。

（5）及时联系。网上招聘岗位的空缺常常只是暂时的，所以，一发现条件相符，就应及时联系。

（6）关注友情链接的网站。特别是不同区域的人才网站，没准就可能给你"柳暗花明又一村"的惊喜。

（7）分清主次。互联网上的内容繁多，上网求职时一定要直奔主题，找到主要目标后，再去查看其他的内容。

（8）积累网站。发布求职信息的网站虽然很多，但真正适合自己要求与意向的网站却并不是太多。求职者要善于观察比较，逐渐积累较实用的权威网站。

（9）及时整理信息。一旦发现合意的招聘信息，就要及时整理归类，既便于应聘时筛选，又可以积累资料，增长知识。

（10）持之以恒。网上求职成功率虽然不是很高，但如果能持之以恒，不忘随时关注，有时也可以找到很适合自己的工作。

4．上网求职的注意点

（1）不要把所有的希望都放到网上，而应在利用网络的同时，也充分利用好各种传统媒体及渠道。

（2）不要同时在一家企业应聘几个职位。因为招聘方的老板有时会阅读各个部门报送的应聘材料，一般是越专注于某个职位者，常常越能得到青睐。

（3）不要分散注意力。按既定目标搜索相关网站。

（4）不要将简历漫天撒网。这很容易被他人冒用或盗用个人资料，有时，后果会很严重。

（5）电子文本的简历与求职信都不应过长。宜尽量简洁，直奔主题即可。

（6）不要随便在简历上罗列证明人。只有公司提出明确要求时，才需要这么做。

（7）注意防止病毒的侵害。一旦发现，应及时采取措施清理或删除。

（8）由于社会比较复杂，求职者在网上求职过程中，一定要有安全防范意识，防止上当受骗。

［案例 52］　市场拒绝盲目的人才

小林是机械系毕业的学生。刚走出校门，小林和其他同学一样，满怀信心地踏上了求职的历程。

小林首先应聘某大型公司。那天上午，他兴致勃勃地来到该公司人事处，看见里面有两个人，小林说："请问联系工作，要找哪位同志？"

其中一位领导模样的先生客气地接待了小林，听完他介绍的情况，说："你学的专业和我们公司的业务非常对口，而且我们很急需这个专业的人才，但我们单位正在搞体制改革，有很多人要重新安排工作，今年不再招人，实在抱歉。"

小林又来到第二家单位——某塑料机械厂。该厂人事科的工作人员让小林写了一份简历，然后告诉他："你先回去，我们研究以后再给你答复。"

小林问："我什么时候能得到你们的答复？"

"我们最近正忙于工程师等级职称评定工作，过一个月你再来吧。"

就这样，小林又连续跑了七八家单位，但都是乘兴而来，败兴而归。

分析：

有些求职者由于没有经验，求职方式及获取信息的渠道非常单一，信息量和求职方法少，求职带有很大的盲目性，当然就业的机会也就小了。小林的事例充分证明：市场欢迎有充分准备的人才，拒绝盲目的人才。

用人单位求贤若渴，渴望看到求职者把"特别的爱给特别的你"。所以，应聘者要做好信息准备工作，很好地了解市场、了解行业、了解企业，然后把自己具备的、又是招聘方需要的个人优势有针对性地展示给对方，这样的应聘才是有的放矢。

随着就业市场竞争日趋激烈和社会对人才需求的多样化，招聘信息浩如烟海，对人才的需求也不断在变化，谁都不可能像过去那样轻易地去获取和甄别就业资源。以往单靠邮寄简历然后等待就业通知的求职模式已经过时了。所以，求职者必须充分利用有限的资源，开发潜在的资源，否则就会贻误良机。

二、简历、求职信的撰写

［案例53］ 简历都写不好，还找什么工作

2005年4月，陈永自考毕业了。按照报纸上的一则招聘启事，陈永到一家信息咨询公司应聘。这是陈永第一次参加面试，心中很有些忐忑不安。

一大早，陈永准时来到公司楼下。离约定的时间还有几分钟，陈永尽量自然地面带微笑敲开了办公室的门。办公室里有两位年轻的女士，正低着头整理文件。

"你好！我是来面试的。"陈永微笑着自我介绍。

"坐吧。带简历了吗？"一位女士抬起头看了陈永一眼，又继续手中的工作。

"我……对不起，我没带。"陈永的笑容僵在了脸上，有点儿不知所措。

"这儿有纸、笔，先写个简历吧。"女士淡淡地说。

陈永接过笔，伏在桌上笨拙地写着简历，心里很紧张，手心有点出汗了。

"写好了吗？"

"马上就好。"陈永应付着，慌忙递上简历。那位女士很快地浏览了一遍，又看了陈永一眼："以前没有写过简历吧？简历应当简洁明了，怎么写得这么复杂！"

"我做过许多工作，所以……"

"先放我这儿吧，一周内等通知，好吗？"她有些不耐烦地打断了陈永的话，下了"逐客令"。

"那……好吧，再见！"陈永黯然退出门外。在关上门的一瞬间，陈永听到一个声音："你看看，简历都写不好，还找什么工作……"

陈永快步逃出大楼，生怕再听到那些刺耳的话，挫败的眼泪早已溢满了眼眶。一次应聘经历让陈永思考了许多，学会了许多，人生的每一次经历又何尝不是呢？

分析：

简历、面试、试用，是求职路上的三大关口。通常情况下，简历主要包含三点内容：个人基本信息、工作经历、受教育情况等。个人简历的真正用途是让用人单

位全面了解自己，从而为自己创造面试机会。可以说，精心制作一份得体的简历，是获取面试机会的敲门砖。企业负责招聘的人，一般在简历上最多停留 30 秒，你的简历制作是否成功，就在于 30 秒内是否能让招聘人员感兴趣继续看下去。细节往往决定成败，别把求职简历不当回事。现在毕业生的简历普遍存在千篇一律、篇幅过长、缺乏个性、忽视细节、忽略个人专项强项等毛病。据不完全统计，现在人才市场上八成简历有问题，很值得我们反思。人力资源专家认为，"真实、全面、简练、重点突出、语言准确、版面美观、评价客观"是成功简历的七大要素，值得我们借鉴。

简历是如此重要，那么怎么写简历呢？

1. 简历薄、露、透最受欢迎

把简历做成一本书是不适宜的，一般简历两页纸就足够了，不必把从高中到大学的奖励证书都附上，简历比的不是厚度，而是看其"含金量"。所以简历要做得精练，要一针见血，在"薄"的同时要做到"露"和"透"，"露、透"即要显露出你的才能。在"奖励"一栏上，一些技术职称的奖励是重要的，"三好"学生证书最好一笔带过，其他不是很重要的奖励不需罗列太多。另外，户口簿、身份证不用一起复印，避免个人资料的流失；简历照片要一寸大头照，不用艺术照片。切记简历上不要写错别字，否则会给用人单位传递你工作不细心的信息。

2. 做到知己知彼

有人经调查，归纳出用人单位对求职简历的关注点由强到弱的排序分别是：社会实践和实习兼职情况、专业、毕业院校、英语水平与计算机等级水平、性格爱好与特长的描述、年龄相貌等个人基本情况、在校成绩、奖惩情况、出生地。

由此看来，招聘方比较看重社会实践和实习兼职情况。不少毕业生认为的毕业于名牌院校就一定受欢迎的想法是错误的。另外，有些求职者在简历上把性格和爱好写在显著位置，这是不正确的，这一栏应该尽量简单。

3. 内容突出重点

用人单位侧重求职者的工作经历，因此，在制作简历时不妨对这部分加以重点描述。人力资源专家说："平时看到很多简历都是这样描述：'×年×月×日在×地实习'，这种一笔带过的写法，用人单位根本看不到你究竟做了什么。正确的写法是，比如，想应征销售岗位的，有做过销售方面的实践的，应把做过的工作内容罗列出来。比如你在做销售的时候，成功卖了多少部手机、在公司的销售排名、实习成绩的排名、领导的认可等，这些对求职者成功应聘是最有用的。"

4. 简历要因岗位而异

毕业生在应聘之前，应了解招聘岗位的具体要求，制作一份不同的、具有针对性的简历。简历重在"简"字，但符合岗位要求的个人专项强项，就不能一笔带过或一味求简，要写得具体些，用事例和数字来说话。简历中的闪光点一定要置于版面中最容易引人注目的部分，必要时不妨借助美术设计来突出个性和专长。

相关链接

（一）巧妙避免简历十大错误

在简历上犯错误很容易，但挽回损失却很难，特别是在简历被人事经理（HR）看到以后。所以预防这些错误很重要。以下是最常见的却又是最致命的简历错误，以及相应的纠正良策。

1. 打字或者语法错误

简历的文字必须完全合乎语法，避免出现任何可能引起歧义的地方。如果不是这样，HR很可能会误解，在有歧义的地方划条杠杠，或者干脆丢在一边，给你盖棺论定：你做事不认真；或者，你连简单的简历都写不好，那还能干什么？

2. 缺乏细节

HR需要详细知道你以前都做过些什么，你在这个行业有多熟练，例如：

A. 曾在一家餐厅工作；

B. 曾在一家餐厅工作，雇用并培训、督导超过20名员工，取得了数百万元的年销售额。

两者都表述了同样的经历，但是有重要细节的B却更能吸引HR的眼球。

3. "万能简历"

每一个HR都希望你专门为他们准备一份简历。他们期望你明确无误地表述，为什么你适合他们招聘的职位，以及你将如何去适应这个职位。

4. 关注责任而不是成绩

你的简历很容易流于简单罗列工作职责的模式，比如：

参加小组会议，并作实录；

在日间托儿所照看小孩；

更新部门文件。

然而HR大都不关心你做了什么，或完成了什么。他们期望看到这样的陈述：

用掌上电脑记述每周会议记录，用办公软件编辑好，以备将来查用；

为学龄前适龄儿童规定了三项日常活动，并让他们准备十分钟的度假设计；

整理十年来积累的有价值的文件，以便于每个部门的人员查询。

5. 拖得过长或者简省得太短

一般来讲，最好能把篇幅限定在两页纸以内。但也不要把细节过多地删掉，该保留的一定要保留。

6. 求职目标设定模糊

求职目标说明，这也是显功夫的地方。很多简历上充斥着这样笼统的语言：希望找一份具有挑战性并能提供职业训练的职位。最好能给HR一些具体的、更重要的表述，比如把焦点聚集在你和他们的需求上面，像这样的表述："一份具有挑战性的市场职位，能让我在为非营利性组织的筹款方面贡献我的经验和技能。"

7. 缺乏吸引人的动词

应该多用这种有动态效果的词：作为IT帮助平台的一部分，解决用户问题，服务超过4000名学生和员工。记住，动词更能吸引人眼球。

8. 漏掉重要的信息

你可能会不愿提起一些信息，比如曾经在学校里挣到外快的工作。有时候很可能一笔带过这样的经历，但 HR 对你从这些小事中学到的技能非常感兴趣。

9. 视觉上太花哨或杂乱

如果你的简历挤得太满，并且用了多种字体，HR 一看就会头疼，结局可想而知。所以在你发出简历之前，最好能找几个人看看，问问他们，你的简历是不是在视觉上够吸引人。如果他们看起来比较困难，那么，重新做吧。

10. 联系方式错误

有一个求职者的简历做得不错，基本上没有大问题，却没有收到任何回复。一检查，原来是电话写错了。他改正后，立即收到了他心仪的公司的面试电话。这个故事告诉我们：哪怕只剩最后一秒钟，也要检查你的联系方式两遍。

（二）填写求职表格的诀窍

用人单位常常会要求求职者填一些表格，比如你的姓名、住址、年龄、家庭成员、学习与实践经历，等等。看似简单，其实大有学问。

"个人简历"只要填写某年某月至某年某月，在某地学习（或工作），时间上相互衔接就行；如果不是确有必要，不必作过分个性化的表露。

"奖惩情况"一栏，是学生的只限于在校期间的奖惩；是社会青年，则只限于工作期间的奖惩，没必要全部一一列出。

在"爱好与特长"一栏，最能展示自己个性的空间，务必要写好。写好的原则有二：①针对招聘单位和岗位的性质；②展示与单位或岗位有关的特长。

在"求职意向"一栏中，有的单位除明确标明的工作岗位以外，还有意留出了 1、2、3 选项或更多。这绝不是对方的疏忽，而可能是有意留给你的选择，或者对你的试探。如果不能当场确定，建议填上"服从调配"。

"待遇要求"一般都宜写"无特殊要求"；当然，确有特殊技能或要求者除外。

"主要家庭成员和社会关系"一定要慎重填写。尤其是"亲属职务"这一栏，一般只要写明"农民""工人""经商""国家公务员"等就行，不必太具体。填写外企的表格时尤其应如此。

"你将为公司作出什么样的贡献"，表格中如果出现这样的项目，那得视具体情况而定。如果你对该公司的确很了解，可以写出你上岗后的计划梗概；如果你对该公司毫不了解或一知半解，不妨从以下三方面去落笔：①我喜欢招聘单位的哪些方面；②我发现该领域或单位还需要加强什么（千万别说还存在什么问题），而自己正有这方面的某项技能；③自己使用某项技能的独特方式等。

如果你决定开始落笔填写，请务必注意以下要求：

（1）应用蓝色或黑色的钢笔填写。这是因为很多表格是需要放进个人档案中永久保存的。如果有可能，最好先打个草稿。

（2）字迹一定要干净整齐——这要求动笔之前先仔细阅读清楚表格内容（包括正、反面），并基本思考好。如果你把一张填写得乱七八糟的表格交到人力资源主管的手中，或要求重新换一张时，很可能你也就已经失去了这次录用的机会。

每填写一项内容，都必须认真思考好，一来可以避免填写时出错；二来面试中的问题常常是根据你所填的表格而设计的，思考好了也就有利于更好地回答。

（3）务必看清表格中的填写要求。曾有用人单位要求求职者在 30 分钟内完成一份有 100 道测试题的答卷，结果只有 13% 的求职者的填写符合要求，87% 的求职者劳而无功。原来，该试卷的最后一题写明："100 道题中只用回答第 2 题。" 13% 的求职者看清楚后，30 分钟内轻松地交了卷；87% 的求职者辛辛苦苦做了 30 分钟，最关键的题目却来不及做。委屈吗？ 的确委屈，然而招聘者并不同情你。

（4）没必要把表格中的每一项都填满，简洁明了是第一位的。

（5）所有内容都必须紧密结合求职意图，但是求职意图的内容没必要罗列出来。

（6）事前尽量了解好招聘单位的背景。招聘单位的性质与职位要求常常决定着填写的内容。所以，事前最好对此能有个较全面的考察与认识。

（7）如果不是确有原因，建议写上"无特殊工资要求"及"服从工作安排"等字样，以增加录用的保险系数。

（8）有关的证明文件（比如成绩、资质、等级等）尽量用复印件，而将原件妥善保管好，以备需要时供招聘方核对。

（9）外企招聘的表格往往项目繁多，尤其要特别耐心对待。因为这既可能是外企对你的一种开放式调查，也可能是外企对你的一种独特的素质测试。尽管谁都无法避免在招聘中失败，但不能失败在未入场之前。

近年国内有些不负责任的招聘单位，将大量的求职者个人资料转卖给有关商业团体，用来谋取不正当的利益，泄漏了求职者的个人隐私。对此，我们的建议是：

①表格填写宜粗不宜细。除与所应聘的岗位有关的专业特长之外，尽量不要写得太周详。

②电话以留手机号码为佳，尽量别留家庭座机号。

③如果可能，尽量约好时间将所填的表格及时收回。

示例四（常规）

个人简历（一）

1. 求职意向

酒店管理及活动策划、宣传等方面的职位。

2. 个人概况

姓名：李婷婷	性别：女
出生年月：1985 年 5 月 11 日	家庭所在地：广西北海市
学历：大专	专业：酒店管理
联系电话：××××××	手机：×××××××
电子邮件：××××@××.com	通讯地址：广西北海××路××号
邮政编码：×××××	

3. 教育背景

2003 年 9 月～2006 年 6 月　　　　广西××职业技术学院

2000 年 9 月～2003 年 7 月　　　　　　××市第一中学

4. 主修课程

现代酒店管理、专业酒店英语、服务技术与礼仪、前厅与客房服务、餐厅服务、旅游学概论、服务心理学等。

5. 获奖情况

2003～2004 年	学校优秀学生干部
2004 年度	学院二等奖学金
2004～2005 年	自治区优秀学生干部
2004 年春季学期	学院演讲比赛一等奖
2004 年秋季学期	学院迎新春舞蹈大赛团体第一名（本人领舞）

6. 技术能力

全国高校英语应用能力水平测试 B 级，有一定的英语交谈、阅读能力。

全国高校计算机应用能力二级，熟悉 DOS、Windows98 操作系统和 Office97、Internet 互联网的基本操作。

有初级导游证，曾多次带团"北海游"，有一定的带团经验。

有较强的语言表达能力，从小学至今，曾多次作为班、系、校等单位代表，在大型活动中发言。

7. 实习、实践经历

2005 年 10 月～2005 年 12 月　明园新都大酒店餐厅部任领队助理，协助领队，策划并主持了 5 次婚宴、2 次联谊会，得到酒店领导高度评价。

2003 年 9 月至今　学院旅游协会成员，团结同学把协会办得有声有色。参与院办企业"××旅游运营集团"的经营管理，曾经 3 次带国内团"北海游"。

2003 年 9 月至今　学院文工团副团长，组织、编排节目 6 台，主持各类文艺演出、演讲、辩论比赛 8 次。

8. 兴趣特长

性格外向，喜爱文体活动，小学至大学期间参加过多次重大演出。

喜爱排球运动，曾担任中学校排球队队长，并作为主攻手获北海市排球联赛（中学组）第二名。

喜欢旅游，结交各种朋友。

9. 自我评价

活泼开朗，乐观向上；兴趣广泛，适应力强；认真负责，吃苦耐劳；具有较强的沟通能力，勇于迎接新挑战。

附言：

我是一个来自祖国南疆南海之滨的姑娘，大海给了我宽阔的胸襟，狂风巨浪铸就出我的吃苦耐劳与坚忍不拔的精神。多年来所受的教育与锻炼使我能够适应这个飞速发展的社会，衷心希望能为贵公司的事业发展贡献我的才智。

不必在乎我曾取得什么，请关注我的未来！

再次衷心感谢您！

点评：

李婷婷应聘的是酒店管理及相关岗位，这类岗位对职业技能有一定的要求。她在个人简历中有针对性地列举了自己在校学习期间所掌握的专业知识和技能，并用所获得的英语和计算机等级证书、初级导游证加以印证，增强说服力。在简历中，她还特别注意突出自己的实习和实践经历，说明自己胜任应聘岗位工作。这种言之有物、针对性强的简历容易获得用人单位的青睐。

示例五（创意）

个人简历（二）

注册资金：

陈兰惠，女，27岁，身高162cm，籍贯江西上饶

现居北京，联系电话：135××××××××

1986～2001年16年的学习经历：

1986～1991年，就读于上饶实验小学

1991～1994年，就读于上饶第三初级中学

1994～1997年，就读于上饶一中

1997～2001年，就读于哈尔滨商业大学会计系

2002～2007年5年的工作经历：

2002.4～2003.3 上海国际展览中心任前台/现场管理，为展商提供各种商务服务、负责展会现场管理协调工作

2003.3至今 上海市政府驻北京办事处宾馆会计，主要负责编制凭证、登记账簿、编写各种财务报表；向税务机关申报纳税，填送统计报表；负责宾馆原材料、固定资金、往来账项、人员工资等各项费用的成本核算及各类销售指标统计、核算工作；编制年度预算和年终财务分析，为领导决策、决议提供参考资料等工作

各项存款：

拥有会计资格证书，熟悉国家财经制度和相关政策法规，能熟练使用财务软件。

头脑灵活，善于分析，具有现代财务管理理念。

具备秘书二级证书，能熟练书写行政公文，具有档案文书管理经验。

能熟练使用计算机操作系统（DOS、Windows XP）和Word、Excel等Office软件，打字速度80字/分钟左右。

性格开朗、责任心强，有强烈的敬业精神。

各项支出：`

经验暂时较浅

损益：

盈余

点评：

这是一份具有创意的简历。简历与应聘的岗位——财会工作相结合，以会计的语言——会计报表的形式表现了这位求职者良好的专业意识和专业素养。对于招聘

考官而言，基本不会怀疑简历主人的专业能力和专业素养，而且成天面对千篇一律的求职简历，突然间看到一份特别的、有自己企业元素的、极富专业性的求职简历，那种耳目一新的感觉让他作出通知简历主人面试的决定，是最简单不过的事了。

简历没有固定模式，但应有一定的规范，个人的基本信息、教育背景、符合岗位要求的素质和能力，这三个方面的内容是不可或缺的。

个性化创意简历的制作主要从以下几个方面进行：一是从招聘企业出发进行创新；二是从应聘的岗位出发进行创新；三是从专业出发进行创新。陈兰惠的简历，就是从应聘岗位和专业出发进行的创新。求职简历的创新要注意以下几个问题：

（1）简历创新要把握方向，切不可偏离目的，制作简历的目的就是获得面试机会，能实现面试目的的简历就是最好的简历；

（2）简历创新要谨慎，不要离谱，要以招聘者和常人能接受的方式进行创新；

（3）简历创新要结合企业和自己的情况，把两者有机地结合起来，让所有的创新都为简历的主人服务。

［案例54］　都是求职信惹的祸

一位企业主管接到一封求职信，写信者自称是位西北某大学的毕业生，学的是计算机专业，在简单介绍自己曾在某家小网络有过三个月的兼职经历后，他要求说：希望做网络或通信方面的工作，希望月工资待遇是1500～2000元。并留下了某个偏远小县城的地址，电话号码也是当地的。

这封求职信令企业主管哭笑不得：其一，这位毕业生凭什么提出要月工资1500～2000元？其二，现在是竞争的时代，该生凭什么不在职场上闯荡，而要待在家里等通知？其三，该生到底有何特长？是否了解企业现状？是否有职业生涯规划？

这样的求职信绝对是职场上的败笔，该生的命运也就可想而知了。

分析：

本文提出了一个求职信的写作问题。求职信也叫应聘信，是求职者向用人单位所呈递的自荐书信，同时也是展示自我能力和想法，主动推销自己的书面材料。求职信是应聘者的第二语言，能引起招聘者的注意，为你赢得面试机会。求职信在应聘过程中有着重要的作用，我们千万不能掉以轻心，任何一点"瑕疵"，都可能影响你的成功率。

求职信与简历的作用是相同的，都希望能引人注意，以争取面试并被录用的机会。两者又不尽相同：①简历面向的是整个层面，求职信则多是针对某一特定的人；②简历可以用表格形式，求职信则必须成文；③简历要求在全方位的展示中突出自己，求职信则只需在一个或几个方面突出自己，不必全方位展示；④简历的作用主要是介绍，求职信的作用则重在自荐。所以，求职信应更集中突出求职的意向，努力去打动读信者的心。

相关链接

求职信写作注意事项

（1）最好有个求职应聘的简短理由。一般是表明自己对该职位或单位的兴趣与要求。

（2）任何一个方面的介绍都要始终围绕应聘岗位的需要。

（3）你为求职的岗位做了哪些知识、技能或经验上的准备。

（4）实事求是，言之有物。列举你在学习或工作上的重要成就，以证明你的简历中的资格和能力。

（5）以实例证明你聪明、勤奋、责任心强、乐观随和的天性。

（6）着眼现实，针对性强。适当提一个应聘单位的情况，表明你对该单位确实很感兴趣。动笔之前，最好对单位情况有所了解，以免脱离实际说外行话。

（7）语气务必成熟、诚恳、务实，自己的优点要突出，但切勿夸张、放肆。用语应委婉而不隐讳，恭敬而不谄媚，自信而不自大。

（8）富有个性，不落俗套。如果有针对性地谈一下行业的前景展望、市场分析或建设性意见，都会收到好的效果。

（9）建议别在信中涉及具体的薪酬数额。

（10）言简意赅，字迹工整。废话通篇的求职信只会引起用人单位领导的反感，是起不到作用的。写出草稿后要反复推敲，看意思是否表达清楚，用语是否得当，语法、标点符号力求准确无误，不能有错别字。

（11）别忘了附上个人简历、相关证书及近期照片等资料。一是便于招聘单位审核；二是证明你办事精细，给对方一个好印象。

说明：没有一劳永逸的简历和求职信。求职信和简历没有固定的模式，不是一成不变的，也没有统一标准，但目的是相同的，都是争取面试及被录用的机会。

示例六（应届毕业生）

求职信（一）

尊敬的×经理：

您好！

前两天，我从160服务台的招聘信息中了解到贵公司需要招聘两名产品推销员，很愿意一试，特冒昧地给您写信，打搅了，不好意思。

我今年7月将从××学校毕业，学的是市场营销。去年暑假我曾为贵公司做过一个半月的商品促销工作，对贵公司产品的良好质量和优越性能了解较全面，并曾由于促销成绩突出而受到贵公司的奖励。毕业后，我很希望去贵公司工作，在去年的基础上进一步以自己的微小力量来为贵公司提高产品的销量。

作为刚毕业的学生，我深知自己的学识水平与贵公司的要求可能还相差有一段距离，但本人谦虚好学、爱好广泛、身体强健、能吃苦耐劳，也注重团队合作，有较好的环境适应能力与人际交往能力，相信这都是做一名好推销员应该具备的品格和能力。

我家境贫寒，为人朴实、正直，所以学习、工作都非常刻苦而且投入，在小

学、中学、中专均多次获奖，连续多年被评为优秀团员、"三好"学生、优秀学生干部。

本人学业成绩优良，外语与计算机操作能力均较出色。附上简历及相关证明，请审核。

我真诚地希望能成为贵公司的一员。如果贵公司能给我一次学习锻炼的机会，请拨电话或来函约定面谈时间，我随时准备前往拜会。我的联系电话是：×××× ——×××××××。手机：×××××××××××。通信地址：××市××路××号。邮编：××××××。

热切地期待着您的答复！

此致

敬礼

求职人：×××
××年×月×日

点评：

这封求职信的最大特点是朴实自然、流畅，没有夸夸其谈、虚情假意和矫揉造作。全文重点突出，始终围绕应聘岗位的需要——推销员的品格、知识、能力和经验——着墨。语言准确、得体，语气平和而有自信。

措辞不当，表达不清，是求职信中的通病。比如，曾经有求职者这样写："你知道有我这类人应聘，势必大喜过望。"或者："我（笔者注：女性）特别喜欢陌生人。"又如："这职位对我来说简直是无法抵挡的引诱。"求职者如果小心撰写、反复推敲的话，这种种不妥当的措辞其实是完全可以避免的。

示例七（社会青年）

求职信（二）

尊敬的×××先生/小姐：

您好！我从报纸上看到贵公司的招聘信息，我对生物化学实验室研究助理员一职很感兴趣。

我今年30岁，1994年毕业于加州大学，并获得化学专业硕士学位。在校期间，曾选读过很多化学和生物方面的课程，如普通化学、有机化学、物理化学、生物化学、分析化学。

在研究所时，曾担任加州大学生物化学教授约翰·威廉博士的助教，协助他对光循环变化进行基本的研究。如贵公司有意聘用本人，我可以寄上成绩单供作参考。

自硕士毕业后，我即受聘波士顿大学，担任副教授，现仍继续从事研究工作，并发表过几篇论文。我的上司威廉拉森博士表示愿意为我提供介绍信。

在化学方面受过良好教育，且有丰富的经验，我自信能够担任贵公司的研究工作。

随信附上我的简历，如有机会与您面谈，我将十分感谢。即使贵公司认为我还不符合你们的条件，我也将一如既往地关注贵公司的发展，并致以最诚挚的祝愿。

　　如蒙赐复，不胜感激。

　　我的通信地址：××市××路××号。邮编：××××××。电话：××
×——×××××××××。手机：×××××××××××。

　　此致

敬礼

×××

××年×月×日

　　点评：

　　这是一封"海归"的求职信，信中表达自己"在化学方面受过良好的教育，且
有丰富的经验，我自信能够担任贵公司的研究工作"的意向，努力去打动收信者的
心。作者态度诚恳，措辞得当，用语委婉而不隐讳，恭敬而不谄媚，自信而不自
大。全文言简意赅，语言谦恭得体，显示出作者的学识和修养。

三、求职心理准备与调适

［案例55］　　求职要先过自己这一关

　　中职毕业后，阿远即开始找工作。一天，他在一个工业区无意间发现了一则招
工启事。

　　面试时间是第二天上午 8 点，地点在公司人事部。当天晚上，阿远准备了大量
的资料，包括个人简历，复印了一些主要证书，了解公司的基本情况，还特意到书
店看了几本书，临时学了点面试的技巧，心想凭着自己在学校多年当班长的经验，
对付这样的面试应是小儿科。但当阿远第二天来到公司门口时，却慌了阵脚。原来
来面试的竟有几十人，其中年轻的、漂亮的、高学历的大有人在。他脑袋一片空
白，也不知道是怎么被带到人事部去面试的。见了人事主管，连准备好的基本问候
语也忘了，紧张得竟然连自己的名字都说错了。听到主管的笑声，他羞得更是抬不
起头，真想一头钻到地缝里去。此时的他，一心只想早点结束这该死的面试。

　　不等主管说完，他已开始收拾自己的材料，准备夺门而去。但主管却叫住了
他，说："小伙子，看在同乡的份上，给你几句忠告吧。以后找工作还是自信一点，
先过了自己这一关再说，要不然，怎么过得了别人那一关呢？"听了主管的话，阿
远反而恢复了常态。因是老乡，两人都多了些话题。主管告诉他：有些机会是要靠
自己争取的。机会对每一个人都是平等的，只是有的人抓住了机会，而有的人浪费
了机会。临走时，阿远抬起头大声地说："谢谢你！老乡，虽然你没有聘用我，但
你给我上了一堂人生的好课。"他将电话号码留给主管，并开玩笑地说："说不定哪
天我还会再来的。"他走时，看见有几份文件掉在地上，顺手帮主管放回了桌面。
看见一位老人进来，他还主动笑着跟他点了点头。虽然面试失败了，但他觉得有必
要从现在开始，保持自己良好的形象。

　　几天后，阿远意外地接到主管的电话，并通知他参加第二轮面试。原来这一切
全因那老人的一句话：这小伙子还不错。而那位老人正是公司的总经理。后来，阿

远顺理成章地成了公司的一员。

分析：

"天生我材必有用"，相信自己吧，鼓舞你走向成功的人，决定自己命运的人，恰恰就是你自己！

广西维伯教育国际英语 CEO 兼教务长 Niall Bench 先生说，可能因为他是外国人的原因，很多人在面试的时候，语无伦次。其实面试不是考试，真的不必紧张。面试其实是一种互动式双向交流的过程，除客观介绍公司情况、招聘岗位的情况外，面试官只是扮演倾听者的角色，面试的主动权在相当程度上掌握在求职者手里，如果求职者能够以平常的心态与招聘者沟通，就有了面试成功的基础。

心态是一种最坚强的力量，它能够帮助人们克服求职过程中的种种困难，找到适合自己的工作，拥有好心态的人不会因遭受挫折而失去求职的勇气，他们会不断地挖掘自身的价值与潜能，不断努力，直到取得成功。

完成工作靠能力，找工作靠信念。心态可以成为动力，也可以成为阻力，积极的心态会促使人走向成功，而消极的心态会使人失去前行的勇气。心态可以将一个人的自信展露得一览无余，也可以将一个人的懦弱表现得淋漓尽致。在面试过程中，阿远前后表现判若两人：前者紧张、焦虑、怯懦、逃避，自我否定，错失机会；后者镇定、沉着、自信、勇敢，抓住机会，超常发挥。这都是心态不同的结果。所以说，心态决定命运。

每一次求职都可能成为你的一个转折点，既可能成就你，也可能打击你，就看你用什么心态来对待它。

心灵驿站

消除紧张情绪五法

1. 不要把面试看得过于重要

如果总是担心面试失败而失去工作机会，就会加重心理负担，甚至造成心理恐慌。面试时记住这么一句话：即使失败了，你也没有失去什么，而是得到了一次面试实战经验，还有更好的机会在等待你。面试时，只把注意力集中在面谈上，巧妙地利用各种技巧，把它当成说服对方、推销自我的练习，而不是老想着自己是否会被录取或淘汰，那么，自然就轻松了。

2. 增强自信心

自信与成功的关系十分密切，增强自信也是消除紧张的有效方法之一。

（1）不要把招聘者看得过于神秘。从心理学讲，求职者在面试时心理处于劣势，往往把招聘者看得过高，好像他们能洞悉自己内心一切似的。其实，面试是双向选择、双向交流，你对他及单位的了解，或许比他对你的了解还要多。他们不见得都是学识渊博、见多识广、难以对付的人。他们同你一样，都是普普通通的人，有些人恐怕都不及你，了解到这一点也就不会有畏惧感了。

（2）不要老想着自己的缺点。每个人都有缺点和不足，也有自己的优点和特长。多想自己的优点、优势和特长，即使有缺点，对这一工作来说也可以转化为优点。通过这样的暗示，可增加自信，消除紧张。

（3）加强才能储备。紧张或恐慌是心理素质薄弱的表现，与自身素质能力欠缺有关系。在校期间要做好各种才能的准备，比如证书考级和参加学生会、社团工作，只凭单薄的求职简历，肯定会造成紧张和压力。只有积极调整心态，通过多方面的学习和实践提高自身的综合素质和能力，对自己充满信心。

3. 掌握说话节奏

（1）说好第一句话。第一句话很重要，有利于顺利地回答以后的问题。轮到你说话时，不要急于说话，可以停顿一下，深深换口气，然后再不慌不忙地开始说。

（2）适当放慢语速。控制说话速度也有利于减少紧张。在紧张的情况下，说话速度会越来越快，进而使思维混乱，条理不清、词不达意，使对方不能听懂你要表达的真正含义，还会给人以慌张或有气无力的感觉。这时，放慢说话速度有助于稳定情绪和理顺思路，从而保证口齿清楚、思路清晰、有条不紊。当然，放慢速度要适当，不要故意把话音拖长。

4. 承认紧张

如果紧张难以消除，可以坦率地告诉招聘者："对不起，我有点紧张。"对方会理解的，甚至还会安慰你，帮助你放松。求职者自己的心情就会慢慢安定下来，紧张情绪就随之烟消云散，而且面谈的气氛也会融洽起来。承认紧张，对推销自己并没有什么消极影响，反而会表现你的诚实、坦率和求职的诚意。

5. 背水一战

有时采用破釜沉舟、背水一战的态度面谈，也能消除紧张。有一位女大学生在一次"双选会"上，由于害怕失败而造成的紧张使她连续被六家单位拒绝。当招聘会快结束时，她心急如焚，抱着"豁出去"的想法，找了个招聘单位发泄自己的"愤怒"。出乎意料，这家单位看中了她，当即决定录用。原因是她这种背水一战的态度，使她变得轻松、豁达、没有顾虑了。

[案例56]   以平常心定位，以进取心拼搏

小李是某名校2006届一名优秀本科毕业生，求职前她意识到2005年的就业形势不容乐观，但以为凭借着名校招牌和优异的成绩，总可以找到一个理想的单位。在尚未充分准备的情况下，她便仓促上阵了，结果没几个回合便败下阵来，不仅豪情壮志消去大半，连原有的自信也差点没有了。

小李冷静下来，开始理清自己纷繁的思绪，此时，许多师长也给了她亲切的鼓励和帮助，使她渐渐恢复了信心。于是她认真分析自己具备的优势和存在的不足，做了恰当的定位，并重新准备了几份有的放矢的简历。

"亡羊补牢，未为晚也。"做了这些工作后，她的机会慢慢地多起来了。在对竞争对手以及用人单位的仔细观察中，她发现其中大有学问，比如从同时参加应聘的同学那里，可以学到很多表现自己、回答问题的技巧，从而让用人单位更充分地了解自己，增加成功的把握；在与用人单位面谈的过程中，若方便的话，也可以向他们请教一些相关问题，别忘了他们是常年从事人事工作或对本行业极其了解的专家，他们对毕业生求职过程中存在的弊病了如指掌。虽然短短几十分钟不会有太多

交流，但仍可以开阔视野。试想，若因不屑而漫不经心地放弃，根本不可能有所长进；若因无望而草率应对，也只能浪费时间，甚至会坐失良机。

最后，凭着自己的用心和努力，小李终于找到一个比较满意的单位。谈到自己的就业经历，她感慨万千："找工作时，自己的心态非常重要。现在就业形势虽然不太好，但只要在求职前能以平常心给自己恰当定位，在求职过程中能以进取心面对每一次机会，总是有所收获的。"

分析：

在平时的就业指导工作中，学校、老师乃至社会总是引导毕业生们要改变就业观念，其实，就业观念就蕴含在毕业生的就业心态中，心态不同，做法就不一样，结果也就截然不同。毕业生，特别是像小李这样的优秀毕业生，在求职之初，难免心高气傲，但是在出师不利的情况下，能适时地调整自己的择业心态，也实属难能可贵。"在求职前能以平常心给自己恰当定位，在求职过程中能以进取心面对每一次机会"，实在是一条宝贵的求职经验，也是一种正确的择业心态。

以平常心恰当定位就不会好高骛远，就可以务实的态度、平和的心态对待自己的求职经过，包括暂时的挫折和失败。而当梦寐以求的机会终于来到面前时，就需要用进取心取代平常心，因为重大的转机或许就隐含在其间。任何一次面试或笔试都是难得的锻炼，或许这次机会并不属于你，但只要做个有心人，成功总是会到来的。

[案例 57] 应聘有时挺简单，心理平和最重要

某保险公司来某名校招聘应届毕业生，经过筛选，最后"锁定"A、B、C、D四名同学为候选人。并规定了次日上午8时通过主考官的面试后，当场录取一人。

面试的那一天，A同学心怀忐忑，左顾右盼，怕考场的任何一个"微妙"的细节都可能是考官事先设计好的考题。心细的考官对此洞悉于心。出乎意料地，A同学坐定后，主考官只是很随意地问了几个问题后，就当面通知他没有被最后录取。

轮到B同学了，他吸取A同学的教训，有礼貌地与考官打过招呼后，径直坐下。当主考官向他问过很普通的问题后，B同学"借题发挥"，滔滔不绝地演讲了起来，把他的口才发挥到了极致。然而，考官同样告诉他没有被录取。

接下来是C同学，两位同学的前车之鉴，使他变得没了底气，"矜持"起来。面对考官，他无所适从，坐也不是，站也不是，话说多了怕不中听，说少了又恐难显示自己的才能。在完全失去自信的情况下，C同学"不战自退"，结果可想而知。

最后是D同学，相比起来，他是四位入围者中稍逊色的一个。尽管想到自己被录取的可能性不大，但他还是稳定情绪后，从容地坐在考官面前。面对考官的提问，他繁简适当地如实作答，既不夸张，也不自贬。考官接着与他平心静气地交谈了半个小时后，最后宣布他从四名应聘者中胜出。

事后，其他的三名同学不解，问起他们失败的原因。考官只用了几句话就揭示了"谜底"："A同学可能受某些误导，在应聘中过于拘泥于小节；B同学的表现欲太强，以后做营销时，可能会不善于倾听，从而导致客户的反感和排斥；C同学，大家可以看得出来，面对'不良'的周围环境，情绪容易波动，这对以后事业上的发展来说是一个先天不足；而 D 同学则正是我们公司所需要的人才。他心态平和，拿得起，放得下，很容易与人打成一片，这就是我们做营销员所需要的基本素质。"

分析：

有时，应聘其实很简单，考虑得过于复杂往往是失败的主要原因。不管在什么情况下，保持一份平和的心态，这才是最重要的！

心理素质是求职面试成功的一个关键因素，求职者光有知识和能力还不够，还要具备较好的个人修养，要懂得控制自己的情绪，保持积极稳定的平和心态。

诸葛亮说："君子威而不猛，忿而不怒，忧而不惧，悦而不喜。"喜不能忘形，悲得声色得当，怒不暴跳如雷，惊能镇定自若，是求职者应有的修养和心理品质。

面试过程是双方"平等对话"。不要把面试当成一次考试（那样会很紧张），而是一个和职场高手平等交流的机会，一个增长社会阅历和经验的锻炼平台。你是前来学习人生和工作经验的学生，面试官是一个愿意与你分享关于工作、职业发展和人生经验的前辈。抱着这种心态，你就会发现，面试压抑的气氛在不知不觉中从一问一答慢慢地变成一个双向的交流、沟通，心情愉快而轻松。

许多求职者失败，并不是因为他们缺乏工作能力，而是因为过度紧张表现失常造成的。面试不仅是了解求职者的知识和人品，更重要的是测试求职者的应变能力和处事能力。过度紧张，甚至怯场，应变能力和办事能力就无从谈起。

心灵驿站

（一）精神放松法

（1）任凭头脑涌现各种意念，任凭这些意念自由串联。

（2）任何意念重复出现前，要加以制止，低声而坚定地说"不"。

（3）闭上双眼，想象一个宁静的景色，比如晴朗湛蓝的天空，宁静幽蓝的大海，或者任何不带喧嚣的环境。蓝色是一种能使人放松的颜色。

（4）努力把意识集中到呼吸上来，留心其自然节奏。

（5）至少应感到平静、安宁。重复念叨一个具有抚慰作用的词，如"平静""没关系"等。呼吸时脑子里想着这些词。

（6）保持脸颊、眼圈和额头肌肉放松，使额部产生凉爽的感觉。

（二）快速放松法

（1）坐正，以感觉舒适为佳。

（2）深吸一口气，屏息 5 秒钟，慢慢从一数到五后呼出这口气。如此重复多次。

（3）让全身肌肉放松。

（4）如此重复 2～3 遍，直到彻底放松为止。

（5）想象一个令人愉快的景色，比如宁静的乡村或秀丽的湖光山色等。

[案例 58]　做真实的自己

2006 年底，骆欣马上就要大学毕业了。像同学们一样，他开始每天奔波于各大型人才市场，马不停蹄地参加各种各样的招聘会，挤公交车去不同的公司，初试、笔试和面试……有时甚至一天中要分别赶到位于城东和城西的两个公司参加面试。

骆欣虽然是本科毕业，但他就读的学校是一所民办大学，在北京这座大城市里缺乏竞争优势。一些大型企业或知名的公司看中的都是名牌大学毕业生，况且应聘者中人才济济，其中不乏硕士、博士、"海归"……骆欣对此只能望而兴叹。

想来想去，骆欣觉得自己的长项在于实践能力强，缺少的是相应的工作经历。于是他调整应聘方向，集中精力寻找适合自己的职位。此时，一则广告引起他的注意。

广告上说一家中外合资企业招聘一位谈判代表。骆欣的语言表达能力比较强，在学校参加主题辩论会还获得过二等奖。他很想凭自己的能力去搏一搏。

根据广告上刊登的网址投递了简历，三天后骆欣收到了面试通知。那天早上，他早早地出了门。结果居然有 20 多位比他到得还早。骆欣一下子没底了，但他不轻易服输，面对几十位竞争对手，他暗下决心："这次我一定要尽最大的努力去争取！"

这家公司的办事效率还挺高，初试、笔试都采用流水线作业的方式。到最后的总经理面试阶段时，只剩下 10 人。

面试是单独进行的。骆欣被安排在第八个，趁等候的空闲时间，他观察了一下那 9 位竞争者，只见他们个个仪表端庄，正襟危坐，显然都是有备而来。骆欣注意到，前几个进去面试的求职者虽然进去的时间长短不一，但是似乎都不超过 10 分钟。甚至有的走进那扇门不到 5 分钟就垂头丧气地出来了，看来都被当场拒绝了。一见这阵势，骆欣心中也不由得打起鼓来。

时间一分一秒地过去，终于听到秘书叫骆欣的名字了。他心情忐忑地起身朝总经理办公室走去。

一推开门，骆欣立即很有礼貌地向那位总经理问好："您好！我叫骆欣，我来贵公司应聘谈判代表一职。"

那位总经理有 40 多岁的样子，他明明听到骆欣的话，却面无表情，一副置若罔闻的样子。更让人不舒服的是，总经理对面有一张椅子，根据自己的经验，也是出于礼貌，骆欣没有主动就座，他在等待总经理的示意。但对方既不回答他的问候，也不招呼他坐下，这种傲慢的态度，深深刺伤了骆欣的自尊心。但骆欣仍然表现得很有风度，他站在原地，很有分寸地问道："总经理先生，我可以坐下来吗？"

骆欣的这一举动，似乎出乎总经理的意料。他意味深长地看了骆欣一眼，点了点头，开始了提问。

其中一个问题是这样的："骆先生，请问你有什么宗教信仰？"

"对不起，我没有什么宗教信仰。"骆欣照实回答。

"一个人如果没有信仰，那是很可悲的！"总经理带着明显的鄙夷的口气说道。

骆欣感到这位总经理是在有意伤害自己的尊严，从一进门对骆欣的问候故意不理睬，到傲慢地不让座，再到现在以宗教信仰为由的蔑视，让骆欣感到了忍无可忍。虽然他非常渴望得到这份工作，但他无法忍受这种没有尊严的对话。

骆欣尽量克制着自己的愤怒，声音响亮而清晰地回答道："总经理先生，我是没有宗教信仰，但我却有尊严。在尊严面前，我与你完全平等。我虽然十分渴望获得这份工作，但我决不会因此就放弃自己的尊严。我也不愿在一个不懂得如何尊重别人的领导手下工作。"

说完这番话，骆欣就起身头也不回地朝办公室门口走去。当骆欣拉开门时，他听见背后传来了总经理的声音："对不起，骆先生，请留步。"

骆欣回过头，诧异地看到总经理站起身，正微笑地注视着自己："请原谅！刚才的场面和我的几个提问都是面试的内容。祝贺你，你被公司录用了。"

原来，在基本条件考核通过后，公司对这次招聘谈判代表的唯一要求就是：在任何条件下都不能放弃自己的尊严。

分析：

本文中骆欣所遇到的面试方式属于典型的"压力面试"。

压力面试是指在面试过程中，招聘者故意给应聘者制造充满压力的紧张气氛，并设置种种语言陷阱和情景陷阱，通过求职者的反应来考察其在紧急情况下的情绪稳定性、快速反应能力和正确解决问题的能力。因此，在压力面试中招聘人员往往用怀疑、尖锐，甚至是挑衅等明显不友好的语气发问，在有意制造出的压力气氛中提出一连串难以回答的问题，或者干脆给满腔热情的求职者泼冷水，让其在应激状态下显露出自己的本性，从而评价其综合能力和素质。压力面试中的题目设置大多比较尖锐或具有迷惑性，所以事后招聘人员应向应聘者做出解释，以免引起误会。

面对压力情况，我们要做的是坚持面试的平等原则，保持心态平和、耐心细致、信心十足、临危不乱，骆欣在这方面就做得很不错。应对压力面试的根本并非技巧，而是任何时候都要记得保持好的心态，做真实的自己。

切记要保持自己的本色，因为最美的一面往往都来自本色、来自自然。

相关链接

就业心理准备

如何做好就业前的心理准备，以及在走上工作岗位之后如何尽快度过适应期，走向成功，对即将毕业的学生来说，具有十分重要的意义。

1. 正确认识自身条件，主动适应社会

目前，"双向选择"作为一种新的就业方式已为用人单位和择业者普遍认同。每个毕业生作为社会的一员，都有其个人的要求，而社会作为无数个人的集合体，也有其自身的需要。社会需要是一个人自我价值的基础，越是社会需要的地方，越能发挥自己的聪明才智，越能为发挥个人特长提供更多的条件和机会。毕业生要从大局出发，服从社会需要，主动适应社会，善于寻找个人与社会的结合点。一个具有崇高生活目的的人，会喜欢所有职业，只要这种职业能使他实现应有的人生价值，他便会感到这种职业是神圣的，就会对自己的工作岗位产生兴趣，从而干一行，专一行，爱一行。不少职业，人们刚刚接触时可能对它毫无兴趣，但随着从业时间的延长和职业技能的提高，加之对职业意义的全面了解，特别是在职业岗位上取得一定的成绩，其职业兴趣就会增强，这是由个性的可塑性所决定的。我们强调

个性差异，但人不能被动地做个性的奴隶，否则就会丧失适应社会的主动性，也会失掉许多成功的机会。毕业生在求职时应面对现实，认真了解国家的就业政策和人才市场的现状，并对自身的求职条件、个人的专长、能力、兴趣、爱好等作出正确的自我认识和评价。要根据人职和谐的要求，选择适合自己的岗位，避免因对自身条件作出过高或过低的估计而影响择业成功的机会，影响今后职业的发展。

2. 确立主动出击的竞争意识

竞争是现代市场经济的显著特征。在职业生涯中，每个人面临的机会是平等的，但机会又偏爱那些有准备、有竞争心理的人。择业是"双向选择"，是"我择业、业择我"，对此，每个毕业生都不能消极坐等和依赖别人，要大胆参与竞争，努力完善自己，提高自身的综合素质，不轻易放弃任何一个可以抓住的机会。

敢于竞争，首先要有竞争意识。作为新时代的青年学生，应有青年人的朝气和锐气，有敢想敢干、勇于拼搏、敢为天下先的精神。其次，敢于竞争，要靠真才实学，而不能纸上谈兵、夸夸其谈，更不能相互嫉妒。竞争，应该是公开、公平、良性的，在互相学习、互相勉励、共同进步的环境中进行。再次，敢于竞争还应注意不要轻易示弱和言败，"天生我材必有用"，世上没有弱者和失败者，只有胆怯者和懦弱者。面对困难，毕业生要有坚忍不拔、不屈不挠、勇往直前的战斗精神。

3. 直面挫折，战胜挫折

在求职择业的过程中遇到挫折，这是一种正常现象，毕业生应有充分的心理准备。常言道：失败是成功之母。如果能在一次又一次的失败中不断积累经验，丰富求职的实力和技巧，那么就等于积累成功，也许今后的路比别人走得更快更好。从失败走向成功，在挫折中成就事业是有条件的，这就是自信和坚强的意志品质。只有充满自信、具有坚强意志品质的人在挫折和失败面前才能百折不挠，最后战胜困难和挫折，走向成功。毕业生面对挫折不要消极退缩，而要认真分析挫折的原因，调节好心理状态，迎接新的挑战。

4. 放眼未来，保持良好心态

尽管社会为毕业生择业提供了"双向选择"的机会，但并不保证所有的毕业生都能一次性成功地选择到满意的职业。对此，毕业生应有充分的认识和思想准备，要立足现实，放眼未来，保持良好的心态，不要受"一业定终身"的传统观念的束缚，不要因为第一次择业不够理想就丧失信心，要树立先就业、后择业、再创业的职业理想，通过在实践中不断的努力和反复比较，寻找适合自己的工作岗位，最终实现自己的职业理想。求职者要保持平和的心态，明白求职的过程比结果更重要。在求职过程中，人们可以增长许多社会阅历，这无形中是在锻炼一个人的心理承受能力，使自己又成熟了几分，这与成功就业同等重要。所以，当你在求职过程中屡遭挫折时，不要气馁，要坚信"天生我材必有用"，相信阳光总在风雨后，只要调整好心态，不断充实完善自己，就一定能找到适合自己的工作。

[案例59]　小李和小张

小李和小张为某校应届历史系毕业生。小李平时学习认真刻苦，积极参加各类社团活动，学习成绩和其他方面条件都不错，一直对就业满怀信心。但由于专业冷门等原因，找了几家单位面试都碰了壁，慢慢对就业失去了信心，在后来的择业过程中表现越来越差，陷入恶性循环而不能自拔，以至于到新的用人单位面试，只能被动地问人家"历史专业的要不要"这样的封闭式提问，遭到拒绝后，他什么话都不敢再讲，只能灰心丧气而回，最终未能落实就业单位。

而同班同学小张口才不错，在与用人单位代表面谈时自我感觉良好。面试时上至天文，下至地理，滔滔不绝，高谈阔论，当招聘方打断他，问他的个人爱好是什么时，他潇洒随意地回答："没看出来吗？游山玩水啊。不懂得休息的人就无法更好地工作。"结果也被用人单位拒之门外。

分析：

小李的失败是由于择业受挫折后，对自己评价过低，丧失了应有的自信心，缺乏主动争取和利用机遇的心理准备，不敢主动、大胆地表达自己。在面试时用封闭式的问题向招聘单位提问，也把自己赶进了一个死胡同，即便有再多的才华和想法，也没有了表达的机会。越是躲躲闪闪、胆小畏缩，越不容易获得用人单位的好感。这种心理严重妨碍了一部分毕业生正常的就业竞争，使得那些原本在某些方面比较出色的毕业生也陷入"不战自败"的困惑。冷门专业的学生其实不妨在本专业之外再掌握一些实用性强的辅助性知识或技能，就业前不妨看一些关于口才方面的书，了解一些提问的方式和技巧。现在的职场给了毕业生一个很大的表现平台，但是毕业生还要学会展现自我。不要一味地感叹"千里马常有而伯乐不常有"。增强自身综合能力，大胆秀出自我，说不定在关键时刻就能派上用场。

小张的失败是典型的自负心理造成的。在这种心理的支配下，不少毕业生在求职择业过程中过于自负自傲，自以为自己什么都懂，胡吹海侃，生怕用人单位觉得自己缺乏社会经验，知识不够丰富。结果留给用人单位浮躁、不踏实的印象。我们常说的要先学会做人，对于会学习的人来说，社会经验和知识结构都是可以在工作过程中慢慢丰富完善起来的。没有哪家单位愿要一个不知天高地厚、自命不凡、眼高手低的毕业生。

相关链接

求职心理障碍

心理障碍是指一切心理不健康的现象或倾向。它是由心理压力和心理承受力相互作用，使人失去了应有的心理平衡的结果。学生择业的心理障碍，主要有以下几个方面。

1. 焦虑

这是心理障碍常见的表现形式，它是一种复杂的情绪反应，包括自尊心受损，自信心丧失，失败感与愧疚感交错而形成的紧张、不安、烦恼、忧虑等情绪状态。

毕业前夕，绝大多数学生心理活动表现为焦虑。学生在择业过程中遇到挫折而产生的焦虑情绪是常见的。适度的焦虑对学习与工作有一定的积极作用，正如一定程度的压力能提高人的学习和工作效率一样，但是，焦虑过度和时间太久就会干扰人的正常活动，使人忧心忡忡，烦躁不安，无所适从。

2. 自卑

自卑是一种缺乏自信心的表现，是一种消极的心理状态。过度自卑，会导致精神不振，心灵扭曲。

有些求职者毕业于一般学校，或自己的学历、专业知识、技能及综合素质不如别人，再加上求职屡次受挫，内心产生强烈的自卑感。在职场上表现得全无自信，不敢拼搏，面对用人单位，难以在适当的时候充分地展示出自身的长处，从而白白错过许多求职良机。有的求职者犹豫、拖拉、羞怯、怯懦，畏首畏尾，什么都不敢去谈，不敢去做，其实正是自卑的表现。明日复明日，总想再等等。心情可以理解，良机却常常坐失。这种自卑不仅不能帮助你，反而可能使你的表现更糟。倒不如大胆去做，大胆去谈。不要怕说"不知道"，因为谁也不会认为你什么都知道。如果一言不发，或者不懂装懂乱说一气，反而给人留下不好的印象。

3. 自负

有的求职者或因为毕业于名牌学府，或因为所学的是热门专业，或因为技术职级甚高，或因为被不少用人单位垂青，所以自视甚高，过于自负，一时飘飘然忘乎所以，看这个单位不顺眼，看那个单位也不如意，从而错过适合自己发展的时机。

自负心理是缺乏客观地自我分析和自我评价的表现。这种自负心理在求职行为上还表现为盲目求高；只要求用人单位十全十美，工资、福利、待遇样样要好，却忽视如此完美的单位能否接纳自己，忽视多少比自己条件更好者的竞争实力。我们不反对适度追求高薪，但初入职场关键还应看职业是否有利于个人的长远发展。

4. 攀比

看见别人找到的岗位比自己好，心里就不平衡，这山望着那山高，结果一事无成。自己给自己盲目加压，迷失自我，产生许多犹豫和波折，只能枉自蹉跎嗟叹。

攀比心理说穿了，是过于强烈的自尊心在作怪。在这样的心理支配下，即使某单位非常适合自己发展，但因某个方面比不上同班同学所选择的就业单位，造成当时彷徨放弃，事后却后悔不已。攀比心理发展到后来要么转化为自卑，消沉堕落，要么走向偏执，怨天尤人，过度妒忌，甚至走上报复社会之路，最终于社会、于个人都没有好处。因此，我们在提醒求职者克服自身攀比心理的同时，也呼吁社会各界下大力构建和谐社会，保持职场的基本平衡，这正是稳定社会同时也稳定我们自身生活的最好办法。

5. 依赖

有的求职者在择业时，事前自己不主动，不努力，一味依赖父母、学校、亲戚、师友；一旦不如意，便怨天尤人。或者，对某个单位、某个职位是否适合自己，往往是根据父母、师长的主意，听从学兄学姐的意见进行取舍，自己缺乏主见，表现出较强的依赖心理。这种心理不改变，最终很难找到合适的就业岗位。

[案例60] 不要怕推销自己

福州著名的四维广告公司招聘企划文案人员，要求是硕士学历、两年以上工作经验。本科毕业的小B当时已经失业一个月，生存的压力使她感到应该去试一试。当她抱着一大沓应聘材料和证书赶到这家公司时，所有应聘者的初试已经结束，任

111

凭她好话说尽，接待人员仍很委婉地把她打发了。

从公司出来，小B的心里特别不是滋味，难道我就这样甘心放弃？她不停地问自己。

回到家后，她四处查找资料，找到了这家公司老总的名字和电话。第二天早上，她很客气地打电话过去找黄总经理。几经"纠缠"，她的执著打动了女秘书，女秘书终于把电话转给了黄总经理。

黄总经理接过电话后，小B直截了当地说自己是来应聘的，因错过时间没能赶上，但又非常自信可以胜任这份工作，所以希望能再给一次机会。黄总听了愣了一下，然后说："你如果真的有这份信心就过来试试吧，直接找我们的人事主管。"

人事主管亲自对小B进行了面试。在听了小B的自我介绍后，主管面露难色地说："对不起，你不符合我们的要求，我们的招聘条件不仅仅是有硕士学历，更重要的是要有两年的工作经验。"

小B有一些气馁，但并没有绝望。她笑道："我虽然只是本科毕业，但我在学校担任过学生会主席，大学时，勤工俭学做过日用品直销员、兼任过报刊特约记者，在广告公司实习时从事文案工作，并取得了不错的成绩……我相信自己完全能胜任这一份工作。"说完递上精心设计的求职材料："这是我的材料，您可以先看看。"

人事主管一言不发地看了她的材料，然后抬起头对她说："你的确很优秀，可是我们规定要硕士以上学历，真的很抱歉。"

这时她真的有些失望了，但她还是不愿意放弃，她鼓起勇气说："文凭仅仅代表一个人受教育的程度，并不能真正代表一个人的能力。规定是死的，但规定毕竟也是人定的，我相信贵公司需要的是能为公司谋利益的人才，而不是硕士文凭。"

面对她真诚、坚定的目光，人事主管动摇了，说："你稍等一下。"随后走进总经理办公室。两分钟后，人事主管告诉小B："年轻人，就冲你的勇气，你被录用了。"

分析：

只要有信心，事情往往就成功了一半！前进的道路上，有时差的就是那自信的一步，前进一步便是不一样的人生！

将要步入职场的朋友们请记住美国学者戴尔·卡耐基的这句话：不要怕推销自己，只要你认为你有才华！

爱默生说："自信是成功的第一秘诀，是赢得别人青睐的重要法宝。"现代职场的自由竞争，为有自信、有勇气推销自己的人搭建了一个展现自我的舞台。在这个舞台上，求职者应充满信心与勇气扮演好各种角色，淋漓尽致地表现自己的才华。

相关链接

就业心理的调适

转型期的社会对人们的心理特别是对毕业生的心理冲击是巨大的。心理障碍和心理疾病既不利于择业，也不利于身体健康，甚至会影响整个人生。进行心理调

节，有助于毕业生在遇到挫折和冲突时，能有效地排除心理障碍，使自己能以一种稳定而积极的心态去求职择业。

1. 认识自我，正确地评价自己

心理障碍使人痛苦、难受、焦虑不安，解决它的最好办法是正确地认识自我，客观地评价自己，不要用"没有办法""命不好""没有背景和关系"来自我安慰。我们缺乏的不是机遇，而是自知之明，谁也不可能不遇到挫折，问题的关键是认识自我，相信自我，战胜自我，超越自我。一个热爱生活的人可以寻找，也可以创造机会，如果有上帝，那就是你自己。

正确认识自我，客观评价自己，是毕业生顺利就业、职业发展的基本保证。过高评价自己的能力，往往导致自负心理，盲目自信，把择业的目标定得很高，到头来终因对自己的优势估计过高，对自己的劣势估计不足而在择业中受挫；过低评价自己的能力，往往导致自卑心理，没有信心和勇气去面对用人单位，不能适当地向用人单位展示自己的长处，消极退缩，畏首畏尾，结果也只能以失败告终。

正确进行自我评价的方法很多，主要有：

（1）自我反省法。即在遇到困难和挫折时控制心境、冷静对待，时刻告诫自己不要冲动和急躁，并且努力保持谦虚的心态，心平气和，仔细分析产生困难的原因，以利于有针对性地解决问题。

（2）社会比较法。即将自己与其他人相比较，特别是与自己条件相类似的人比较，或通过其他人对自己的态度来认识自己。这种方法有利于客观地了解自己，及时调整生活工作的方式、态度，改善环境，适应环境。

（3）心理测验法。通过智力测验、人格测验、神经心理测验和能力测验等，认识自己的个性和能力。这是一项专业性很强的工作，最好在专业人员的指导下进行。

2. 战胜自卑，打破"害怕失败"的枷锁

自卑的特点是感觉不如人，低人一等，轻视、怀疑自己的力量和能力，这对于求职没有半点好处，必须加以克服。战胜自卑，不但是就业中也是整个人生中积极进取乃至走向成功的重要环节。一位心理专家对求职者说过：要想找到一份好工作，就必须把自卑踩在脚下。对自己充满信心，相信自己的力量和能力，就相当于给成功求职插上了一双强有力的翅膀。也许你总认为自己是一只丑小鸭，其实，每只丑小鸭都能变成白天鹅，而改变的关键就是自己的心态。具有自卑心理的求职者必须牢记一个真理：勤能补拙。知道自己在某方面有缺陷，就要下工夫去弥补，用自己辛勤的汗水，去铲除自卑心理产生的根源。要学会"扬长避短"，对于那些引起自卑而经过努力后仍难有改善的方面，就主动放弃它，并有意识地积极寻找并发展自己的优势，以达到"失之东隅，收之桑榆"之效。

害怕失败是注定失败的心态。毕业生对自己的生活、工作和前途有着美好的憧憬，面对择业担心失败，害怕出丑，这种害怕心理是由自卑感和虚荣心结合而成的一种不良意识。我们要成功就业，迈向成功的人生，就必须打破"害怕失败"的枷锁，并从失败的阴影中走出来。其实，大部分求职者都会有"走麦城"的时候，尤其在"双向选择"的激烈竞争中一时的挫折、失败都是正常的。我们应把它看做是

锻炼意志、增强能力的好机会，培养自己的心理承受能力。应聘是就业的主渠道，你可以暂时不经历，但绝不会永远不经历，早一天经历比晚一天经历要好。应聘是对自己素质和能力的一次全方位的检测。检测成功了，说明你的才干与社会需要相吻合，正好大展身手；检测失败了，也可以反思原因，继续努力，求得下次的成功奋起。应聘还提供了全面展示自我，发挥自己才干的机会。既然给了你舞台，不表演岂不太可惜了？即使表演不成功，起码也得到了一次锻炼吧。表演一次就能成功的人不多，大多数人都是经过无数次的表演过程，积累了经验，不断充实和成熟起来，最后成功的。"台上三分钟，台下十年功"，讲的不就是这个道理吗？

3. 自我调适，摆脱不良情绪

保持稳定积极的情绪是成功心理的要素之一。俗话说，人倒霉时，喝水都塞牙。就是说，一个人情绪糟糕，往往会觉得一切都糟糕，即使遇到了好事和良机都会拒之门外。毕业生在择业过程中，难免会有不愉快的经历，要进行自我调适，摆脱不良情绪，保持稳定积极的心态，就要学会一些必要的心理调适方法，常见的有：

（1）自我转化法。产生不良情绪时，有意识地把精力、情感转移到其他活动中，避免沉浸在不良情绪中，以求得心理平衡。

（2）适度宣泄法。即向朋友等亲近的人倾诉，或痛哭一场，以寻求同情、安慰和疏导。有些人总是怕被别人轻视和笑话而将不良心情极力掩饰，默默地埋藏于心底。其实，这样隐藏越久，受的伤害就越大。当然，也可以通过打球、唱歌、参加大运动量的活动等方式进行宣泄。无论何种方式的宣泄都应该是无破坏性的。

（3）自我慰藉法。也叫自我安慰法。即遇到困难和挫折时，自己告诫自己"我已尽了最大的努力，事情的最终结果我无法左右"，目的就是说服自己承认并接受现实，适当让步求得解脱。这种方法的实质就是学会自我忍耐。

（4）松弛训练法。通过心理专业学习学会心理和躯体的放松，帮助人们减轻或消除一些不良的身心反应，如焦虑、紧张、心理冲突、入睡困难、头痛等，并且见效迅速。如通过练习瑜伽、深呼吸、冥想及倾听心灵音乐，达到安神、静心、养性的目的。这种方法适宜于在专业人员指导下进行。

（5）理性情绪法。运用这种方法时，要首先分析自己有哪些消极情绪，从中概括出相应的非理性观念，之后对其进行质疑和论辩，鼓励自己向理性观念转化，从而排除不良情绪。如有的人在遇到一些不顺心的事情后，往往以偏概全，或把事情想象得糟糕透顶，过分夸大后果。这时，主动调整认知，换个角度看待发生的事情，纠正认识上的偏差，就可以减少或消除不良情绪。自觉积极地从另一个角度重新思考，是改变认知偏差的好方法。

自我调适的方法很多，除上述方法外，还有自我重塑法、广交朋友法、自我暗示法，等等。不过，不论是哪一种方法都需要从根本上树立正确的人生观、价值观，培养良好的品德，力戒自傲、虚荣、嫉妒、攀比、依赖、自卑等情绪，正视现实，正视自身，接受社会挑选，磨砺坚强的意志，敢想、敢说、敢做，勇于向挫折挑战，百折不挠，培养乐观豁达的生活态度，放眼未来。

四、求职策略和技巧

［案例61］ 成功得先有勇气去敲门

那年我刚到深圳，就兴冲冲地抱着简历去参加人才交流会。整个会场人如潮涌，唯有沃尔玛公司的展台前冷冷清清，与会场的气氛形成了鲜明的对比。

我好奇地走了过去，沃尔玛公司招聘启事上写着：招聘20名业务代表，条件是名校毕业生，3年以上从事零售业的工作经验。条件太苛刻，难怪没人敢应聘。

我暗自揣摩了一番，虽然没一条够得上，可这工作对我很有吸引力，我决定试一试，就当是锻炼好了。

我径自走到应聘席前坐下，那位中年主管看了我一眼，面无表情地指了指那招聘启事问："看过了吗？"我点点头说："我看过了，不过很遗憾，我既不是名校毕业生，也没从事过零售工作，只有大专文凭，还是电大。"

那位主管看了我好半天，才说："那你还敢来应聘？"

我微微一笑："我之所以敢来应聘，是因为我喜欢这份工作，而且相信自己有能力胜任这份工作。"停了停，我又说："如果求职者真要具备启事上所有的条件，那他肯定不会应聘业务代表，至少是公司主管了。"

说完，我把自己的简历递了过去，那位主管竟然微笑着收下了。第二天，我接到了录用通知。后来才知道，那些苛刻的条件只不过是公司故意设置的门槛罢了，其实当我和主管谈完后，我就已经通过了公司的两项测试：勇于挑战条款的信心和勇气，以及分析问题的能力。

作为一名业务代表，每天都得与形形色色的商家打交道，如果那天我没勇气去敲沃尔玛公司的门，又岂能有勇气去敲那一个个商家的大门？

分析：

这是一位普通求职者成功经历的自述。从求职者与主管的对话中，我们可以判断得出求职者是一个有很强逻辑思维能力的人。但是，主宰求职者成功的往往是勇气，主人公是一个勇气可嘉的智者。现实社会中不乏有能力、实力强的人，人们在成功的道路上，会遇到许多难以逾越的条款，但有时候阻碍我们前行的，既不是缺乏实力，也不是那些所谓的条条款款，而是我们自己的信心——敲门的勇气。

一个人的成功与否往往取决于自己的信念，有些人求胜的信念不够坚定，因此失去了一次次就业的机会；有的人刚好相反，他们凭借必胜的信念和足够的勇气得到了许多就业机会，最后找到了适合自己的工作。

"完成工作靠能力，找工作靠信念。"在求职过程中，求职者会遇到很多麻烦，具备必胜信念的人会勇敢地面对这一切，最终找到一片属于自己的天空。相反，自认为是"丑小鸭"的人，由于悲观失落，最后会被淹没在求职者的浪潮中。

求职需要勇气，成功始于尝试！

115

相关链接

成功求职八大要素

（1）有好学精神，没有干过的很快学会。

（2）有积极主动的态度。

（3）显得诚实诚恳，不撒谎、不掩饰。

（4）有人际关系的沟通能力。

（5）具有团队合作能力。

（6）有正确的态度，多考虑能为雇主做什么。

（7）与招聘主管默契投机。

（8）有自信心。

[案例62]　知己知彼，有的放矢

曾志龙在大学里学的是城市园艺专业，他的志向是做一名城市园艺师。毕业前夕，他精心制作了上百份简历，分别送到不同的招聘单位。虽然参加面试也不算少，但收到的回复却寥寥无几。

严酷的现实让小曾不得不冷静下来，他想："自己过去那种'逢佛就叩头，逢庙就烧香'的做法不可取，必须有的放矢，知己知彼，才能找到适合自己的位置。"

通过网上的搜寻，小曾搜集到了十几家招聘单位。经过仔细分析他发现，除了市内的各大宾馆及市、区两级的园林局要招聘园艺技术员以外，郊区县的生态园也需要大量的花卉培植员。对这些单位，小曾按自己的志愿进行了排序。首先是市、区两级的园林局，其次是市内的植物园和各大宾馆，最后是郊区县的生态园。

根据自己掌握的信息，小曾开始对这些单位进行逐个走访调查。

小曾发现，由于市、区两级的园林局及市内的各大宾馆大多地处市区的繁华地段，所以绝大多数应届毕业生都选择这些单位去应聘，参加应聘的不乏一些重点大学的硕士生甚至博士生，竞争非常激烈。而郊区县生态园的花卉培植中心因为距离市区较远，报名应聘的没几个人。

小曾在走访时还注意到，其实郊区县生态园花卉培植中心不但有先进的花卉研究机构，各方面条件也相当不错，很多指标都达到了先进水平。中心不但每年都有与国外合作的项目，员工还有出国交流进修的机会。小曾是个事业心很强又很有上进心的小伙子，所有这些条件，都让他怦然心动。虽说生态园离市区远了点，但在综合考虑之下，小曾作出了理性的选择。他重新调整了自己的就业目标，毅然放弃市区的几家单位，报名应聘了两家郊区县的生态园。

很快，他就接到了两家单位的面试通知。

因为避开了大多数同行选择的竞争目标，所以面试阶段，小曾几乎没有遇到强劲的竞争对手。最后，他如愿进入了一家郊区生态园的花卉培植中心。由于在工作中勤奋刻苦，锐意进取，很快他便成为单位里的技术骨干。

分析：

目前的人力资源市场存在这样一个"怪现象"：有的岗位没人做，有的岗位人太多，而造成供需结构矛盾的一个重要原因是求职者个人"定位不清，目标不明"。

准确职业定位的前提是了解自身特点和职场状况。首先应对自己的专业知识、兴趣、爱好、能力、个性特点进行综合分析与权衡，了解自己的职业价值观和倾向；另外，还要时刻关注职场动态，及时通过各方面渠道收集相关信息，为确定自己的职业奋斗目标做好扎实的准备，并为实现这一目标作出行之有效的安排。

文中主人公曾志龙之所以能成功就业，正是因为在分析自身条件的同时，也对就业环境和形势做了认真的了解和调查，做到了"知己知彼"。面对纷杂的就业市场，一个求职者只有在"知己知彼"的前提下，才能做到既不好高骛远，也不盲目跟风，才能对个人职业生涯的规划与发展作出准确的判断和定位。

相关链接

实用求职小技巧

求职就是要把自己推销出去，推销则当然是有技巧的。下面介绍一些在求职中可以运用的技巧。

1. 应该请有职业辅导经验的人士审阅应聘材料，使之看起来非常专业、整齐、用词准确，能突出自己在该职位的优势和特长。

2. 从潜在的就业市场发现那些可能用得着自己技能和经验的机构，将履历寄去，甚至直接找到管理者或者人事主管。

3. 递送求职材料的方法：①发送 E-mail；②信件邮寄；③传真；④打电话；⑤亲自上门递交。一般来说，用得最多的方式是传真和电话，最好是电话联系。E-mail 的求职效果其实并不好。

4. 除非招聘广告特别声明谢绝上门，或者说明要事先递交简历，否则应尽量亲自前去应征。

5. 通过各种资讯渠道了解招聘主管的姓名和职务，寻找甚至制造各种机会，以尽可能获得与主管直接接触面试的机会。

6. 如果谈到过去的离职，不要埋怨过去的公司、老板和同事；如果以前没有从事过此类工作，要如实回答，但是应强调自己的学习能力和可转移的技能。

7. 使用创意求职法。应该在把招聘公司研究得比较透彻后有针对性地编写简历和求职信，并在求职信中适当提出一些问题或者自己对公司的观点和建议，这样更容易引起招聘单位的注意。求职信中的称呼与对方的姓名一定不能写错。

8. 在寄送应聘材料后，应该选不同的时段打电话跟进三四次，时间甚至可能长至一年，加拿大的雇主就喜欢有礼貌的坚持。

9. 保持通信设备畅通，以便外出时仍然能够获得应聘单位的资讯，否则可能会失去一些面试机会。

10. 练习求职和面试技巧。一般的求职课程都会有这些内容，可以在课程中学习，也可以在家模拟情景练习，还可以请有经验的朋友指教。

11. 许多雇主喜欢在正式面试前先做电话面试。求职者这时要克服与雇主对话的恐惧，适当放慢语速，把意思表达清楚。

12. 建立应聘工作档案，把每一次应聘的单位、职位、发送材料日期、方式、

简历和求职信、对方的反馈资讯及其他事项制成表格，逐一登记，便于及时查询。

[案例 63]　　问题出在哪里？

个案一

一名年轻的求职者向企业老总开出月薪 5000 元以上的条件，而且希望直接接手主管工作。老总问他凭什么提出这样的条件。年轻人高傲地说："我是名牌大学毕业的研究生，暑期打工时积累了一些社会经验，上学期间又是学生干部。"企业老总上下打量了一下这位年轻人，说："你暑期打工时干的是什么工作？在哪家公司？规模多大？干了多长时间？"年轻人说："做的是人事管理，在一家电子公司，公司内一共 10 人左右，大概工作了半年吧。"企业老总对他说："我看你更适合在那里工作，我们这里不太适合你。"年轻人连忙解释说："他们那里的待遇太低，环境又差，要不是因为专业课程没有上完，我是不会去他们那里上班的。"

这位年轻人不但没有应聘上该工作岗位，还碰了一鼻子灰，他就是眼高手低者的典型代表，他找工作时遇到的麻烦给其他求职者敲了一个警钟。

个案二

吕清上高中时曾获得全国数学竞赛二等奖，后被保送某重点大学读计算机专业。在大学期间，他的成绩非常优秀，多次获得奖学金。2004 年吕清大学毕业后，选择了一家民营 IT 公司工作。半年后，吕清觉得公司的很多做法都不合理，公司员工的整体水平普遍偏低，在这样的企业里无法得到更好的职业熏陶，更不用说技能提高。于是，他毅然选择了跳槽，经过几番努力来到另一家刚成立的 IT 公司。

吕清这样做的目的有二：一是"白纸上好画画"，和公司一起成长的梦想激发出他的工作热情；二是新公司任命他为项目经理，负责公司业务流程改造和各方面的协调工作，与第一家公司的工作性质相比，从纯技术工作过渡到管理工作。但是经过 4 个月的工作实践，他发现这家公司在实质上与第一家毫无区别，而且好像比前一家更糟，他只好辞职走人。由于吕清没有做好思想准备，因此好长时间没能找到合适的单位，一下子进入了职业的真空状态，不知今后路往何处走。

个案三

邢凯是一名成绩优异的大学毕业生，所学专业是入学时非常热门的地球物理。可是四年之后当他大学毕业时，地球物理专业的热度已经降温了。费了许多周折，邢凯好不容易找到一家房地产公司，担任行政助理。

由于公司规模小，邢凯的工作范围非常广泛，除了接待、采购、整理资料、编写文案等日常行政工作外，还参与了一些客服和财务方面的工作，一年下来，忙里忙外，累死累活。不过，令他感到欣慰的是，公司业绩还算不错，年底奖金也颇为丰厚。但第二年突发变故，公司老板出于某种原因甩手不干，卷走资金移民去了加拿大，公司随后关门，邢凯只好加入了失业大军的行列。

分析：

文中三位当事人的求职择业是失败的，原因在哪里呢？问题都出在"定位不清，目标不明"上。

个案一的年轻人过高评价自己的能力，对第一步的职业目标有过高的期望值，因此导致求职的失败。求职者一定要认识到自己究竟有几斤几两，从实际出发，找一份与个人能力相符的工作，这样才能发挥个人所长，在最短的时间内取得更大的进步，为以后的发展铺平道路。否则，前途很可能葬送在自己手里。

个案二的吕清最大的失误在于求职方向不对，没有充分利用自己的资历去赢得好的职业机会，期望值过低，他选择的职位就连一个普通的 IT 专业大专毕业生通过努力即可获得，而吕清却以此为人生职业旅途第一站，无疑在很大程度上浪费了自己的学历资源和优势。实际上，吕清属于研发类型的人才，他应该在理论研究和技术钻研上获得自己的职业含金量。什么地方能提供这样的机会呢？无疑是大型的企业。换句话说，是一支优秀的团队。由此看来，可供吕清选择的道路有两条：一是进入一家有相当技术实力的公司；二是进入一流的国际学府继续深造。

个案三的邢凯由于所学专业不适应市场需求，因此他没有明确的职业方向，对自己前途的疑惑加上就业压力，使得他选择了一个并没有充分考虑职业发展的公司以及职责不清的职位。一年之内看似做了很多事，但却对什么事都是一知半解，没有深度，没有形成自己的职业核心竞争力。由于他所选择的单位是一家小型公司，因而注定了他工作比较"杂"，"博而不精"，实际上这不是职业人的可取之道。博而不精最大的弊端是导致核心竞争力的缺乏，长期处于这样一个职位，会给将来的职业道路蒙上一层不明确的迷雾，无异于浪费时间。邢凯是先就业后择业，这无可厚非，但先就业后择业不等于随意就业，就业时还是要慎重，认真对待，应考虑到自己的职业发展方向、个性特点和特长。

[案例 64]　凸显优势，展现特长

周末的下午，宿舍里静悄悄的，同学们都外出了，只有姚理还独自一个人坐在桌前忙碌着。只见她在桌上铺开了稿纸，拿起钢笔，一笔一画神情专注地写起了行书。在同学们都外出找工作的当口，姚理怎么还有心情坐在宿舍里练字啊？原来，这正是姚理的聪明之处，她是在利用自己的特长，为求职增加一个砝码呢。

姚理是文秘专业的毕业生，求职之路上，与那些名牌院校或本科学历的毕业生比起来，她并不具备优势。更何况她的外在条件又很一般，与那些身材修长、外貌清秀的女孩一起去应聘，姚理常常失去了自信。一次次地碰壁，一次次地遭到拒绝，姚理有些气馁了。

怎么办？姚理很不甘心得到这种结果。

一天，她无意中被一篇报道所吸引。文章描述了一位自强自立的残疾青年，虽然他的双腿无法像正常人那样站立和行走，但他没有自暴自弃，经过刻苦学习，不但拿到了大专文凭，还写得一手好字，最后这个年轻人被一家博物馆录用了。读着读着，姚理不禁心中一动：自己不是也能写一手好钢笔字吗？

原来，姚理的钢笔字写得十分漂亮。上中学时，她的钢笔行书在全国书法大赛

上还获过奖。她想，这确实是自己一个强项啊！完全可以作为一个特长在求职时展示给主考官。自己学的是文秘专业，字写得好正是这一行业中的优势。姚理越想越兴奋，她决心在职场上打一场有准备之仗。

接下来，姚理又根据文秘工作的特点，认定速记和打字是必须具备的能力，她决定去进修一下，提高自己这方面的能力。

打定主意后，姚理立刻就去报名参加了一个速记打字培训班。每天晚上她都按时赶到培训班上课，就连周六周日也不休息。辛勤的努力很快就收到成效，经过一个多月的正规培训，姚理的打字速度由原来的每分钟30个字提高到每分钟80多个字，速记的技巧和能力也有了很大的提高。拿到了培训班的结业证书，姚理非常欣慰，高兴之余，她心中还有了一种踏实感，同时也多了几分自信。

不久，在应聘一家大型私企的文秘职位时，她那娟秀的钢笔行书就被考官一眼看中了。考官拿着姚理写的硬笔书法爱不释手，他一边看一边连连点头说道："像你这样年纪的孩子，能写得这样一手好字，难得，难得啊！"姚理打字和速记的能力也得到了考官的认可，在考核结束后，姚理听到考官对一旁的工作人员小声说道："这个女孩不错，很踏实。我决定录用了。"

就这样，在众多的应聘者中姚理脱颖而出，被招聘方录用了。

面对竞争激烈的社会现实，每一个身在职场的人都是"不进则退"。而对于年轻人来说，多掌握一门技艺，就能多一分竞争力，多一分成功的概率。

分析：

姚理成功之道，在于"打有准备之仗"，用能力说话，特别是结合应聘岗位的特点和要求，不断强化自己的优势，最大限度地发挥自己的优势，因而在众多竞争对手中脱颖而出。

在求职之前，确立一个适合自己的发展方向是非常必要的。聪明人往往会在行动前先对自己作出正确的定位，了解哪些工作适合自己，有针对性地提高自己的优势，以获取竞争主动权。姚理就是这样一位有心人，她在别人盲目"赶场"的时候，冷静地分析了自己的优势，不但通过努力使原来的优势得到加强，还根据目标职位的要求有针对性地参加了速记打字技能培训。再加上她能够有意识地在面试中对自己的优势加以展示，获得理想的职位就成了顺理成章的事。

获取优势的方法其实很简单：想要出类拔萃，并不需要面面俱到，如果想使某方面成为自己的优势，就必须始终如一地做好它。从成功心理学的角度看，判断一个人是否成功，是看他能否做最好的自己，是否最大限度地认识并发挥了自身的优势。每个人都有自己的优势，而真正做到获取优势则需要后天的不懈努力。

在现实生活中充斥着各种各样的培训，各类资格证书也随处可见。在这种情况下，有些人往往失去理智，盲目报名到培训、考证大军中去。其结果常常是证书拿到了一大沓，然而对各方面的知识仍然是一知半解，心里也越发没底了。姚理没有盲目跟风，结合目标职位所需有选择地参加速记打字培训班，补充和强化自己的优势，得到用人单位的认可，获得求职成功，这个经验很值得我们学习。

相关链接

招聘单位到底最看重什么？

根据《东方时空》与智联招聘网针对 116 家用人单位作的一个调查，结果显示：

如果看简历，招聘单位最先看社会实践和实习兼职的占 58%，看专业的占 44%，看毕业院校的占 28%，看英语、计算机水平的占 22%，看性格、爱好的占 13%。

面试时，招聘单位会看重社会实践能力的占 26%，看重专业知识的占 24%，看重谈吐表达的占 22%，看重个性特征的占 16%，看重形象气质的占 12%。

面试过后的试用期和实习期，招聘单位看重学习能力的占 51%，看重团队合作能力的占 42%，执行能力占 36%，创新精神占 24%。

从以上调查结果可以看出，社会实践能力是招聘单位最看重的，也是毕业生最缺乏的。因为应届毕业生没有工作经验，所以能够证明自己实践能力的，只有参加组织过什么活动，拿过什么奖，发表过什么样的论文，搞过什么样的勤工俭学，当过什么学生干部，到哪些单位实习过。大部分学生没有工作经验，但参加这些活动可以算作有模拟工作经验，也能够证明一个毕业生的能力。

招聘单位对应聘者个人素养方面最不喜欢的是：不诚实占 84%，位列第一，爱搬弄是非占 59%，畏难占 28%，领导在场与否表现不一样占 26%，不守时占 24%。

从长期来看不诚实是招聘单位最不喜欢的，短期来看（实习期）最不喜欢的是搬弄是非。一个没有诚信的人无论其他方面再优秀也会给单位造成损失，而搬弄是非往往在团队中产生离心力，会危及这个团队的建设。

总的来说，用人单位希望聘用的是：诚实可靠的人；不只是为了薪水而工作的人；钻研业务、工作出色的人；有头脑、有精力、有热情、身体健康的人；严于律己、组织性强、目的明确、计划周密的人；愿意加班完成工作的人；善于把握时间、守时、按时上下班的人；有培养前途、热爱学习的人；灵活、适应性强，善于应付各种局面的人；善于合作、沟通的人；定位合理、较为稳定的人。

你需要提供证据，向用人单位证明你是一个：专业能力足以胜任相应工作的人；能很好处理人际关系的人；善于合作、有团队精神的人；以项目和目标为导向的人；有语言才能的人；能熟练操作计算机的人；有集体荣誉感、对集体和组织忠心耿耿的人；富有创造性、善于解决问题的人；热爱学习、勤奋踏实的人。

明白了这两点，你就可以有效组织你的材料，为回答面试问题做充分的准备。

面试既是对毕业生综合素质的考评，也是对个人特长和优势技能的了解。综合素质高、适应能力强，机会肯定较多；某方面优势明显，相应职位的竞争力就特别强。

[案例 65]　求职，转换思路天地宽

小黄是某中专学校文秘专业 2003 届毕业生，毕业时获得成人高考大专文凭，现供职于西门子（中国）有限公司。小黄是怎样进入这家名企的呢？

小黄来自农民家庭，在校成绩优秀。但文秘专业的毕业生很多，比他学历高的更多，毕业前，他决定前往浙江找工作。他给自己定下一个最低目标：找到落脚

点，留在浙江；一个最高目标：待遇比较好，有发展前景。

当其他同学在有限的就业机会中等待之际，小黄已踏上异地求职之路。第一次到浙江，没有亲戚朋友，全得靠自己努力。实习时，他先在一家小公司当推销员，薪资微薄，好在公司还提供集体宿舍；毕业后，小黄成为这家小公司的正式员工，慢慢地熟悉业务、熟悉环境，工作之余努力学习提高英语和计算机水平；再后来，他又走马灯似的换了几家小公司。历经砥砺，小黄的综合素质有了极大的提高。一年后，西门子公司公开招聘，应聘者如云，但小黄轻松地进入了西门子，而且很快成了这家名企的业务骨干。

分析：

一些在校优秀生毕业后眼高手低、彷徨徘徊，工作迟迟无着落，结果反不如昔日表现平平的同学。不少毕业生过于向往经济发达地区，尤其是处经济发展龙头的中心城市，最低的期望也是回自己家乡所在地的中心城市。他们只注重经济文化发达、工作环境优越的一面，而忽视了人才济济、相对过剩的一面，从而导致主观愿望与现实需求之间的巨大落差。学生初入职场，就业信息是不对称的，想等最好的单位招聘再就业，反而会误事。不如采取小黄的"先就业后择业"的策略，先降低期望值，实现最低目标，在工作过程中不断提高和完善自身的综合素质，根据社会、工作的需要调整知识结构，"骑驴找马"，蓄势待发，一样能闯出一片广阔的天地。

思路决定出路。现在大学扩招，毕业生的数量成倍增加，新兴企业提供的白领岗位远不能满足毕业生的就业需求，所以，你没有必要抱定做白领这一目标不放。应转变就业观念，从低处做起，从基层做起，让路越走越宽广，这才是你的明智选择，中专生小黄的例子就是一个很好的诠释。

相关链接

大中职学生就业竞争中的优势与劣势

就业竞争问题目前已成为我国社会生活中牵动亿万学生和学生家长的重大问题，与中职学生在就业竞争中相关的有上、下两类人：上面是大学毕业生，他们与中职学生主要在技术性和管理岗位竞争；下面是进城农民工、下岗失业人员，他们与中职学生主要在体力性一线岗位竞争。

中职学生在就业竞争中的优势和劣势详见下表。

名称	内容表述	造成原因	具体表现
优势	蓝领工人需求量大，中职学生学历和动手能力与之适应	当前我国企业技术水平所处的层次	蓝领工人是企业主体，技术工人是主体中的主体
	中职学生的动手能力与职工技术发展趋势相吻合	当前我国技术工人的发展趋势	工种分类精细，责任要求明确，操作方法严格
	中职学生心态平和、稳定，更有利于用人单位选用	现代社会生活节奏加快，压力加大	白领岗位竞争者上升欲望急切，蓝领岗位竞争者待遇要求强烈

续表

名称	内容表述	造成原因	具体表现
劣势	文凭低的中职学生就业机会少	用人单位盲目使用高学历人员	适合中职学生干的工作，中职学生得不到机会干
	体力性就业也受一定影响	进城农民工、下岗职工大量出现	中职学生的工资报酬偏低
	技术性就业必然受一定影响	高校扩招，大学生低调就业	在技术性很强的岗位上竞争不利

五、面试语言艺术技巧

[案例66]　　巧言妙语破难关

2003 年，"巧克力之父"弗斯贝里的公司获准登陆中国市场，他发布了一则招聘广告，希望能在中国招到一批人才加盟他的公司。广告内容是这样的：请你用一句最简洁的话，总结出如下四位著名人士究竟想说些什么。

第一位著名人士是爱因斯坦。爱因斯坦毕业于苏黎世联邦工业大学，1954 年 4 月 20 日，是该大学建校 100 周年，爱因斯坦应邀回母校进行演讲，他说了这样几句话："我的学习成绩并非很好，只处于中等水平，按学校的标准，我根本不能算是一个好学生，但是后来我才发现，忘掉在学校里学到的东西，剩下的才是教育。"

第二位著名人士是诺贝尔物理奖获得者丁肇中。他毕业于清华大学，1984 年 6 月 4 日，他回母校演讲，在接受学生提问时说："据我所知，在获得诺贝尔奖的 90 多位物理学家中，还没有一位在学校里经常考第一，经常考倒数第一的，倒有几位。"

第三位著名人士是比尔·盖茨。1999 年 3 月 27 日，他应邀回母校哈佛大学参加募捐活动，有记者向他提出这样一个问题："您愿不愿意回到哈佛大学继续学习，直到取得哈佛大学的毕业证书为止？"比尔·盖茨对他微微一笑，没有任何回答。

第四位著名人士是美国总统布什。2001 年 5 月 21 日，布什回到母校耶鲁大学领取法学博士学位证书，由于他当年的学习成绩一般，被问到具体感受时，布什说了一段意味深长的话，他说："我要对那些取得优异成绩的学生说一句'干得不错，继续努力'；对那些成绩相对差一点的学生说一句'你可以去当总统了'。"

由于公司待遇优厚，而且是跨国公司，许多中国求职者纷纷报名参加了应聘。

2003 年 3 月 10 日，"巧克力之父"弗斯贝里的公司北京分公司正式开业了，当天，只有一位求职者被邀请参加公司的开业典礼，其余几百名求职者都未被录用。被录用的这名求职者是这样总结这四位著名人士的弦外之音的："学校里有高分低分之别，但校门外没有，校门外总是把校门里的一切打乱重整。"这句巧妙的回答使他敲开了职场大门，顺利地找到一份称心如意的工作。

123

分析：

口才是指人的说话艺术，是用口语准确、生动、贴切地表达思想感情的一种能力。

20世纪，美国人把"舌头、原子弹和美元"作为三大武器，到了21世纪，美国人又把"舌头、电脑和美元"誉为新的三大战略武器，从中我们就可以看出口才是多么重要。口才，不仅是人们运用语言的一种能力，也是现实社会生活的需要，还是谋取成功的金钥匙。口才，既是心智才气最生动的角逐、人格修养最彻底的较量，又是人的思想和观点最集中的体现以及文化底蕴和知识积累的重要检测。因此，口才是能力的一种标志，又是人才的一种标志。在求职中，一句经典的精言妙语，往往能叩开主考官的心扉，为面试打开绿灯。

求职面试的时间很短，评价求职者能力高低的关键因素是言谈举止。面试时，考官的眼睛是雪亮的，一句话说得不准确、有失误，就可能影响面试的结果。因此，作为求职者，应力求提高说话的艺术技巧，不但要用能力说话，还尽可能把话说得活、准、巧、美，力求在语言上打动主考官的心。这样才能突破面试难关。

相关链接

常见的面试类型

不同类型的用人单位往往根据不同的招聘目的或者职位要求采用不同类型的面试。概括起来有以下几种：

1. 结构化面试

由主试人根据事先准备好的询问题目、测评要素、评分标准、面试程序和有关细节逐一发问，其目的是为获得有关面试者全面、真实的材料，观察和了解应试者的仪表、语言表达能力、心理素质、品质、合作精神、协调能力、专业知识、解决问题的能力等。这种规范的面试方法对考生更为客观、公正、科学。目前公务员录用、公开选拔党政领导干部、竞争上岗、具有一定规模的企事业单位选拔人才都采用这种面试方式。

2. 问题式面试

由主试人提出问题，应聘者在规定的时间内拿出解决的方案。其目的是为了观察应聘者在特定环境和条件下的表现，以判断出其分析问题、解决问题的能力。

3. 非引导式面试

主试人海阔天空地与应试者交谈，让应试者自由地发表议论，尽量活跃谈话气氛，在闲聊中观察应试者的知识面、谈吐和风度。

4. （无领导）小组讨论

这种方式是指由一组应聘者组成一个临时性的工作小组，讨论给定的问题，并作出决策。

在（无领导）小组讨论中，不指定谁是领导，应聘者彼此平等，主试人通过安排应试者讨论题目，观察每个应聘者的表现，给应聘者的各个要素评分，从而对应聘者的能力、素质、水平作出判断。

这种面试的目的是考核应聘者的领导能力、组织协调能力、口头表达能力、说服力、洞察力以及处理人际关系的技巧等。

5. 压力面试

由主试人有意识地对应试者施加压力，针对某一问题作一连串的发问，不仅详细并且追根究底，直至无法回答。有时甚至有意刺激应试者，看应试者在突如其来的压力下能否作出快速而正确的反应和判断，以观察其机智程度和应变能力。

6. 综合面试

有些专业化程度高的外资企业通常会用一两天的时间通过企业评估中心进行人才选拔。测试方式包括个人演讲、无领导小组讨论、团队创建游戏、辩论等。测试目的是考核应聘者的适应能力以及在一个全新的毫无准备的情境中处理问题的能力。

在实际面试中，主试人可能只用一种面试方式，也可能同时采取几种面试方式。

[案例67] "面试第一问"暗藏玄机

许多面试官提的第一个问题往往就是："能否请您作一下自我介绍?"因此，自我介绍也被称为"面试第一问"。在自我介绍中，面试官可以借机考察应聘者的语言表达能力、应变能力；应聘者也可以主动向面试官推荐自己，展示才华。自我介绍的时间一般为3分钟左右，有些外企仅为1分钟。在如此短的时间内，毕业生如何"秀"出自己呢? 该做哪些准备? 有什么问题值得注意?

案例一：如何把握时间?

研究生毕业的小刘很健谈，口才甚佳，对自我介绍，他自认为不在话下，所以他从来不准备，看什么人说什么话。他的求职目标是地产策划。有一次，他应聘本地一家大型房地产公司，在自我介绍时，他大谈起了房地产行业的走向，由于跑题太远，面试官不得不把话题收回来，自我介绍也只能半途而止。

教路：一分钟谈一项内容

自我介绍的时间一般为3分钟，在时间的分配上，第一分钟可谈谈学历等个人基本情况；第二分钟可谈谈工作经历，对于应届毕业生而言可谈相关的社会实践；第三分钟可谈对本职位的理想和对于本行业的看法。如果自我介绍要求在1分钟内完成，自我介绍就要有所侧重，突出一点，略及其余。

在实践中，有些应聘者不了解自我介绍的重要性，只是简短地介绍一下自己的姓名、身份，然后补充一些有关自己的学历、工作经历等情况，大约半分钟左右就结束了自我介绍，这是相当不妥的，白白浪费了一次向面试官推荐自己的宝贵机会。而另一些应聘者则试图将自己的全部经历都压缩在这几分钟内，这也是不明智的做法。合理地安排自我介绍的时间，突出重点是首先要考虑的问题。

案例二：语气别太做作

小芳去应聘南方某媒体，面试在一个大的办公室内进行，五人一小组，围绕话题自由讨论。面试官要求每位应聘者先作自我介绍，小芳是第二位。与前面应聘者一句一顿的介绍不同，她将大学四年里所干的事，写了一段话，还作了一些修饰，

注重韵脚，听起来有些押韵。小芳的介绍极其流利，但给人有背诵课文的感觉。

教路：切勿采用背诵口吻

人力资源专家指出，自我介绍可以事前准备，也可以事前找些朋友做练习，但自我介绍应避免书面语言的严谨与拘束，而应使用灵活的口头语进行组织。切忌以背诵朗读的口吻介绍自己，如果那样的话，对面试官来说，将是无法忍受的。自我介绍还要注意声调，尽量让声调听起来流畅自然，充满自信。

案例三：如何谈成绩？

小王去应聘某电视节目制作机构的文案写作，面试时，对方首先让他谈谈相关的实践经历。小王所学的新闻传播类专业，偏向于纸质媒体，对电视节目制作这一块实践不多，怎么办？小王只好将自己平时参加的一些校园活动说了一大通，听起来挺丰富，但几乎与电视沾不上边。

教路：只说与职位相关的优点

自我介绍时要投其所好摆成绩，这些成绩必须与现在应聘岗位的业务性质有关。在面试中，你不仅要告诉考官你是多么优秀的人，更要告诉考官，你如何地适合这个工作岗位。那些与面试无关的内容，即使是你引以为荣的优点和长处，也要忍痛舍弃。

在介绍成绩时，说的次序也极为重要，应该把你最想让面试官知道的事情放在前面，这样的事情往往是你的得意之作，可以让面试官留下深刻的印象。

案例四：适当用点"小聪明"

阿枫参加了某大型国企的校园招聘会，每一位应聘者与面试官只有几分钟的交谈时间。如何在这么短的时间里，取得面试官的好感，进入下一轮面试呢？阿枫放弃了常规介绍，而是着重给面试官介绍自己完成的一个项目，他还引用导师的评价以加深考官的印象。由于运用了一点小技巧，阿枫顺利闯过这种"海选"般的面试。

教路：以说真话为前提

自我介绍时要突出个人的优点和特长，你可以使用一些小技巧，如可以介绍自己做过的项目来证明具有某种能力，也可以适当引用老师、朋友等的评论来支持自己的描述。但无论使用哪种小技巧，都要坚持以事实说话，少用虚词、感叹词，自吹自擂一般很难逃过面试官的眼睛。至于谈弱点时则要表现得坦然、乐观、自信。

案例五：如何克服怯场心理？

阿宏毕业于中部城市的某大学，怀着憧憬南下广东。由于自己是一位专科生，在研究生成堆的人才市场里，阿宏的自信心有点不足，面对面试官常常怯场、紧张，谈吐不自然。他明白这种情况不利于面试，但却找不到方法来调整自己。

教路：谈吐运用"3P原则"

人力资源专家指出，自我介绍时的谈吐，应该记住"3P原则"：自信（Positive），个性（Personal），中肯（Pertinent）。回答要沉着，突出个性，强调自己的专业与能力，语气中肯，不要言过其实。

在自我介绍时要调适好自己的情绪。在介绍自己的基本情况时面无表情、语调生硬，在谈及优点时眉飞色舞、兴奋不已，在谈论缺点时无精打采、萎靡不振，这

些都是不成熟的表现。对于表达，建议阿宏可以找自己的朋友练习一下，也可以先对着镜子练习几遍，再去面试。

分析：

"请介绍一下你自己"，这是用人单位常见的问题。一般人回答这个问题过于平常，只说姓名、年龄、爱好、工作经验，这些在简历上都有。其实，用人单位最希望知道的是求职者能否胜任工作，包括最强的技能、最深入研究的知识领域、个性中最积极的部分、做过的最成功的事、主要的成就等，求职者应根据岗位的要求突出积极的个性和做事的能力，合情合理地介绍，给用人单位留下良好的印象。

[案例68] 学会推销自己

彭佳丽和周琦是同班同学，她们就读于一所名不见经传的普通职业院校。在学习文秘专业的几年中，彭佳丽的学习成绩一直是班上的佼佼者，几乎年年能拿到奖学金，她性格沉稳，做事有条有理，平时话不多，但话一出口总是挺有分量。与彭佳丽相反，周琦是个爱说爱笑的女孩子，她性格活泼外向，大大咧咧的，只是学习成绩在班上只能算是中等水平。

入学时，这两个性格脾气都迥然不同的姑娘分到一个宿舍，成为一对无话不谈、形影不离的好朋友，有人给她们起了个外号叫"双胞胎"。

几年的学校生活眼看就要结束了，巧的是她们收到了同一家国有企业的面试通知。面试那天，她们又相约一同来到这家企业参加面试。

面试时，考官向她俩提的是几乎相同的问题，可是最终的结果却完全不同。

主考官的第一个问题是："你最主要的长处是什么？"

彭佳丽的回答简单扼要，只有四个字："认真负责。"

周琦则不然，她是这样回答的："我的第一个长处是认真。我一直以认真为荣，每当我做一项工作时，总是竭尽全力去把它做好。我的父母就是做事认真的人，他们在我小的时候就经常向我灌输认真的生活态度。我认为，要是值得做的事，不管大小，都应该全力以赴，认真做好。实习时，经理曾让我负责收发工作。那是一项极为简单的工作，但我却做得一丝不苟。每天我都提前来到办公室，把当天的有关材料整理归类，分为'急件''非急件''报纸期刊'及'其他'几大类，把它们井然有序地分放在有关人员的办公桌上。由于平时留心观察，有时碰到与某位同事的研究课题相关或有参考价值的信息，我也会细心收集并及时送到他们手中，以便对他们的工作有所帮助。大家对我的收发工作赞不绝口。在实习后期，我被任命为经理助理。

我的第二个长处是责任感。凡是我答应的事，不管有多难，我一定会努力做到。事实上，朋友们都说，我是他们最信得过的朋友。"

主考官的第二个问题："如果上司对你提出了不公正的批评，你会怎么办？"

彭佳丽的回答仍然简单扼要："有则改之，无则加勉。"

而周琦是这样回答的："我觉得无论事情是谁引起的，如何解决矛盾才是最重要的。因此，在我们都心平气和的时候，我会主动去找我的上司，用他能够接受的方式来表达我的想法。首先，我对他的批评中可能正确的部分表示接受，然后再以

咨询或征求意见的态度与上司进行沟通，这样矛盾也许会更容易解决一些。"

彭佳丽和周琦对考官提出的这两个问题作出了不同风格的回答。

彭佳丽的回答简明扼要，而周琦则针对提问举出具体的实例，以此来展示自己，推销自己。对这两个能力水平不相上下的好朋友，主考官作出怎样的选择呢？

最后的答案是，周琦被录用，而彭佳丽遭到淘汰。

分析：

戴尔·卡耐基说："生活里有一连串的推销，我们推销货物、推销一项计划，我们也推销自己，推销自己是一种才华，一种艺术。有了这种才华，你就不愁吃、不愁穿了，因为当你学会推销自己时，你几乎也可以推销任何值得拥有的东西。"我们要学会推销自己。在能力相当的情况下，那些成功的求职者归功于面试时答问的成功。求职面试中的推销技巧十分重要，所谓"成也萧何，败也萧何"。如果说商品推销不出去等于是废物，那么在职场上推销不出自己，在社会上就无立足之地。

语言是一门艺术，而掌握这门艺术离不开策略和技巧。周琦回答第一个问题，说到个人的第一个长处时列举担任收发工作的具体事例和细节，用事实说明自己所具有的能力、素质，增强语言的感染力、说服力；而谈到第二个优点时，则借用朋友们的评价来"画龙点睛"。尽管前后表述方法迥异，但却相得益彰。而彭佳丽只说了"认真负责"四个字，显得过于抽象、笼统，缺乏说服力。在日常生活中，你也许习惯于抽象的概述，觉得这样能体现自己的干练。但是，如果在面试中你也依然一味地运用这种方法，只会使招聘者感到单调、乏味，难以对你产生兴趣。

对第二个问题，考官所期望和赞赏的态度是能在事后主动与上司通过积极沟通消除隔阂。"怎么做"是你要回答的重点。周琦的回答理智而得体，有具体做法，切中要害。彭佳丽的回答虽然简明扼要，但没有涉及具体的做法，显得过于空泛，被淘汰就不言而喻了。

[案例69]　逆向思维，出奇制胜

一个有缺陷的人，该怎样向心仪的单位推销自己呢？倪菲的做法堪称一绝。

倪菲在学校里学的是市场营销，因为学习成绩很好，各方面表现也不错，在校的几年她一直都是校级"三好"学生。然而临近毕业时，几乎所有同学的工作都得到落实，倪菲却成了班里的"老大难"，她一直没有收到录用通知。

倪菲的问题出在相貌上。她的身高只有1.50米，人又偏胖，皮肤黑不说，还很粗糙，五官长得也欠佳，在全班的女生中可以称为一个"丑女"。

每次来到招聘现场，尽管她把简历递上去后，很想与工作人员进行一下沟通，但对方似乎对她一点儿不感兴趣，最多只是敷衍地应付她一下，就转而与其他同学交谈起来，常常使倪菲陷入被冷落的尴尬。

后来倪菲干脆改变方式，尝试通过互联网应聘，但就因为外在条件欠佳，她总过不了面试关。眼看着同学们都兴高采烈地去单位报到了，只有她还在为找工作而四处奔波。

一天，宿舍里只剩下倪菲孤零零的一个人坐在窗前。她感到，应该好好地总结一下近两个月来的求职经历，重新为自己定位。

她知道，漂亮的女孩在面试中可以凭借容貌为自己加分，而自己长得丑，就必须靠能力和智慧去争取成功。于是，她开始根据自身的特点和实力做起职业生涯的规划，并为实现规划做了必要的准备。

这一天，倪菲走进了一家化妆品公司参加应聘。接待她的老总看了倪菲的个人资料后，一边上下打量着她，一边有些不屑一顾地问：

"你对化妆品市场都有什么了解呀？"

倪菲知道，老总这是在寻找理由拒绝她呢，但这次她是有备而来的，她先喝了口水，然后就不慌不忙地谈起自己对化妆品市场的看法。从"永芳""紫罗兰"等外国化妆品公司的成功之道到国内的"雅芳""霞飞"等著名化妆品品牌的推销妙技，从法国香水行业的发展到国内外化妆品公司之间的吞并整合，倪菲口齿清晰，侃侃而谈。谈话中既有自己的独到见解，又不时地涉及化妆品行业最新市场信息。

老总静静地听着倪菲的话，脸上的表情逐渐地从不屑变成了专注，又由专注转为兴奋，最后他竟然十分亲切地与倪菲聊起自己公司的业务经营情况和远期规划。倪菲也大胆地引用国外类似的事例佐证，指出了他的公司在经营中的不足之处。倪菲的这些观点独特而新颖，让老总不得不折服。

尽管老总流露出对她的能力很认同，但倪菲心里明白，一般人对"丑女"都是心存偏见的，更何况是搞化妆品推销，"以貌取人"在这一行中似乎是顺理成章的。

果然，老总开口了："倪小姐，恕我直言，化妆品的广告在很大程度上说是美人的广告，外观形象是很重要的。而做化妆品推销的工作人员要直接与客户打交道，在招聘推销人员时，我们一般对这方面都是有要求的。"

尽管老总说得很委婉，但倪菲早已听出了其中的弦外之音。她没有像以往那样表现出自惭形秽，而是迎着老总的目光直言不讳地回答道："我明白您的意思。我这个人是长得丑，但美人可以说她的脸之所以美，是因为用了你们公司的面霜，我这个丑人也可以说这张脸之所以丑，正是因为没有用你们公司的面霜啊！"

没等老总表态，倪菲又自嘲地笑着说："殊途同归，如果美人与我这个丑女同时做广告，难道你不认为后者更技高一筹吗？"

老总听了倪菲的话也不由得笑了起来，他很钦佩倪菲的直率和坦诚，也很喜欢这种直截了当的表达方式。

老总对倪菲说："好，你现在就去人事科报到吧。先做推销，试用三个月。"

倪菲终于如愿以偿地得到了工作。她十分珍惜这份来之不易的工作，满腔热情地投入其中，仅仅一个月下来，倪菲就获得了骄人的业绩。

分析：

求职者如果不会推销自己，即使你身怀绝技，也很难找到用武之地。要想在较短的时间内成功地推销自己，是要讲究一定的技巧的。这其中机智敏捷、灵活得体、真知灼见、个性鲜明的语言是关键。要想做到这一点，应聘者就要勤于思考，善于学习，加强口才的训练。倪菲的成功经验，就说明了这一点。

倪菲就是一个懂得如何推销自己的人。虽然倪菲是一个大家公认的"丑女"，但是她却以良好的心理素质，平等对话，抓住契机，逆向思维，能够以"智"补

129

"丑"，将自己的闪光点展示给招聘方，用自己的长项来弥补自身的缺陷，最终成功应聘。说到底，倪菲受到老总的青睐，正是因为她的素质、个性和能力。

相关链接

回答面试官疑难问题的妙方

管紧自己的嘴巴，三思后答：考官们经常采用的一个基本策略就是尽量让应试者多讲话，你在面试时一定要注意管紧自己的嘴巴，以免画蛇添足。

留足进退的余地，随机应变：面试中，对需要从几个方面来加以阐述或者"圈套"式的问题，要注意运用灵活的语言表达技巧，不要一开始就把话讲死。

稳定自己的情绪，沉着理智：有时面试时，考官会冷不防地提出一个令应试者意想不到的问题，这时，你需要的是稳定情绪，千万不可乱了方寸。

不置可否地应答，同样讨好：应试场上，考官时常会设置一些无论你作肯定还是否定的回答都不讨好的问题。而模棱两可的回答，能让自己处于一个有利的位置。

圆好自己的说辞，滴水不漏：在面试中，有时考官提的问题并没有什么标准答案，这就要求应试者答题之前要尽可能考虑得周到一些，以免使自己陷于被动。面试在某种程度上就是一种斗智，你必须圆好自己的说词，方能滴水不漏。

不拘一格的思维，歪打正着：面试中，如果考官提出近似于游戏或笑话式的过于简单化的问题，你就应该多转一转脑子，想一想考官是否另有所指，是否在考察你的智商、情商或是职商。如果是，那就得跳出常规思维的束缚，以求收到"歪打正着"的奇效。

摆正自己的心态，委婉机敏：应试场上，考官往往会针对求职者的薄弱点提出一些带有挑战性的问题。面对这样的考题，你一定要心平气和，较为委婉地加以反驳和申诉，绝不可情绪激动。

放飞想象的翅膀，言之有物：面试中，偶尔也会出现一些近乎怪异的假想题，这类题目一般都具有不确定性和随意性，这也使应试者在回答时有了发挥想象的空间和进行创造性思维的机会，你只要充分利用自己积累的知识，大胆地以"假设"对"假设"，就能够争得主动，稳操胜券了。

面对"刁难"巧妙"较量"，针锋相对：应试场上，若遇考官"刁难"，善于"较量"也是一个"杀手锏"。应聘者不妨换个角度，从你现在要应聘的公司着手，想想自己来应聘的几个原因，最好能实际而具体地提出公司的发展潜力与个人欣赏公司风格的地方，明确地表达应聘动机和工作热情。

[案例70] 应答的智慧

两年前，一家著名的中外合资企业在国际金融大厦招聘一名服装营销部的经理。小李过五关斩六将，进入了最后的面试阶段。

那天上午，小李准时来到面试地点。此时，经理室里已有两个人先坐在那儿了，不用说，她们也是来面试的。接待小姐说总经理等一会儿就会过来。

就在小李四处观察经理室时，进来了一个年轻人。看到他坐到经理的大班椅上

去了，她们三个人同时站了起来，向总经理问好。

总经理向她们微微点了点头说："你们三位的营销方案我看了，各有千秋。"他话锋一转，"如果需要，你们愿意穿着三点式为公司做广告吗？"

第一个女孩子马上回答："当然愿意，为了公司的利益，我愿意自己作出小小的牺牲。"总经理微笑着没有出声。

第二个女孩子略一迟疑，犹豫着说："我不愿意，我是来应聘营销部经理一职的。"总经理还是微笑着没有出声。

总经理把目光转向了小李，小李微笑着说："这同所处的环境有很大的关系。平时穿三点式不符合中国人一般的审美价值标准，但若是在国际舞台上，它就是人们对美的一种追求了。贵公司实力雄厚，若要做此类广告的话，我愿意献计献策，为公司的产品开拓更为广阔的市场。"

总经理继续微笑着说："如果被录用，你们能做到长期干，不跳槽吗？"

第一个女孩子回答："我喜欢这个工作，我是不会跳槽的。"

第二个女孩子也说："贵公司实力强大，我也不会跳槽。"

小李想了想说："我从小爱美，特别喜欢漂亮的服装。如果能应聘到这个与我专业对口的工作，我将为它献出自己的全部智慧和才能。这应该是非常幸福的事。"

总经理反问小李："你的话中怎么总隐含有前提条件？"小李笑着回答："这就像我取得面试资格需要一定的条件一样，条件是成功的基础，您可以用实践来检验我的能力。"

"面试结束。"总经理站了起来，"明天我将通知你们当中的一位来正式签约。"

结果大家都猜到了，小李成了服装营销部的经理。

分析：

面试中确实需要一些"应答的智慧"，说话的艺术和技巧是一个人不可或缺的素质和能力。

面试时，应聘者要看实际情况，掌握分寸，不要把话说得太满，要留有余地，既给考官留下信任的空间，也为自己留条后路。小李回答问题时，把话说得很活，总隐含有"前提条件"，不做绝对的肯定或否定，既表达自己的诚意和观点，又为自己留有回旋的余地。其实，面试既是考官考验应聘者的过程，也是应聘者考察用人单位的过程，双方是互相选择的关系。如果你无条件答应考官的要求，显得草率、鲁莽，考官很可能误认为你态度不端正、不诚实或过于自大，往往使自己陷入被动的境地。

面试时，对考官交代的任务，不要说"保证没问题"或"绝对没问题"，应代之以"应该没问题，我会全力以赴"之类的话。这是为万一自己做不到所留的后路，而这样说，事实上也无损你的诚意，反而显出你的谨慎，别人会因此更信赖你，事情一旦没做好，也不会责怪你。

水满则溢，月盈则亏，过犹不及，凡事皆如此。"人生最佳的境界是花未开全月未满"，这是一种从容淡定的心态，是一种通透顿悟的智慧，更是留有余地的美丽。

相关链接

（一）面试中常见典型问题的回答思路

问题一："请你自我介绍一下"

思路：（1）这是面试的必考题目。（2）介绍内容要与个人简历相一致。（3）表达方式上尽量口语化。（4）要切中要害，不谈无关、无用的内容。（5）条理要清晰，层次要分明。

问题二："谈谈你的家庭情况"

思路：（1）家庭情况对于了解应聘者的性格、观念、心态等有一定的作用，这是招聘单位问该问题的主要原因。（2）简单地罗列家庭人口。（3）强调温馨和睦的家庭氛围。（4）强调父母对自己教育的重视。（5）强调各位家庭成员的良好状况。（6）强调家庭成员对自己工作的支持。（7）强调自己对家庭的责任感。

问题三："你有什么业余爱好?"

思路：（1）业余爱好能在一定程度上反映应聘者的性格、观念、心态，这是招聘单位问该问题的主要原因。（2）最好不要说没有业余爱好。（3）不要说有那些庸俗的、令人感觉不好的爱好。（4）最好不要仅说爱好读书、听音乐、上网，避免面试官怀疑你性格孤僻。（5）最好能有一些户外的业余爱好来"点缀"你的形象。

问题四："你最崇拜谁?"

思路：（1）最崇拜的人能在一定程度上反映应聘者的性格、观念、心态，这是面试官问该问题的主要原因。（2）不宜说自己谁都不崇拜。（3）不宜说崇拜自己。（4）不宜说崇拜一个虚幻的或是不知名的人。（5）不宜说崇拜一个明显具有负面形象的人。（6）所崇拜的人最好与自己所应聘的工作能"搭"上关系。（7）最好能说出自己所崇拜的人的哪些品质、哪些思想感染和鼓舞着自己。

问题五："你的座右铭是什么?"

思路：（1）座右铭能在一定程度上反映应聘者的性格、观念、心态，这是面试官问这个问题的主要原因。（2）不宜说易引起不好联想的座右铭。（3）不宜说太抽象、空洞的座右铭。（4）不宜说太长的座右铭。（5）座右铭最好能反映出自己的某种优秀品质。（6）参考答案："只为成功找方法，不为失败找借口。"

问题六："谈谈你的缺点"

思路：（1）不宜说自己没缺点。（2）不宜把那些明显的优点说成缺点。（3）不宜说出严重影响所应聘工作的缺点。（4）不宜说出令人不放心、不舒服的缺点。（5）可以说出一些对于所应聘的工作无关紧要的缺点，甚至是一些表面上看似缺点，从工作的角度看却是优点的缺点。

问题七："谈一谈你的一次失败经历"

思路：（1）不宜说自己没有失败的经历。（2）不宜把那些明显的成功说成是失败。（3）不宜说出严重影响所应聘工作的失败经历。（4）不宜说所谈经历的结果仅仅是失败的。（5）宜说明失败之前自己曾信心百倍、尽心尽力。（6）说明导致失败的主客观原因。（7）宜说失败后自己很快振作起来，以更加饱满的热情面对以后的工作。

问题八："你为什么选择我们公司？"

思路：（1）面试官试图从中了解你求职的动机、愿望以及对此项工作的态度。（2）建议从行业、企业和岗位这三个角度来回答。（3）参考答案："我十分看好贵公司所在的行业，我认为贵公司十分重视人才，而且这项工作很适合我，相信自己一定能做好。"

问题九："对这项工作，你有哪些可预见的困难？"

思路：（1）不宜直接说出具体的困难，否则可能令对方怀疑应聘者不适合此工作。（2）可以尝试迂回战术，说出应聘者对困难所持有的态度——"工作中出现一些困难是正常的，也是难免的，但是只要有坚忍不拔的毅力、良好的合作精神以及事前周密而充分的准备，任何困难都是可以克服的。"

问题十："如果我录用你，你将怎样开展工作？"

思路：（1）如果应聘者对于应聘的职位缺乏足够的了解，最好不要直接说出自己开展工作的具体方法。（2）可以尝试采用迂回战术来回答，如"首先听取领导的指示和要求，然后就有关情况进行了解和熟悉，接下来制定一份近期的工作计划并报领导批准，最后根据计划开展工作"。

问题十一："与上级意见不一时，你将怎么办？"

思路：（1）一般可以这样回答："我会给上级以必要的解释和提醒，在这种情况下，我会服从上级的意见。"（2）如果面试你的是总经理，而你所应聘的职位另有一位经理，且这位经理当时不在场，可以这样回答："对于非原则性问题，我会服从上级的意见，对于涉及公司利益的重大问题，我希望能向更高层领导反映。"

问题十二："我们为什么要录用你？"

思路：（1）应聘者最好站在招聘单位的角度来回答。（2）招聘单位一般会录用这样的应聘者：基本符合条件、对这份工作感兴趣、有足够的信心。（3）如"我符合贵公司的招聘条件，凭我目前掌握的技能、高度的责任感和良好的适应能力及学习能力，完全能胜任这份工作。我十分希望能为贵公司服务，如果贵公司给我这个机会，我一定能成为贵公司的栋梁"。

问题十三："你能为我们做什么？"

思路：（1）基本原则是"投其所好"。（2）回答这个问题前应聘者最好能"先发制人"，了解招聘单位期待这个职位所能发挥的作用。（3）应聘者可以根据自己的了解，结合自己在专业领域的优势来回答这个问题。

问题十四："你是应届毕业生，缺乏经验，如何能胜任这项工作？"

思路：（1）如果招聘单位对应届毕业生的应聘者提出这个问题，说明招聘单位并不真正在乎经验，关键看应聘者怎样回答。（2）对这个问题的回答最好要体现出应聘者的诚恳、机智、果敢及敬业。（3）如"作为应届毕业生，在工作经验方面的确会有所欠缺，因此在读书期间我一直利用各种机会在这个行业里做兼职。我也发现，实际工作远比书本知识丰富、复杂。但我有较强的责任心、适应能力和学习能力，而且比较勤奋，所以在兼职中均能圆满完成各项工作，从中获取的经验也令我受益匪浅。请贵公司放心，学校所学及兼职的工作经验使我一定能胜任这个职位"。

问题十五："你希望与什么样的上级共事？"

思路：（1）通过应聘者对上级的"希望"可以判断出应聘者对自我要求的意识，这既是一个陷阱，又是一次机会。（2）最好回避谈对上级具体的希望，多谈对自己的要求。（3）如"作为刚步入社会的新人，我应该多要求自己尽快熟悉环境、适应环境，而不应该对环境提出什么要求，只要能发挥我的专长就可以了"。

以上是对面试中常出现的 15 个典型问题的整理分析及相应的回答思路，希望能给求职者一些启发和帮助。除了文中提到的应答思路，应该还有别的更佳的思路，总之，一切都要从实际出发，灵活运用，不能像"八股文"那样照搬照套。

面试中的问题，总是因境而设，因人而异，不可能有一成不变、一劳永逸的标准答案。话由旨遣、话因人异、话随境迁、话如其人，是职业口才的四个基本原则。掌握好这些原则，在求职面试中充分发挥言语的艺术和技巧，就能助你推销好自己，找到一份合适的工作。

（二）面试中常见的错误

1. 不善于打破沉默

面试中，应试者出于种种顾虑，不愿主动说话，使面试冷场。即便勉强打破沉默，语音语调亦极其生硬，使场面更显尴尬。作为求职面试者，主动致意与交谈，会给面试官热情和善于与人交谈的良好印象。

2. 慷慨陈词，却举不出例子

事实胜于雄辩，在面试中，应试者要想以其所谓的沟通能力、解决问题的能力、团队合作能力、领导能力等取信于人，唯有举例说明。

3. 不善于提问

有些人在面试中打断考官谈话而提问，有些人在面试前对提问没有足够的准备，轮到有提问机会时不知说什么好。而事实上，一个好的提问胜过简历中的无数笔墨，会让考官对你刮目相看。

4. 对个人职业发展计划模糊

很多人对个人的职业发展计划，只有目标，没有思路。比如问及"你未来五年事业发展计划如何"时，只会回答"我希望五年之内做到销售总监一职"，如果考官接着问"为什么"，应试者往往会觉得不知所措。

5. 假扮完美

考官有时会问："你最大的弱点是什么？你生活中受过什么挫折吗？"有人会毫不犹豫地回答："没有。"其实这种回答恰恰是对自己不负责任的表现。没有人没有弱点，没有人没有受过挫折。只有正确认识自己的弱点，才能造就真正成熟的人格。

6. 不知如何收场

面试结束时，或因成功的兴奋，或因失败的沮丧，有人会语无伦次、手足无措。作为应试者，面试结束时，不妨表达你对应聘职位的理解，再次告诉考官你对职位感兴趣，并询问下一步是什么，最后感谢接待及给了你宝贵的机会。

示例八（社会青年）

自我介绍（一）

尊敬的各位考官：

上午好！

今天能有机会向各位考官请教和学习，我感到十分荣幸，但愿大家能记住我。

我叫××，现年×岁，×族，××人，××学院××专业大专毕业。

我曾经在××公司工作，一开始是从事××工作，后因公司工作需要调到××部门，有一定的社会实践经验，在工作上取得了一些成绩，得到了公司的认可。

通过几年的工作，我学到了很多知识，同时培养了我坚忍不拔的意志和顽强拼搏的精神，使我能够在工作中不断地克服困难，积极进取。

平时我喜欢看书和上网，性格活泼开朗，能关心身边的人和事，和亲人朋友相处融洽，我对生活充满信心。

加入公务员的行列是我多年来的一个强烈愿望，同时我认识到人和工作的关系是建立在自己认知的基础上的，而我感觉到我的工作热情一直没有被激发到最高点。我热爱我的工作，但每个人都是在不断地寻求取得更好的成绩，我的自我认知让我觉得公务员是一个正确的选择，这就坚定了我报考公务员的信心和决心。所以我参加了这次公务员考试并报考了××。

如果这次能考上，我相信自己能够在工作中得到锻炼和获得发展的机会。俗话说："航船不能没有方向，人生不能没有理想。"而我愿成为中国共产党领导下的一名优秀国家公务员，认真践行"三个代表"，落实科学发展观，全心全意为人民服务。

谢谢大家。

点评：

这是一份报考公务员的自我介绍讲话稿。自我介绍是求职者在求职过程中的首次正式亮相，是对自己个人工作成绩、专业技能与为人处世的一份精简总结。自我介绍既能帮助自己在招聘者心中建起"首因效应"（第一印象），也是以后面试时一切招聘问题的基础——招聘者总是根据求职者提供的材料与介绍来设计问题并进行提问的。自我介绍的结构模式一般为问好、个人基本信息、工作业绩、个人特点、理想与追求、致谢六个部分。讲话时应严格控制在规定的时间内。一般短则30秒至1分钟，长则1～3分钟，最多5分钟。字数100～1000字，以300字左右为宜（机会最多，也最精粹）。主考官评判标准视不同的招聘者及不同的岗位工种而定，没有统一标准。但一般比例大致为：语速10%，语音10%，清晰度10%，神态15%，重点30%，艺术25%（警句、格言或其他，加深印象）。而人力资源部门不会对长篇大论的自我介绍感兴趣，他们关心的是求职者最核心的特长和比较优势。

示例九（应届毕业生）

自我介绍（二）

尊敬的领导：

上午好！

感谢贵公司在百忙之中能给我一次应聘的机会。

我叫×××，是××学院小学教育专业 2008 届即将毕业的一名专科生。

在大专的三年里，我不断充实自己，以锐意进取和踏实诚信的作风及表现赢得了老师和同学的信任和赞誉。我有较强的管理能力、活动组织策划能力和人际交往能力。从 2001 年起我一直担任年级学生会主席，曾担任班长、副班长、校学生会委员等职务。作为学生干部，我工作认真，学习刻苦，成绩优异，先后获得优秀共青团员、"三好"学生、校优秀学生干部、市优秀学生干部等荣誉称号。

作为师范生，我对基本功尤为重视，平时坚持勤练书法，包括钢笔字、粉笔字，"三字一话"考核全部过关；经过努力，我顺利通过了全国普通话等级考试，并以优异成绩获得二级甲等证书；国家计算机水平一级考试成绩优异。

大专期间，我表现突出，成绩优异，评得一等补贴金、二等奖学金。作为学校《星空》文学社的社员，我认真写作，积极投稿，2007 年 11 月获得省"陶行知征文比赛"第三名。2006 年我光荣成为入党积极分子。

大学里丰富多彩的社团生活和紧张有序的学习气氛，使我得到多方面的锻炼；正直和努力是我做人的原则；沉着和冷静是我遇事的态度；爱好广泛使我非常充实；众多的朋友使我倍感富有；强烈的事业心和责任感使我能够面对任何困难和挑战。

作为一名即将毕业的学生，我的经验不足或许让您犹豫不决，但请相信我的干劲与努力将弥补这暂时的不足，也许我不是最好的，但我肯定是最努力的。我相信：用心一定能赢得精彩！

点评：

这是一份求职者应聘某公司文员的自我介绍讲话稿。在面试中，求职者一定要扬长避短地介绍自己，这样会给用人单位留下好印象。不要急于证明自己会怎么样，而应该思考用人单位想要自己怎么样。好好想一想企业招人的目的，自己是否适合。用这种"换位思维"来参加应聘，更有助于你取得成功。

自我介绍时应注意的问题：

（1）应以岗位要求为导向；

（2）应显示充分的信心（适度谦虚）；

（3）应设法抓住听众注意力（开好头，写自己最得意、对方最关心的优势）；

（4）力求"三突出"：突出优点（可信度），突出个性（鲜明、具体，可借用别人的话），突出重点（专业知识、技能和工作业绩）；

（5）切记"两不可"：不可夸张（用事实说话），不可无次序（合乎逻辑，条理清晰）。

六、形象与细节

［案例 71］　笑到最后才最美

威廉·怀拉是美国一位享有盛名的职业棒球明星，四十岁时因体力不支而告别体坛另找出路。他想凭自己的知名度去保险公司应聘推销员，然而人事部经理说：

"吃保险这碗饭必须笑容可掬，但您做不到，无法录用。"

面对冷遇，怀拉下决心要像当年初涉棒球场那样从头开始。从此他苦练笑脸，他天天在客厅里放声大笑上几百次，因此使邻居产生误会，认为失业对他的刺激太大，以致发起神经来了。为此，他只好把自己关在厕所里练习。

一个月后，怀拉跑去见经理并当场展露笑脸。然而得到的却是："不行！笑得不够。"

怀拉没有悲观失望，他到处找有迷人笑脸的名人照片，然后贴在居室的墙壁上，随时进行揣摩模仿。另外，他还购置了一面与自己的身体一样高的镜子，摆在厕所里，以便训练时更好地检查纠正。

一段时间之后，怀拉又来到经理办公室露出了笑容。"有进步，但吸引力不大。"经理说。

怀拉继续苦练起来。一次，他在路上遇见一个熟人，非常自然地笑着打招呼，对方惊叹道："怀拉先生，一段时日不见，您的变化真大，和以前判若两人了。"

听完熟人的评论，怀拉充满信心地再次去拜见经理，笑得很开心。"您的笑是有点意思了，"经理指出，"然而还不是真正发自内心的那一种。"

他不气馁，再接再厉，最后终于如愿以偿，被保险公司录用。

这位昔日棒球明星严峻冷漠的脸庞上，绽放出发自内心的婴儿般的笑容，它是那样的天真无邪，如此的讨人喜欢，令顾客无法抗拒。就是靠这张并非天生而是靠苦练出来的笑脸，怀拉成了全美推销寿险的高手，年收入突破百万美元。

分析：

有人说，微笑是一种世界通用语言。怀拉靠一张并非天生而是苦练出来的笑脸，不但取得求职成功，而且铸就了事业的辉煌，这说明了微笑的魅力及个人良好形象的重要性。一个人的形象既体现在大节、大事上，也表现在小事、细节上，我们小处也不可随便。

修饰自己的外表，塑造良好的个人形象，或许并不能马上得到某个工作，但若不这样做，肯定会很难，不利于个人的求职应聘和事业的发展。一个外表肮脏、窝囊的人，一个行为举止失常、语言粗俗的人，即使才高八斗、满腹经纶，也没有哪家公司愿意接纳他，因为这样的人会影响公司的整体形象，会砸公司的招牌。应聘的过程就是展现自己优点的过程，将一个美好的形象呈现于招聘者面前是十分必要的，也需要一定的技巧。

如今的职场上，职业形象被公认为职业素质的重要体现，是取得事业成功的关键因素之一。良好的职业形象是自然美与修饰美的统一，是内在美与外在美的统一。可以说注重个人形象是我们获得职场成功的必修课。当然，作为求职者，如果过分注重外表美，可能显得轻薄；但如果只注重内在美，而忽视外在美，就好比一颗明珠蒙上了一层灰尘，使人看不见它的光辉。求职者注重自己的形象和外在美，是热爱生命、热爱生活、热爱岗位工作的表现，更是对自己和主考官尊重的表现。

求职二十忌

有的学者通过多年的调查研究，发现如果用人单位主考官发现类似以下问题，就很有可能把求职者淘汰，这是求职者应该十分注意的。

（1）你坐在那里不断抖动双腿；

（2）你随身带的几支笔刚好都写不出字来；

（3）你由家人陪同前往求职；

（4）你穿牛仔裤系领带；

（5）你的头发像个马蜂窝；

（6）你递上一份皱巴巴的自荐信；

（7）你不诚实，老讲"大话"；

（8）你带上特产送给主考官；

（9）你说找了几个月还没有找到工作；

（10）你说家乡穷不想回去工作；

（11）你带着女朋友来面试；

（12）你讲话时口水落在主考官面前；

（13）你把求职信扔在主考官面前；

（14）你的口袋塞得满满的；

（15）你的手指甲很脏；

（16）你当着主考官的面回电话；

（17）你当时感冒；

（18）你刚下火车，浑身脏兮兮；

（19）你的裤脚一边高一边低；

（20）你的鞋带没有系好。

[案例72] 职场上的"金拐杖"

一家公司在报纸上刊登一则招聘办公室工作人员的广告。广告登出后，大约有50人来应聘，结果公司经理只挑中一个。这个幸运者既没有重点大学的毕业证书，也没有写满成绩和优点的自荐信。有人迷惑不解地问经理："我想知道，你为什么选择一个没有介绍信的小伙子呢？"经理回答道："你错了，其实他有许多这方面的介绍：他在门前地板上擦鞋底，进门后又随手关上房门，这表明他是细心的；他把座位让给了一位老人，这表明他是友善和尊敬长辈的；当他进入房间时，摘掉了帽子并且敏捷地回答问题，又表明他是懂礼貌而有风度的。另外，我特意把一本书放在地板上，其他的应聘者全都视而不见地一迈而过，只有他把那本书捡起来，并放在桌子上。他在那儿静静地等着面试而不是推搡和拥挤。当我和他面试交谈时，注意到他穿着洁净的衣服，留着整洁的头发和手指甲。难道你看不出这些都是最好的介绍信吗？我认为这些比任何信件、证明都重要。"

一家合资公司要招聘各类服务人员350名。700多名男女青年怀着对这家合资

企业的向往，很早就排起"长龙"等候应聘。7时30分，第一关——目测在众人的期待中开始了。一位应聘女郎，环佩叮当，浓妆艳抹，满脸自信，昂首来到考官面前。话不过三句，考官眉心轻皱，彬彬有礼地说了声"谢谢"。女青年心里明白，这就是被淘汰了。一位20岁出头的男青年，据说会两门外语，考官以礼相待，连声"请坐"，可他却不理不睬，如入无人之地，屁股落座，二郎腿一跷，两脚悠然自得地抖来抖去。考官见状，忙说"谢谢"打发而去。也有的应聘青年极无礼貌，人家连声"请坐"，他连理也不理，仰脸朝天，旁若无人。有的把证件往桌子上一扔，有的留着八字胡，有的叼着烟卷……这天，700名应聘的男女，仅目测这一关，就被刷掉80%，而其中不讲文明礼貌者占十分之六七！考官满脸的忧虑："有些人连起码的文明礼貌都不懂，站没站相，坐没坐相，说话粗俗，什么'哥们'等称呼竟登堂入室，甚至还有'他妈的'这样的粗话出口，有的青年明明是'待业'，可衣着却是高档名牌，与其身份太不相称。我们'养不起'这样的人！我们是做买卖的，服务人员如果不懂得起码的文明礼貌，是会把顾客吓跑的。"

明礼——懂得礼貌、礼仪、礼节，是职场上的"金拐杖"，此话并非虚言。

分析：

礼仪，是人类历史发展中逐渐形成并积淀下来的一种文化，是人们在社会交往中所形成的相互表示敬意和友好的行为规范与准则。良好的礼仪是一个人内在素质的外在表现，体现了个人的性格、气质、修养、学识。

面试在很多情况下是与面试官最直接的"短兵相接"，一举一动，一言一行都会让面试官尽收眼底，所以面试礼仪是求职中一个非常重要的环节，这个重要环节又由许多小环节构成，如果礼仪知识知之甚少，或忽视礼仪的作用，在一个小环节上出现纰漏，必然会被淘汰出局。

礼仪行为是一种信息性很强的行为，每一种礼仪行为均可以表达一种或多种信息。根据礼仪表现的形式，可以把礼仪分成三种类型：一种是言语礼仪，一种是行为表情礼仪，一种是饰物礼仪。有一句话说："礼貌和礼节是一封通向四方的推荐信。"在人潮涌动的求职队伍中，求职者只要拿着这封"推荐信"，其未来的前途及命运便掌握在自己的手中了。

某大公司人力资源部经理说，他接待每个应聘者所需的时间是5分钟，加上应聘者走入他的办公室、入座、非正式简单对话的时间，总共不会超过10分钟。对此，他是这样解释的：70%以上的应聘者走入他的办公室不会首先打招呼说声"你好"，50%以上的应聘者衣冠不整洁，30%的应聘者神情紧张，20%的应聘者目光四处游移。还有什么好说的呢？让他们走吧，每个人只有10分钟，而他的前5分钟就已经失败了。而且，在面试的时候问的问题在短短几分钟内肯定能答完，有些人极力想把一切都展示出来又没有那种表达能力，拖拉没有效率，当然时间就会不够。

记住：你只有10分钟，要注重礼仪礼节，塑造良好形象，展现完美自我！

相关链接

求职面试礼仪

1. 服饰

面试时的着装，应是比较典雅、成熟、简洁、大方、得体的，而不要穿着有许多装饰品、褶边或蕾丝的服装。女士穿职业套装是最简单也是最合适的选择。裙子不宜太长，这样会显得不利落，但也不能穿得太短。低胸、紧身和过分时髦暴露的服装都不适合面试时穿。男士春、秋、冬季面试最好穿正式的西装，夏天穿长袖衬衫，系领带，不要穿短袖衬衫或休闲衬衫。尽可能不穿牛仔裤、高跟拖鞋，以免给考官留下太随便的印象。同样，发型和化妆，也会影响你的形象。化妆越淡雅越自然越好。

2. 进场

求职者一般提前10~15分钟到达面试地点等待，太早或太迟都是时间观念不强的表现。如果没有人通知，即使前面一个人已经面试结束，也应该在门外耐心等待，不要擅自走进面试房间。自己的名字被喊到，就清楚地答一声"到"，然后再敲门进入。敲两三下较为标准，敲门时千万不要敲得太用劲，以里面听得见的力度为宜。听到里面说"请进"后，要回答"打扰了"再进房间。开门尽量要轻，进门后不要在身后随手将门关上，应转过身去正对着门，用手轻轻将门合上。回过身后将上半身前倾30°左右，向面试官鞠躬行礼，面带微笑称呼一声"老师好"或"各位早上好"。态度要彬彬有礼而大方得体，不要过分殷勤、拘谨或过分谦让。如果对方主动与你握手应积极响应，距离对方大概一步，上身略向前倾，两腿挺直，伸出右手，四指并齐，拇指张开，握手要有一定力度，富有感染力。与对方握手时用力过大或是时间过长都是不妥的，这些动作表明你过于紧张，会让对方感到恐惧或是不舒服。握手时双眼注视对方，微笑点头，并说问候语，如"您好"或"很高兴见到您"。在对方没有主动伸手与你握手时，千万不要主动去跟考官握手。在进入面试室后，表情自然，微笑着与考官进行友好的目光交流，目光在对方面部停留的时间为一两秒，不要逃避对方的目光，但也不要死盯住对方看。面对各位考官，主动地做简短的自我介绍，如"我叫×××，非常高兴到贵单位参加面试"。

3. 坐姿

待考官示意你坐下时才可就座，并说声"谢谢"，切不可冒昧地自行坐下。走到座位前转身，将右脚向后移动半步，从椅子左边入座。最好只坐椅子的三分之二，上身挺直，面带微笑，双肩自然下垂。腰要自然，不要挺得太直，否则会给人留下死板的印象。女士入座前身体稍向前倾，拢下裙子，将手提包放在双腿上，双手可放在包上，也可将其中一只手放于椅子扶手上。双腿自然并拢，大致垂直于地面，略斜向一边更好。男士最好微张双腿，两腿间距离为一拳，显出你的沉稳大方。切莫跷二郎腿，或抖动双腿。入座后调整一下坐姿，放松身体，坦然面对考官。

4. 目光

眼睛是心灵的窗口，是面部表情的核心。眼神可以含蓄地表达出你内心的真实感受，是微妙的无声语言，展现出自信及对对方的尊重。正确的眼神表达应该是：礼貌地正视对方，注视的部位最好是考官的鼻眼三角区（社交区）；目光平和而有神，专注而不呆板；如果有几个面试官在场，说话的时候要适当用目光扫视一下其他人，以示尊重；回答问题前，可以把视线投在对方背面墙上，用两三秒钟来思考，不宜过长，开口回答问题时，应该把视线收回来。据一些心理学家的研究，面谈时，注视对方的时间占面谈时间在三分之一以下的，表示不诚实、恐慌；占三分之二以上的，表示真诚、友好。另外，在面试中注视考官，也是给考官一个信号——对他的谈话很感兴趣。但是，若直直地瞪着对方，会让对方不自在。

5. 告别

面试结束时，不论是否被顺利录取，或者只是得到一个模棱两可的答复，你都应该以礼相待，用平常心对待用人单位。你与主考官最好以握手的方式道别，离开办公室时应向主考官点头致意或微笑说"谢谢你，再见"之类的话。离别时，应该把刚才坐的椅子扶正到刚进门时的位置，尽量避免发出太大声音。出公司大门时对接待小姐表示感谢。经过前台时，要主动与前台工作人员点头致意或说"谢谢你，再见"之类的话。回到自己住处后，抽空以书面、E-mail 或短信的形式向面试单位发感谢信，感谢他们对你的认可和建议，感谢他们给你一个难得的机会。

［案例73］ 此时无形胜有形

用人单位面试的方法、形式多样，虽然有形的面试多见于人才市场，但有些用人单位也是喜欢化有形为无形，通过考察毕业生在一些细微处的表现，达到甄别人才的目的。下面三个案例就是这方面很好的例子，毕业生定能从中获得许多启发。

●毕业生小赵是学人事管理的，上学前曾在一家企业当过人事经理。当他相中了一家不错的企业，把求职材料寄出之后，才过了四天就接到参加面试的通知。第二天，他又接到公司总经理办公室的通知，说公司周日有一场与兄弟公司的篮球比赛，他们从小赵的简历中得知他擅长打篮球，请他代表公司参加比赛。这样一个难得的表现机会，小赵自然满口答应，欣然前往。

到面试那天，老总亲自主持。谁知刚坐下来，老总就开门见山地对小赵讲："你已经通过面试了。"小赵不解地看着老总，老总说："你是学人事管理的，也当过人事经理，所以我在你不注意的时候，在那次篮球赛场上对你做了面试。在比赛中你注意团队合作，尽可能把队友都调动起来，并且在败局已定的情况下还是奋力争取，这些都是我们公司极为看重的。"

●一次，国内某知名企业拟从应届毕业生中招聘一名女秘书，招聘信息一发布，就引来上百名毕业生应聘。最后一轮面试由经理亲自考核，在三楼总经理办公室进行，应聘考生在门外等候时唧唧喳喳，秩序十分混乱。这时，一位考生趁面试的间隙主动向总经理提出帮助维持秩序。得到允许后，她立即向大家宣布，请应聘考生到二楼等候，按顺序依次参加面试。于是招聘现场变得安静有序，总经理十分满意，最后被录用的秘书，正是这位主动维持秩序的女生。

●毕业生小韩在某高校学企业管理，毕业后只身前往深圳求职。在四处求职碰壁的时候，突然在某广告信息栏中发现南方化工厂招聘一名库料总管的信息。于

是，他抱着试试看的心理前去应聘。小韩赶到招聘现场，化工厂早就来了一群应聘者，小韩看到院子里一片狼藉，地上散乱着许多白纸。他弯下腰捡起一张，是洁白的、质地很好的复印纸，又捡起一张，还是复印纸。多么可惜啊！于是小韩禁不住俯下身去一张一张地捡起来，一会儿工夫就捡了厚厚一沓白纸。这时一个西装革履、胖胖的长者走上前拍拍小韩的肩膀："小伙子，你是来应聘的吧？怎么不到招聘台去？"小韩对长者说："这工厂也太浪费了，这么好的纸扔在地上让人践踏，不知他们的老总是怎么管理的，这样浪费下去准有破产的一天！"长者笑了，拉着小韩的手说："我就是南方化工厂的总经理。小伙子，你通过面试了，我相信你会成为出色的库料总管！"

分析：

从上述案例可以看出，考场虽然有形，但考察却无时不在。在一些容易被大多数毕业生忽略的细微之处，却能更真实地体现一个人的内在精神和素质。有些毕业生非常重视对正规面试的准备，这自然是人之常情，但如果只注重"有形"考场的表现，而忽视"无形"的考场，那么许多毕业生失败了恐怕也不知道其原因所在。

正因为大部分毕业生在面对正式考试时能很好地"表现"自己、"包装"自己，因此，现在不少用人单位除采用常规的面试方法外，更注重从面试现场外暗中考察，来寻找令自己心动的人才。因为，在一个自然随意、没有约束条件、处于非应试状态中的毕业生，其表现才接近他的本来面目。所以，要特别提醒的是：在面试现场外，不要以为考官不在场，对身边发生的一些事就可以视而不见，要知道机遇也许就隐藏其中。当然，要做到这点，最根本的是毕业生在平时就要不断提高自己的修养和综合素质，不但要学会做事、做学问，更重要的是要学会如何做人。

细节决定成败。文凭学历、经验履历、形象风度等在面试中固然重要，但面试过程中的一些小细节、小事却能反映一个人的整体综合素质，同样不能忽视。"世事洞明皆学问"，"勿以善小而不为"，"天下难事，必做于易；天下大事，必做于细"，这些古人留下的金玉良言，很值得我们深思和反省。

在职场中，每一个成功，或大或小，都是细节积累的结果，留意那些小小的细节，抓住它，你就有可能赢得人生中那些稍纵即逝的机会而获得成功。

[案例 74]　小细节，大收获

故事一

广东一家中外合资大型药厂有位药剂师需要一个助手，药厂委托广西某中职学校招生就业办公室发布信息，不久就收到了学校许多毕业班学生的申请。面对这么多优秀的应聘者，他不知如何选择，最后决定到学校来进行最后一次选拔。

药剂师让这些学生把价值3角钱的盐放进一个细小的口袋中。他在一边观看这些年轻人是如何完成这个动作的。最后，他选中了一个把这件小事做得最干净利索的学生来做他的助手。

事后问他为什么会选择这个年轻人，他说："连一件小事都做不好的人，难以想象他具备扎实的实践能力。因为每件大事无一例外都是由无数小事情组成……所以才选择了这个年轻人来做我的助手。"

是啊！1%的过失会造成100%的错误，这是忽略细节的代价；一毫米误差可能会产生千米的差距，这是细节的影响。能否完美地处理这些小事决定一个人的成败。

故事二

相貌平平的小红，在一所极为普通的中职学校读书，成绩也很一般。她得知妈妈患了不治之症后，想减轻一点家里的负担，希望利用暑假的时间挣一些钱。

她到一家公司去应聘，经理看了她的履历，面无表情地拒绝了她。小红收回自己的材料，用手掌撑了一下椅子站起来，觉得手被扎了一下，看了看手掌，上面沁出了一颗红红的小血珠，原来椅子上有一枚钉子露出了头。她见桌子上有一块石头，于是拿来将钉子敲平，然后转身离去。

几分钟后，经理派人将她追了回来，告诉她已经被聘用了。

故事三

40多年前，苏联宇航员加加林乘坐"东方"号宇宙飞船进入太空遨游了108分钟，成为世界上第一位进入太空的宇航员。

在确定首位太空宇航员人选前的一个星期，主设计师罗廖夫发现，在进入飞船前，20名宇航员只有加加林一人脱下鞋子，只穿袜子进入座舱。就是这个细节一下子赢得罗廖夫的好感，他感到这位27岁的青年如此懂得规矩，又如此珍爱他为之倾注心血的飞船，于是决定让加加林执行这次飞行任务。

分析：

小事成就大事，细节成就完美。

倒盐、敲钉、脱鞋，虽然是小事，但小事能折射出一个人的专业品质和敬业精神，而这正是赢得主考官或领导信赖的关键。

有一句广告词"精致生活源于细节"，精致是精细和细致的结合，都需要照顾到"细"。当细节积累到一定程度时，就能成就非凡的伟大和精致的完美。细节问题虽然看起来简单，很平凡，很多人因此不屑于去做这些小事，但是很少有人想到，把平凡的事情做好了，就是不平凡；把简单的事情做好了，就是不简单。

小细节，大收获。细节是一种创造，细节是一种功力，细节表现修养。职场中，细节决定成败，求职时，或许一个浅浅自然的微笑就能赢得一次成功的就职机会。

细节反映最真实的一面，是人下意识的行为，这就意味着我们平时要养成良好的习惯，提高自身修养，为职场成功增加砝码。

相关链接

解读招聘中的"特殊语言"

正确理解各种招聘语言，可避免一厢情愿的空等，及时把握机会，获取成功。

"外交"语言

收下材料后，招聘者会用不同的语言来表示对你感兴趣的程度。"材料先放这，有消息会通知你的"，这无疑已通知你"兴趣不大"。如果对方在翻阅了你的材料之后，说"是否可以谈谈你的打算和要求"，这八成是对你有兴趣，就看你如何表现自己的水平和才能了。

招聘条件中对年龄、学历、经历会有"一般须有""特殊情况可适当放宽"之类的话，即使你已被划出线外，也不要丧失勇气和信心。要让对方相信你属于"特殊人才"而非"一般庸才"，就需要你用不一般的才能、经历和水平来证实。

面试中，你也许会听到招聘者问你："如果叫你到别的岗位，你愿意吗？"这其实是暗示用人单位对你很感兴趣，很想拉你"入伙"，只是你应聘的岗位也许已经满员。

如果面试时只是"例行公事"式的问答，你还是把希望寄于别处为妙；如果对方对你的专长问得很细，那么你的希望就不会小。面试结束后的客套话更是关键，如对方只是面无表情地说"我们会通知你的"，那么你往往不会收到录用通知；如对方热情地和你握手，再加一句"欢迎你加入"之类的话，就准备与他做同事吧。

视觉语言

面试中注意观察对方，从他的眼神中判断对自己的感觉。如果对方很满意你，他会随着你的话更长时间地注视你；如果很满意你的回答，他会情不自禁地点点头。

这样的招聘者是令人担忧的：他的脸上似乎有笑容，但眼神中却无笑意。如果始终不能改变他的眼神，就说明你还未能使他满意。如果对方眼光黯然，一双眼睛仿佛收到眼眶中去了，说明他对你产生了不信任。如果对方对你的回答产生了厌烦，他会把视线投到老远的地方去，如抬头望天花板、侧身注视窗外。

身体语言

面试过程中，细察主考官身体语言的变化，判断他内心的真正情绪：当他厌烦时，表现出坐立不安，眼看着桌面的小东西，手指头轻敲桌面，这时你可以试着改变话题或主动提问，让他重新回到面谈中来；当他不太愉快时，通常表现为双手交叉胸前、身体后靠、明显改变坐姿等；当他对你的话感兴趣时，表现为坐姿前倾，眼睛注视着你。但偶尔也会碰到恰巧某些主考官也精通身体语言而不表现出来的。

七、女生求职

[案例75] "妹妹"你大胆向前走

扈燕在某大学学的是社会学专业，而签约单位却是外交部服务局。说起这段求职经历，扈燕说："没有人可以不付出就收获。"

在别人眼里，这个今年2月就把工作定下来的北京女孩，条件可谓得天独厚，占尽了便宜。实际上，这其中的滋味只有她自己知道。早早放弃考研一门心思找工作的她，开始也遭遇了一连串的打击：投出去将近50份简历石沉大海没有回音；有公司说想让她去上班，第二天却又跟她反悔；本来市委已经打算接收她了，可由

于她自己考北京市公务员落榜而与之失之交臂……求职路上的一次次起起落落没有使扈燕丧失信心，反而让她越挫越勇，直至最后的胜利。

一天晚上，扈燕像往常一样上网搜寻新的招聘信息。一位同学在QQ上告诉她外交部招聘的消息，扈燕第二天马上跑到系办递交了简历。

当时招聘要求是"男京党"：男生优先，北京生源，党员。递交简历后，扈燕觉得这份工作真的很诱人，尤其是在北京市公务员考试名落孙山之后，外交部的这次招聘绝对是上天恩赐的最后一个机会。扈燕下了决心，不管结果如何，一定要再搏一搏！但是，在众多应聘者中，如何才能让他们接受一个女生呢？扈燕决定主动出击。

在网上查到该单位的一个电话号码后，扈燕小心翼翼地打过去询问招聘事宜，却被一句生硬的"不知道"给顶了回来。扈燕并不放弃，她向系里的老师要招聘负责人的电话，果然事半功倍，一下子就跟负责人直接联系上了。在简短的自我介绍之后，扈燕问："这次招聘是只要男生吗？"对方回答说："我们希望招男生。"既然是"希望"，那就应该有回旋的余地，扈燕的眼前一亮。接下来，她很自信地告诉对方，自己非常符合该单位的招聘条件，并且非常希望能够到该单位工作，恳请对方给自己一个面试的机会。沉吟片刻，对方说了一个单位的邮箱地址，让扈燕单独投一份简历到他的邮箱里。

也许是这份单独投寄的简历起了作用，也许是这个电话给对方留下了好印象，总之，在投简历的100多人中，单位通知了包括扈燕在内的10个人参加初试。体检时她才知道，学校统一递简历的时间也有些晚了，初试人选其实在那时已初步确定，要不是单独投的那份简历，自己肯定没戏了。

接下来就是一次次的考试了。初试当天上午考人力资源管理，她考得很一般。幸好下午考公文写作是扈燕的强项，写得相当顺利。考后约一周，扈燕又给负责人打了一个电话，询问考试结果。不久，恰逢春节，扈燕很细心地给对方打电话拜年。开学后的两周，扈燕等得焦躁不安，又一次拨通了那个号码。"后来，对方接到电话就直接说'是扈燕吧？'呵呵。"扈燕笑着说。她也没想到自己这几次电话"轰炸"，效果竟然这么明显，以致令对方闻声识人。

此后的复试也有惊无险。就业协议签完的那一瞬间，扈燕长长地呼出一口气，当然，她没有忘记再给那个负责人打个电话表示感谢。

分析：

大学生就业难，女大学生就业更难。这是令人感到遗憾甚至愤慨而又无可奈何的事实。在就业的艰难道路上，扈燕上演了一出"妹妹你大胆地往前走"的好戏。

女大学生扈燕在就业上的一次次磨难和心情的起起落落没有使她丧失信心，反而让她越挫越勇，直至最后的胜利。扈燕的成功，至少给我们几点启示：

首先，女生要敢于向自我挑战。只有唤醒自我意识中那部分沉睡已久的进取心，才能产生激励自己不断向既定目标迈进的强大动力。这就要求女生在择业时要善于争取自己的最佳位置，确保奋斗的动力源源不竭，自我的能量得到充分的释放。

其次，要转变观念，增强信心。女生要勇敢地接受社会变革带来的一切挑战，面对严峻的现实，提高自己的承受力与平衡力，转变传统的就业观念，改变以往那种祈盼照顾、包办分配的观念，把幸福观建立在"自尊、自信、自立、自强"的坚强信念上。心理转变首先要做到观念转变，要充分认识社会主义市场经济竞争的激烈性，砥砺意志，树立信心，坚定信念，自觉地成为具有强烈现代意识的坚强女性。

再次，要不断学习，锻炼能力。不少女生尽管接受过高等教育，也应该最大限度地充实自己，弥补自己的缺陷。这种充实包括知识，也包括对社会的了解和学习。女生在择业过程中应找准定位，明确积累经验、锻炼能力才是竞争取胜的关键，使自己在将来找工作时有良好的心态，不怕从最低层做起。保持自己的竞争活力，就必须不断学习，终身学习。

最后，发挥优势，迎接挑战。女生价值目标的实现、综合素质的提高、事业的成功都与正常的心理状态有关。女性在语言表达能力、形象思维能力、直观感觉和综合分析能力较男性有明显优势。另外，女性的耐心、耐力、韧性一般都比男性要强，关键在于如何发现、发挥自己的优势，学会有效地整合自己的优势，以健康、积极的心态去主动适应社会，在极具挑战性的市场竞争中成功地争得一席之地。

"妹妹"要能大胆地往前走，就要自尊、自强、自信，勤奋学习，全面提高自身素质，包括良好的文化修养和道德情操，较强的动手能力，较好的分析判断能力，积极进取的良好意识以及健康的体魄。

[案例76] 关键时刻，亮出自己的美丽

初出茅庐的女生高静去应聘，顺利通过初试和复试后，在面试中，招聘方总经理当面告诉她将不被聘用，理由是她的形象不太适合其所应聘的公关职位。

高静相貌平平，衣服平常，素面朝天，很不起眼。听到这样的话，高静觉得很伤自尊、很憋气。就在要迈出那家公司大门的时候，她突然转过身，走到刚才面试的地方，对那个总经理说道："决定权掌握在您手上，我没有讨价还价的资格，本来您不需要理由就可以决定我是否被聘用，但您给了，而且给的恰恰是一个不能被我接受的理由。我可以用一分钟换一套衣服，用两分钟换一种发型。然而，我以为您知道，一个人的学识和内涵才是真正可贵的。我头脑冷静、随机应变的特质正是公关职位所需要的，而这是我多年磨炼的结果，是无法用服装、发型、形象这类因素能改变得了的。"

本来高静这样做不过是为了出出气，不料恰恰用这种方式展现了自己的过人之处。第二天，公司告诉她被录用了。

分析：

人在找工作时，虽不能单凭外表，但却应该在最短的时间内，展示出自己最优秀的一面。因为这是一个彰显才华、激扬个性的年代，很多人的优秀特质不是从外表可以看出来的，如果外表真的不能为自己加分，那么就应该充满自信地展示自己从内心散发出来的与众不同的智慧、气质和勇气，从而博得主考官的青睐，这其实也是一种求职智慧的体现。

每一个职业都有其特定的从业要求，每一个人都有其独特的职业潜质，只有当二者获得最好的匹配时，求职才容易成功，事业才可能有非凡的业绩。要充分发挥自身的特长和潜质，在需要你的优势的职业中谋职。优势的形成是一个艰苦而长期的过程，这样平时重视培养训练自己的特长就显得非常重要。

相关链接

女性就业的优势与不足

优势：精于思维，耐心细致，性格绵柔，较富耐力；具备爱心和同情心，能言善道，善于社交，亲和力强；长于管理，法纪意识好；多数女性已具备一定的知识技术，有一定的研究能力，生活要求弹性较大，薪资相对较好商量。

不足：胸襟相对狭窄，内部易起矛盾，保密性不强；接受新事物较慢；身体普遍较弱，难适应快节奏及较频繁的户外性工作；或多或少都有些家务拖累。

人力资源专家认为，"心思细腻、善于交际又有耐性"是女生得天独厚的三大优势。女生在求职时应发挥这些优势，突破社会上"性别歧视"重围，选择相应的职业，这样成功率会大些，所谋得的职业质量也会更高些。

［案例77］ 芬妮和尼尔亚

有一位名叫芬妮的美国女孩，她的父亲是纽约有名的整形外科医生，母亲在一家声誉很高的大学担任教授。她从念中学的时候起，就一直梦想能当电视节目主持人。她觉得自己具有这方面的才华，因为当她和别人相处时，即使是陌生人也都愿意亲近她并和她长谈。她知道怎样从人家嘴里"掏出心里话"。她的朋友称她是他们的"亲密的随身精神医生"。她自己常说："只要有人愿意给我一次上电视的机会，我相信一定能成功。"

她为达到这个理想而做了什么呢？她其实什么也没有做！她在等待奇迹出现，希望一下子就当上电视节目主持人。

芬妮期待着，结果什么奇迹也没有出现。

谁也不会请一个毫无经验的人去担任节目主持人。节目的主管也没有兴趣跑到外面去搜寻天才，都是别人去找他们。

另一个名叫尼尔亚的女孩不像芬妮那样有可靠的经济来源，所以没有坐等机会的出现。她白天去做工，晚上在大学的舞台艺术系上夜校。毕业之后，她开始谋职，跑遍了纽约每一个广播电台和电视台。但是，每个地方的经理对她的答复都差不多："不是拥有几年经验的人，我们是不会雇用的。"

但是，她不愿意退缩，也没有坐在家中等待机遇的降临，而是走出去寻找机会。经过一连几个月的寻找，最后终于看到一则招聘广告：北达科他州有一家很小的电视台招聘一名预报天气的女孩子。

尼尔亚是加州人，不喜欢北方。但是，她希望找到一份和电视有关的职业，到哪都行！她抓住这个工作机会，动身到北达科他州。

尼尔亚在那里工作了两年，最后在纽约的电视台找到了一份工作。又过了5年，她终于得到提升，成为她梦想已久的节目主持人。

为什么芬妮失败了，而尼尔亚如愿以偿呢？

因为芬妮在10年当中，一直停留在幻想上，坐等机会来临；尼尔亚则采取行动，终于实现了理想。

分析：

"天下没有免费的午餐"，一切成功都要靠自己的努力去争取。机会需要把握，也需要创造。

芬妮与尼尔亚，同一个国度，同一个梦想，都想当节目主持人。芬妮自身条件和潜质比尼尔亚强，但10年当中芬妮一直停留在幻想上，坐等机会来临，而尼尔亚则采取了不断的行动，终于实现了理想。人应该有梦想，但光有梦想还不行，还要坚持梦想，实践梦想，抓住和创造机会，使美梦成真。

在求职中，女生要自信主动，积极参与竞争。要克服自卑依赖的心理，主动参与竞争，积极面对职场的挑战，努力做到自尊、自信、自强，那种消极等待别人发现自己的才干，盼望大好机会降临到自己头上的想法是不切实际的幻想。要主动寻找机会，敢于向用人单位推荐自己，极力争取用人单位的信任；要保持良好的择业心态，克服紧张害怕心理，不怕挫折，善于总结，不断完善和充实自己。只要坚持不懈地努力，就一定能够实现理想，达到胜利的彼岸。

[案例78]　阿娟该怎么办？

广州一家公司发布招聘工作人员的信息后，很快收到几万份简历。经过仔细筛选，有一百多人获得直接面试的资格。

按照招聘计划，面试分三天进行。到了第三天下午，招聘工作已接近尾声，工作人员都在加紧整理应聘资料，准备汇总后存档。正在这时，传来了轻轻的敲门声。

"请进！"随着工作人员的声音，面试室的门被缓缓推开。一个穿着得体的女孩子怯生生地走了进来，工作人员正要开口说话，在她身后又跟进来了一位50多岁的妇女。主考官对那位妇女说道："这位女士，我们这里是单独面试，请您在外面等候。"

没想到这位女士用手指了指那个女孩子，说道："我是她妈妈，我女儿胆子小，这是她第一次参加面试，我陪她来，还能壮壮胆。"

话音刚落，考官们都笑了起来。那个女孩子脸羞得通红，不好意思地低下了头，一副可怜兮兮的样子。

考官从座位上站起来说："姑娘，请回吧，如果聘用你的话，会通知你的。"

"可……可是我还没有面试呢。"女孩子终于开口说话了。

"带个'保镖'来面试，难道你以后上班天天都要妈妈来陪你吗？等长大了再来工作吧！"考官笑着说。

女孩子的眼圈红了，她低着头转身走出了面试室。

考官的这番话虽然说得有些直白，不太留情面，但却说得切中要害。

这是发生在招聘现场的一个真实的故事。那一幕中的女孩名叫阿娟。

阿娟是个不幸的孩子，父亲很早就去世了。阿娟的妈妈在政府机关工作，丈夫

去世后，为了全心全意地照顾女儿，她在阿娟上初中时就提前办了内退。

在生活上阿娟从小就受到妈妈无微不至的关怀，平时大大小小的事情都是由妈妈为她做主。天长日久，阿娟也习惯了这种生活方式，无论遇到什么事，她都会首先去找妈妈。上大学后，阿娟住校了，她感到很不适应。在班上常常独来独往，没有什么朋友。她的生活自理能力比一般人差，只好一有空就往家里跑。阿娟把时间和精力都用来学习了，所以学习成绩优秀，几乎门门功课都是"优"。

但是，她必须面对的是"找工作"这一现实问题。她最害怕的就是招聘会和参加面试。

在那次尴尬的面试之后，阿娟又参加了几次招聘会。她不敢主动与招聘人员接触，更不知道该如何提问、如何去了解与工作有关的情况。每次都是站在远处踌躇不前，最多就是鼓足勇气将简历递上，然后马上"逃之夭夭"。几次招聘会参加下来，阿娟也会接到发来的考试通知，成绩一向不错的阿娟每次笔试都能顺利通过。但是一到面试环节，阿娟总是不知所措。

有一次面试，面对考官时，她紧张得快要哭了出来。当考官让她介绍个人情况时，阿娟紧张得身体微微发抖，一句话都说不出来。尽管考官一再劝她别紧张，想好了再慢慢说，但是阿娟张了张微微颤动的嘴唇，还是说不出一句话。最后只得眼睛红红地走出面试室。

分析：

文中主人公阿娟的情况是一个典型的缺乏独立生活和工作能力而导致应聘失败的案例。由此可以看出，优秀的人才并不意味着仅仅有良好的学业成绩，他还要具备良好的独立生活和独立工作的能力。

对于青年学生而言，最为迫切的是培养独立生活和工作能力。独立生活和工作能力关系到人一生的发展和成功，这些方面的能力在学生时代就可进行有意识的培养。学生可以通过与同伴、师长、社会的接触，从多种途径获取现代社会中有用的生活知识和方法，逐渐学会照顾自己，养成良好的生活习惯；在学习上更应重视培养自己的自学能力和创新能力，学会独立思考、解决问题；在与人交往的过程中，注意交往的方式和对象，积极参加集体、社会活动，有意识地锻炼自己，使自己的独立工作能力在社会实践的磨炼过程中不断得到提高，以便更好地适应社会需要。

相关链接
部分女性就业心理障碍

女性求职难，有社会原因，也有女性自身的心理和生理原因。女性常见的心理障碍有：

1. 自卑与依靠的心理

面对社会偏见、就业性别歧视和激烈的就业竞争，不少女性产生了自卑心理，对自己的优势与能力认识不足，缺乏竞争的勇气和获胜的信心，有较强的依赖性和随从性，寄希望于父母、家庭、学校的帮助，寄希望于政策的优惠，消极等待，观望彷徨，适应性差，不敢自我推销，白白地浪费了不少求职良机。

2. 骄傲与娇气心理

一些女性自视甚高，不能客观准确地分析自身条件，难以看到自身的不足，不能冷静合理地处理社会需要与个人理想的矛盾，求职期望较高，其结果往往难遂人愿。同时，这类女性比较娇气和脆弱，工作拈轻怕重、挑肥拣瘦，心理承受能力较差，艰苦奋斗、持之以恒的精神不足。

3. 求稳与攀比的心理

不少女性求职时爱选择报酬高、环境较好、工作轻松、相对稳定的职业，而看不起那些充满竞争与挑战、更能发挥她们才干、具有风险性和较辛劳的工作，有的女性更不愿下基层，不愿自己去开拓事业。有的女性受男主外、女主内的传统思想影响，工作上求"闲"，没有事业心，家务上求"精"，寄希望于（未来的）丈夫、孩子成功，结果自己给求职划定了一个较窄也难以挤进的职业范围。一些女性在择业时有从众和攀比心理，随大流争热门职业或盲目地与别人争所谓的"好职业"，以别人的选择作为自己的标准，很少从实际出发，当然难以成功求职。

[案例79]　女性求职面试如何面对尴尬问题

不可否认，女性在求职面试时常会碰到些敏感问题，究竟该如何应对这些问题呢？这里从一个人力资源经理的角度对这些问题进行解析，希望对大家能有所帮助。

（一）你如何看待晚婚、晚育的观点？

你也别以为招聘者是在考你的国策知识，他们其实最想知道的是你在工作与生育的关系问题上，持一种什么样的态度。女性求职为什么普遍比较难？这就是症结之一。为了工作晚结婚、晚生育，当然是用人单位所希望的，但是，如果真的这样做了，恐怕也会令人产生疑惑：一个连孩子都可以不要的人，如果再有其他利益驱动，会不会抛弃一切，包括她曾经为之自豪的工作呢？"谁都希望鱼和熊掌能够兼得，当二者不能同时得到的时候，在一段时间内我会选择工作，因为拥有了一份好的工作，将来培养孩子就会有更为坚实的经济基础。我想总会有合适的时候让我二者兼得，至于什么时候最合适，相信上司一定会帮我考虑的。"这样的回答或许真的能提醒上司在你生孩子休息时，仍把原来的位置给你留着，而不让别人取而代之。

（二）你认为家庭与事业之间存在着难以克服的矛盾吗？

这是一个近乎两难的难题。招聘单位自然希望你以事业为重，但也希望你拥有一个幸福美满的家庭，"后院不失火"，才会使人集中精力干工作，极大地发挥出自己的聪明才干。很显然，直接回答事业与家庭之间存在难以克服的矛盾或根本不存在矛盾，都是不合适的，建议你这样回答："我以为无论在工作上，还是在家庭中，女性的最大目标都是要使自己活得有价值。虽然我是一个很想通过工作来证实自己的能力、来体现活着意义的人，但谁能说那些培养出大学生、博士生的农家妇女活着就没有价值呢？更何况一个成功男人的背后往往站着一位伟大的女性的说法早已为世人所认同。"这种回答能恰到好处地体现女性特有的刚柔相济的特点。

（三）面对上司的非分之想你会怎么办？

招聘女秘书，往往会问及这类话题。有一位女士这样回答："你们能提出这个问题，我非常感激，这说明贵单位的高层领导都是光明磊落的人。我曾在一家公司干过一段时间，就是因为老板起了非分之念，我才愤而辞职的，而在当初他们招聘时恰恰没问到这个问题。两相比较，假若我能应聘进贵单位，就没有理由不去为事业殚精竭虑。"这位女士的应答妙就妙在没有直接回答"该怎么办"，因为那是建立在上司有非分之想的基础之上的，而是通过一个事例来表明自己态度的坚决，又没让问话者难堪。即使新老板确有"投石问路"之意，日后也不会轻举妄动了。

（四）你喜欢出差吗？

有不少刚工作的年轻女性可能会马上回答："我特喜欢出差，一方面为公司办了事，另一方面又可以领略到美妙的自然风光。"而有一位小姐是这样回答的："只要公司需要出差，我义无反顾。这两年因忙于求学和谋职几乎没出过远门，今后出差很可能会成为我工作的一部分，这一点在我来应聘前，家人早就告诉我了。"两种回答都体现了不错的口才。但第一种回答，表面上看也没有错，然而就是因为这简单的几句话，你就有可能落选了。出差顺便逛逛该地的风景名胜在情理之中，可这样一表白，难免会让人对你产生将出差与游览主次颠倒的感觉。另一位小姐的回答就显出不同，她深知，考官提出这个问题并不是真的想问你喜不喜欢出差，工作需要时，你不喜欢出差也得出。问题的实质主要是想了解你的家人，或者你的恋人对你的工作持何种态度，该小姐高明之处就在于她了解提问人究竟想要知道什么，并用得体的语言表述出来。

（五）你有男朋友吗？

这是一个个人隐私问题。不久前某网站进行了一次调查，参加投票的女生中，有 52.31％坦言曾被问过此类隐私问题。用人单位"拷问"女生的隐私和考官的不健康心理有关，真正出于招聘目的的也有，主要看求职者的社会经验和反应能力，碰到类似的刁难应以智取胜。同时，也要记住一位心理咨询师的告诫——除个人基本情况要如实回答外，在面对"隐私拷问"时，可以说："你觉得这个问题与我应聘的岗位有关吗？这个问题我有权不作答，请谅解。"你举起保护自己隐私的盾牌，如果对方还进一步纠缠，那么这样的单位，你不去也罢。因为有这样没有法律意识、不懂得尊重他人隐私的考官的单位，是没有什么前途的。

分析：

女生应聘要面对的敏感问题形形色色，不可能千篇一律。这里要提醒女性应聘者的是：心平气和，冷静面对，即使考官真的存在性别歧视或不健康心理，也不要因气伤身；在回答问题时要机智灵活，把准关键，沉着应答；不要轻视看似鸡毛蒜皮的小问题，因为简单的提问背后就藏着令你防不胜防的"暗箭"，招聘方是想了解你的基本素质、道德品质、行为方式等情况，一定要谨慎对待；相对于好的口才，了解发问者的目的更重要，回答问题要有的放矢。

相关链接

女生如何提高求职成功率

用人单位不愿招聘应届女生的现象，目前在人才市场上普遍存在，尽管没有企业愿意承认自己存在性别歧视，但各种"性别壁垒"却的确横亘在求职女生和用人单位之间。要改变这种不合理现象，并非靠一日之功；女生要跨越"性别壁垒"并得到用人单位的认可，应多找自身的原因，"与其临渊羡鱼，不如退而结网"，充分积累自己的实力，用自己的能力来打动用人单位。

一些人力资源专家表示，女生要提高求职成功率，必须特别注意以下几点：

1. 大方得体

首先，女生在求职过程中一定要注重衣着，千万不要浓妆艳抹、花枝招展或者过分随便，这样会引起招聘者的反感。中国职业素质测评网高级人才测评师阳雅表示，女孩子想把自己打扮得漂亮些，让自己在应聘时获得高分，这种想法是正确的。但是，有不少女生在求职时浓妆艳抹，这样不仅不能为自己在应聘时赢得高分，反而会使自己的"印象分"大打折扣。她建议，女生在求职过程中，穿着应端庄得体，表现出比较职业化的外在形象，这样，能够帮助自己获取更高的"印象分"。

2. 有针对性

女性往往普遍具有感情丰富且善于体谅别人的特点，在社交场合或工作团队中表现出较强的人际交往能力，因此，适合从事行政管理、办公室、公关、推销等工作。因此，女生在求职前，一定要结合自己的兴趣、爱好和特长，弄清楚自己适合从事什么职业，是否同某一职位的用人要求相互匹配。同时，还应该对自己的职业生涯进行科学的规划，避免给用人单位留下"缺乏主见""稀里糊涂"等不良的印象。

3. 以事业为重

女生在求职过程中，最好慎重回答一些比较敏感的问题，例如"是否有男朋友"等。据广州某企业一位负责人介绍，企业在招聘时询问女生类似问题，并非是出于打探应聘者隐私的目的，而是出于担心这些女生今后的流失率可能会比较高。所以，女生们应巧妙回答这类问题，从而提高自己的求职成功率。另一方面，还应该树立起以事业为重的工作态度，从而真正让用人单位认可并接受自己。

八、求职挫折应对

[案例80] 世界上最执著的求职者

一天，一位年轻人来到一家电器工厂，找到一位负责人，要求给他安排工作，哪怕是再低下也行。对方注意到他身材矮小，衣着不整，不想录用，但又不便直说，于是婉言拒绝道："先生，我们暂不缺人手，你一个月以后再来看一看吧。"

一个月后，这位青年果真来了。对方又推托说："我现在有事，等过几天再说。"

一个星期后，他又进了工厂的大门。如此反复多次，这位负责人再也找不到托

词，只好实话实说："先生，您的衣着太寒酸了，无法进我们厂工作。"

年轻人二话没说，回去向别人借钱，狠下心买了一套整齐的服装。他精心打扮，回到厂里。对方在无可奈何之际，只好以他对电器知识懂得太少为由，拒绝录用。

两个月过去了，年轻人回到厂里，他诚恳地对这位负责人说："先生，我已经学了不少有关电器方面的知识，您看我哪方面还不够，我会一项一项地去补课。"

就这样，他以顽强的毅力打动了这位负责人，终于得以进厂工作。后来，他又以超人的努力，逐渐成为一个非凡的企业家。

这位年轻人就是日后著名的日本松下电器产业公司总裁松下幸之助。

"一个人如果缺乏热情，那是不可能有所建树的。"作家拉尔夫·爱默生说。正因为松下拥有热情的心态，才使得命运瑰丽多彩。

分析：

日本"经营之神"松下幸之助年少时的求职经历，体现了热情、执著、诚信的精神，令人感动。他求职多次失败后，能不断调整自己，充实自己，提高自己，最后取得成功的事例，对我们很有启发。

现在人才市场是双向选择、自主择业，双方的选择空间越来越大，人才流动的机会也越来越多，竞争性也越来越强，首次就业未能如愿，还可以第二次、第三次甚至多次地择业。每一次的求职都只会有一个结果，不是成功就是失败。成功了，是对我们奋斗的肯定，是自己新生活的起点。失败了，是一种磨砺，同时也是下一次机会的开始。我们可以挺起胸膛，迎着暴风雨大声呼喊："看成败，人生豪迈，大不了，从头再来。"其实，很多时候，我们的竞争对手不是别人，而恰恰是我们自己。把握机会，努力，不放弃，成功属于你！

求职过程中遇到失败怎么办？根据求职者成功的经验，应当注意五点：1. 首先让自己平静下来；2. 认真分析主客观原因；3. 根据自己的条件找出解决方案；4. 自己解决不了的请教别人；5. 及时总结和调整，以利再战。以上五条经验，可以借鉴，并根据自己的情况灵活运用。

相关链接

正确看待失业现象

失业是一种社会经济现象，这是在任何国家、任何时期都会存在的。据乌拉圭《第三世界》月刊2005年9月号刊登的国际劳工组织的一份报告说，全世界在15岁到64岁的劳动人口中，青年人占25%。但是在2003年，青年人在全世界的失业人口中占了47%。而在5.5亿名每天工资低于1美元的穷苦劳动者中，青年人占1.3亿人。

从我国目前的情况分析，造成失业的原因有以下几个方面：

一是劳动力供大于求。一方面，我国是世界第一人口大国，人口总数已经超过13亿，其中经济活动人口将近8亿，青少年总数则近4亿。另一方面，我国又是一个发展中国家，经济发展水平相对较低，其他经济资源相对短缺，制约了劳动力资源的开发利用。从发展趋势看，今后一个时期，每年新增劳动力都在 1000 万人左右，多年来积淀的 1000 万左右的失业人员进入社会竞争就业岗位，另外还有农村剩余劳动力跨地区流动约 3000 万人，而现在城镇每年能提供的就业岗位也不过是 1000 多万。2007 年全国求职人员 2400 万人，其中应届大学毕业生高达 495 万人。2008 年，全国大学生和研究生毕业 610 多万人，2009 年光大学毕业生就有 611 万人。所以说，在我国，劳动力供大于求的矛盾将在一个相当长的时期存在。

二是我国正在对经济结构进行重大调整，与之相适应，劳动力结构必然进行相应调整，不可避免会造成部分人员失业。这种结构性失业的状况增加了就业压力。在经济全球化的背景下，世界经济形势的变化，也会增加我国就业市场的变数。

三是伴随着科技进步和劳动生产率的提高，第一、第二产业的传统部门，不仅不能扩大就业容量，反而会减少用人，分流部分劳动力，致使失业人员数量增加。

四是由于许多失业人员技能单一，职业技术水平不高，难以适应用人单位需求；加上择业观念陈旧，不能依靠自身努力开辟就业门路，加大了实现再就业的难度。

五是我国现行的社会保障制度不够完善，覆盖面窄，市场就业机制尚未完全建立，对劳动力流动和合理配置也存在明显的制约作用。

以民为本，注重民生，解决失业问题，不是完全消除失业现象，而是通过发展经济开发就业岗位，通过职业培训提高劳动者的素质和技能，把失业人员的数量控制在社会可以承受的范围之内。同时，通过实施失业保险制度，对暂时不能实现就业的劳动者给予帮助，保障他们的基本生活；完善再就业服务，把失业造成的消极影响降到最低限度。这对于分担失业风险，解决失业问题，都有十分重要的作用。

［案例 81］　你被解雇了

这一天，42 岁的杰克斯像往常一样去公司上班。在 20 多年的工作生涯中，他勤勤恳恳，兢兢业业，才坐到职业经理人的位置上。他只要再工作 18 年，就可以安安稳稳地拿到退休金了。可是，他万万没想到，这是他在公司工作的最后一天。

"你被解雇了！"

"为什么？我犯了什么错？"他惊讶、疑惑地问。

"不，你没有过错，公司发展不景气，董事会决定裁员，仅此而已。"

是的，仅此而已。他在一夜之间从一名受人尊敬的公司经理变成了一名失业者。

和所有的失业者一样，繁重的家庭开支迫使杰克斯必须找到生活来源。内心的痛苦、迷茫和失落使他承受了巨大的精神压力。

有一天，他在一家咖啡店里遇到了自己的老朋友——同是经理人，现在也同样遭到解雇的亚瑟·布兰克。两个人互相安慰，一起寻求谋生的办法。

"为什么我们不自己创办一家公司呢？"

这个念头像火苗一样，点燃了杰克斯压抑在心中的激情。于是，两人在这间咖啡店里策划建立新的家居仓储公司，他们为企业制定了一份发展规划和一个"拥有最低价格、最优选择、最好服务"的制胜理念，并制定出使这一理念在企业发展中得以成功实践的一套管理制度，然后，着手创办企业。时值1978年春天。

仅仅20多年的时间，公司就发展成拥有775家店、16万名员工、年销售额300亿美元的世界500强企业，成为全球零售业发展史上的一个奇迹。

奇迹始于20多年前的一句话："你被解雇了！"

是的，正是这句话，改变了杰克斯和布兰克两人的一生。如果不是被解雇，他们俩现在只是靠每月领退休金度日的垂暮老人。

分析：

这个例子说明成功的秘诀，是随时准备把握时机。危机与机遇，是一枚硬币的两面，关键在于自己的选择，关键在于自己的心态。

巴尔扎克说："苦难，对于天才是一块垫脚石，对于能干的人是一笔财富，对于弱者是一个万丈深渊。"

戴高乐曾经说过："困难，特别吸引坚强的人，因为他只有在拥抱困难时，才会真正认识自己。"

人生不可能总是一帆风顺，我们经常会遇到困难与挫折，不管这些挫折是大是小，我们都要以积极、平和的心态来看待它。面对困难与挫折，积极进取，永不言弃，是成功解决问题的关键。积极的思维能使人看到光明的一面，而消极的思维则使人只看到阴暗的一面，从而影响自己的自信心和进取心，那么，我们为什么不可以凡事往好的方面想呢？或许这样你更容易走上成功之路。

处在生活低谷时，其实正是好好反省、重新认识自己的时机。越是在逆境中，越应保持清醒头脑和理智，全面认识自己的优点和不足，认真总结，以利再战。生活中的低谷就像开车时遇到红灯一样，是为了让我们停下来做个短暂的休息，伸个懒腰，做做深呼吸来放松紧张的精神，甚至可以看看是否走错了方向。车子在行进当中需要集中注意力，若是没有这些短暂的休息，肯定无法好好地继续完成旅程。

在挫折中磨炼自己，在低谷中认识自己，从困难中寻找机遇，是一种积极的人生态度和生活智慧，职场上亦如此。

[案例82] **坚持就是胜利**

某重点大学2003届毕业生小郁在经过18次失败的面试后才找到自己理想的单位，可以说是屡败屡战，从不气馁。她的经验很值得害怕面试的毕业生借鉴。小郁各方面条件都不错：成绩好、外表端庄。当被第18家公司拒之门外时，她有点心灰意冷了，开始反思：自己是重点大学毕业生，英语流利，外形不算差，究竟是哪个环节出了问题？冥思苦想后她终于得出答案：自己觉得找工作易如反掌，其实面临着众多应聘者的竞争，必须调整自己自傲的心态。

于是她着手先把简历改头换面。在新的简历中突出自己的英语能力和组织能力，其他无关紧要的干脆删除。在接下来大大小小的招聘会上，她投递出大约30份简历。同时她还在网上搜寻，看到合适的职位，就投上一份简历。投之前，她会认真地给公司写封短信，谈谈对公司的看法、建议以及发展设想，以期给对方留下深刻印象。"凡事预则立，不预则废"，由于积极准备，她赢得了许多面试机会。汲

155

取以往求职失败的经验,她深知面试时千万不能迟到,衣着要得体,到公司就算等上两个小时,也要面带微笑(没准这是公司变相地考察应聘者的忍耐力)。见到招聘人员尤其是比自己年纪大的,一定要讲礼貌。在谈工资之前要认真了解市场行情,慎开"金口"。每从一家公司走出来,她都感觉是打了一场硬仗。

几轮面试过后,同时有三家公司向她抛出"橄榄枝",特别是一家大型电信运营公司的副总裁助理的职位令她非常心仪。面试那天,她穿上职业套装,略施粉黛,提前半小时来到公司等候。可能是太想得到这份工作了吧,当她读一篇英文报告时,手竟有些发抖,不过由于基本功扎实,还是顺利过关。接着对方问她对这个职位的看法,她不假思索地说想多了解业务的事,谋求将来做到更高职位。没想到,就是因为这句话让她失去了这份工作,对方认为她"阅历浅薄、有野心",将她淘汰。"吃一堑,长一智",在以后的面试过程中,她都小心翼翼地从公司角度考虑问题、回答问题。一个月后,她终于被一家马来西亚的电脑服务公司录用了。

分析:

面试中不可能个个都是成功者,万一你在竞争中失败,也千万不要气馁。这一次失败了,还有下次,就业机会不止一个,关键是必须总结经验教训,找出失败原因,并针对这些不足重新做准备,"吃一堑,长一智",谋求"东山再起"。像小郁这样面试连续失败 18 次还不气馁的求职者确实少见。许多毕业生遭受几次失败后就一蹶不振,完全丧失自信,自己"缴械投降",结果自然是推迟就业或回家待业,有的毕业生甚至连续两年都没有找到工作。小郁的案例告诉我们,在求职过程中坚持就是胜利,在最艰难的时候也许再坚持几分钟,成功女神就会眷顾你。

从这个案例中我们还可以看出,优秀毕业生有一种天生的自傲,他们好像不是求职者,而是"赏赐者",哪个单位接收到他们是哪个单位的荣幸。怀着这样的心态去面试,只能是使他们获得一次又一次的失败教训。现在的就业市场是买方市场,人才市场中人才济济,用人单位有充分的挑选余地,谁都不愿意把一位自高自大的人招进来做自己的同事。因此,优秀毕业生的求职失败不能怨天尤人,而需要从自身找原因,最重要的就是转变心态。有句话说得好,大学毕业生只有"放下架子才能保住面子",要意识到面试不仅是自己才能的展现,也是自己人品的展示,只有这样你才是从里到外都真正优秀的人才,也才能得到面试官的赏识和欢迎。

在求职中,平和、乐观的心态最为重要,积极的心态是成功的基础。任何对客观环境的不满和怨天尤人都是无济于事的,只有以积极向上的精神去面对就业,才是解决问题的最佳方法。

[案例 83] 田妹的"笨气"

田妹是县中职学校毕业生,长得"笨气",话都说不清。她来公司应聘时,我拒绝了,她说干不好不要钱。我只好留下她。

半天培训之后,新员工都出去拉广告了。我估计田妹一出去就不会回来了。

傍晚集合总结时,田妹回来了,但她的脸上、衣服上都被油污弄得脏兮兮的。她说她去栾城了。我有点吃惊,因为栾城离市里几十公里呢,我问她怎么去的。

她说:"骑自行车去的,我那破车子不好骑,蹬两下就掉链子,弄得我哪儿都

是油污。"

"你去那儿干什么?"我问。

"一个厂长叫我去的。我拉了一个广告,两千块钱都给我了。"说着从裤兜里掏出钱递给我。大家啧啧赞赏。我问她怎么拉成的。她说:"我没拉,我就说我一路上不容易。厂长看到我手上、脸上都是黑的,问我怎么搞的,我说破车子不争气,蹬两下就掉链子。他问我累了吧,我说没事儿,歇一会儿就好了。不知为什么,他就同意做广告了。你们不知道呢,这个厂长特有意思,看着我,还掉泪了。"

她说完,满屋的人都不说话,几乎每个人眼睛里都有泪花。我想说点感想,也哽住了。我从两千块钱里面拿出30%即600块钱,递给田妹。她说:"我不急,回头再给吧。"我把钱塞到她手上,大家一起鼓掌,祝贺她成功。

分析:

就业不同于考研,比学历没有意义。就业没有门槛,就业要的是结果,不看你的来头。就业不是学问的问题,也不是经验的问题,是个劳动的问题。劳动不看你是什么,而看你付出了什么,多劳多得。劳动的关键是不怕辛苦。谁不怕辛苦,谁就能赚到钱,谁就能成功。吃苦耐劳是找工作的敲门砖,也是打开财富大门的金钥匙。这一点是真理,需要你牢牢记住。

笨鸟先飞,勤能补拙,早起的鸟儿有虫吃,田妹的"笨气",其实并不笨,而是一种精神和智慧。

相关链接

突破求职瓶颈的方法

人力资源专家和成功的职业人士提出了一些有助于毕业生调整心态、突破求职瓶颈的方法,很有现实指导意义。

一、学历不够怎么办?

1. 学历重要,但能力更重要。学历并不等于能力,只有在工作中学以致用,将知识化为能力,学历才能成为一种价值的证明。学历对于专业对口的人来说是一门专业,而对学非所用的人来说,却只代表对事物的认识水平和思考水平。学历在不同的行业、公司有不同的分量。比如说在IBM这种大公司里,高学历被认为代表着高素质,学历当然挺重要。而一些小公司更情愿要一般的实干型人物。现在不少招聘单位一改以往非名校、非高学历不用的状况,用人逐渐理性化,放低了学历门槛,看重人的综合素质、能力而不是唯学历论,希望选择有学习能力和实际操作能力的人才。因此,学生必须具备一定的专业知识,同时必须具备足够的职业技能和为人处世的能力。

2. 以就业为中心,提高职业能力。职业能力是除技能和知识智力因素外,还有稳定的心理、乐观的情绪、积极的人生观和价值观等非智力因素所构成的办事能力。找工作,应以就业为中心,根据市场的需求提升职业能力,这是取得求职成功、打造终身幸福的保障。如果过分迷信学历,陷入盲目追求学历的误区,以学历为准绳来设计未来,这是违反市场规律的。现在许多学生认为自己的学历、所受教

育高人一等，在校期间不注意自身综合素质和能力的培养，最终造成学历与素质、技能的脱节，学无所用，这是非常错误，也是非常糊涂的。

3. 承认差距，加强"后天"学习。一般来说，高学历的毕业生经过系统而深入的学习研究，有较高的专业理论知识水平，接受新事物快，思维方式和行为方式更规范、更科学，所以，在处理相关专业问题时视野较开阔，不容易走弯路，个人发展后劲较足。然而，不管是专业知识技能还是对问题的认识水平与思考水平，都不是只在学校才能学到的，在社会这所实践大学中同样也可以学到，甚至还可学得更深刻些，其中的区别一个是"先天"准备，一个是"后天"学习。学历较低的中职学生，虽然具有动手能力强、心态平和稳定、适合社会需要、就业前景广阔的优势，但在技术性强和中高层的岗位竞争上处于不利地位，在视野、思路、接受新事物、发展潜力方面存在局限性。中职学生如不想永远停留在职场的低层岗位，就要承认差距，通过"后天"学习弥补自己的不足，为事业的发展打下坚实的基础。要一面工作，一面学习，不仅从书本上学，还要从实践中学，调整和优化知识结构，增加知识能力的储备，努力在职场拼搏，实现自己的人生价值和职业理想。

二、专业不对口怎么办？

1. 面对现实，扩大专业就业范围。我国目前对专业人才的需求存在着不平衡现象，有些专业供不应求，有的专业则供大于求。据人才市场的统计，除很少一部分专业比较热门外，其他专业的毕业生基本处于饱和状态，能做本专业工作的毕业生不到40%。人才市场超过50%的岗位对专业没有要求，比如说营销岗位，这些岗位任何专业的毕业生都可以做，包括美术专业的毕业生。解决找工作专业不对口问题，需要社会和学校的努力，从学生方面看，除要全面提高自身的素质，拓展自己的专业知识领域外，还应正确对待学与用的关系，择业时应考虑凡是和自己所学专业相近的职业都应看做是专业对口，以扩大就业范围，增大求职成功的机会。

2. 提高适应性，把握就业机会。供大于求的长线专业的毕业生如何应对可能出现的求职挫折？一是要提高自身的适应性，不断拓展知识面，培养较强的动手实践能力，提高综合素质和能力。二是要把握就业机会，不可错过良机。一旦有机会就应当机立断，作出选择。三是必要时适当降低自己的择业期望值，拓展自己的专业选择范围。

3. 主修、辅修专业相结合，提高专业兴趣。不可否认，专业仍然是现在择业的基础条件，毕业生所学的专业如何，影响着择业的成功率和就业质量。一些毕业生"学非所爱"，临近毕业仍在后悔选错了专业，希望在求职中改行，是不可取的。因为完全地改变专业，也就使自己失去了专业特长，很难找到合适的工作单位；即使找到了单位，但因专业不对口，发展也会受到限制。"学非所爱"的学生，如何应对可能出现的求职挫折呢？一是刚入学时，如果能够更改专业就一定要及时更改，把专业更改到自己比较喜欢的专业上面去，避免将问题带到毕业求职时。二是通过学习辅修专业来弥补这方面的不足，以主修、辅修专业相结合的办法来应对未来择业时可能带来的挫折。三是注意培养自己对本专业的兴趣，逐渐发展为热爱自己所学的专业，熟悉本专业，最终成为本专业的行家里手。四是应当结合自己的性格、兴趣、能力，对职业目标和职业生涯作一个长期规划，从而真正认识自己的专业对于职业生涯发展的作用，提高专业学习的自觉性和主动性。

三、工作经验不够怎么办？

1. 工作经验重要，但学习能力更重要。在人才市场上，一些用人单位考虑用人成本，为节约不必要的支出，设立"工作经验"这道门槛，往往把求职者绊倒。如果你要应聘的是管理类或技术性强的工作，那么你拥有工作经验确实是重要的，拥有年轻和经验是备受用人单位青睐的。但在当今这日新月异、瞬息万变的时代，一个人的学习能力和适应能力比工作经验更重要。由于青年学生可塑性比较强，不少用人单位更看重大中专毕业生的适应能力、领悟能力、学习能力。企业需要的是能为企业尽快工作、创造效益的人才，所以，希望招进来的员工能够迅速适应工作，掌握工作的要领和技巧，这就需要员工具备良好的学习能力，只有学习能力强的人，才能更快地进入工作的角色。一般来说，当每一个新的员工进到企业之后，企业肯定要对他们进行培训，悟性高的员工在这过程中就会显得很优秀，也更能快速进入角色，适应企业的要求。

2. 积极参加实践活动，积累社会经验。学生的首要任务是学习，深厚的知识积累和精湛技能的培养是最主要的竞争力。企业实习、参加社会活动的主要目的是提高自身的综合素质和适应社会的能力，积累实践经验。经验包括做人和做事两个方面。工作经验不仅仅是做某项工作的一些技巧、方法，更多的还是为人处世的一套程序和途径，而后者往往是学校教育所忽视的，也是许多毕业生最欠缺的。对于现在的很多工作来说，尤其是非研究性的工作，经验有的时候比知识还重要，或者说，经验是构成知识的一个重要部分。青年学生参加社会实践活动，态度要积极，要提高自觉性，要尽快培养自己的社会实践经验，耽误一天，就少一天；多争取一天，将来就多一天资本。

3. 增强自信心，敢于突破自我。一些毕业生主观上也想做一番事业，却最终成为"啃老族"，主要原因在于缺乏自信。他们不是嫌自己学历低，就是觉得自己缺乏工作经验，空有"走出去"的愿望，却没有勇气大胆求职，结果自缚手脚。专家指出，深造、培训也好，继续求职也罢，关键在于要有自信心的支撑。毕业生要分析、挖掘自己的特长和优势，敢于突破自我，尝试原本认为"我不行"的工作，从积累工作经验做起。同时，也应摆正心态，调整期望值，更加实际地选择岗位。不同的企业、不同的岗位，对工作经验的看法和要求是不一样的，我们不能因"工作经验"这道坎而作茧自缚，影响自己的求职谋业。严格地讲，工作经验是指在企业全职工作积累的经验，并不是大多求职学生在简历的工作经验一栏中填写的"做兼职""当学生干部""实习"等。要有工作经验，必须要有一个熟悉和掌握的过程。求职过程中，参加社会活动多的毕业生之所以找工作相对容易，是因为他们对社会有更深入的理解，在招聘中表现得更好——这属于个人的综合素质和魅力的范畴，并不是招聘单位看上他们的"工作经验"。很多跨国公司衡量人才的标准依次是：忠诚度、团队精神、沟通表达能力、创新能力、外语能力等，对工作经验的考察仅列第九位。人才市场的调查还发现，只有27%的人力资源主管认为应聘者的工作经验越丰富越容易被录用。而有的人力资源主管指出，对于那些经过培训就可以胜任的职位，他们更青睐应届毕业生，因为聘请有工作经验的人同时也意味着需要支付更高的薪酬。在参与调查的1298人中，有37.8%的人认为工作经验不足的劣势是可以用其他方面的长处来弥补的。一家企业的部门主管说得好："面试是一个发现应聘者闪光点的过程。而闪光点并不是指工作经验。"所以，毕业生没有工作经验也不必太紧张，更不能自暴自弃。年轻、有激情、渴望成功是青年人的优势，但要善于在应聘过程中发现和展示自己的优点。

人要理智面对失败和挫折，要经得起失败和挫折。金子必须打磨才能放光，实现理想的唯一途径是行动。能参与、争取，就是成功的第一步，应聘时碰上几次失败绝不等于你没本事，倒可能是本事用错了地方，或者尚未发掘、发挥出来。无论跌倒多少次，只要最后能爬起来，就是英雄。古人云："善败者不亡"，指的正是这个道理。否则，恐怕就属于现在的"新新人类"们所讲的"蛋白质"——笨蛋、白痴、神经质了。

九、就业权益保障

[案例84]　李铁为啥"有苦说不出"?

李铁从中职学校烹饪专业毕业后，经父亲的朋友介绍到一家餐馆打工。饭店老板说，他是朋友介绍来的，就不签书面合同了，以免显得生分，并说："你在我这里干，绝不会亏待你的。"工作一段时间后，李铁发现虽然自己每月都能按时拿到工资，但老板却总会找一些理由延长自己的工作时间，一而再，再而三，到最后几乎每天都要加班几个小时才能回家，老板却从不提给加班费的事。还有原来说好的给李铁缴纳社会保险的事，老板也只字不提了。李铁几次试着找老板谈，开始老板还说等日后餐馆有了起色再说，到后来就直接跟他说，你愿意干就干，不愿意干就走人。因为当初没有签订书面劳动合同，小李也只有"有苦说不出"了。

分析：

李铁"有苦说不出"的原因是缺乏法律意识，不能用法律武器维护自己的合法权益，不能做到"先签订劳动合同再工作"。

劳动合同是劳动者与用人单位确立劳动关系、明确双方权利和义务的协议，也是维护劳动者和用人单位合法权益的法律保障。目前我国就业市场还未完善，当事人的情况也非常复杂，而劳动合同可以对劳动内容和法律未尽事宜做出详细、具体的规定，在发生劳动争议时也是解决纠纷的重要证据。因此，明确双方的权利和义务，签订一份完备而又公平合理的劳动合同对于劳动者和用人单位来说都很重要。

2008年1月1日开始实施的《中华人民共和国劳动合同法》第十条规定："建立劳动关系，应当订立书面劳动合同。已建立劳动关系，未同时订立书面劳动合同的，应当自用工之日起一个月内订立劳动合同。用人单位与劳动者在用工前订立劳动合同的，劳动关系自用工之日起建立。"目前一些单位不与劳动者签订劳动合同，是为了逃避承担用人的责任。其实，无论是否签订劳动合同，单位与劳动者的劳动关系由用工之日起就成立了，签订劳动合同只是用工单位履行用工的合法手续。新的劳动合同法第八十二条规定，用人单位如果超过一个月仍未与员工签订劳动合同，员工就可以要求用人单位支付双倍工资；如果企业一直拒签，该员工可以每个月都要求单位支付双倍工资。同时，第十四条规定，如果用人单位自用工之日起满一年不与劳动者订立书面劳动合同的，视为用人单位与劳动者已订立无固定期限劳动合同。

随着企业改制的不断深化以及劳动力供大于求的现象的产生，劳动力供求总量矛盾和结构性矛盾日益突出，城镇就业压力大与农村富余劳动力转移加快的问题不可避免。一些用人单位以居高临下的姿态随意处置劳动的法律关系，导致劳动者各种权利受到侵害的现象时有发生。因此，我国劳动者权利保护的现状不容乐观，我们必须了解相关法律知识和明白自己享有的权利，学法、守法、知法、懂法，正确使用法律武器保护自己，维护自己应有的权益。

相关链接

专家解读《中华人民共和国劳动合同法》

一、《劳动合同法》颁布实施的重要意义

2007年6月29日，《中华人民共和国劳动合同法》（以下简称《劳动合同法》）由第十届全国人大常委会第二十八次会议审议通过，并自2008年1月1日起施行。这是自1994年《劳动法》颁布实施以来，我国劳动和社会保障法制建设中的又一个里程碑，具有十分重要的意义。

第一，制定《劳动合同法》是尊重劳动，保护劳动者的重要举措。《劳动合同法》通过对劳动合同的订立、履行、解除、终止等作出符合社会主义市场经济要求和我国国情的规定，在尊重用人单位用工自主权的基础上，要求用人单位必须与劳动者订立书面劳动合同、规定用人单位必须全面履行劳动合同、引导用人单位合理约定劳动合同期限、规范用人单位解除和终止劳动合同行为、要求用人单位在解除和终止劳动合同时必须依法支付经济补偿，从而在劳动者十分关心的这些问题上，有效地保护劳动者的合法权益。

第二，制定《劳动合同法》是落实科学发展观、构建和谐社会的重要内容。劳动是人类社会最基本的社会活动，劳动关系是最基本的社会关系，所以，以人为本，就是要以劳动者为本；社会和谐，重要的是劳动关系的和谐。劳动关系和谐稳定，是保证企业正常的生产经营、促进经济社会和谐发展的前提和基石。在劳动关系中，用人单位与劳动者是一对既统一又对立的矛盾共同体。《劳动合同法》在维护用人单位合法权益时，侧重于维护处于弱势一方的劳动者的合法权益，以实现双方之间力量与利益的平衡，从而促进劳动关系和谐稳定，促进社会主义和谐社会的构建。

第三，制定《劳动合同法》是完善劳动保障法律体系的重要举措。劳动合同一方面可以从形式上确立劳动关系，从而为劳动者获得劳动报酬、休息休假、社会保险等各项法定权益奠定了基础；另一方面又从内容上具体约定了劳动者的工资、工作内容、工作时间等权益，从而为劳动者实现和保障自身的权益提供了依据。劳动合同的重要性，决定了《劳动合同法》在劳动保障法律体系中处于基础地位。制定《劳动合同法》，不仅可以直接维护劳动者的劳动合同权益，而且还可以起到间接维护劳动者的其他各项劳动保障权的作用。

二、《劳动合同法》的适用范围

一是规定中华人民共和国境内的企业、个体经济组织、民办非企业单位等组织与劳动者建立劳动关系，订立、履行、变更、解除或者终止劳动合同，适用本法。也就是在适用范围中增加了民办非企业单位等组织及其劳动者。

二是规定事业单位与实行聘用制的工作人员订立、履行、变更、解除或者终止劳动合同，法律、行政法规或者国务院另有规定的，依照其规定；未作规定的，依照本法有关规定执行。也就是明确事业单位与实行聘用制的工作人员之间也应订立劳动合同，考虑到事业单位实行的聘用制度与一般劳动合同制度在劳动关系双方的权利和义务方面、管理体制方面存在一定差别，因此允许其优先适用特别规定。

三是规定国家机关、事业单位、社会团体和与其建立劳动关系的劳动者，订立、履行、变更、解除或者终止劳动合同，依照本法执行。也就是除公务员和参照公务员法管理的人员，以及事业单位中实行聘用制的工作人员外，国家机关、事业单位、社会团体与其他劳动者均应当建立劳动关系，并执行本法。

三、订立劳动合同应当遵循的原则

（一）合法原则

合法，是指用人单位与劳动者订立劳动合同时，不违反有关法律、法规规定。主要体现在以下三个方面：

1. 主体合法；2. 内容合法；3. 程序合法。

（二）公平原则

是适用法律的原则，指用人单位和劳动者订立劳动合同时应当遵循符合社会正义、公正的理念和原则确定双方的权利和义务。一方当事人享有的权利与其履行的义务不相适应，或一方当事人应当享有的权利或义务被排除，即违反了公平原则。

（三）平等自愿原则

平等，是指用人单位和劳动者双方在订立劳动合同时具有平等的法律地位，不存在一方命令另一方服从的关系。自愿，是指在订立劳动合同时，用人单位和劳动者选择对方当事人、决定劳动合同内容都是真实的意思表示。

（四）协商一致原则

指订立劳动合同双方当事人经过协商达成一致意见。协商是过程，一致是结果。

（五）诚实信用原则

订立劳动合同时，要求当事人诚实地告知对方有关情况，不隐瞒真相；出于真诚的目的与对方磋商以期订立劳动合同。

依法订立要求订立劳动合同的内容、程序以及有关订立形式等都要合法。劳动合同的约束力主要体现在以下方面：

1. 任何一方当事人不能擅自变更或者解除；2. 双方当事人基于劳动合同的权利受法律保护；3. 双方当事人都必须履行劳动合同规定的义务。

四、劳动关系的建立

劳动法律是调整劳动关系以及与劳动关系有关的其他社会关系的法律规范体系。因此，劳动关系的建立在劳动法律体系中处于关键位置，其决定着劳动者是否能够享受劳动法律规定的各项权利。《劳动合同法》规定，"用人单位自用工之日起即与劳动者建立劳动关系"，"建立劳动关系，应当订立书面劳动合同"，"用人单位与劳动者在用工前订立劳动合同的，劳动关系自用工之日起建立"。也就是说，引起劳动关系产生的基本法律事实是用工，而不是订立劳动合同。订立劳动合同是建立劳动关系的用人单位与劳动者的义务，也是证明劳动关系的重要证据之一。即使用人单位没有与劳动者订立劳动合同，只要存在用工行为，该用人单位与劳动者之间的劳动关系即建立，与用人单位存在事实劳动关系的劳动者即享有劳动法律规定的权利。

《劳动合同法》规定引起劳动关系产生的法律事实是用工，其目的是保护事实劳动关系中劳动者的权益，并不是肯定用人单位不与劳动者订立劳动合同的行为。相反，《劳动合同法》明确规定，"建立劳动关系，应当订立书面劳动合同"。为了既方便用人单位与劳动者订立劳动合同，又督促用人单位必须与劳动者订立劳动合同，《劳动合同法》规定了三项措施：

一是放宽了订立劳动合同的时间要求，规定已建立劳动关系，未同时订立书面劳动合同的，如在自用工之日起一个月内订立书面劳动合同，其行为即不违法。

二是规定用人单位未在自用工之日起一个月内订立书面劳动合同，但在自用工之日起一年内订立书面劳动合同的，应当在此期间向劳动者每月支付二倍的工资。

三是规定用人单位自用工之日起满一年仍然未与劳动者订立书面劳动合同的，除在不足一年的违法期间向劳动者每月支付二倍的工资外，还应当视为用人单位与劳动者已订立无固定期限劳动合同。

五、劳动合同的必备条款

《劳动合同法》规定的劳动合同必备条款与《劳动法》有关规定相比，有较大变化：

一是增加了部分必备条款。（1）增加了用人单位的名称、住所和法定代表人或者主要负责人，劳动者的姓名、住址和居民身份证或者其他有效身份证件号码等条款。原因是这些内容是劳动关系双方主体的基本情况，应当在劳动合同中明确。（2）增加了工作地点条款。原因是实践中劳动者的工作地点可能与用人单位所在地点不一致，有必要在订立劳动合同时予以明确。（3）增加了工作时间和休息休假条款。原因是为了在法定标准基础上，进一步明确该劳动者具体的工作时间和休息休假安排。（4）增加了社会保险条款。依法参加社会保险和缴纳社会保险费，是用人单位和劳动者的法定义务，无论用人单位与劳动者是否约定、如何约定，均应依法参加社会保险和缴纳社会保险费。增加社会保险必备条款的原因，是为了强化用人单位和劳动者的社会保险权利义务意识。（5）增加了职业危害防护的条款。《职业病防治法》规定：用人单位与劳动者订立劳动合同时，应当将工作过程中可能产生的职业病危害及其后果、职业病防护措施和待遇等如实告知劳动者，并在劳动合同中写明，不得隐瞒或者欺骗。为了做好与《职业病防治法》以上规定的衔接，促进该条款的落实，《劳动合同法》中增加了职业危害防护的必备条款。

二是取消了部分必备条款。(1)取消了劳动纪律条款。原因是劳动纪律属于用人单位规章制度，《劳动合同法》第四条已经对用人单位制定、修改劳动纪律等规章制度的程序作出了规定，没有必要在劳动合同中由用人单位与劳动者个别约定。(2)取消了劳动合同终止的条件条款。原因是为了防止用人单位规避劳动合同期限约束，随意终止劳动合同，《劳动合同法》取消了《劳动法》中有关用人单位与劳动者可以约定终止劳动合同的规定，明确劳动合同终止是法定行为，只有符合法定情形的，劳动合同才能终止。(3)取消了违反劳动合同的责任条款。原因是为了防止用人单位滥用违约责任条款，《劳动合同法》规定只有在依法约定的培训服务期以及竞业限制条款中，用人单位才能与劳动者约定违约金。

六、劳动合同的期限

《劳动合同法》延续了《劳动法》关于劳动合同期限分类的规定，规定劳动合同期限分为固定期限劳动合同、无固定期限劳动合同、以完成一定工作任务为期限的劳动合同三种类型，并且规定用人单位与劳动者双方协商一致，可以订立任何类型的劳动合同。同时，为了解决劳动合同短期化问题，引导用人单位与劳动者订立更长期限的固定期限劳动合同以及无固定期限劳动合同，《劳动合同法》作出了一些与《劳动法》不同的新规定：

一是规定除用人单位维持或者提高劳动合同约定条件续订劳动合同，劳动者不同意续订的情形外，在固定期限劳动合同期满终止时，用人单位应当依法向劳动者支付经济补偿金。

二是用人单位裁减人员时，应当优先留用与本单位订立较长期限固定期限劳动合同以及无固定期限劳动合同的劳动者。

三是规定在法定情形下，如果劳动者提出或者同意续订、订立劳动合同，除劳动者提出订立固定期限劳动合同外，应当订立无固定期限劳动合同。法定情形包括：(1)劳动者在该用人单位连续工作满十年的；(2)用人单位初次实行劳动合同制度或者国有企业改制重新订立劳动合同时，劳动者在该用人单位连续工作满十年且距法定退休年龄不足十年的；(3)连续订立二次固定期限劳动合同，且劳动者没有本法第三十九条和第四十条第一项、第二项规定的情形，续订劳动合同的。

七、劳动合同约定的试用期

试用期是用人单位与劳动者在劳动合同中协商约定的对对方的考察期。《劳动合同法》延续了《劳动法》有关试用期的一些规定，如试用期属于劳动合同的约定条款，双方可以约定也可以不约定试用期；试用期包含在劳动合同期限之内；试用期最长不得超过六个月。同时，针对实践中一些用人单位滥用试用期的问题，如试用期过长、过分压低劳动者在试用期内的工资、在试用期内随意解除劳动合同等，《劳动合同法》作出了一些与《劳动法》不同的新规定：

一是规定劳动合同期限三个月以上不满一年的，试用期不得超过一个月；劳动合同期限一年以上不满三年的，试用期不得超过二个月；三年以上固定期限和无固定期限的劳动合同，试用期不得超过六个月。以完成一定工作任务为期限的劳动合同或者劳动合同期限不满三个月的，不得约定试用期。同一用人单位与同一劳动者只能约定一次试用期。

二是规定劳动者在试用期的工资不得低于本单位同岗位最低档工资或者劳动合同约定工资的百分之八十，并重申试用期工资不得低于用人单位所在地的最低工资标准。

三是规定在试用期中，除劳动者有本法第三十九条和第四十条第一项、第二项规定的情形外，用人单位不得解除劳动合同。用人单位在试用期解除劳动合同的，应当向劳动者说明理由。

八、劳动合同约定的违约金

劳动合同约定的违约金，指的是劳动合同中约定的在用人单位或者劳动者违反了劳动合同中其他有关约定时，应当向对方支付的赔偿金。

《劳动合同法》规定，只有在两种情形下，用人单位可以约定由劳动者承担违约金：

一是在培训服务期约定中约定违约金。用人单位为劳动者提供专项培训费用，对其进行专业技术培训的，可以与该劳动者订立协议，约定服务期。劳动者违反服务期约定的，应当按照约定向用人单位支付违约金。违约金的数额不得超过用人单位提供的培训费用。用人单位要求劳动者支付的违约金不得超过服务期尚未履行部分所应分摊的培训费用。

二是在竞业限制约定中约定违约金。用人单位与劳动者可以在劳动合同中约定保守用人单位的商业秘密和与知识产权相关的保密事项。对负有保密义务的劳动者，用人单位可以在劳动合同或者保密协议中与劳动者约定竞业限制条款，并约定在解除或者终止劳动合同后，在竞业限制期限内按月给予劳动者经济补偿。劳动者违反竞业限制约定的，应当按照约定向用人单位支付违约金。竞业限制的人员限于用人单位的高级管理人员、高级技术人员和其他负有保密义务的人员。竞业限制的范围、地域、期限由用人单位与劳动者约定，竞业限制的约定不得违反法律、法规的规定。在解除或者终止劳动合同后，以上规定的人员到与本单位生产或者经营同类产品、从事同类业务的有竞争关系的其他用人单位，或者自己开业生产或者经营同类产品、从事同类业务的竞业限制期限，不得超过两年。

除以上两种情形外，用人单位不得与劳动者约定由劳动者承担的违约金，或者以赔偿金、违约赔偿金、违约责任金等其他名义约定由劳动者承担违约责任。对于约定由用人单位承担的违约金，《劳动合同法》没有作出禁止性规定。

九、劳动合同的履行和变更

《劳动合同法》在总结《劳动法》有关配套规定的基础上，对《劳动法》关于劳动合同履行和变更的规定作出了补充规定。

（一）规定了劳动合同履行的一般原则

1. 全面履行原则。指的是劳动合同双方当事人在任何时候，均应当履行劳动合同约定的全部义务。《劳动合同法》第二十九条规定，用人单位与劳动者应当按照劳动合同的约定，全面履行各自的义务。

2. 合法原则。指的是劳动合同双方当事人在履行劳动合同过程中，必须遵守法律法规，不得有违法行为。《劳动合同法》着重强调了三个方面：一是规定用人单位应当按照劳动合同约定和国家规定及时足额支付劳动报酬。用人单位拖欠或者未足额支付劳动报酬的，劳动者可以依法向当地人民法院申请支付令，人民法院应当依法发出支付令。二是规定用人单位应当严格执行劳动定额标准，不得强迫或者变相强迫劳动者加班。用人单位安排加班的，应当按照国家有关规定向劳动者支付加班费。三是规定劳动者对用人单位管理人员违章指挥、强令冒险作业有权拒绝，不视为违反劳动合同；对危害生命安全和身体健康的劳动条件，有权对用人单位提出批评、检举和控告。

（二）规定了特殊情形下劳动合同的履行

一是规定用人单位变更名称、法定代表人、主要负责人或者投资人等事项，不影响劳动合同的履行。

二是规定用人单位发生合并或者分立等情况，原劳动合同继续有效，劳动合同由承继其权利义务的用人单位继续履行。

在用人单位变更名称、法定代表人、主要负责人，或者用人单位发生合并、分立等情况时，由于劳动合同必备条款中的用人单位名称、法定代表人、主要负责人等内容发生了变更，用人单位与劳动者应当从形式上变更劳动合同，但是，没有从形式上变更劳动合同的，原劳动合同也应当继续履行。

（三）规定了劳动合同变更的一般原则

《劳动合同法》第三十五条规定，用人单位与劳动者协商一致，可以变更劳动合同约定的内容。也就是说，协商一致原则是劳动合同变更的一般原则。

（四）规定了劳动合同变更的形式

《劳动合同法》第三十五条规定，变更劳动合同，应当采用书面形式。变更后的劳动合同文本由用人单位和劳动者各执一份。

十、劳动合同的解除

《劳动合同法》对劳动合同解除作出了一些与《劳动法》不同的新规定。

（一）补充规定了劳动者可以立即解除劳动合同的类型

《劳动法》规定，劳动者单方解除劳动合同分为提前三十日以书面形式通知用人单位解除劳动合同和随时通知用人单位解除劳动合同两种类型。《劳动合同法》补充规定了第三种类型，即用人单位以暴力、威胁或者非法限制人身自由的手段强迫劳动者劳动的，或者用人单位违章指挥、强令冒险作业危及劳动者人身安全的，劳动者可以立即解除劳动合同，不需事先告知用人单位。因为，劳动者在以上情形下面临人身危险，法律不应要求劳动者履行通知用人单位的义务后再解除劳动合同。

（二）修改了劳动者可以随时通知解除劳动合同的情形

根据《劳动法》规定，在试用期内的，用人单位未按照劳动合同约定支付劳动报酬或者提供劳动条件的，用人单位以暴力、威胁或者非法限制人身自由的手段强迫劳动的，劳动者可以随时通知用人单位解除劳动合同。《劳动合同法》对此作了修改和补充：

一是规定将用人单位以暴力、威胁或者非法限制人身自由的手段强迫劳动情形下，劳动者可以随时通知用人单位解除劳动合同，调整为劳动者可以不需事先告知立即解除劳动合同。

二是为了更好地维护劳动者合法权益，同时督促用人单位遵守有关法律法规，补充规定了劳动者可以随时通知用人单位解除劳动合同的情形，包括：（1）用人单位未按照劳动合同约定提供劳动保护的；（2）用人单位未依法为劳动者缴纳社会保险费的；（3）用人单位的规章制度违反法律、法规的规定，损害劳动者权益的；（4）用人单位因本法第二十六条第一款规定的情形致使劳动合同无效的；（5）法律、行政法规规定劳动者可以解除劳动合同的其他情形。

三是考虑到用人单位工作交接的合理需要，规定将劳动者在试用期内可以随时通知用人单位解除劳动合同，变更为劳动者在试用期内可以提前三日通知用人单位解除劳动合同。

（三）补充规定了用人单位可以随时通知劳动者解除劳动合同的情形

《劳动合同法》为了保护用人单位的合法权益，还补充规定了用人单位可以随时通知劳动者解除劳动合同的其他情形，即：（1）劳动者同时与其他用人单位建立劳动关系，对完成本单位的工作任务造成严重影响，或者经用人单位提出，拒不改正的；（2）因本法第二十六条第一款第一项规定的情形（即劳动者以欺诈、胁迫的手段或者乘人之危，使用人单位在违背真实意思的情况下订立劳动合同的），致使劳动合同无效的。

（四）增加了用人单位提前三十日以书面形式通知劳动者解除劳动合同的替代方式

《劳动合同法》一方面延续了《劳动法》关于用人单位可以提前三十日以书面形式通知劳动者解除劳动合同的规定，另一方面考虑到在这三十日时间内，劳动者往往需要时间去寻找新的工作，因此，借鉴一些国家和地区实行的代通知金制度，增加规定了用人单位提前三十日以书面形式通知劳动者解除劳动合同的替代方式，即在符合以上三种法定情形时，用人单位既可以提前三十日以书面形式通知劳动者本人，也可以额外支付劳动者一个月工资，然后解除劳动合同。

（五）修改了用人单位裁减人员的规定

《劳动合同法》一方面强化了对用人单位与符合条件的劳动者订立无固定期限劳动合同的要求，另一方面考虑到用人单位调整经济结构、革新技术以适应市场竞争的需要，放宽了用人单位在确需裁减人员时进行裁减人员的条件：

一是增加了用人单位可以裁减人员的法定情形。《劳动法》规定，用人单位只有在濒临破产进行法定整顿期间或者生产经营状况发生严重困难，确需裁减人员

的，才可以裁减人员。《劳动合同法》除延续《劳动法》以上规定外，增加了两种用人单位可以裁减人员的情形：（1）企业转产、重大技术革新或者经营方式调整，经变更劳动合同后，仍需裁减人员的；（2）其他因劳动合同订立时所依据的客观经济情况发生重大变化，致使劳动合同无法履行的。

二是放宽了用人单位裁减人员的程序要求。《劳动法》规定，用人单位裁减人员的，都应当提前三十日向工会或者全体职工说明情况，听取工会或者职工的意见，并向劳动行政部门报告。《劳动合同法》将《劳动法》以上规定内容调整为，用人单位需要裁减人员二十人以上或者裁减不足二十人但占企业职工总数百分之十以上的，才应当按照以上规定的程序执行；裁减人员不足二十人且占企业职工总数不足百分之十的，无须按照以上规定的程序执行。

与此同时，为了降低裁减人员对劳动者工作和生活的影响，《劳动合同法》与《劳动法》相比，补充规定了用人单位在裁减人员时应当承担的社会责任：

一是补充规定了裁减人员时，应当优先留用下列人员：（1）与本单位订立较长期限的固定期限劳动合同的；（2）与本单位订立无固定期限劳动合同的；（3）家庭无其他就业人员，有需要扶养的老人或者未成年人的。

二是细化了关于用人单位裁减人员后，在六个月内录用人员的，应当优先录用被裁减人员的规定，即规定：用人单位在六个月内重新招用人员的，应当通知被裁减的人员，并在同等条件下优先招用被裁减的人员。

（六）增加了用人单位提前三十日以书面形式通知劳动者解除劳动合同以及裁减人员的限制情形

根据《劳动法》规定，即使具备用人单位提前三十日以书面形式通知劳动者可以解除劳动合同以及裁减人员的一般情形，但是如果劳动者有下列情形之一的，用人单位也不得与劳动者解除劳动合同：（1）患职业病或者因工负伤并被确认丧失或者部分丧失劳动能力的；（2）患病或者负伤，在规定的医疗期内的；（3）女职工在孕期、产期、哺乳期内的；（4）法律、行政法规规定的其他情形。另外，《职业病防治法》规定，用人单位对未进行离岗前职业健康检查的劳动者不得解除与其订立的劳动合同；在疑似职业病病人诊断或医学观察期间，不得解除与其订立的劳动合同。《劳动合同法》除延续《劳动法》《职业病防治法》以上规定外，还补充规定了一种情形，即劳动者在本单位连续工作满十五年，且距法定退休年龄不足五年的。

十一、劳动合同的终止

《劳动法》规定："劳动合同期满或者当事人约定的劳动合同终止条件出现，劳动合同即行终止。"在《劳动法》实施中，一些用人单位随意与劳动者约定劳动合同终止条件，并据此终止劳动合同，使无固定期限劳动合同提前消灭，不能真正起到维护劳动者就业稳定权益的作用；同时，对于劳动者退休、死亡或者用人单位破产等情形下，劳动合同如何处理，法律没有作出规定。为了更好地维护劳动者合法权益，《劳动合同法》调整了《劳动法》关于劳动合同终止的规定内容：

一是取消了劳动合同约定终止，规定劳动合同只能因法定情形出现而终止。即劳动合同当事人不得约定劳动合同终止条件；即使约定了，该约定也无效。

二是增加了劳动合同法定终止的情形，即劳动合同终止的法定情形除劳动合同期满（包括固定期限劳动合同期满，以及以完成一定工作任务为期限的劳动合同因该工作任务完成而期满）外，还包括：（1）劳动者开始依法享受基本养老保险待遇的；（2）劳动者死亡，或者被人民法院宣告死亡或者宣告失踪的；（3）用人单位被依法宣告破产的；（4）用人单位被吊销营业执照、责令关闭、撤销或者用人单位决定提前解散的；（5）法律、行政法规规定的其他情形。

三是增加了终止劳动合同的限制情形。在《劳动合同法》施行之前，为了保护劳动者的权益，国家规定在下列情形下，即使劳动合同期限届满，用人单位也不得终止劳动合同：（1）《工会法》规定，基层工会专职主席、副主席或者委员自任职之日起，其劳动合同期限自动延长，延长期限相当于其任职期间；非专职主席、副主席或者委员自任职之日起，其尚未履行的劳动合同期限短于任期的，劳动合同期限自动延长至任期期满。但是，任职期间个人严重过失或者达到法定退休年龄的除外。（2）原劳动部《关于贯彻执行〈中华人民共和国劳动法〉若干问题的意见》（劳部发〔1995〕309号）规定，除劳动法第二十五条规定的情形（即在试用期间被证明不符合录用条件的；严重违反劳动纪律或者用人单位规章制度的；严重失职，营私舞弊，对用人单位利益造成重大损害的；被依法追究刑事责任的）外，劳动者在医疗期、孕期、产期和哺乳期内，劳动合同期限届满时，用人单位不得终止劳动合同。劳动合同的期限应自动延续至医疗期、孕期、产期和哺乳期期满为止。（3）《工伤保险条例》规定，劳动者在本单位患职业病或者因工负伤并被确认丧失劳动能力的，或者大部分丧失劳动能力且劳动者没有提出终止劳动合同的，用人单位不得与劳动者终止劳动合同。（4）《职业病防治法》规定，用人单位对未进行离岗前职业健康检查的劳动者不得终止与其订立的劳动合同；在疑似职业病病人诊断或者医学观察期间，不得终止与其订立的劳动合同。

《劳动合同法》除延续《工会法》《职业病防治法》等以上规定外，还补充规定，劳动者在本单位连续工作满十五年，且距法定退休年龄不足五年的，即使劳动合同期满，用人单位也不得与劳动者终止劳动合同。

十二、解除和终止劳动合同的经济补偿

《劳动法》规定，用人单位依法经协商与劳动者解除劳动合同的、提前三十日以书面形式通知劳动者解除劳动合同的、因裁减人员而与劳动者解除劳动合同的，应当依照国家有关规定给予经济补偿。原劳动部《违反和解除劳动合同的经济补偿办法》对支付经济补偿的具体办法作出了规定。《劳动合同法》在延续以上规定的同时，对用人单位在解除和终止劳动合同时支付经济补偿作出了一些新规定：

一是增加规定劳动者依照本法第三十八条规定因用人单位违法行为解除劳动合同的，用人单位也应当依法支付经济补偿。这是因为，劳动者依照本法第三十八条规定解除劳动合同，其原因是用人单位存在违反工资支付、社会保险等方面的法律规定的行为，损害了劳动者的合法权益。增加规定在这种情形下劳动者提出解除劳动合同的，用人单位也必须支付经济补偿，一则可以督促用人单位遵守有关工资支

付、社会保险等方面的法律规定，二则可以防止用人单位故意违法，逼迫劳动者提出解除劳动合同，以规避支付经济补偿。

二是增加规定劳动合同因下列情形而终止时，用人单位也应当依法支付经济补偿：（1）除用人单位维持或者提高劳动合同约定条件续订劳动合同，劳动者不同意续订的情况外，固定期限劳动合同期满终止的；（2）因用人单位被依法宣告破产，或者用人单位被吊销营业执照、责令关闭、撤销或者用人单位决定提前解散，而终止劳动合同的。根据《劳动法》规定，用人单位在解除劳动合同时，一般需要支付经济补偿金，而在终止劳动合同时，一般不需要支付经济补偿金。用人单位订立短期劳动合同并终止与订立长期劳动合同并解除相比，可以减少解雇成本。增加规定固定期限劳动合同期满终止也应当支付经济补偿金，可以消除用人单位减少解雇成本的动机，以经济手段引导用人单位与劳动者订立长期或者无固定期限劳动合同。

三是增加规定了向高收入劳动者支付经济补偿的限额。即劳动者月工资高于用人单位所在直辖市、设区的市级人民政府公布的上年度职工月平均工资三倍的，向其支付经济补偿的标准按职工月平均工资三倍的数额支付，向其支付经济补偿的年限最高不超过十二年。这一规定的目的是避免过于加重用人单位的人工成本，同时合理调节高收入劳动者的收入水平。

十三、集体合同

集体协商和集体合同制度是市场经济条件下协调劳动关系的有效机制。《劳动合同法》延续了《劳动法》《工会法》的规定，再次明确企业职工一方与用人单位通过平等协商，可以就劳动报酬、工作时间、休息休假、劳动安全卫生、保险福利等事项订立集体合同。集体合同草案应当提交职工代表大会或者全体职工讨论通过。集体合同由工会代表企业职工一方与用人单位订立；尚未建立工会的用人单位，由上级工会指导劳动者推举的代表与用人单位订立。集体合同订立后应当报送劳动行政部门；劳动行政部门自收到集体合同文本之日起十五日内未提出异议的，集体合同即行生效。依法订立的集体合同对用人单位和劳动者具有约束力。集体合同中劳动报酬和劳动条件等标准不得低于当地人民政府规定的最低标准；用人单位与劳动者订立的劳动合同中劳动报酬和劳动条件等标准不得低于集体合同规定的标准。

为了进一步完善集体合同制度，《劳动合同法》将一些经过实践检验行之有效的好的政策上升为法律规定，对《劳动法》《工会法》确立的集体合同制度进行了补充：

一是针对一些规模较小的用人单位中职工流动性较大、职工合法权益受侵害的现象时有发生，而这些单位内工会力量薄弱，难以有效开展集体协商的问题，规定在县级以下区域内，建筑业、采矿业、餐饮服务业等行业可以由工会与企业方面代表订立行业性集体合同，或者订立区域性集体合同。行业性、区域性集体合同对当地本行业、本区域的用人单位和劳动者具有约束力。

二是为了提高集体合同的针对性和实效性，规定企业职工一方与用人单位可以订立劳动安全卫生、女职工权益保护、工资调整机制等专项集体合同。

三是考虑到与正在制定之中的《劳动争议调解仲裁法》的衔接，修改了《工会法》关于因履行集体合同发生争议，经协商解决不成的，"工会可以向劳动争议仲裁机构提请仲裁，仲裁机构不予受理或者对仲裁裁决不服的，可以向人民法院提起诉讼"的规定，规定"工会可以依法申请仲裁、提起诉讼"。

十四、劳务派遣

进入 21 世纪，劳务派遣成为一种比较普遍的用工形式，其范围不断扩大。劳务派遣用工形式之所以被广泛采用，一方面是由于在一些领域，通过劳务派遣形式用工符合社会化分工的需要；另一方面，也是由于对劳务派遣这种新生事物缺乏法律规范，使得一些用工单位出于规避劳动保障法律法规的意图而通过劳务派遣形式用工。在实际中，一些被派遣劳动者的社会保险、休息休假、劳动保护等权益受到侵害，不能获得与用工单位的职工同工同酬的权利，发生工伤后往往得不到赔偿。

为了使符合社会化分工需要的劳务派遣能够得到健康发展，同时防止用工单位规避劳动保障法律法规，维护被派遣劳动者合法权益，《劳动合同法》对劳务派遣用工形式作出了规范：

一是规范劳务派遣单位的设立。规定只有依法设立的能够独立承担民事法律责任、且具备一定经济实力以承担对被派遣劳动者义务的公司法人才能专门从事劳务派遣经营。

二是对劳务派遣单位与被派遣劳动者订立的劳动合同作出特别规定。尤其是规定了劳务派遣单位应当与被派遣劳动者订立二年以上的固定期限劳动合同，按月支付劳动报酬；被派遣劳动者在无工作期间，劳务派遣单位应当按照所在地人民政府规定的最低工资标准，向其按月支付报酬。从而防止用工单位与劳务派遣单位联合起来随意解除劳动合同，侵害被派遣劳动者的就业稳定权益。

三是针对存在劳动关系三方主体的特殊情形，除明确劳务派遣单位应当承担用人单位义务外，还规定了用工单位应当履行的义务。包括用工单位应当执行国家劳动标准，提供相应的劳动条件和劳动保护；告知被派遣劳动者的工作要求和劳动报酬；支付加班费、绩效奖金，提供与工作岗位相关的福利待遇；对在岗被派遣劳动者进行工作岗位所必需的培训；连续用工的，实行正常的工资调整机制；应当按照劳务派遣协议使用被派遣劳动者，不得将被派遣劳动者再派遣到其他用人单位。

四是明确劳务派遣单位与用工单位之间的关系。规定劳务派遣单位应当与用工单位订立劳务派遣协议。劳务派遣协议应当约定派遣岗位和人员数量、派遣期限、劳动报酬和社会保险费的数额与支付方式以及违反协议的责任。用工单位应当根据工作岗位的实际需要与劳务派遣单位确定派遣期限，不得将连续用工期限分割订立数个短期劳务派遣协议。劳务派遣单位应当将劳务派遣协议的内容告知被派遣劳动者，不得克扣用工单位按照劳务派遣协议支付给被派遣劳动者的劳动报酬。

五是针对劳务派遣的特殊性，对被派遣劳动者的权利作了一些特别规定。包括规定劳务派遣单位跨地区派遣劳动者的，被派遣劳动者享有的劳动报酬和劳动条件，按照用工单位所在地的标准执行；被派遣劳动者享有与用工单位的劳动者同工同酬的权利；被派遣劳动者有权在劳务派遣单位或者用工单位依法参加或者组织工会，维护自身的合法权益。

六是限定劳务派遣岗位的范围。规定劳务派遣一般在临时性、辅助性或者替代性的工作岗位上实施。

七是规定用工单位与劳务派遣单位承担连带责任。在劳务派遣用工形式的发展中，用工单位处于主导地位，是最大的推动力量。为了防止用工单位规避劳动保障法律法规，促使用工单位只有在真正符合社会化分工需要时才采用劳务派遣形式用工，并且与规范的劳务派遣单位合作、督促劳务派遣单位依法履行义务，《劳动合同法》规定，在被派遣劳动者合法权益受到侵害时，用工单位与劳务派遣单位承担连带赔偿责任。

十五、非全日制用工

近年来，以小时工为主要形式的非全日制用工发展较快。这一用工形式突破了传统的全日制用工模式，适应了用人单位灵活用工和劳动者自主择业的需要，成为促进就业的重要途径。为了规范用人单位非全日制用工行为，保障劳动者的合法权益，促进非全日制就业健康发展，根据《中共中央国务院关于进一步做好下岗失业人员再就业工作的通知》（中发［2002］12号）精神，原劳动和社会保障部于2003年发布了《关于非全日制用工若干问题的意见》（劳社部发［2003］12号）。《劳动合同法》在总结这一政策执行情况的基础上，对这一政策内容进行确认、修改、补充，从法律层面上对非全日制用工作出了与全日制用工不同的特别规范：

一是对非全日制用工作了定义。规定非全日制用工是指以小时计酬为主，劳动者在同一用人单位一般平均每日工作时间不超过四小时，每周工作时间累计不超过二十四小时的用工形式。

二是规定从事非全日制用工的劳动者可以与一个或者一个以上用人单位订立劳动合同；但是，后订立的劳动合同不得影响先订立劳动合同的履行。而全日制用工劳动者只能与一个用人单位订立劳动合同。

三是规定非全日制用工双方当事人可以订立口头协议。而全日制用工的，应当订立书面劳动合同。

四是规定非全日制用工双方当事人不得约定试用期。而全日制用工的，除以完成一定工作任务为期限的劳动合同和三个月以下固定期限劳动合同外，其他劳动合同可以依法约定试用期。

五是规定双方当事人任何一方都可以随时通知对方终止用工；终止用工，用人单位不向劳动者支付经济补偿。而全日制用工的，双方当事人应当依法解除或者终止劳动合同；用人单位解除或者终止劳动合同，应当依法支付经济补偿。

六是规定非全日制用工不得低于用人单位所在地人民政府规定的最低小时工资标准。而全日制用工劳动者执行的是月最低工资标准。

七是非全日制用工劳动报酬结算周期最长不得超过十五日。而全日制用工的，工资应当至少每月支付一次。

［案例85］ 合同细节马虎不得

留美回国的林琳，希望在国内找到一份适合自己的工作。一天，她接到一家外资企业打来的电话，对方一口流利的英语以及开出的条件，让林琳心动了，于是决

定到该公司与老总面谈。

面试时接待她的是该公司的总经理,一位50多岁的老先生,看上去温文尔雅。他以流利的英语告诉她,他们公司要在深圳成立一家分公司,准备聘请一位销售经理,开发深圳市场,他们刚刚接到一大笔业务,但是人员不够,急需有才能的人。总经理还承诺,可以给林琳提供广阔的发展空间,而且薪金待遇都不是问题,可以使林琳满意。林琳被总经理的话打动了,决定来该公司上班。

几天后,林琳逐渐喜欢上了这个公司的工作方式,总经理兑现了他的承诺——给她提供了广阔的发展空间。更重要的是,老板开出的薪金令她非常满意。林琳与总经理签订了两份合同,其中一份合同中,注明林琳的月薪是3万元人民币;另外一份合同中,注明林琳的月薪是2000美元加14400元人民币,合计3万元人民币。显然两份合同的支付方式不同,但是其大体内容是相同的。

没过多久,林琳便将全副精力投入到工作当中,且获得了几个大客户,公司市场在她的努力下日渐壮大,一种成就感悄悄地爬上了林琳的心头。

令她意想不到的事情发生了,总经理渐渐地缩小了她的权力范围,而且无故拖欠工资,这使林琳感到非常不满意,她向总经理讨要说法,不料,总经理却冷漠地对她说:"如果你对公司的管理制度不满意,完全可以提出辞职。"林琳听后,顿感失望。这时她打开劳动合同一看,合同中对于她的权限范围没有给出明确具体的规范,所以在形式上她的权益无法体现,而在实际工作中,老板无故限权,对她的工作过多干涉,使她有苦难言。她想到辞职,可是,距离合同期满还有一个月,如果现在离开,年底分红、奖金等各种福利就没有了,她只好委屈地忍耐了。半个月后,老板让林琳不择手段以获取竞争公司的商业秘密,林琳对这种过分要求忍无可忍,不得已辞掉了工作。于是,按照当时双方签订的合同,林琳不但拿不到各项奖金,还必须缴纳3万元人民币的违约金。其实,这明显是总经理设下的一个圈套,他并不希望林琳在公司干满一年,更不希望她拿到公司的分红、奖金以及其他福利,他之所以对林琳提出过分要求,目的在于逼迫林琳辞职,从而省掉一大笔分红、奖金。

林琳反思自己的经历,告诫求职者:"细节是魔鬼。"合同细节马虎不得。

分析:

有人说,"细节是魔鬼",有时细节能够决定成败,这话不无道理,劳动合同的签订也如此。

劳动合同约束着用人单位与劳动者双方,双方的权利与义务应该在劳动合同中有明确的体现。在签订劳动合同时,求职者必须仔细察看合同中的每项内容,不要只注重工资多少,其他条件也应考虑周全,以免遇到麻烦时,找不到说理的地方,给自己带来很大的损失。

相关链接

谨防陷阱合同

1. 口头合同。一些用人单位与求职者就责、权、利达成口头约定,却不签订书

面正式文件。一有"风吹草动"，这些口头承诺就会化为泡影。

2. 格式合同。用人单位按照国家有关法律规定制定的合同示范文本，事先打印好。求职者在签订此类合同时，仍要注意具体条款的准确表述，避免发生歧义。

3. 单方责任合同。一些用人单位利用应聘者求职心切的心理，合同中只是约定应聘方有哪些义务，违反约定要承担的责任，毁约要交纳违约金等，对应聘者的权利几乎一字不提，而企业则以合同或协议条款未规定其违约处罚措施而逃避责任。

4. 生死合同。一些危险行业用人单位为逃避应该承担的责任，常常要求应聘方接受合同中的"生死协议"，即一旦发生事故，企业不承担任何责任。

5. "两张皮"合同。有的用人单位为了应付有关部门的检查，往往与应聘者签订两份合同，一份合同用来应付劳动部门的检查，另一份才是双方真正履行的合同，应聘者要认真对比两份合同的异同。

6. 合同中任意规定试用期限，随意拖延转正时间。

7. 不签订正式的劳动合同，以试用协议、培训协议或工作聘用协议取代。

8. 以工资年薪制为由，约定社会保险由单位缴纳的部分也由劳动者承担。

9. 约定显失公平的违约金条款或培训费赔偿条款或保密条款。

10. 约定限制人身权利的违法条款，如几年内不得结婚、不得怀孕之类的规定。

11. 不当收费。一些企业在招聘毕业生时收取报名费，签合同时约定收取风险抵押金、服装费、培训费等费用。

[案例86]　　如何维护自己的合法权益

王军是一名2007年7月走出校门的大学生。通过双选会，他跟一家物流企业达成就业意向，并签订了高校毕业生就业协议书，但双方一直没有签订书面劳动合同。7月8日，王军开始在该企业从事水电维修工作，工资为每月1000元。然而，他工作才刚刚起步，却很快遇到了挫折。2007年11月20日，王军因个人原因请了3天假，24日早晨上班时，该企业经理黄某以他不服从安排为由，让他结账走人。他在工作期间每逢双休日及法定节假日，只要客户有需求，随时加班。当他向该企业讨要加班工资以及解除劳动关系经济补偿金时，该企业拒绝了，并否认与王军有劳动关系。王军感到很迷茫，不知怎样维护自己的合法权益。

分析：

在工作中，用人单位和劳动者发生矛盾和摩擦在所难免。而劳动者在劳动关系中，处于事实上的弱势地位，大中专院校、职业技术学校的毕业生刚参加工作，往往更加缺乏应对劳动争议的经验和能力。从王军的案例看，毕业生在工作中应该注意哪些法律问题，在面对与单位的劳动争议时该如何处理，以下建议可供参考：

一是增强法律意识，签订劳动合同。高校就业协议书不能取代劳动合同，因此，大学生就业后，应与单位重新签订劳动合同，以明确双方的劳动关系。

二是平时做个有心人，注意保留一些能够证明自己与用人单位之间存在劳动关系的证据。对于刚参加工作的人来说，进入单位时，单位往往会发给工作证、工作牌、工资条等，这些东西都是证明双方有劳动关系的有力证据。王军假如要上诉法

院，但如果他没有证明他与单位之间存在事实劳动关系的证据，他将败诉，他所有的诉讼请求，诸如加班工资、经济补偿金等就不能获得法院支持。

三是一旦与单位发生争议时，劳动者可以通过与单位协商，或向劳动争议仲裁委员会提出劳动仲裁申请，或向法院提起诉讼等途径保护自己的合法权益。

相关链接

求职中常见难题的处理方法

难题1：应聘职位与实际工作岗位和工作内容不相符

具体现象：有的单位在刊登招聘广告时对具体职位及岗位职责的描述含糊不清，对用人要求的标准不明确，没有严格的界限。还有的单位甚至直接把其他公司的招聘内容照搬过来，换成自己公司的名称，应聘者在录取后才发现实际工作内容与招聘岗位并不一致。

解决办法：

（1）在这种情况下，沟通是主要的，一定要了解清楚对方的想法和意图，是否因为公司一时的不得已或有其他的苦衷，然后再决定去留。

（2）在对自己的职业目标明确的情况下，考虑这个岗位是否适合自己，自己为什么要获取这份工作，是为生存还是职业发展需要。但是，有职业咨询专家指出，如果一个企业连自己招聘的岗位都不能作具体的描述，其发展前景可想而知。

（3）向企业阐明自己的观点和想法，如果确实是公司刻意隐瞒欺骗，那就先通过交涉来解决，尽量减少自己的损失。此举不行，再向劳动监察部门或劳动争议仲裁机构反映，保护自己的合法权益。

难题2：面试时收取费用

具体现象：用人单位变相收取各种费用，如报名费、建档费、培训费等，这其实是一些企业变相敛财的手段和方法。

解决方法：

我国《劳动合同法》第九条规定："用人单位招用劳动者，不得扣押劳动者的居民身份证和其他证件，不得要求劳动者提供担保或者以其他名义向劳动者收取财物。"招聘面试只是一种双向选择的机会，无论是求职者还是招聘单位，并没有为对方提供任何具体的服务，所以根本不应收取任何费用，如有单位向求职者收取抵押金、风险金、保证金、服装费、培训费、报名费等，十有八九是本意不在招聘，而在于骗取求职者口袋里的金钱，此时，应聘者一定要拒绝交纳，这样的公司不必再考虑，还是花点时间来寻找更适合的吧。

难题3：薪酬模糊，浮动幅度大或不按时发放

具体现象：企业在新员工录用后，对于待遇要么不给予明确的答复，要么含糊不清，在签订用工合同的时候，也极力回避说明具体待遇。

解决办法：

（1）在企业录用前，必须和对方明确自己的工作岗位及具体待遇，具体内容为试用期工资、相关补贴，正式录用后的待遇、保险与福利（如养老保险、失业保险、医疗保险、公积金等）及相关补贴。了解清楚后，要问明以何种方式支付，同时，是否在合同中加以备注。这样可以把应聘者的风险降到最低。

（2）正式入职前，一定要把薪酬待遇谈清楚，并在相关合同中注明，同时可以向同单位的人员了解一些待遇方面的实际情况，看其待遇和自己的有无太大差距，否则入职以后就被动了。

（3）一旦发现企业不履行其工资、保险与福利承诺，可以向有关劳动执法部门举报，及时解决，避免更大的损失。

难题4：试用期无甚过失而被解雇

具体现象：一些行业如酒店、中介公司等为降低管理成本（人员工资、保险、福利等），利用正式录用后的高工资来引诱求职者，在试用期快结束时，无端以各种理由解雇劳动者。我国《劳动合同法》第十九条明确规定"试用期包含在劳动合同期限内"，也就是说，没有劳动合同的试用期就根本不是法律意义上的试用期。

解决方法：

（1）求职者在应聘前一定要做充分的准备，尽可能了解这家公司的具体情况，特别是那些完全依靠劳动力成本、技术含量比较低的企业，在进入这样的企业前，最好能向该企业的员工进行多方面打听。

（2）签订用工合同前，明确了解企业用人制度和岗位制度，特别是相关的劳动法规。

（3）在工作的时候与其他员工多交流，建立良好的人际关系，以便在被无故解雇后，在劳动执法部门调查取证的时候，能得到其他员工的支持。

（4）据理力争。《劳动合同法》第二十七条、第三十九条和第四十条对试用期内解除劳动合同作了较具体的规定。用工单位违反劳动法律法规，侵害员工利益时，求职者要勇敢及时地向有关部门举报。只有这样，才能保护好自己的权益。

［案例87］　公司该不该赔偿？

小陈在中等职业学校汽运专业学习，毕业后到一家长途运输公司工作，并和公司签订劳动合同，约定："如因交通违章出现的交通事故，个人负责赔偿，如有伤亡，公司概不负责。"小陈因公司报酬高，想都没想就签了合同。7个月后，小陈因疲劳驾驶而死于车祸，他的家人找公司索赔，而公司却拿出劳动合同拒不赔付。

分析：

用人单位在自订合同中订立"伤亡自理"条款严重违反《劳动法》的有关规定，该条款属无效条款。有些用人单位就是利用这样的条款，放松了对职工的管理，推卸责任，也使工伤事故时有发生，致使劳动者生命安全没有保障，利益受损，所以提醒劳动者千万不能签订这种合同。而用人单位借口"伤亡自理"推卸责任，拒绝索赔，是没有法律依据的。

按照《劳动法》规定，企业要给员工缴纳社会保险，包括养老保险、医疗保险、失业保险、工伤保险和生育保险等，这是一个法定的义务，而该运输公司没有履行这个义务，是要负法律责任的，死者的家属可以依法追究其责任。

相关链接

社会保险知识

我国《劳动法》规定劳动者在下列情形下，依法享受社会保险待遇：

（1）退休。

（2）患病、负伤。

（3）因工伤残或者患职业病。

（4）失业。

（5）生育。

以上总称为"五险一金"。严格来讲，"五险"是指养老保险、医疗保险、失业保险、工伤保险和生育保险，"一金"是指住房公积金。其中养老保险、医疗保险和失业保险这三种险是由企业和个人共同缴纳保费，工伤保险和生育保险完全由企业承担，个人不需要缴纳。这里要注意的是"五险"是法定的，而"一金"不是法定的。另外，养老金和失业金是不能同时享受的。

"五险一金"的缴纳额度每个地区的规定都不同，以工资总额为基数。有的企业在缴纳时有基本工资，有相关的补贴；但有的企业在缴纳时，只是基本工资，这是违反法律规定的。具体比例要向当地的劳动部门去咨询。

企业给员工缴纳社会保险是一个法定的义务，不取决于当事人的意愿，即使员工表示不需要参加社会保险也不行，而且商业保险不能替代社会保险。

在试用期内是否应该享受社会保险？从法律上说，试用期既是劳动合同期的一个组成部分，所以在试用期内也应该参加社会保险。

[案例88] 不能想走就走

现象一

今年刚毕业的黄敏为了尽快落实就业单位而与南宁市电子科技广场一家电脑销售公司签订了一份为期3年的劳动合同，试用期为3个月。但黄敏在这家公司工作不到一个月，就又找到另一家自己心仪的用人单位，谈妥条件后便不辞而别，到新的"东家"上班去了。

现象二

某高校研究生邓刚，先与北京某科研所签约，但未将协议书交回就业指导部门。不久，另一所科研所到学校招毕业生，通过辅导员推荐，该单位热情邀请邓刚到单位去实地考察。在邓刚同意的基础上，单位为其安排好岗位，并正式签订三方协议。随后，邓刚又报考了另一单位的博士研究生，该单位的许多科研项目正缺人手，不久邓刚通过了博士研究生的入学考试。后来，三方用人单位同时找到学校，且均出示了正式协议，此事被反映至上级主管部门，最后，邓刚在缴纳了两笔违约金之后，才走上攻读博士研究生之路。

分析：

黄敏的做法是违反《劳动合同法》规定的。现行《劳动法》规定，劳动者在试

用期内可以随时通知用人单位解除劳动合同；但新《劳动合同法》则规定，除非在试用期内用人单位以暴力、威胁或者非法限制人身自由等手段强迫劳动者劳动的，或用人单位违章指挥、强令冒险作业危及劳动者人身安全的，劳动者可以解除劳动合同，不需要事先通知用人单位；劳动者如想在试用期内"跳槽"，必须提前3天通知用人单位，方可解除劳动合同，而不能想走就走。劳动者违反规定解除劳动合同，给用人单位造成损失的，应当承担赔偿责任。

毕业生就业显然面临着许多选择，但也要慎重考虑，合同一签就要履行合同的义务，否则就可能延误其他毕业生就业，打乱用人单位的招聘计划，损害学校的名誉，最后还得自己花钱缴纳违约金，邓刚的例子就是一个教训。

相关链接

劳动者的基本权利和义务

我国《劳动法》对劳动者的基本权利和义务做了明确的规定。

一、劳动者的基本权利

1. 平等就业和选择职业的权利；

2. 取得劳动报酬的权利；

3. 休息休假的权利；

4. 获得劳动安全和卫生保护的权利；

5. 接受职业技能培训的权利；

6. 享受社会保险福利的权利；

7. 提请劳动争议处理和法律法规的其他劳动权利。

二、劳动者在劳动关系中应尽的义务

1. 完成规定的劳动任务；

2. 自觉接受培训，提高职业技能；

3. 自觉严格执行劳动安全制度和规程；

4. 遵守劳动纪律和职业道德；

5. 相关法律规定的其他劳动义务。

[案例89]　　解除劳动合同，难获经济补偿

2006年4月1日，邹某与南宁某机电设备公司签订了为期一年的劳动合同。2007年4月12日，合同到期后，机电设备公司与邹某协商调整工作岗位，表示想安排其到单位财务部工作。因工资、福利等问题，邹某不愿意接受公司的安排。

见邹某一直不来上班，2007年5月15日，公司给邹某发了一份函，要求邹某于18日前按时回岗上班。在公司的催告下，邹某分别于2007年5月17日、5月18日以书面形式，向公司告知不同意调整工作岗位，并不再与公司续签劳动合同。2007年6月1日，该机电设备公司书面与邹某解除劳动合同。

2007年8月，邹某以机电公司终止合同为由，要求公司给予经济补偿金10800元和按实际工龄补建其人事档案。机电公司没有同意邹某的要求，为此，双方申诉至区劳动争议仲裁委员会，请求裁决。仲裁委于2007年10月15日作出仲裁裁决，

驳回邹某的申诉请求。

邹某不服，又将该机电设备公司诉至南宁市西乡塘区法院。法院审理后认为，邹某与该机电设备公司签订了为期一年的劳动合同，2007 年 4 月 1 日合同期限满后，双方就邹某的岗位调整问题经多次协商未达成一致，后邹某自愿以书面形式告知该机电设备公司不愿再续签劳动合同，双方于 2007 年 6 月 1 日终止了劳动关系，邹某要求该机电设备公司支付经济补偿金不符合法律规定。法院一审判决驳回邹某的诉讼请求。

分析：

在什么样的情况下可以提出经济补偿？《中华人民共和国劳动合同法》规定，劳动者单方向用人单位提出解除劳动合同，可以符合经济补偿的情况主要有以下几种：第一，用人单位未按照劳动合同约定提供劳动保护或者劳动条件的；第二，用人单位未及时足额支付劳动报酬的；第三，用人单位未依法为劳动者缴纳社会保险费的；第四，用人单位的规章制度违反法律、法规的规定，损害劳动者权益的；第五，因用人单位的原因致使劳动合同无效的。在本案中，邹某因不服从公司工作安排，自行向公司单方要求解除劳动合同，不符合法律规定应当得到经济补偿的情形。

示例十（参考文本）

编号：

劳动合同

单位名称：

劳动者姓名：

签约须知

1. 用人单位和劳动者应保证向对方提供的与履行劳动合同有关的各项信息真实、有效。

2. 劳动合同期限三个月以上不满一年的，试用期不得超过一个月；劳动合同期限一年以上不满三年的，试用期不得超过二个月；三年以上固定期限和无固定期限的劳动合同，试用期不得超过六个月。以完成一定工作任务为期限的劳动合同或者劳动合同期限不满三个月的，不得约定试用期。试用期包含在劳动合同期限内。劳动合同仅约定试用期的，试用期不成立，该期限为劳动合同期限。

3. 有下列情形之一，劳动者提出或者同意续订、订立劳动合同的，除劳动者提出订立固定期限劳动合同外，应当订立无固定期限劳动合同：（1）劳动者在用人单位连续工作满十年的；（2）用人单位初次实行劳动合同制度或者国有企业改制重新订立劳动合同时，劳动者在用人单位连续工作满十年且距法定退休年龄不足十年的；（3）连续订立二次固定期限劳动合同，且劳动者没有《劳动合同法》第三十九条和第四十条第一项、第二项规定的情形，续订劳动合同的。

4. 除约定服务期和竞业限制条款两种情形之外，用人单位不得与劳动者约定由劳动者承担违约金。

5. 本合同的附件可以包括培训协议、保密协议等。

甲方（用人单位）名　　称：_____

住　　所：_____

法定代表人（主要负责人）：_____

联系电话：_____

乙方（劳动者）　姓　　名：_____

户籍所在地：_____

现居住地址：_____

身份证号码：_____

联系电话：_____

　　根据《中华人民共和国劳动合同法》及相关法律、法规的规定，甲乙双方遵循合法、公平、平等自愿、协商一致、诚实信用的原则订立本合同。

　　一、劳动合同期限

　　第一条　经双方协商一致，本合同期限类型为_____。

　　（一）固定期限：自__年__月__日起至__年__月__日止。

　　（二）无固定期限：自__年__月__日起。

　　（三）以完成一定工作任务为期限：自__年__月__日起至_____工作任务完成时止。

　　第二条　经双方协商一致，本合同试用期为_____。

　　（一）无试用期。

　　（二）试用期自__年__月__日起至__年__月__日止。

　　二、工作内容和工作地点

　　第三条　甲方根据工作岗位的实际需要，安排乙方从事_____工作，岗位职责是_____。

　　乙方工作地点为_____。

　　第四条　乙方应按照甲方安排的工作内容及要求，认真履行岗位职责，按时完成工作任务，遵守甲方依法制定的规章制度。

　　三、工作时间和休息休假

　　第五条　甲方安排乙方执行_____工时工作制。

　　（一）标准工时工作制：乙方每日工作不超过八小时，平均每周不超过四十小时。

　　（二）综合计算工时工作制：以_____（周、月、季、年）为周期，平均工作时间不超过法定标准工作时间。

　　（三）不定时工作制：在保证完成甲方工作任务的前提下，工作和休息休假由甲乙双方协商安排。

　　实行综合计算工时或者不定时工作制的，由甲方报劳动保障行政部门批准后实行。甲方应在保障乙方身体健康并充分听取乙方意见的基础上，采用集中工作、集中休息、轮休调休、弹性工作时间等适当方式，确保乙方的休息休假权利和生产、工作任务的完成。

第六条 甲方依法保证乙方的休息权利。乙方依法享受法定节假日以及探亲、婚丧、生育、带薪年休假等休假权利。

第七条 甲方严格执行劳动定额标准，不得强迫或者变相强迫乙方加班。除法律规定的特殊情形外，确因生产经营需要，经与工会和乙方协商后可以延长工作时间，一般每日不超过一小时。因特殊原因需延长工作时间的，在保障乙方身体健康的条件下，延长工作时间每日不超过三小时，每月不超过三十六小时。

四、劳动报酬

第八条 甲方结合本单位的生产经营特点和经济效益，参考当地人民政府公布的工资指导线，依法确定本单位的工资分配制度。

乙方的工资水平，按照本单位的工资分配制度，结合乙方的劳动技能、劳动强度、劳动条件、劳动贡献等确定，实行同工同酬。甲方支付乙方的工资不得低于当地最低工资标准。

第九条 甲方按下列第_____种形式支付乙方工资。

（一）计时工资：

1. 乙方的工资构成为_____。

2. 乙方的工资标准为_____元/月（周）。

3. _____

4. _____

（二）计件工资。乙方的劳动定额为_____，计件单价为_____。

乙方在试用期期间的工资标准为_____。

第十条 甲方于每月_____日前以货币或转账形式足额支付乙方工资。如遇节假日或休息日，应提前到最近的工作日支付。

甲方应书面记录支付乙方工资的时间、数额、工作天数、签字等情况，并向乙方提供工资清单。

第十一条 甲方安排乙方延长工作时间或者在休息日工作的，应按照相关法律、法规规定安排乙方补休或者支付加班工资；安排乙方在法定节假日工作的，应按照相关法律法规规定支付加班工资。

五、社会保险和福利待遇

第十二条 甲乙双方必须按照国家和地方有关社会保险的法律、法规和政策规定参加社会保险，依法缴纳各项社会保险费。其中，乙方负担的部分由甲方负责代扣代缴。

第十三条 乙方在劳动合同期内，休息休假、患病或负伤、患职业病或因工负伤、生育、死亡等待遇，按照相关法律、法规的规定执行。

第十四条 甲方为乙方提供以下补充保险和福利待遇：_____。

六、劳动保护、劳动条件和职业危害防护

第十五条 甲方建立健全生产工艺流程和安全操作规程、工作规范和劳动安全卫生、职业危害防护制度，并对乙方进行必要的培训。乙方在劳动过程中应严格遵

守各项制度规范和操作规程。

第十六条　甲方为乙方提供符合国家规定的劳动安全卫生条件和必要的劳动防护用品。安排乙方从事有职业危害作业的，定期为乙方进行健康检查。

第十七条　甲方对可能产生职业病危害的岗位，应当向乙方履行如实告知的义务，并对乙方进行劳动安全卫生教育，预防劳动过程中的事故的发生，减少职业危害。

第十八条　甲方违章指挥、强令冒险作业，乙方有权拒绝。乙方对危害生命安全和身体健康的劳动条件，有权对用人单位提出批评、检举和控告。

七、劳动合同的履行、变更

第十九条　甲乙双方按照本合同的约定，依法、全面履行各自的义务。

第二十条　甲方变更名称、法定代表人、主要负责人或者投资人等事项，不影响本合同的履行。

第二十一条　甲方发生合并或者分立等情况，本合同继续有效，由承继甲方权利和义务的单位继续履行。

第二十二条　经甲乙双方协商一致，可以变更本合同约定的内容，并以书面形式确定。

八、劳动合同的解除、终止

第二十三条　甲乙双方解除、终止本合同，应当按照《劳动合同法》第三十六条、第三十七条、第三十八条、第三十九条、第四十条、第四十一条、第四十二条、第四十三条、第四十四条、第四十五条的规定进行。

第二十四条　甲乙双方解除、终止本合同，符合《劳动合同法》第四十六条规定情形的，甲方应依法向乙方支付经济补偿。

第二十五条　甲方违法解除或者终止本合同，乙方要求继续履行本合同的，甲方应当继续履行；乙方不要求继续履行本合同或者本合同已经不能继续履行的，甲方应当依法按照经济补偿标准的二倍向乙方支付赔偿金。

乙方违法解除劳动合同，给甲方造成损失的，应当承担赔偿责任。

第二十六条　解除、终止本合同时，甲方应当依据有关法律法规等规定出具解除、终止劳动合同的证明，并在十五日内为乙方办理档案和社会保险关系转移手续。

乙方应当按照双方约定，办理工作交接。甲方依法应当支付经济补偿的，在乙方办结工作交接时支付。

九、其他事项

第二十七条　甲方为乙方提供专项培训费用，对其进行专业技术培训，双方可以订立专项培训协议，约定服务期。

乙方违反服务期约定的，应当按照约定支付违约金。

第二十八条　乙方负有保密义务的，双方可以订立专项保密协议，约定竞业限制条款。

乙方违反竞业限制约定的，应当按照约定支付违约金。给用人单位造成损失的，应当承担赔偿责任。

第二十九条　以下协议或甲方依法制定的规章制度作为本合同的附件：

1. _____

2. _____

3. _____

4. _____

第三十条　双方约定的其他事项：

_____

_____

第三十一条　甲乙双方因履行本合同发生劳动争议，可以协商解决。协商不成的，可以依法申请仲裁、提起诉讼。

第三十二条　本合同未尽事宜，按国家和地方有关规定执行。

第三十三条　本合同自甲乙双方签字或者盖章之日起生效。本合同一式二份，甲乙双方各执一份。

甲方（公章）　　　　　　　　　　　　乙方（签字）

法定代表人（主要负责人）或委托代理人

签字日期：　　年　　月　　日　　　　签字日期：　　年　　月　　日

点评：

这是一份规范的劳动合同文本，可供参考。

与用人单位签订合同时，求职者要"三看"：一看企业的工商登记；二看合同字句是否准确、清楚、完整；三看合同是否有一些必备内容，如劳动合同期限、工作内容、劳动保护和劳动条件、劳动报酬等。另外，一些用人单位按照国家有关法律规定和劳动部门制定的格式化合同范本，事先打印好的聘用合同表面看似乎无可挑剔，但具体条款却表述含糊，甚至有多种解释，一旦发生劳动纠纷，用人单位会借此为自己辩护。对此求职者应多留个心眼，提高警觉，防止掉入合同条款陷阱。

十、谨防求职陷阱

［案例90］　违规中介门庭若市

某些中介公司常利用求职者无经验，又急于找工作的心理，大搞欺骗和坑人的勾当。毕业生对此应提高警惕。

近百元买了一张废纸

谢言是桂林工学院南宁分院的大二学生，想趁暑期在南宁找份兼职工作。7月19日他把身上仅有的90元交给了中华路的"南宁淙峻信息服务有限公司"，其中80元是中介登记费，10元是带路费。该公司的员工把他带到了人民路的金朝阳大厦。一位"王经理"问了谢言几个简单问题，然后大笔一挥，给谢言写了一张"同意"的纸条，该纸条便是同意聘用谢言到某超市做理货员的承诺。

次日，谢言兴高采烈地来到该公司准备上班，"王经理"却告知要上班还要缴纳 280 元的服装费，或扣留其身份证作抵押。谢言交不出那么多钱又不愿抵押身份证，只好垂头丧气地离开了该公司。昨天交的钱也就打了水漂。

"职业中介"破绽百出

在南宁火车站对面的地下通道入口处，记者发现一家连招牌都没挂出来的"中介公司"。当记者在该公司的广告牌前稍作停留时，立即有相关人员过来热情地把记者迎进一间简陋的办公室。在办公室里，一位工作人员不断地对记者说他们介绍的工作可信度高，只要交 80 元信息费，就会帮忙找到合适的工作。

记者观察到该公司挂着的"营业执照"和"职业介绍许可证"均是复印件。当记者拿出有拍照功能的手机想要拍照时，该工作人员马上威胁说："你不要拍那两张证，否则就摔了你的手机！"

在记者暗访的数家"职业中介"公司里，他们都要求先交 80～120 元不等的"信息费"或"管理费"，才能给了解用人单位的信息，但收费之后只能开具收据，不肯提供发票。这些公司执照的名称不规范，且多是复印件，有的明显已经过了年检期。按国家有关规定，职业中介公司要公示服务项目和收费标准，但它们在这些公司里难觅踪迹。对于工作，有的中介说可以介绍做发传单的工作，一天便可以拿到 40～50 元，做两天便可以把信息费赚回来了。有的中介则说可以介绍到某家化妆品代理公司做打字员，一个月薪水 800 多元。

一天有 10 多名学生被骗

某些招聘公司每天门庭若市，吸引了不少人过来找工作，尤其以学生居多。

做家政服务的贤姐说，她只是一个普通的家政服务人员，业余时间帮助贫困学生介绍工作。多年前贤姐在不明底细的情况下把自己的个人电话留给一些"职业中介"公司，许多学生和求职人员交了不少介绍费给这些"职业中介"公司后，便被"介绍"给了她。"初高中毕业甚至是大学本科毕业的学生都有，他们都是被这些中介骗取了介绍费和押金后才介绍到了我这里的。"

贤姐说当她见到这些学生时，第一句话便会告诉他们："你们被骗了！"她说自己只能利用自己的人脉给这些学生找工作，或者是让学生跟自己做家政工作。"假期时候想找工作的学生多，上当受骗的学生也多，近几个月来有时我一天能接到 10 多个学生的求职电话。"

"优厚"待遇引来大批学生

为何这些"黑中介"能安安稳稳地营业，众多求职者"前赴后继"地给这些公司交纳"信息管理费"呢？

一位业内人士说，虽然劳动保障部门和工商部门曾多次整顿职业中介市场，查处一些违规的职业中介机构，但过后不久这些违规机构会利用新的名称申请营业，

"死而复生"。

南宁市劳动就业服务管理中心城镇就业管理科的覃姓工作人员说，合法的职业中介机构应取得由劳动行政部门发放的职业中介许可证、工商行政管理部门发放的营业执照，并在服务场所明示，还要求公示职业介绍流程等"六大制度"，以及服务项目和收费标准。但一些曾经上当受骗的学生表示，难以分辨中介公司内的执照是否正规，看到有个证，还有盖章便信以为真了。而且，这些中介公司广告里标明的职业待遇比较"优厚"，许多学生因此经不住诱惑被骗了。

分析：

对于刚出校门或社会阅历不深的求职者来说，往往会被人才市场上的各种诱惑蒙住双眼。随着招聘形势的改变，各式各样的求职陷阱，也对求职者们敞开了怀抱，陷阱制造者们正笑着看求职者往陷阱里跳。为了免遭欺骗，求职者们应提高警惕，仔细分辨招聘信息的真伪。

现在，中介骗人已不再是一个新鲜话题，许多求职者都吃过"黑中介"的苦头，从此以后对所有的中介都提高了警惕，并对其产生怀疑。非正规中介往往打着替求职者解决就业问题的幌子，以种种手段来牟取暴利；正规中介会按照相关法律规定，为求职者办实事。能够区分正规中介与违规中介，是求职者一项重要的求职能力。

中介骗人的方式很多，求职者如果希望通过中介找工作，首先要确定中介机构是否正规，在了解一切情况后，再交纳费用，并要求开具证明以及办理相关合法手续，以最大限度降低求职风险。

185

相关链接

警惕和防范"黑中介"五大骗术

目前社会上的"黑中介"主要通过以下五种手段来欺骗求职者。

骗术一：以虚假信息赚取登记费。这是最常见的一种骗术，一些非法中介组织通过刊登虚假广告，或在街头巷尾张贴条件诱人的用人信息，吸引求职者前来，进而"名正言顺"地收取求职登记费。而他们提供的多是子虚乌有的用工信息。

骗术二："黑中介"和空壳公司勾结诈骗求职者。一些中介机构与空壳公司串通起来，或者同一伙人既办中介机构，又注册了空壳公司，对求职者层层盘剥，先骗取求职者的职介费，然后介绍到空壳公司，收取保证金、服装费等。有些"黑中介"还采取相互介绍的办法，将求职者转来转去，每次都收费，但始终没有下文。

骗术三："黑中介"、用人单位和培训学校联手欺骗求职者。"黑中介"收取中介费后，把求职者介绍到用人单位，用人单位以需要培训为名，让求职者到某指定学校参加培训，并缴纳一定数量的培训费。求职者经培训上岗后才知道所做的工作根本无法完成，不得不自愿辞职。

骗术四：以"试工"为名骗取免费劳动力。这类骗术在服务行业尤其突出，且颇具隐蔽性。具体来讲，即职业介绍机构通过与用人单位联手，由职业介绍机构不断发布用人信息，推荐求职者，并从中赚取登记费、中介费，而用工单位则不停地

"炒"试工者的"鱿鱼"，以达到免费使用劳动者的目的。

骗术五：以"游击战"方式套取中介费。此类欺骗手段性质更为恶劣，往往是"打一枪换一个地方"，即由几个人临时租用房子，非法挂个牌子，登一些虚假的用工信息，待预收了大把的中介费后，便卷款而逃，再到他处行骗。

应对方法：

（1）选。优先选择到有名气的职业介绍机构、人才服务机构和社会信誉好的单位求职。可以通过网络、多方咨询、实地考察等方式选择。

（2）看。进门先看是否悬挂着职业介绍许可证、工商营业执照、税务登记证、收费许可证等合法证件。

（3）问。询问发放职业介绍许可证的主管部门，询问职业介绍人员是否持有职业介绍资格证书等，必要时还可以咨询有关的管理部门。

（4）要。交纳费用后一定要记得索取凭证，否则事后无凭无据，维权无门。

（5）忌。切忌轻信车站、路边职业介绍人员散发的职业介绍信息广告，对内容不详、学历要求不高且工种好、待遇优的广告，不要相信。

（6）报。求职人员一旦遭受"黑中介"欺骗，应及时向当地的劳动部门或人才市场管理部门投诉，也可以到当地公安机关举报或到工商管理部门反映，使非法中介受到惩处，以维护求职者的利益。

［案例91］　不能忽视招聘单位的骗局

现象一

某中专毕业生李京晶说，她以前在一场招聘会上给一家咨询公司投了份简历，没过几天就接到通知去面试，结果却成了公司市场调研的对象。试卷上的题目除特长、爱好外，还问了喜欢用哪个品牌的洗发水、通过何种途径了解该产品等。

她向负责的人员提出质疑，对方却回答说："这是企业的程序。"李京晶气愤地跟记者说："我是后来才意识到遇到了虚假招聘。其实他们并不是真的想招人，而是通过这种手段宣传公司、做广告。"

现象二

西安某家公司到辽宁一所大学去招聘，经过几轮选拔后，有8名应届毕业生被录用，该公司给学生的口头承诺是：月薪3000元以上，年底有分红；工作满一年配车；工作满3年分房。许多同学都认为这8名同学很幸运，在人们的羡慕下，这8名应届毕业生没有与该企业签订任何相关合同，就去了西安。

到了西安后，他们匆忙、草率地与该公司签订了一份工作合同。一个月之后，学生们才意识到自己上当受骗了。原来，公司承诺学生们的月薪3000元以上，这一点是真实的，不过，他们的工资常常被狠狠地扣掉了。例如迟到、早退各罚款400元；无故旷工罚款500元并扣除当天工资；有事误工罚款300元并扣除当天工资等。这样扣来扣去学生们每月能拿到手的工资只有500元左右。为了维护自己的合法权益，学生们联合起来向公司领导讨要说法，并声称辞职不干了。可公司领导却说，如果现在辞职，每人必须向公司缴纳 1 万元的违约金。学生们不服，欲与领导讨个说法。可是，公司领导却让他们拿出书面证据，否则就告他们诬陷、诽谤。学生们听到这样的回答后，一个个呆若木鸡。

现象三

孔先生应聘了一家公司的"市场总监"职位，公司承诺每月 2500 元的薪酬待遇，孔先生庆幸自己找到了满意又合适的工作。然而到了上班的时候，孔先生却被告知按照公司的惯例，一个月试用期内，他要先在销售一线锻炼一段时间，并且要完成一定的业务量，再做市场总监。结果孔先生做了一个月的销售业务员。到了第二个月，他满以为这下可以当市场总监了，没想到，公司却以"双方事先有约定，新员工没有达到业务指标公司可延长试用期"为由，要他继续做业务员工作。

事后他了解到，这家公司一直在招新员工，进来的人往往因完不成业务指标而被迫延长试用期，或被解聘。公司就这样不断靠新人拉业务，却只支付极少的薪水，每个月只发 400 元生活费。

现象四

小许是南京某大学的应届毕业生，为了尽快找到一份工作，解决生计问题，他通过各种渠道找工作。功夫不负苦心人，终于有一天，他接到一家公司的面试通知。小许带着简历、身份证复印件、学历证书复印件来到该公司。面试时，主考官问他应聘的是什么岗位，小许老实地回答说："我应聘广告文案。"主考官沉思了一会说："好吧，你明天过来上班吧，别忘了，要按时，8 点半前一定要到公司。"小许暗地为自己顺利通过面试感到庆幸。与考官告别后，便兴高采烈地回家了。

次日，小许按照考官要求 8 点半前到了公司，当日的考官让他与其他两名新人到某单位去洽谈广告业务。小许疑惑地问道："我应聘的是广告文案，为什么要去拉广告？"考官说："每位新人都要从基层做起，这样才能提高个人能力。"但是转眼半个月过去了，小许根本没有接触到与文案有关的工作，每天只是到处去拉广告。后来，小许才发现，该公司将他们拉来的广告，以高价卖给其他广告公司，而自己是他们赚取钱财的廉价劳动力。

现象五

北京市某职业技术学校广告专业毕业生刘梅，半年前在人才交流会上看中了一家广告公司。她挤进去一打听才知道，这家公司要求应聘者每人写一份不同产品的广告策划方案，包括服装、饮料、小家电等。负责人表示，公司将对所有上交的作品进行比较，最终选两个人。

刘梅用了一周时间写出了自己的策划方案，内容包括广告语、户外宣传画、电视广告创意及市场推广活动的详细计划。方案是交了，但至今公司都没有宣布结果。刘梅表示："尽管怀疑人家骗取自己的智力成果，但如今工作不好找，要是策划方案真被'白用'了，也只好自认倒霉。"

分析：

近年来，由于就业市场竞争日趋激烈，有些人求职心切，对招聘信息盲目相信。而黑心单位往往利用这一点，设置种种陷阱引诱求职者上当。这种骗术的花样层出不穷，令人防不胜防，受害者们不但没有找到工作，还为此赔了许多冤枉钱。为了防止上当受骗，求职者一定要擦亮眼睛，不要轻信他人的花言巧语。求职者要有防人之心，千万不要心存"撒大网捞大鱼"的心理，要有目的、有针对性地应聘，对自身资料要加强保密。在签约前，应聘者要全面考察用人单位的情况，不要贸然接受对方的面试、签约要求。一定要在知彼知己的情况下，再考虑签约事宜。

应对求职中的各种骗局、陷阱，关键是提高求职素质和独立思考能力。虽然说求职过程中的陷阱很多，但求职者不必因此而惧怕求职，只要提高警惕，时刻留神，就可以最大限度降低求职风险。

相关链接

求职中的防骗技巧

1. 填写个人简历时，请不要在规定的表单以外的地方填写你的联系方式，这样会使所有人都看到你的联系方式；建议求职者只留本人联系电话并保持畅通，勿长时间关机，若非必要最好不留家庭电话。

2. 在接到企业的面试通知时请特别注意：

（1）在收到招聘单位的面试邀请电话时，请务必再上人才网站核实一下这个企业的资料；对方如果用移动电话与你联系时，必须索取对方的固定电话，面试前尽量通过对方固定电话预约面试时间和了解企业信息。

（2）请认真确认面试地点，正规单位招聘一般都会将招聘地点设在单位的办公室、会议室，一些以租用房间作为应聘地点的单位，要警惕；千万别轻信在指定的街道或酒店进行面试的招聘者，应该自己主动找到招聘单位所在办公地址或办事处。

（3）绝大多数招聘单位不会主动派车去接应聘者，应聘时勿与陌生人到偏僻地方，勿将手机等财物借给陌生人。

3. 如遇到单位要求必须体检才能上岗的，请求职者注意，单位不应当指定医院，而此类医院也不应该是私立医院或者诊所。

4. 拒交各种名义的费用。任何招聘单位，以任何名义向求职者收取抵押金、服装费、产品押金、风险金、报名费、培训费等行为，都属非法行为。招聘单位培训本单位的职工，也不准收取培训费。

5. 不要轻信许诺到外地上岗的招聘者。对外地企业或某某外地分公司、分厂、办事处的高薪招聘，不论其待遇多么好，求职者千万要保持清醒的头脑和高度的警惕，不要轻信他的口头许诺，一是不去，二是到劳动保障部门咨询。

6. 掌握劳动法规和相关政策。求职者在求职前或求职过程中，应主动学习一些劳动法规和相关政策，提高自己的求职素质和独立思考的能力。

7. 通过多种途径了解公司背景。在求职者正式进入单位前，想方设法加强对企业的了解，以免误入骗子设下的陷阱。比如注意招聘单位的营业执照等相关证件。

8. 谨慎签订劳动合同。与用人企业签合同时，求职者要"三看"：一看企业是否经过工商部门登记以及企业注册的有效期限，否则所签合同无效；二看合同字句是否准确、清楚、完整，不能用缩写、替代或含糊的文字表达；三看劳动合同是否有一些必备内容，句括劳动合同期限、工作内容、劳动保护和劳动条件、劳动报酬、社会保险和福利、劳动纪律、劳动合同终止的条件、违反劳动合同的责任等。必须签书面合同，试用期内也要签合同。

9. 维护智力成果。对提报的创意或工作方案，要进行署名和备份，发给对方时应有回执。一旦发现个人智力成果被盗用，即可提起诉讼，要求赔偿损失，并揭露该单位的丑恶行径。

10. 保存好证件。坚决不给扣押相关证件，在证件复印件上备注某时间段用于某单位的应聘字样。

11. 注意搜集证据。在劳动过程中，求职者一定要做有心人，注意搜集证据。比如，可以将单位的广告或双方在招聘会上签订的合同意向书等妥善保存。一旦发生劳动争议，虽然没有书面劳动合同，但仍然可以用事实劳动关系的存在、劳动关系的内容，比如岗位牌、考勤卡、工资发放单等进行维权。

[案例92] 提防被传销分子拉下水

刘菲与其他即将毕业的大学生一样，精心设计了个人简历，利用课余时间到人才市场察看招聘行情。她对未来充满了幻想，一向乐观的她，坚信凭借个人实力，能找到一份适合自己的工作。

一天，刘菲接到一位好朋友来电，双方寒暄过后，对方热情地邀请刘菲到兰州某公司上班，并称该公司员工素质非常高，待遇非常优厚，不去实在可惜。刘菲是一个非常谨慎的人，知道求职过程中会遇到许多骗子，但她想，对方是和自己一起长大的好朋友，出于那份深厚的友情，应该不会骗她。于是，刘菲便动身前往兰州了。

刘菲到了兰州以后才发现，原来那家公司的办公地点竟然只是一间两室一厅的居民房。公司打着直销的名义，暗地里做违法的传销活动。刘菲这时才意识到，自己上当受骗了。可是，已经到了兰州，而且已经被好朋友拉下了水，想马上退出来是不可能的。就这样，刘菲过上了艰难的"工作"生涯。公司要求她们将分文不值的化妆品以2000元的价格，卖给自己拉来的下线。她们吃的是干馒头和咸菜，睡的是草席、地铺。一个月过去了，刘菲整个人瘦了一圈。为了能逃离这个罪恶的地方，刘菲痛下决心逃跑了3次，但每次都被传销头目拉了回去，还被毒打了一顿。

分析：

刘菲掉入传销陷阱的经历，值得即将步入社会的毕业生引以为戒。

由于毕业生较为单纯，缺乏社会阅历，加上就业竞争激烈，部分毕业生求职心切，存在盲目追求留城、发财、一夜暴富的心理，这就给了传销组织和一些不法分子诈骗的空间。

传销在我国一直是法律所明令禁止的违法行为。当前，传销现象到处蔓延。许多刚毕业的学生，不会辨别求职中的陷阱，成了传销的牺牲品。这里提醒求职者，一定要时刻保持清醒的头脑，分清直销与传销的区别，以免被传销分子拉下水。

相关链接

直销与传销的区别

1. 直销入门不掏钱，传销则相反。通常情况下，正规的直销公司，不会向求职者收取任何费用；非法传销公司则不然，入门前先要缴纳一笔钱，价格没有明确的标准，少则三五百元，多则几千元。有些"聪明"的传销公司，以让求职者购买产品为由缴纳钱财，产品由求职者自行处理。这种传销方式表面上看似直销，实则是非法传销的变身。不法传销分子为了迷惑求职者，经常更改传销模式，但万变不离其宗，入门费就是区别传销与直销最好的方法之一。

2. 从产品价值上区分。正规的直销公司，其出售的产品往往物有所值，不会欺骗广大消费者。而非法的传销公司则不然，一些几元钱或几十元钱的产品，标的价却高得惊人，这也是识别传销和直销的方法之一。

3. 从产品流通渠道进行区分。正规的直销公司，其产品有固定的流通渠道，从市场上可以看到该公司生产或代理的产品。直销产品的流通渠道是由生产厂家通过营销代表流到顾客手中，中间没有其他环节，并且少有广告。非法传销公司利用求职者的入门费，到市场上买些廉价的商品，然后将这些商品以高价卖给刚入门的新人，再由刚入门的新人将这些廉价商品卖给自己的下线。其主要特征是，产品只在内部流通，市场上很难见到类似的产品。

4. 能否退货是区分的关键因素之一。正规的直销公司，在产品出现质量问题的情况下，允许消费者退货，或者采用上门服务方式，维护消费者利益。而非法传销公司的产品一旦销售就不能退还，或者会想方设法给顾客设置障碍使其知难而退。

5. 收入上是否具有超越性。正规的直销公司，收入上的表现方式是"多劳多得"，不论是主管、新员工还是老员工，只要销售业绩好，就能得到较高的工资，而且新员工所拿到的工资，完全可能高于老员工。非法传销公司的收入模式呈"金字塔"结构，谁先进来谁在上，谁拿到的工资就越多，后来者的收入永远不会超过先进来的人。这也是区分直销与传销的一个明显标志。

6. 市场上有无店铺。店铺销售模式是直销与传销的最大区别，我国经历了1998年全面整顿金字塔式传销后，很多直销企业改换形式，以店铺销售形式出现在市场上。这种特殊的直销经营方式让推销员归属到店里，这样不仅方便了公司的直接管理，也从形式上与传销公司区别开了；而非法传销企业在市场上则没有店铺。

传销活动害人不浅，求职者千万不要被传销的假象蒙蔽，做出害人害己的事来。

[案例 93] 警惕掉入网络招聘的陷阱

实例一

大学毕业生小杨通过某网站的广告得到一次面试机会，当面试单位要求缴纳300元材料费时，小杨毫不犹豫地付了费。因为，他觉得该单位看上去比较正规。

出乎小杨意料的是，在交了300元之后，他一直没有接到上班的通知。当小杨第二次去面试的地点时才发现，那家公司已经人去楼空。无奈之下，小杨找到登载广告的那家网站。网站工作人员告诉小杨该网站只负责登载招聘广告，不负责确认用人单位的真伪，他甚至还反问小杨："你的文凭、年龄、工作经历等基本情况我们不是也无法确认吗？"

实例二

柳萍相貌出众，上大学时是公认的"校花"。毕业后柳萍听说某航空公司网上招聘空姐，于是按要求寄去自己的资料和艺术照。半个月后，复试通知没等到，却在该网站看到自己的照片被命名为"某性感少女玉照"，点击率高达数万次。

实例三

某同学在一网站看到沿海某省重点高中招聘教师的广告，随即填写了一份详细的资料。一星期后他开始收到莫名其妙的短信和邮件。原来这是非法网站以招聘为幌子，骗取网民详细资料后出售给中介公司牟利。

实例四

姬先生在网上求职，填写简历时，为确保用人单位能随时联系到自己，就把家里的电话填上了。没过几天，姬先生的父亲就收到一个陌生人的电话，说姬先生被汽车撞伤了，住院需要3万元手术费。姬先生的父母被吓坏了，慌慌张张去筹钱。当时，家里只有两万元存款，他的父亲便向亲戚求助。亲戚一听，觉得事情有蹊跷，就问姬先生的父亲是否给儿子打过电话，姬先生的父亲这时才醒悟过来，马上给儿子打电话。结果儿子好端端的，根本没出事。姬先生事后说，都怪自己不慎重，轻易把家里的电话告诉他人，结果招来不法之徒，让家人虚惊一场。

实例五

一天，杜先生在网上浏览招聘网页时，看到广州市某科技发展公司招聘职员且月薪3600元的信息，于是拨通了招聘信息上公布的电话号码。一位姓苏的经理询问了他的一些基本情况后说，你的条件基本符合公司的要求，请务必在一周内带简历和2500元到某宾馆面试，苏经理反复强调：公司的招聘名额不多，不要错过机会。苏经理的话让杜先生非常激动，第二天清晨便收拾妥当，赶去面试了。

下午4点钟左右，杜先生在电话里约好的宾馆接受了该公司苏经理的面试。晚上7点钟左右，苏经理请他和另外3名应聘者吃饭，并告诉他们："你们被公司录

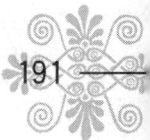

用了，饭后送你们到办事处接受 5 天封闭式培训，然后到公司上班，月薪 3600 元。"大约晚上 10 点 30 分，他们被带至一栋楼内。苏经理说，为了不影响培训，从现在起不许与任何人联系，并拿走了他们的手机。

杜先生和那 3 位应聘者接受了 5 天的有关网络连锁营销内容的培训。培训结束后，苏经理要他们每人交 1800 元买一套公司的化妆品，要求他们通过电话联系客户，建立营销网络，推销公司的化妆品，进入公司网络的人越多，他们的收入越高。

杜先生这时才明白过来，他们全是被骗来搞传销的。于是几个人悄悄商量如何脱身。然而他们被分开两处，日夜被监视，难有机会脱身。直到后来公安机关得到群众举报，杜先生等人才被解救出来。

分析：

以上五个网上求职的信息陷阱，值得我们深思，引以为戒。

网上求职不受时空限制，方便快捷，辐射面广，费用低廉且免去了四处奔波之苦，成为不少学子择业时的一个重要途径。在人们的意识中，传统的求职面试，可能存在很多陷阱，求职者在求职时，一般都会很小心，懂得保护自己。作为信息时代产物的网上求职，人们的戒备心理就没有那么重了，就像有人面对熟人默不作声而对网友却无话不谈一样，失去了原有的防范意识和戒备心理。而初具规模的网上求职由于管理方面还不规范，会不可避免地出现一些漏洞，甚至有时还会被一些别有用心的人利用，求职者一不小心就可能掉进网上求职的信息陷阱。

其实，现实生活中存在的求职陷阱，网上一个也不会少，甚至有的包装更精巧，危害面更广，影响更为恶劣。对此，求职者要有清醒的认识，切不可失去应有的防范意识和戒备心理。这里，还应强调四点：

(1) 选择可靠的招聘网站

对于求职者来说，选择可靠的招聘网站是指应尽量选择大型、专业、知名的人才网站进行浏览、注册。因为，这些正规的网站对招聘单位都已经经过审核，信息可信度相对较高。而且正规的人才网站还有专业的网站管理队伍，会对个人简历中的重要信息如联系方式、电子邮件、家庭住址等做一定程度的保密处理，在一定程度上保证了求职者个人信息的安全，但非正规的网站就不一定是这样了。

(2) 鉴别真假信息

有些公司同时采用多种招聘方式，如在网站、报纸、人才市场同时进行招聘，一般这类招聘的规模大，比较可信。而虚假招聘信息一般有以下特点：招聘单位联系地址不详细或根本不留；联系电话为手机、小灵通，没有固定电话；招聘条件非常低，工资待遇异常高；以各种理由收取求职者费用；以公司开业手续正在办理为由不出具相关资质证明。对这类招聘信息，求职者要慎之又慎。

(3) 小心填写简历

网上求职个人应当按照网上提供的简历模板填写，不要将重要的个人信息留在不应填写的位置。尤其在填写简历时，不要忽略个人简历的公开程度，尽量不要使个人简历处于无条件公开的状态，这样会给一些不法分子提供可乘之机。在网上填

写简历时，对个人简历的自然信息公开程度有三种选择：一种是全部隐蔽；一种是半公开，求职者可以隐蔽那些不愿被招聘方看到的信息；一种是全部公开，求职者要慎重选择。在联系方式中可以留下自己的 E-mail 地址或者自己的 QQ 号，其他的如地址和联系电话，一定要在确保对方招聘信息准确的情况下再留。

（4）不把所有的"鸡蛋"放进网络这一个"篮子"里

与其他广告载体相比较，网络招聘广告的真实性也值得推敲；即使网上信息是真实的，但由于网络的辐射面广，用人单位期望"一网打尽人才"，而求职者众，所以求职成功的概率相对会很低。最明智的做法，就是把网上求职作为自己择业的一种辅助手段，降低自己的期望值，不要坐等网上的消息，要运用多种方式和手段，以达到找到合适工作的目的。

下编

步入职场

导　语

职场就是战场。它充满机会，也充满挑战，有巨大压力，也有成功的欢乐。"骏马自知前程远，无须扬鞭自奋蹄"，一代职场新人怀抱远大理想和激情登上职场舞台。在职业生涯的征途上怎样走好第一步？从职场新人到金牌职员怎样修炼？用什么力量来支撑自己在职场风雨中巍然屹立呢？

有人对走向社会的知识青年做过这样的比喻：

从校园的象牙塔投入社会，就像要做一盘菜——个人是菜，社会是个大炒锅。先要倒一些由前辈经验教诲组成的色拉油，免得冒冒失失一下子就粘在锅底，再无完整的自己；再加上一些小小挫折的盐，收缩收缩年轻时不知天高地厚而膨胀起来的水分。然后，时间的火候加热着，众人舆论的舌头铁铲噼里啪啦地翻炒着。其间有小人暗算的葱姜呛人，同僚嫉妒的醋意酸味，领导胡椒粉式的威严……终于，个人软化了，不再昂着头挺直身子像个英雄，终于从满满的一大锅变成谦逊的一小盘，这样才能赢得少许奖励与肯定的味精——一定要适量，否则会招致众人的非议，反说味道怪得不能忍受。最后是一两滴广告宣传的香油。好，一盘好菜出锅！

这种描述也许有些夸张，但一个求职者在走向社会的过程中确实需要经受各种考验，必须不断适应环境和调整自己，脚踏实地地走好职业人生旅程。

一、转换角色，尽快度过适应期

角色是根据社会规范和习惯、舆论所表现出来的思维、行为方式。角色的组成包括角色权利、角色义务和角色规范三个基本要素。学生与职业人的角色是有非常大的差异的，需要一个适应期。尽快完成角色转换，走好职业生涯的第一步，是职场新人面临的第一个重要任务。

1. 了解新单位

当求职者成了该单位的一员时，就应该对单位的情况作更深入细致的了解，如本公司的历史、发展的过程、注册资本、领导人姓名、具体产品和服务价格、年销售额、各部门的大致分工、各地的分支机构、总员工人数等。尽管这些情况在公司样本和网站都有，但最好还是把它们记下来。这就像做课堂笔记一样，虽然老师讲的课本上大多都有，但做笔记能加深印象。

2. 熟悉工作情况

在了解了本单位的基本情况之后，就要了解自己所在的部门与自己将要负责的工作：部门在单位运行流程中处于什么位置？工作目标是什么？自己将要从事的具体工作是什么？它有什么作用？了解了这些，你的全局意识和责任感就自然而然地产生了。

3. 业务适应

新员工还要尽快熟悉自己的岗位知识。学校学的都是一些理论知识，而工作中更需要的是实践经验和操作技能。比如如果你被分配到销售部门，那就要对公司的产品有更深入的了解，如它的制造工艺、生产流程、产品特色等。不仅如此，像行业的一些习惯用语、符号、简称、主要产品的英文翻译、销售渠道、销售价格等，都应该有一定的了解。在熟悉业务时，如果遇到不懂的地方，就要主动向老同事请教，千万不能等他们主动来辅导你，因为很少有人会像学校的老师一样专门抽出时间手把手教你。

4. 心理适应

心理素质是关键。大中专（职）毕业生初涉职场、步入社会时，会不同程度出现恐惧、焦虑、畏惧、浮躁、孤独、自卑、压抑、失落等不良心理，如果不及时调整和矫正这些不良心理，必然会影响角色的顺利转换，影响工作和个人的成才与发展。职业新人要特别注意克服五种不良心理：一是尽快熟悉岗位情况——消除畏缩心理；二是面对现实，正确认识自我——克服浮躁心理；三是寸有所长，尺有所短——摆脱自卑心理；四是从来没有救世主——改变依赖心理；五是跌几跤才能学会走路——战胜挫折心理。面对新人、新事、新工作环境、新人际关系，你应该从头开始，重新开始，每天拥有一份好的心情，始终保持一颗平常心、进取心，在工作中脚踏实地，自强不息，勤勉敬业，励志图强，一步一个脚印地向着理想的目标迈进。

5. 融入组织

新员工到了单位，就要与单位同舟共济，共渡难关，到达成功的彼岸。要融入组织，必须认同单位理念。只有认同了单位的理念，认同了领导的管理方式和方法，你的内心才不会有冲突，才会和同事一起齐心协力地把工作做好。真正成功的职业人，总是与单位休戚与共，与单位共同发展，只有懂得将为单位效力与自己的奋斗目标结合起来、相得益彰的人，才能铸造单位与自己的共同辉煌。

二、构建良好的人际关系，打下职业发展的基础

良好的人际关系是事业成功的基础，而怎样建立一个良好的人际关系氛围，是一个大有讲究的问题，也是一个奥妙无穷、难度颇大的问题。在一个单位里，有男有女，职位有高有低，年纪有大有小，各人的性格、文化程度、生活阅历和生活环境等方面都存在差异，因而每个人看问题的角度很难一致，考虑问题的方法也各不相同。而且，为了晋级或加薪，同事之间的竞争也是不可避免的。所以，无论价值观不同还是为了个人利益，同事之间会存在一些矛盾，而这些矛盾往往交织在一起，导致职场错综复杂的关系。新员工进入职场后的第一件事，就是要学会理解并且适应这种既有合作，又有竞争的人际关系网，做好交流沟通工作，提高工作效率，增添生活情趣。如

果一个员工人际关系处理得不好，与上司、同事的交流沟通受阻，往往会在别人误解、向别人解释和被别人疏远中度过日子。一个人要是每天陷于各种人事纠纷之中，那么就会慢慢地偏离自己的人生目标，成为一个失败者，就会感到干什么都不顺利，总是障碍重重，职业生涯一路受阻。因此，新员工应该把学会处理人际关系当做本职工作的一部分，能够熟练地处理各种人际关系，那既是一种素质的提高，也是一种能力的提高。

1. 互相尊重，平等待人

尊重他人是建立良好人际关系的前提。尽管人们分工有不同，贡献有大小，但在人格上都是平等的。在相互交往中，用你希望别人对待你的方式来对待别人，对领导和同事表现足够的尊重。用尊重交换尊重，这是维持良好人际关系的不二法则。影响双方关系的主要因素是双方的言行，你的一切言行都必须通过你"自己"这一关。要将心比心，你想与同事建立一个什么样的关系，完全由你决定。同事之间的关系就像一面镜子，你笑容可掬，对方自然用笑容回馈你；你尊重他，他也会尊重你。同事之间应平等相待，既不要过于谦卑，也不盛气凌人；既不自卑，也不狂妄自大；不要亲近一部分人，疏远另一部分人；不要拉帮结派，卷入是非矛盾旋涡；要不卑不亢，与所有同事发展平等互助关系。

2. 正直善良，乐于助人

待人处世要做到公平正直，不偏不倚。当同事在工作、生活中遇到困难时，应给予同情，用感情上的安慰和行动上的帮助使同事克服困难，消除烦恼，以促进同事间的友好关系。只有热心帮助别人的人才会得到别人的帮助，也只有乐于助人的人才会得到人们的认可和报答。要学人之长，补己之短，在竞争中学先进，帮后进，领先时不自满，落后时不气馁。风物长宜放眼量。由于渴望成功，或是过于计较，一些新员工不愿吃半点亏，不愿做出任何牺牲，即使做出了牺牲也希望能马上获得等值的回报。如果这样，即使你勉强做成事，争到了利益，对你也没有什么好处，因为领导会认为你这个人太现实，太计较，没有什么胸怀，不值得培养和寄予厚望。因此，到头来你仍是得不偿失。

3. 诚实守信，真诚沟通

真诚与信任是建立良好人际关系的基础。在与同事的交往中要恪守信用。信用大过天，信用是每一个员工的职业生命。与学校相比，职场对人们的信用有更高的要求，你的信用等级直接影响你在职场中的生存和发展。为了提高自己的信用等级，新员工在人际交往中要注意自己的一言一行，努力做到言必信，行必果。在交往中，难免会发生一些纠葛、摩擦甚至冲突，对此要冷静而友善地处理，真诚交流沟通，就能互相谅解、互相容忍。沟通的目的是为了彼此理解。在沟通的过程中，对方的态度反映出你的行为，你用什么方式对待别人，别人就用什么方式对待你，因此真诚是有效沟通的前提。即使是真诚沟通，也应采用对方能够接受的方式。由于习惯以自我为中心，一些新员工总是以居高临下的姿态把沟通当做说服对方的手段，既不想了解对方的感受，也不愿去了解对方的想法，双方无法讲真话，对方难以接受你的意见，自然也就达不到沟通的目的。

4. 严于律己，宽以待人

对自己要高标准、严要求，要勇于承认错误、承担责任、接受批评。当自己受到误解时，要胸怀大度，克制自己的感情，冷静处理，同时要勇于解剖自己，要有容人之心。对别人要多看长处，宽容礼让，讲究方式方法，求同存异。要与人为善，不斤斤计较，切忌尖酸刻薄，背后损人，更不能拉帮结派搞小团体。同事做错了事，要善意地指出或给予一些安慰，要多一些关心，少一些指责。西方有句谚语，叫做"仆人眼中无伟人"，意思是说人相处久了，自然就会看到对方的缺点和毛病。人非圣贤，孰能无过？同事身上的缺点和毛病多属习惯或教养方面的问题，毕竟没有直接损害单位的利益，更不会对你的发展构成威胁，因此，要学会包容，不要太较真，忍让也是一种无形的力量。古人说"有容乃大，无欲则刚"，只有胸怀宽广的人才能成大器。如果你能宽容同事身上的缺点和毛病，那你的工作会变得轻松，你的人际关系就会变得非常和谐。

5. 平易随和，积极交往

一些刚步入职场的毕业生，由于缺乏人际交往经验，又有着较强的个性和自尊心，在对待人际关系上往往是孤芳自赏，消极回避，放不下清高的架子去和周围的同事、领导交流思想感情，交流工作中的心得体会，不能热情地和别人交朋友，离群索居、孤军作战，难以展现个人才能，内心感到孤独无助、压抑烦恼。人在职场中还是要平易随和，谦虚谨慎，多交朋友。一个自我封闭、心事重重的人，是找不到快乐的，"心花"是难以"怒放"的。单位里的人际关系的确像自然界的气候一样微妙、复杂而多变，但是，真正与自己有直接利害关系的，能够影响自己发展前途的也只有几个人，所以，可以重点与这几个人搞好关系，这样处理人际关系也就相对简单些。当然，也要有"与人为善"的观念，包容他人的不足，与其他人和睦相处。

三、积极进取，走向成功

求职者带着各自的理想和抱负走上工作岗位，但要真正如愿以偿，能从职场新人变成金牌职员和成功人士，却有很多需要注意的环节和必须具备的品质，需要一个长期的艰苦修炼过程，不可能一蹴而就。

社会学家将职场成功归纳为三大要素，并将三大要素的关系图示如下：

```
        ┌──────┐
       ╱  胆识  ╲
      ┌──────────┐
     ╱    知识    ╲
    ┌──────────────┐
   ╱      常识      ╲
  └──────────────────┘
```

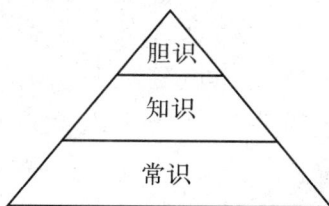

图中的"常识"指社会常识，即"做人"的能力，包括人品和处理人际关系的能力；"知识"指专业知识，即"做事"的能力，包括知识和技能；"胆识"指逆向思维，即创新的能力，包括创新能力和创业能力。从图可见，"常识"是职场成功的基础，它证明了"三分做事，七分做人"这条职场基本生存和发展定律。

1. 培养职业精神——工作就是责任

什么是职业精神？职业精神就是全力以赴地做好本职工作，它的核心就是全力承担自己的责任。因为你已经由学生变为职业人了，作为职业人，你必须按质按量地完成自己的本职工作，做好自己分内的事。在日常工作、生活中，常见有一类人，他们头脑聪明，也很能干，但却工作平平，甚至常出纰漏，究其原因，即缺乏责任感。成就事业的人，往往不是靠聪明，而是靠执行力和做事认真。他们并无过人之处，但做事目标明确，求真务实，坚毅果断，敢作敢为，事业有成，具有良好的信誉。分析原因也很简单，对人、对事、对工作有强烈的责任感。责任感的培养是一个人健康成长的必由之路，也是一个成功者的必备条件。责任保证了信誉、保证了服务、保证了质量、保证了敬业、保证了创造……正是这一切，才保证了人和组织的竞争力。一代职场新人，在开始自己职业生涯的征程时，有一种力量可以支撑你在职场风雨中经受磨炼，那就是责任。责任是力量的源泉。新员工要学会承担责任，在承担责任的过程中，可以让自己的职业素养不断提高，在更高层次上体验职业成功带来的快乐。

2. 恪守职业道德——无规矩不成方圆

职业道德是人们在工作中必须遵守的道德准则、道德情操与道德品质的总和。它是一条界定你的行为规范的红线，逾越了这条红线，就有可能走上职业发展甚至人生的歧路。现代职场从某种意义上说就是一条精密的加工流水线，为了追求效率，它的每一道工序都要按一定的流程运行，要求每一个员工严格按照标准工作。学生走出校园进入职场后，就成了社会人。要想成为一个合格的员工，首先要学会做人，从熟悉现代职场的基本规则开始，逐渐掌握职场行为规范。有规矩才成方圆。尊重和遵守规则是一种教养、一种风度、一种文化、一个现代人必需的品格。没有这样一种品格，你将无法在社会生存。不遵守规则，你失掉的是信誉，这是比生命更重要的东西。个人也罢，企业也罢，不遵守规则虽然可以得到一时的利益，但和长远的损失相比，后者是巨大的，甚至是不可弥补的。在职业道德中，我们要特别强调爱岗敬业，诚实守信。什么是敬业？就是对事业专心致志。专到什么程度？专到要把事业当做生命的一部分。同样是当服务员，有人把它当做一个饭碗、一种谋生手段，有人把它当做一种事业或学问，还有人把它当做生命的一部分。工作是上天赋予我们的使命，出于这种神圣感，每个人都应当敬重和尊崇自己的岗位工作，把工作视为生命的重要部分，这种精神就是敬业精神。诚信是一个人安身立命之本，是人品的极致，是人生价值与形象的体现。人无诚信，便失去在社会立身的根本，纵有天大本事，满腹经纶，也难以成功。市场经济实质上是契约经济，契约社会的本质就是信用，如果彼此没有信用，谁去签一个根本得不到执行的合同呢？现在，还有一些新员工没有意识到人生角色的变化，不喜欢用纪律、规章制度约束自己，依然习惯于我行我素、天马行空，他们工作起来可能干劲十足，但平时总要犯点这样或那样的小错误，如上班迟到、打私人电话、网上聊天、进门不刷卡等，而这些小毛病发展下去，将有损个人形象，不利于良好职业习惯的养成，不利于自己的成才发展。

3. 端正职业态度——工作态度决定职场高度

职业态度就是你对自己职业的一种价值认识。如果了解自己工作的意义，那你就会珍惜和热爱它，否则，它对你是一种折磨。只有热爱自己的本职工作才会有真正的高效率、高质量。一个员工只要带着事业心做事，把工作当做自己的事业，在平凡的工作中也可以创造不平凡的业绩。平凡并不等于平庸。一个人的工作岗位可以平凡，但工作态度不能平庸。在职场中我们经常会看到一些人不停地抱怨自己的工作枯燥、卑微，轻视自己所从事的工作，从而无法全身心地投入到工作当中。他们在工作中敷衍塞责、得过且过、心态浮躁、见异思迁，将大部分心思用在如何摆脱目前的工作环境上，盲目跳槽，这样的员工在任何地方都不会有成就。一个人的工作态度，可以从五个方面衡量：一是否热爱工作，二是否热情持久，三是否努力勤奋，四是否积极主动，五是否能思考创新。工作态度决定职场高度。有位公司经理说得好："职场里的人分为人力、人手、人才、人物四种。所谓人力，只需要你在工作中卖力气就够了；而人手，则需要你熟悉掌握工作，能独当一面，应付突发事件；人才则需要你头脑灵活，能够在工作中提出创造性的方案；而人物就需要八面玲珑，用自己特有的方式为公司作出比较大的贡献。"一个人的工作态度折射出他的人生态度，而人生态度又可以决定一个人的成就大小。你的工作，就是你生命的投影。它的美与丑、可爱与可憎、卓越与平庸、成功与失败，完全操纵在你的手中，完全取决于你的态度。无论你从事的工作多么琐碎，多么无奈，多么平凡，都不要看不起它，所有正当合法的工作都是值得尊敬的。假如我们无法选择自己的工作，但至少可以选择自己对工作的态度。

4. 理性对待职业目标——大海航行靠罗盘

人生只是单行线，青春一去不复返。因此，当你走出校门开始人生新的旅程的时候，最好先确定好自己人生追求的目标，在确定自己目标之后选择最佳的路线，即制订好自己的职业规划。如果没有一个切实可行的职业规划，那就如同不带罗盘贸然驾船出海，最终会因为迷失航向而被大海吞噬。职业规划的"目标"和"实现途径"必须是统一的，没有"实现途径"的"目标"充其量只能算是一个美好的梦想；职业规划的制订和执行也应该是统一的，缺乏执行力的"目标"，也只能是水中捞月、空中楼阁而已。

职业目标要着眼于长远，而不是眼前的利益。要充分发挥职业目标的定向作用和激励作用。对于现代的知识劳动者来说，确定自己一辈子的事业是在20~30岁之间，所以中间可以做无数次调整。当决定了一辈子干什么之后，就要坚定不移地干下去，就不要随便地换。有了这样一个目标以后，生命才不会摇晃，这样才能做成事情。伟大与平凡的不同之处就在于，一个平凡的人每天过着琐碎的生活，但是他把琐碎堆砌出来，还是一堆琐碎的生命。所谓伟大的人，是把一堆琐碎的事情，通过一个伟大的目标每天积累起来，变成一项伟大的事业。如果我们将着眼点始终放在生存上，也许就永远停留在维持生存的状态；如果我们一开始就关注目标和发展问题，我们就将迈入崭新的人生境界。

制定科学合理、切实可行的职业规划是有前提条件的，那就是"知己知彼"。我们不仅要知道自己想做什么，而且要知道自己能做什么，社会又能给我做什么。世上的事什么最难？认识自己最难。刚走出校园的年轻人大多富有激情，充满幻想，心性不定，很难把握自己。一般来说，新员工只有工作了一两年之后，才能做出比较科学的职业规划，因为只有通过日常工作的磨炼，你才能真正了解自己的兴趣和能力，了解自己这一辈子想做什么和能做些什么，才能真正知道如何度过自己的一生。因此，当你人生理想的蓝图慢慢清晰起来的时候，你就应基本确定自己的职业目标，找到实现自己职业目标的途径。

5. 做好第一份工作——不积跬步，无以致千里

面对第一份工作时，应该不去想成败，而是去想怎样全力以赴地把它做好。只顾耕耘不图收获，是做第一份工作时最重要的心态。

要理性对待第一份工作。无论你选择了什么单位、什么岗位，只要是你自己的选择，就必须珍惜这个工作机会，因为这是你的责任。一旦将这种责任感植根于自己的内心，你就会让自己在任何时候都兢兢业业，并让自己的聪明才智发挥在适当的地方，随着时间的推移，付出总会得到应有的回报。现在有一些新员工到单位，屁股还没有坐热，工作还没有入门，就怨这怨那，心态浮躁，急于跳槽，去寻找梦中的"桃花源"。这是一种很不负责任的态度。还有一些年轻人工作后，当理想遭遇冷酷现实的时候，他们往往没有足够的承受力，想一走了之。寻找新的发展机会的想法固然不错，但盲目跳槽只会越来越糟。与其三番五次换工作来找寻自己的兴趣所在，倒不如珍惜第一份工作，在实践中找出自己的发光点，把它当做一个让自己生命延续的根据地。面对第一份工作，最好的办法是，在接受现实的前提下，慢慢地向自己的职业目标靠拢，通过长期的实践探索找到兴趣和事业的最佳结合点。你手里的花也许不够娇艳，不够芬芳，但毕竟是真正属于你的。你心仪的花，一来未必能够属于你，二来未必适合你。为什么不先练练自己的园艺技术呢？为什么不能做好实践自己目标的第一站工作呢？

诚实务实是职场普遍看好的品质，这是职场之"道"。悟到了职场之道，你的职业发展才会顺利。要知道：岗位可以调整，经验可以积累，本事可以学习，财富可以创造，没事干的人可以去做没人干或别人干不好的事。如果一味跟风，不切实际地去做攀高附贵的美梦，理想的得不到，现实的又不愿干，那恐怕只能永远希望，永远失望，到头来难免两手空空，虚度一生。

职业生涯就是职业人生，生涯要规划，更要经营，主角是自己，修炼也要靠自己。实现职业目标要走"内涵发展之路"，也就是自我认知、自我定位、自我发展和自我实现，以提高自我素质和能力为第一要务，这样才能使自己的职业发展道路宽阔，获得事业的成功，创造美好幸福的未来。

一、角色转换与心理调适

[案例94] 一个老总的"人才账"

7月初，山东东营市一家化工集团公司副总裁徐先生紧急飞到广东，花大价钱挖来了7个人。

公司成立初期，为招聘人才，他们很青睐应届毕业生，认为年轻人热情、好学、可塑性强。4月中旬，陆续来了4位应届毕业生。

他们中有两人是学中医药的，两人是学化工的。他们来的第一天就跟老总提了要求：工资开4000元，住单间，有基本设施，"三险"不能少。老总答应了。可半月之后，老总让他们全部走人。

原因一是他们动手能力很差，连基本的电脑操作都不懂，而且很不虚心；二是不能理论联系实际。两位学中医药的，只见过书本上的田七、草珊瑚。在实践中不仅分辨不出原材料的成色、品质，更分辨不出原产地。这样的直接后果是，用高价采购了低质的原材料，加大了公司运营的成本。三是爱攀比、爱发牢骚。只在乎拿多少钱，不考虑自己能否干好工作，一副怀才不遇的样子。

徐总解释，既然要招应届大学生，公司也有心理准备——给他们犯错误的机会，给他们个性张扬的空间。公司也知道，把一个应届生培养成一个企业人至少要

204

1年，培养成骨干至少要3年。大学生没有实践能力，这很正常，可态度决定一切，他们的态度着实让人心凉。

4位大学生走后不久，清华大学精细化工专业一位研究生通过猎头公司找到了徐总，他想应聘研发中心副主任的职位。在参观企业之前，他押下价码：年薪20万元，2％的股权。他还告诉徐总，20万元是清华价，不是他个人随口说的。

徐总请他先参观企业后再说。在参观生产线时，徐总问了他一些技术问题后，请他走人了——不值那么多。

"如果他有真才实学或者有特殊的专业才能，年薪50万元也不为过。可他是从本科直读硕士的，没有一天的企业工作经验，没有单枪匹马地接过一项课题，没有独当一面的能力，我们能放心把核心部门研发中心交给一个不懂市场又没有经验的秀才兵吗？"徐总说。

这位老总最后给记者算了笔人才账：通常，到社会上招人比到学校招应届生的成本高15％～20％。但是，这个成本相比企业从头培养一个大学生的成本，一点都不高，相反更合算。商人就是商人，这就是为什么很多单位愿用熟手而不用生手的原因。

分析：

这是刊登在2003年7月18日《中国青年报》的一篇新闻报道，对初入职场的毕业生如何实现角色转换、应对职场的困难和挫折，很有教益。

企业老总为什么不愿招应届大学毕业生？刚到单位不久的四位大学毕业生为什么走人？主要是老总和这些大学生对角色变化与差异的认识不同，以及这些大学生的心理适应与工作态度出了问题。虽然说用人单位对毕业生的评价或有偏颇的一面，但却从一个方面反映出毕业生在心理、职业素质和能力、工作态度、人际关系等方面存在的缺憾，同时也反映部分毕业生自我认知上自傲、优越、自命不凡、眼高手低、不切实际的一面。毕业生应重新认识和评价自己，与职业的要求对照，摸清自己有哪些不足，有哪些值得肯定和坚持的优势，为自己今后的努力明确方向。

相关链接
学生与职业人角色的差异和转换

学生与职业人的角色是有非常大的差异的，这些差异和变化主要表现在角色定位、成长环境、组织文化、个人认知等方面。

1. 角色定位差异

学生的主要任务是学习，完成任务的优势是以学科成绩反映的，体现出的核心能力是学习能力。职业人是劳动者，主要任务是完成单位安排的工作，完成任务的优劣是创造的价值，体现出的核心能力是解决问题的能力和创新能力。他们的工作重点是对各种知识和技能的运用，是去解决工作中面临的问题。他们解决问题总是综合地考虑所涉及的各种因素，这要比考虑单一因素解决问题困难得多；他们被要求用职业的眼光去看待问题，用职业的意识去思考问题，用职业的思维去解决问题，用成本思想去审慎地思考生意经营管理的每一个环节。

2. 环境差异

学校环境体现出开放、民主、自由、宽容的特点，与社会相对隔离，人际关系相对简单。学生的共同目标是取得更好的学习成绩，有竞争但不排他，有争论但难掩友情；老师总是把学生当做小孩看待，包容、宽容、教育、帮助，怀着父母般的心态护佑着学生成长；学生对社会的认识主要来自书本、课堂，认识途径主要是间接的，认识的内容主要是理论性、正面的。长期处在这个环境中，学生显得单纯、散漫，缺少挫折的磨炼，也缺乏在复杂环境中实现目标的能力。

职业环境是非常复杂的，职业活动可能涉及社会的方方面面。职场上常常体现出严格的纪律、等级森严的上下级关系、特定的决策程序、对结果实现奖惩等方面的特点。职业竞争的胜败关系到利益分配，由此决定职业角色的人际关系是复杂的。职业活动不允许犯错误，因为错误的代价是财产和利润的损失，所以错误的后果必须由人来承担。管理者对于从业者的责任不是教育，而是有效地使用。职场的宽容可能会有，但不会一而再、再而三遇到。职业活动所涉及的人形形色色，性格和秉性差异很大，与人的沟通显得尤为重要。从业者是通过自己的亲身经历和体验来认识和了解社会，认识的途径是直接的，认识的内容带有很强的现实性。有的毕业生走上社会后，仍习惯用在学校时的思维方式去认识社会，因此遇到现实矛盾容易产生困惑、迷惘、彷徨，甚至失望，无法适应工作环境和进入新角色。

3. 自我认知差异

毕业生的自我认知与就业单位对其认知有很大的不同。一般来说，毕业生的自我认知是以自己在学校的各种表现为依据，自我评估较为优异，而就业单位的认知是以能否满足实际工作需要为依据，对其评价相对较低。毕业生的自我认知往往带有青年人自视清高，甚至自傲、自狂的优越感，缺乏长期艰苦奋斗的思想准备，对自己的未来充满了幻想。就业单位往往带有轻视新人、排斥外人的特色，认为毕业生年轻好冲动，干活马虎，纪律松散；掌握一些理论知识，但实践经验和岗位技能严重不足；能干好一般工作就不错了，谈不上创造力，更不用说改变企业的未来。

毕业生在步入职业生涯、实现角色转换时，清楚地了解新、旧角色的不同和差异是一个基础。在正确认识差异的基础上，主动地、积极地完成个人心理、素质、技能等方面的准备，是走上职业岗位后较好地适应工作要求的必由之路。

从学生到职业人员的角色转换过程，往往包括角色领悟、角色认知、角色实现三方面的内容。角色的转换是一个艰苦的过程，要达到毕业生自我认知与用人单位对其认知的接近也不是一朝一夕的事，需要在以下四个方面坚持不懈地努力：

（1）调整心态，形成职业观念，强化独立意识、团队意识、主人翁意识，快速进入新角色。

（2）立足本职工作，培养职业兴趣，脚踏实地，甘于吃苦，乐于奉献。

（3）放下架子，虚心学习，学会沟通与合作，融入组织和团队，有归属感。

（4）加强实践，努力探索，善于观察，勤于思考，不断丰富知识和提高能力，全面提升自己的职场竞争力。

[案例95]　　一些优秀生为何变成职场弱势群体

韦汉情是重点大学的优秀毕业生，然而三年里却被迫三次辞职，变成了职场上的弱势群体。这到底是为什么呢?

办公室文化让他无法适应

2003年，韦汉情毕业于南京农业大学工商管理专业。毕业后，他应聘到南宁一家房地产公司做项目策划。这个工作对他来说并不难，很快就做上了手。但不到一年，他就离开了这家公司，原因是：办公室文化让他无法适应。

韦汉情不管是在小学、初中、高中，他一直是学校的尖子生，学习成绩非常优秀。他考上的南京农业大学是一所百年老校。老师常以他为榜样来教育一些成绩差的学生。这些都导致了韦汉情的"心高气傲"，在他的潜意识里"我是优秀的"。

可是步入社会后，所有的一切全部不起作用。

在房地产公司，有许多人的学历没有他高，但是别人已经在职场多年，知道职场潜规则。不管是工作关系，还是人际关系，别人都处理得游刃有余。而他，一个从学校出来的大学毕业生，用一种"心高气傲"的心态进入职场，当与别人的处世方法产生冲突时，就无法适应，而且容易不给自己留有余地。

在公司里，有一个是从机关单位过来的老同志，有着很强的后台背景。这人做办公室主任，自视甚高，经常在小节上对人指指点点。其他人对他的挑剔似乎没有表现出很强的反感，而韦汉情却受不了，经常冲突起来。有一次，他叫韦汉情整理报纸，韦汉情有点不情愿去做了，后来后勤员工又重新整理过。老同志就借题发挥，说这小事都做不好，还做什么大事。韦汉情跟他发生了正面冲突。

老同志还经常用公司大旗来压韦汉情，复印时，说你浪费公司的纸，给公司造成损失；扫地时，说你扫不干净，影响公司形象，等等。这些让韦汉情感到很堵心。

此时，一些在深圳、上海工作的同学都混得相当不错，他的心开始躁动起来。在这家公司，看不到自己的发展前途。思前想后，他决定辞职离开。

不堪工作压力病倒

2004年9月，韦汉情来到了深圳。不久，他找到一家德国投资企业，做物资采购工作。可是做了一年多，他又辞职不做了。这一次离职是因为面对工作压力，他不知如何去化解，自己陷入极端的徬徨不安中，并因此患上了疾病。

这家企业竞争环境是公平的，但缺乏人性方面的关怀。你完全可以按照自己的方式去做事，但结果一定要好。企业利用一些非常硬的指标来考核你的工作业绩，比如购货回来的成本一定要达到一个什么指标，库存不能有积压等。成本往往随着市场的变化而变化，是一个动态的过程。所以如何控制成本让韦汉情感到非常有压力。这种压力经常让韦汉情夜不能寐，而且诱发了他的老毛病——胃病的复发，并且经常出现头晕头痛等症状。

深圳是吃青春饭的地方，许多企业用人只用几年，当用完你最佳的几年时光，用完了你的知识积累以后，一些企业往往就会请你走人。这家企业也不例外。因为这样一种生存状态，让韦汉情感到职场充满着不稳定和不安全因素。

胃痛折磨着他，企业又不给请假，请假就被开除。他知道，胃痛如果得到调养会很快好起来，但是工作压力让他无法调适，他曾试着用喝酒、上网玩游戏的方式来减轻工作压力，但结果往往是徒劳，第二天上班面对工作，他的压力又来了。他实在无法忍受这种痛苦，最后辞职。

离开了企业，他一下子轻松了起来，但马上又感到失落。毕竟这是一个非常不错的企业，提供的发展平台也非常好。

调适一段时间后，身体恢复了。2005 年底，他来到了上海。上海是一个非常排外的地方，找工作都要看你是不是上海户口，如果不是上海户口，本科生就当专科生用，专科生当高中生用。如果想进上海，必须先进小企业。

韦汉情在上海一家不太起眼的企业找到了一份工作。老板不是上海人，他只有小学文化，非常喜欢用粗话骂员工。在这家企业，韦汉情被骂得最多，韦汉情想调适自己来适应老板的作风，但怎样调整都调整不了，最后只好辞职。

职业教育这门课一定要补

2006 年下半年，韦汉情回到了南宁。在南宁他似乎找到了归属感。现在他自己做一些书稿信件翻译。他想考研再读几年书。他一直感到学校是一个充满着阳光的地方，那里的一切都是如此美好。

回想自己走过的三年职场生活，韦汉情感到自己之所以感到不顺，其实不是来自环境，而是来自自身。以前太顺利了，让他缺乏面对挫折的承受能力。因为太顺利了，让他内心充满着骄傲，这种骄傲让他无法放下架子和面子，从而让他失去面对挫折的缓冲力和弹力。如果在校时将职业教育作为一门重要的课程，就会减少在职场中的许多困惑，少走许多弯路。

人在江湖身不由己，人在职场也同样身不由己。经历了几年职场生活，韦汉情变得有点麻木了，当然也变得没那么敏感了。现在他的失落感慢慢得到了修复。大学里的宏图大志，在实践面前好像变得现实和客观了。

分析：

比尔·盖茨说："在学校里可能有赢家和输家，在人生的旅途中切莫言之过早。学校可能会不断引导你找到正确答案，但在真实的人生中却完全不是这么一回事。"韦汉情的真实故事也再一次告诉我们："学校有高分低分之别，但校门外没有，校门外总是把校门里的一切打乱重来。"

有人说，人生有三个坎：一是中考，二是高考，三是就业。许多人拼命考试，一直拿高分，考上了重点高中、重点大学，然而在参加工作这道坎上碰到了问题。现在国家对毕业生已经不包分配，所有的毕业生全部面对市场求职。不管你是中职生、高职生、本科生、研究生，不管你是普通大学毕业，还是重点大学毕业，来到职场，都是站在同一起跑线上。如何在职场上拿高分，不仅仅是试卷上做几道题那么简单了，有许多问题交错在一起，心理的、能力的、做人态度的，等等，这些职场试卷上的题目，需要每一个毕业生认真思考，以积极的态度去回答。

相天链接

岗位心理适应

大中专（职）毕业生在初涉职场、步入社会时，会不同程度出现恐惧、依附、从众、恋旧、畏怯、浮躁、空虚、迷茫、孤独、自卑、压抑、失落等不良心理，如果不及时调整和矫正，必然会影响工作和个人的成才与发展。

1. 尽快熟悉岗位情况——消除畏缩心理

毕业生要通过各种途径主动了解包括工作单位所处的地理位置、交通线路、生活设施、工作条件、主管领导、同事和搭档性格特点、各个岗位的职责等情况，明确本岗位业务范围和具体工作内容，尽快掌握本岗位的职业技能和处理问题的程序等。通过对工作单位和工作岗位的了解，全心全意地投入工作，克服对职业岗位不了解而产生的恐惧和畏缩心理，避免工作的盲目性，适应岗位的要求。

2. 面对现实，正确认识自我——克服浮躁心理

许多刚步入职场的毕业生往往冲劲十足，但过于追求表面的浮华，急功近利，表现不踏实，出现不稳定的情绪。饭要一口一口地吃，路要一步一步地走，毕业生应该在岗位上做好长期艰苦奋斗的思想准备，要摒弃刚出校园的心高气傲和眼高手低的不足，万事从小事做起，从底层做起，踏踏实实做好每一件事，安心做好本职工作。要面对现实，正确认识自我，作为职场新人要清醒认识到自己在新的工作环境下，工作水平、工作能力、工作熟练程度、工作经验及处理人际关系等方面与别人的差距，正视差距，积极努力消除差距。一个人在学校学到的知识是有限的，大部分知识和能力必须在工作实践中学习和锻炼。要虚心求教，一些工作多年，具有丰富的专业知识和实践经验的技术人员、领导、师傅以及同事都是你的老师。凡事要多看、多听、多思，在实践中摸索、提高，不断积累经验和提升能力。要爱岗敬业，把工作当做一种快乐和享受，使你心甘情愿去做并且乐在其中。如果到单位后自视甚高，急功近利，看不起同事，看不起基层工作，大事做不来，小事不愿做，怨天尤人，总想跳槽换岗位，这种浮躁心态是适应不了工作岗位的，难以在岗位中有所作为，也不利于个人职业生涯的顺利发展。

3. 寸有所长，尺有所短——摆脱自卑心理

自卑感是一种缺乏自信的心理表现，是一种自我认知评估过低的消极心理状态，长期下去就会使人不思进取、悲观失望，严重阻碍自身聪明才智的发挥。有自卑心理的人在岗位上不自信，表现怯懦，有机会不敢争取，甘居人后，工作缩手缩脚，难以在岗位中做出显著成绩。摆脱自卑心理，应该树立自信心，充分认识"寸有所长，尺有所短"的道理，坚信自己有他人没有的长处。只要在本职岗位上努力工作，发挥才能，肯定能找到自我发展的天地。应注意在工作实践中不断积累经验、不断学习新知、不断提高能力，使自身的竞争实力日益增强。办事应量力而行，先从容易获得成功的事情入手，集小胜为大胜，逐渐增强自己的自信心。

4. 从来就没有救世主——改变依赖心理

就业初期或多或少都存在依赖心理，尤其是女生。依赖心理阻碍人的主观能动性的发挥，工作缺乏主动性，总希望有人给自己提供更多的便利条件，工作中踌躇不前，面对问题一脸无奈，遇到困难怨天尤人，指望别人为自己扫清障碍。这是一种意志薄弱、缺乏独立性的消极心理表现。在市场经济条件下，缺乏竞争力是很容易被淘汰出局的。职场新人应充分认识到，从来就没有救世主，只有依靠自己，以积极的态度尽快掌握独立工作的本领，让自己成为生活的强者，才能立于不败之地。

5. 跌几跤才能学会走路——战胜挫折心理

初出茅庐的大中专（职）毕业生社会经验不足，往往对生活条件的要求太高，而且急于求成，一旦生活和工作不能如愿以偿，便容易产生遭受挫折的感觉。挫折心理容易使人产生愤懑、消沉、悲观甚至颓废的情绪。应该认识到，人生做事就会有成功和失败两种可能。如果稍有失误就一蹶不振，那就难成大器。要战胜挫折心理，就应充分认识挫折是常有的，遭遇挫折不要哀叹命运的不公，失败是成功之母，挫折与成功是一对相伴而生的孪生兄弟。每个人都要跌几跤才能学会走路，吃一堑，长一智，经受一次挫折，离成功就会近一步。只有品尝过失败的苦楚，才能更深切地感受到成功的快乐。"不经一番彻骨寒，哪得梅花扑鼻香"。面对挫折，不应该望而生畏、垂头丧气，要学会面对挫折，保持坚韧不拔的意志和百折不挠的精神。

［案例96］ 三分天注定，七分靠打拼

蓝冰本科毕业，因学校非名牌大学，又学的是文科，在人才市场"熬"了半年多，未找到好的"婆家"，无奈，进了一家药业公司当一名普通的包装工。每天工作10多个小时，每次吃饭时间只有短短的10分钟，她的胃病时常犯，但她一直咬牙挺着，她是孝顺女儿，不想让年迈的父母为她的失业而烦恼。

一天，听说副总的秘书因婚嫁要调离，公司要从内部紧急招人，蓝冰觉得自己学的专业和学历与文秘还算对口，便去试试。人事处长翻阅了她的档案，又加上蓝冰三年来的优秀表现，终于通知她去副总办公室上班。

那天，前任文员只简单告诉蓝冰每天应做的事情、文档的位置以及密码之后，就甩头走了。这时，办公室只剩下蓝冰一个人，她真不知从哪里入手。副总整天忙得不可开交，每次只是简单地交代一下任务，根本无暇顾及她，许多不懂的地方她只好厚着脸皮不厌其烦地向具体部门的同事咨询。

苍天不负有心人。半年下来，蓝冰对于公司的业务流程、客户信息都了如指掌、烂熟于心，对所有业务问题她都能够应对自如。为了尽快熟悉情况，蓝冰每天在计算机前坐上十几个小时。有时计算机会出些毛病，她便自己试着修理。时间一长，她竟然对计算机的构造和一些程序无师自通了。一天，老总在他的办公室大发雷霆。原来他的电脑出了毛病，找人来修，被拆得七零八落，问题却不知出在哪里。正巧，老总的那台计算机和蓝冰用的是同一批货，蓝冰便自告奋勇去试试，她逐个零件排查，小心组装，检查程序，原来是一个隐蔽的附件被不小心删除，造成整体瘫痪。

一个月后，她被调到老总办公室做总经理助理。蓝冰仍勤勤恳恳、一丝不苟地工作。又过了半年，蓝冰被派往上海任地区公司副经理。临走时，老总找蓝冰谈话，叫她到那里后继续学习，公司即将委以她更重的责任。

点评：

一首歌唱得好："三分天注定，七分靠打拼。"不好高骛远，不怨天尤人，勤奋踏实，埋头苦干，就一定能把握机遇，走上成功之路。从小事做起，从零做起，一步一个脚印前进，在平凡中创造辉煌，这是蓝冰给我们的重要启示。

有付出，才会有收获，机遇垂青有准备的人，垂青艰苦拼搏的人。有这样一个小故事：一个瞎子在漆黑的夜晚行路，手里提着一个灯笼。别人看了都笑话他说："你又看不见，点灯干什么呢？多傻呀！"瞎子淡然一笑，说："我不是给自己看的。"在这个故事中，瞎子并没有帮助别人的崇高思想，他仅仅是希望保护自己不被别人撞着。无疑，在黑暗中为了不让别人撞上他，最好的办法就是自己点上一盏灯。要想得到总是要先付出。瞎子如果没有点上一盏灯的付出，则不会有不被别人撞上的收获。同样我们的生命中也因为有这样那样的付出，才会有美丽的收获。

所有的成功都没有捷径，只有苦干、拼搏。学习是这样，工作同样是这样。勤奋是事业的助推剂，是成功的根本，既是基础，也是秘诀。没有勤奋，任何一项成功都不可能唾手可得。身处困境时，拼搏能够产生巨大的力量，这是人生永恒不变的法则。

[案例97] 自信与坚持是成功的基础

211

某校物流专业生小玲，在毕业之际应聘进了深圳某物流公司工作。一到公司她就与另一位新员工一道被分配到公路部，岗位都是操作员。进公司时恰逢物流旺季，工作相当繁忙。在开始工作的一两周中，由于小玲是新手还不熟悉工作流程，难免有工作速度跟不上的现象，因此受老职工责备、客户埋怨，甚至出言不逊是常有的事。小玲虽心里委屈，但工作不敢有半点怠慢，并在工作中多留意老职工的工作方式，学习老职工处理问题的办法。三个星期过去后，小玲熟悉了工作的流程，无论是开单、收款还是处理电话都差错极少。渐渐地老职工不再责备小玲，顾客的埋怨也少了。另一位新员工由于受不了上夜班的辛苦，工作不到一个月就自动辞职了。不巧的是，工作不到两个月恰逢部门人员调整，小玲三个月的试用期未满，部门有意向解聘小玲。小玲深知，自己是一个中职生，能在深圳找到一份专业对口的工作不易，她找到部门张经理，真诚地说："张经理，我非常愿意留在这里工作，我负责的工作我已经逐渐熟悉了，我的工作态度、表现您也有所了解。您留下我吧，我不会让您后悔的。"于是小玲留了下来，试用期满后不久，她成了本部门较受欢迎的操作员。半年后公路部在另一区域新增开一个点，该点需要一位熟悉业务的骨干，经理把这一任务交给了小玲。她成了独当一面的骨干，在事业上获得了一个好的发展空间。

分析：

在求职择业过程中，机会对每个人都是均等的，就看你如何把握它。可以说机会往往是被主动者拥有。小玲的经历告诉我们，在择业遭受挫折时，要对自己进行

合理的评价，要有自信心，要有主动争取和利用机遇的心理准备，敢于主动、大胆地与用人单位交谈，能很好地表达自己，以获得用人单位的好感。此外，小玲的经历也告诉我们，要理性地对待在工作中所碰到的一切不如意，工作中难免会有委屈、辛苦、差错等，不要因此就轻言放弃，要学会坚持。自信与坚持是获得成功的基础，也是职场新人顺利实现角色转换的基础。

坚持就是胜利。人有头有脚，有梦想也有行动。应该用脚来实践梦想，只要还有梦想，脚就要一直走下去。歌德说："把握住现在的瞬间，从现在开始做起。只有勇敢的人才会有天才、能力和魅力。因此，只要坚持下去就行，在实干的过程中，你的心态会越来越成熟。有了开始，不久之后你的工作就可以顺利完成了。"

心灵驿站

担心不如面对

傍晚，乌云密布，风动雷掣。农夫站在窗前望着外面的庄稼，担心极了。"糟了，这雨肯定会下得很大。今天种的菜秧苗还没盖上塑料膜呢，可白种了，玉米地的水渠也没挖好，唉……"这时妻子走到他旁边说："菜秧苗冲了，还可以补种，有啥好担心的。这下可好了，咱们的那块玉米地可解了大旱，又会是个好收成。"

厄尼·柴林斯基说过："我们担心的事情中，40%是不会发生在现实中的，30%是已经发生的事情，20%是琐碎的担忧，5%是我们无能为力的事情，剩下的5%才是我们要真正面对和改变的事情。"

很多时候，我们都为不必要的琐事担心着，与其让自己在这种烦扰中痛苦，不如坦然地去面对，待事情解决时你会发现当初的担心是多么的幼稚可笑。

[案例 98]　　从小事入手，从低处做起

小李是一名湖南文理学院经贸专业毕业的女生。毕业后她与同班的几位女生一起去到深圳一家韩国人办的电子公司应聘。公司的待遇相当高，但是要求应聘者要先从清洁工做起——一幢八层高的大楼，要将其清扫干净，需要起早贪黑地干上8~10个小时才能完成。其他几位女生都愤愤不平地走了，只有小李留了下来。她每天手不歇、脚不停地埋头苦干，把整幢大楼打扫得清清爽爽。小李的勤恳态度得到了公司的高度赞扬和充分信任……10个月后，她成了这家公司的第二财务总监。

小陈是广西某机电工程学校汽车运用与维修专业的学生，毕业前一个学期，他经老师的推荐，到了当地一个小型汽修厂顶岗实习，主要工作是修理汽车。实习期间，老板给他的待遇很低，包吃住外薪酬只有100元。有人问老板为什么给小陈的待遇这么低，老板自有他的理由，老板说："小陈现在在厂里主要是学习，是培训，厂里对他主要是投入，我能解决他的吃住再给一点生活费已经不错了。只要他用心学，在我这里他能学到很多东西，以后他的回报绝不是几百元钱能比的。"半年后他毕业了，老板虽然把薪酬提到了400元，但这个待遇跟当地的企业相比，也是偏低的了，很多同学和老师都认定小陈很快就要跳槽了，出人意料的是他不但没有走，反而工作更加努力，厂里的工作不分大小也不管是不是他的职责范围，只要需要他干他都会尽力去干，技术水平也提高得很快，这一干就是四五年。2007年下半

年，他辞掉了工作，准备到广东珠海去发展。临走前他到学校向老师辞行，老师问他以后有什么打算，他告诉老师，之前他曾利用工厂休假的机会到珠海做过市场调查，珠海的一家汽修厂愿以月薪 8000 元的薪酬聘用他，他打算先到这家工厂帮人打工一段时间，等机会成熟以后自己再开一家汽修厂。当问到他在原来的工厂这么辛苦而待遇这么低，为什么他能坚持做这么长时间的时候，他是这么说的："我看重的不是眼前的那点报酬！那个修理厂虽然小，但是老板很会做生意，人际关系特别好，所以厂里的业务特别多，我在那里很辛苦，但我可以学到很多东西。我并没有把自己的工作局限在修车方面，很多事情包括怎样发展和留住客户、零配件的进货渠道、仓管、如何管理工厂等方面我都很留意，可以说现在我对一个汽车修理厂的工作流程已经有了一个大概的了解，所以我觉得这几年我的辛苦是值得的！"他走了以后，他原来的老板是这样评价他的："小陈是一块好材料，将来他一定能成就大事！在我这里实习过的学生很多，实习期满后大部分学生大都是因为吃不了苦或嫌工资低走了。能够坚持做这么久而且这么用心去做的只有他一个！"

分析：

小李和小陈的成功之处都在于能够承受一些看似无法接受的苛刻条件，并且一旦认定了目标，就不怕受委屈，不怕吃苦，迎难而上，从小事入手，从低处做起，艰苦奋斗，踏踏实实地做好每一份工作，一步一个脚印地实现自己的职业目标。

老子曾说："天下难事，必做于易；天下大事，必做于细。"他精辟地指出一个人要想成就一番事业，必须从简单的事做起，从细微之处入手。一心渴望伟大、追求伟大，伟大却了无踪影；甘于平淡，拒绝浮躁，认真做好每个细节和小事，伟大却不期而至。这就是细节和小事的魔力。

海尔总裁张瑞敏说："什么叫做不简单？能够把简单的事天天做好就是不简单；什么叫做不容易？大家公认的非常容易的事情，非常认真地做好它，就是不容易。"小李能在清洁工岗位做出"不简单""不容易"的业绩，不正体现出她的勤恳、踏实、细致、忠诚的品质吗？而这些品质不正是做财务总监的基本条件吗？

中职生小陈在月薪 400 元的小厂一干就四五年，最后找到月薪 8000 元的工作，这看似偶然，实则是一种必然：皇天不负苦心人！他心揣创业梦想，不是为了薪水而工作，不看重眼前的那点报酬，而是站在老板的角度，把厂当做自己的事业，不但学修理，还学经营，学管理，吃苦耐劳，一步一步地去实现自己的梦想，走好艰苦创业的关键一步。

小李和小陈的真实故事，对职场新人是一堂生动的职业教育课。

[案例 99]　　早落脚早稳定，先生存快发展

2007 年 7 月，某校部分毕业生到广东佛山市就业，在就业的学生中，有 24 个学生被顺德市某电子有限公司聘用。该公司是日本某大公司在顺德市新设立的分公司，其工资待遇和生活条件比其他厂家好得多，但是由于该公司地处郊区，距离市区较远，这对刚走出校门，对发达大城市充满向往和好奇的小青年们来说，无异是一个打击。刚从偏僻的农村出来，又马上到类似农村的城市郊区工作，其郁闷心情可想而知。因此，在到公司上班一周后，就有部分学生要求学校重新安排新的企业

就业，经多次引导后，仍有 23 个学生坚决离开该公司，最后坚持留下的只有小张一人。半年过去了，留在公司的小张得到领导肯定，现已被公司作为骨干进行培养。当老师问他当时为何坚持独自留下，他说："老师，像我这样的中职毕业生，在当今竞争激烈的社会里，能找到一个适合自己专业的企业落脚，已经不错了，我没有理由和能力挑三拣四，毕业跨出校门后，我就是一个社会人，就得为自己的生存和发展着想。我也和 23 个同学一样有自己的憧憬，但我必须先得生存下来，只有先生存，憧憬才有可能变成现实。因此，当时我就选择留下，现在证明我当初的选择是正确的。"回头想想，小张的选择是明智的，如今，另外的 23 个学生中还有不少人在为工作的事东奔西跑，没有一份稳定的收入。

分析：

随着我国经济社会的快速发展和国家高度重视职业教育，越来越多的拥有一技之长的职校毕业生渐渐成为企业和工厂青睐的技术人才，然而，有部分毕业生在选择就业时，自恃水平比他人高，对就业厂家挑三拣四，怨这怨那，不安心岗位工作，最终导致工作没着落。他们不明白："早落脚，早稳定，先生存，快发展"的道理。这些现象也提醒我们：教会学生生存和处世之道是学校迫在眉睫的课题。

生存才是硬道理。先就业，后择业，再有自己的事业，这是一条切实可行的职业发展道路。现在，一些毕业生初涉职场，不是首先想到自己能为单位做些什么，而只是想自己从单位得到什么；不是首先想到自己要从岗位工作学到点什么，而只是想到得到什么眼前"实惠"；不是首先想到今后的长远发展，而只是想到眼前这一步是否轻松、惬意；不是首先想到如何提升自己的能力，而只想到如何跳槽找好单位。换一句话来说，就是只讲索取，不讲奉献；只看眼前，不看长远；只比单位，不比能力；只讲享受、安逸，不讲艰苦奋斗。毕业生这种心理状态，不可能顺利实现角色转换，不利于职业生涯发展，也是难成大器的。

我国职业教育先驱者黄炎培先生发现，推行职业教育的一大阻碍便是部分学生好逸恶劳，贪图享受，在这种价值观下，学生"非以职业为贱，即以职业为苦"，无论采取何种职业教育都显得徒劳，因此他指出："惟鄙意青年初至社会任事，第一步在耐苦耐劳，多做事，少说话，以培养社会信用。"现在，职业价值观的培养愈发引起人们的高度重视，不仅在校期间的职业教育启蒙很重要，进入职场后的职业素质养成也变得越来越紧迫，黄炎培先生对职业学校学生的谆谆教诲时至今日依然具有极强的生命力，催人上进。

有人说，现在的年轻人"接触面广，选择多，更自我"，这不是件坏事，值得庆幸。但事物总有个度，要防止过犹不及，走向反面：有"面"无"点"，"花"多无"果"，"自我"无"我"。

相关链接

比尔·盖茨实话实说勉励职场新人

美国微软公司总裁、世界首富比尔·盖茨，他创业成功的辉煌业绩早已誉满全球，有口皆碑；他的口才也别开生面，话语平实无华、简练深刻。我们采撷几则他对职场新人的劝勉之语，略加点评，奉献给读者。

一、摆正位置，从头迈步

●人生是不公平的，去习惯它和接受它吧。

●这个世界不会在乎你的自尊，它期望你先做出成绩，再去强调自己的感受。

●你不会一离开学校就有百万年薪，你不会马上就是拥有豪华轿车的副总裁，两者你都必须努力赚来。

●如果你觉得老板很凶，等你当了老板就知道，老板是没有工作任期保障的。

点评：我们的职场新人往往对自己有过高的评估，对年薪有过高的企求，对老板有过分的期望，对社会公正有不切实际的期望，希望大家从比尔·盖茨的经验之谈中受到教益，调整好自己的心态，摆正位置、保持低调，脚踏实地、从零起步。

二、不靠父母，创业有我

●如果你一事无成，不是你父母的过错，所以你不要怨父母、发牢骚，而要从自己的失败中努力学习。

●在你出生前，你的父母并不像现在这般无趣，他们变成这样是因为忙着支付你的开销，洗你的衣服，听你吹嘘自己有多么了不起，所以在你拯救被父母这代人破坏的热带雨林前，先整理一下自己的房间吧。

点评：我们不少年轻人把职场的成功过多地寄托在父母身上，所谓"学好数理化，不如有个好爸爸"，年轻朋友应该从比尔·盖茨的言传身教中深深反思。古人云："一室不扫，何以扫天下。"比尔·盖茨要求年轻人从"整理一下自己的房间"做起。瞧，比尔·盖茨的这一理念，同中国儒家的传统观念竟如此惊人地相似。

三、直面人生，贴近实际

●你的学校也许已经不再分优等生和劣等生。但生活却仍在作出类似的区分。

●人生不是学校的学期制，人生没有寒暑假，没有哪个雇主有兴趣协助你寻找自我，请用自己的空暇做这件事吧。

●电视上演的并不是真实的人生，真实人生中每个人都要离开咖啡厅去上班。

点评：当代年轻人往往把"自我"喊得震天响，"寻找自我"呀，"实现自身"呀，"完善自我"呀，这种"我"字当头的心态是脱离实际的，希望这些朋友认真听听比尔·盖茨的语重心长的告诫：直面真实的人生，在忘我的拼搏中才能不断完善自我、超越自我。

二、工作态度决定职场高度

［案例100］　平凡是工作岗位，平庸是工作态度

赵亮高中毕业后随哥哥到南方打工。

他和哥哥在码头一个仓库给人缝补篷布。赵亮很能干，做的活儿也精细，看到别人丢弃的线头、碎布会随手拾起来，留做备用，就好像这个公司是他开的一样。

一天夜里，暴风雨骤起，赵亮从床上爬起来，拿起手电筒就冲到暴风雨中。哥哥拦不住他，骂他是个傻蛋。

在露天仓库里，赵亮查看了一个又一个货堆，加固被大风掀起的篷布。这时候老板正好开车过来，只见赵亮已经被雨淋成了一个水人儿。

当老板看到货物完好无损时，当场表示要给赵亮加薪。赵亮说："不用了，我只是看我缝补的篷布结不结实。再说，我就住在旁边，顺便看看货物只是举手之劳。"

老板见他如此诚实，如此有责任心，就让他到自己的另一家公司当经理。

这个公司刚开张，需要招聘几个文化程度高的大学毕业生当业务员。赵亮的哥哥跑来，说："给我弄个好差事干干。"赵亮拒绝了哥哥的要求。哥哥说："看大门也不行吗？"赵亮说："那也不行，因为你不会把它当做自己家的事干。"哥哥气得骂他："真傻，这又不是你自己的公司！"临走时，哥哥说赵亮没良心，不料赵亮却说："只有把公司当做自己开的公司，才能把事情干好，才算有良心。"

几年后，赵亮成了一家公司的总裁，而他哥哥却还在码头替人缝补篷布。

分析：

从这个事例中，我们可以看出，一个员工只要带着事业心做事，把工作当做自己的事业，在平凡的工作中也可以创造不平凡的业绩，得到很好的回报。

平凡并不等于平庸。一个人的工作岗位可以平凡，但工作态度却不能平庸。埋下头去做一个平凡的人，努力从平凡的小事做起，在平凡的工作岗位上培养出自己爱岗敬业的精神，你就必定能迈上事业的巅峰。一个人的工作态度折射他的人生态度，而人生态度又可以决定一个人的成就。你的工作，就是你生命的投影。它的美与丑、可爱与可憎、卓越与平庸、成功与失败，完全操纵在你自己的手中，完全取决于你的态度。无论你从事的工作多么琐碎，多么平凡，多么无奈，都不要看不起它，所有正当合法的工作都是值得尊敬的。假如我们无法选择自己的工作，我们至少可以选择自己对工作的态度。

你是在为自己工作。工作并不纯粹地是为老板工作，在很大程度上是为自己工作，为身处的这个社会工作。无论你从事什么样的职业，你都不该把自己当做一个打工仔。从某种意义上说，你的老板其实就是你自己。

美国钢铁大王卡内基说过："为我工作的人，要具备成为合伙人的能力。如果他不具备这个条件，不能把工作当成自己的事业，我是不会考虑给这样的年轻人机会的。"把工作当做自己的事业，能够让你拥有更大的挥洒空间，使你在掌握实践机会的同时，能够为自己的工作担负起责任。树立为自己工作的职业理念，在工作中培养自己的主人翁精神，能够让你更快地在事业上取得成功。一个职业人如果抱着"我不过是在为老板打工"的心态，始终不能把自己视作公司的一个成员，而是把自己视为一个局外人，对工作没有激情，没有快乐，没有目标，没有担当，有的只是被动地应付，得过且过，满腹的不平，这样的人，即使意外地能做出一点成绩来，也品尝不到成绩带来的欢乐，更谈不上成就感和自豪感，因为他们会认为"那都是别人的"，或者，那"都是为别人创造的"。

工作态度决定职场高度。赵亮兄弟从同一平凡岗位起步，由于不同的工作态度，达到的职场高度却相差甚远。这个故事蕴涵的哲理，很值得我们深思、回味。

216

[案例101]　工作是上天赋予的使命

小王是一个很有才华的年轻人，但他对待工作总是显得漫不经心。他对工作的看法如同我们经常听到的那样："我只不过是为老板打工，又不是我自己的公司。如果我有了自己的公司，我一定能夜以继日地努力工作，甚至比他做得更好。"

半年后，小王离开了原来的公司，自己独立创办了一家公司。"我会很用心地努力工作，因为它是我自己的。"小王创业之初对朋友说这番话时神情非常激昂。

然而，仅过了半年，小王的公司倒闭了，他又重新去为别人工作了，因为他认为自己开公司太麻烦、太复杂，根本不适合他的个性。

这种结果其实在大家的意料之中。一个人做员工时缺乏忠诚和敬业态度，这种习气必将影响到他的今后，无论他从事何种职业，即使是自己做老板，这种态度也绝不会轻易改变。

分析：

大自然有它自己的安排，在这种天意的支配下，万物生灵自有它们各自不同的归宿：蜜蜂要辛勤采花酿蜜，蚂蚁要不停地筑巢觅食，候鸟总要南北来回迁徙，而看家狗则必须忠诚地看守主人的家门。人是造物主的杰作，是万物之灵，一要生存，二要发展，三要快乐，更要担负自己的职责，履行自己的使命——劳动、工作。

工作是一个态度问题，是一种发自肺腑的爱，一种对工作衷心的热爱。工作需要热情和行动，工作需要努力和勤奋，工作需要积极主动、自动自发的精神，工作需思考和创新。只有以这样的态度对待工作，人们才可能获得工作给予的更多机会和回报。工作态度的不同，是那些成就大业之人和凡事得过且过之人的根本区别。小王在职场失败的原因，不在于学历，不在于能力，而在于工作态度上。

将工作本身看成一项神圣的使命，视为生命的重要组成部分，会极大地调动人的积极性。具有强烈工作使命感和责任感的人，他们会主动要求自己努力工作，主动地干好自己的每一项工作，而不是以薪水为目标，也不以"基层""打工仔""枯燥""辛苦"等为由推脱责任。

相关链接

九种人驰骋职场不顺

在学校是个好学生，不一定在工作岗位上就是好员工。提醒你：以下九类人在求职中很难找到理想的工作，就职后也难以顺利发挥，希望你不要成为其中之一。

1. 情商低下的人。智商显示一个人做事的本领，情商反映一个人做人的表现。在未来的社会里，不仅要学会做事，更要学会做人，做人有时比做事更重要。

2. 心理脆弱的人。随着竞争的加剧，企业发展过程中不可避免的会有来自各方面的压力，尤其是竞争的压力。心理脆弱将使你挑不起企业的重担。

3. 知识陈旧的人。如今是资讯快速发达的时代，知识更新的速度越来越快，知识倍增的周期越来越短，要想靠早些时候学的知识应付一辈子，已完全不可能了。

4. 技能单一的人。要想避免在职场中成为"积压物资"，成为"淘汰品种"，唯

一的办法就是多学几招，一专多能，这就是为什么复合型人才受欢迎的原因。

5. 反应迟钝的人。"迟钝"即"迟缓"，落后就要挨打，"敏捷"才是胜利的根本。

6. 单打独斗的人。团队精神、沟通协调、合作共事是今后的必然趋势，众人拾柴火焰高。

7. 目光短浅的人。"你能看多远，你便能走多远。"

8. 眼高手低的人。任何伟大的工程都始于一砖一瓦的堆积，任何伟大的成功都是从一点一滴中开始的。这需要我们拒绝浮躁，从零开始，以顽强拼搏的精神去完成它。

9. 不善学习的人。在当今社会，人与人之间的差异主要就是学习能力的差异；人与人之间的较量关键也在学习能力的较量。要做学而知之的人，学而不知或不知如何学的人早晚会被淘汰。

[案例102] "最牛的小学"

四川汶川大地震中，有一所小学被网民称为"最牛的小学"，那所十年前正式命名为"汉龙希望小学"的教学楼没有垮，连教学楼正面那块长十几米、有三层楼高的玻璃幕墙都没有碎，成为这场大地震中的一个奇迹。

十年前，刘汉和孙晓东就对下属×先生说："亏什么不能亏教育，这次你一定要把好质量关，要是楼修不好出事了，你就从公司里走人吧。"

十年前的某一天，×先生在监理工程中发现施工公司的水泥有问题，含泥土太多，这将会对建筑质量造成影响。他要求施工公司必须把沙子里的泥冲干净，也不能用扁平的石子，因为从建筑专业而言，扁平石子混在水泥灌注是个隐患，水泥结实度将大打折扣。施工队不愿执行，他便对他们大发雷霆，愣是让他们把沙子里的泥冲干净，把扁平石头全部拣走。

还有一次是在会议当中，他在追问工期拖延的原因时，发现有关方面的款项没有及时到位。按捐赠原则，企业捐款必须先到当地有关部门，再由有关部门把企业的钱下拨到具体施工公司中去，但施工公司并没有从有关部门及时拿到钱，于是×先生又发火了，穷追不舍，终于让款项到位。

最后是在奠基仪式上，由于操场工期拖延，×先生再次大发雷霆，他找到有关部门，据理力争。9月19日，学校终于平出一块崭新漂亮的操场。而那块操场，就是十年后483名学生逃生的地方。

正是建筑商一方对自己工作的一丝不苟，尽职尽责，才创造了这一奇迹。所谓奇迹，就是你修房子时，能在十年前想到十年后的事情。

分析：

工作态度决定职场高度，这个职场高度不仅指职位和物质财富的高度，更重要的是指社会效益和精神财富的高度。这所"最牛的小学"的建筑商在十年后挽救了近五百名师生的生命，创造了奇迹，也给世人留下了一座高耸的精神丰碑。

什么是职业精神？职业精神就是全力以赴地做好自己的本职工作，它的核心就是全力承担自己的责任，可以说它是员工职业素质的本质体现。因为你已经由学生转变为职业人了，作为职业人，你必须保质按量地完成自己的本职工作。

什么是责任感？责任感就是自觉地做好自己分内的事。由于主人翁精神缺失，现在有一些员工对自己的工作没有一种"分内"的认同感，能推就推，挑三拣四，敷衍塞责。一些员工虽然很聪明，智商不低，但由于他们习惯把自己的聪明才智用在偷懒、投机取巧上，因此在职场上的成绩反而不如那些看上去才智平平而又踏实肯干、认真负责的人，于是往往被生活所淘汰。正如社会学家戴维斯所说："放弃了自己对社会的责任，就意味着放弃了自身在这个社会中更好的生存机会。"

责任是力量的源泉。现在，一代职场新人正在登上历史舞台，开始经历属于自己的风风雨雨和艰难跋涉。有一种力量，可以支撑你在职场风雨中巍然屹立、奋力前行，那就是责任。

[案例103] **年轻人，你在职场第几层？**

高宁毕业之后先后换了几个工作，最久的一次也仅仅做了一个月而已。

后来，高宁又在一家电脑公司做起了库房管理员的工作。不过，这份工作每天只是不停地搬卸货物，清点库房，让他倍感失望。上班不到半个月，他又有些坚持不下去了。高宁找到当初将他招聘来的经理，说出了自己想离开的想法。经理一边喝着茶，一边劝他："你是个很机灵很能干的小伙子，在这里坚持下去，一定不会比别人差的！"尽管经理尽力挽留高宁，可他还是执意要走。

"职场就好比是高楼，大家按照工作能力由低到高的顺序，分别站在不同的楼层里。"经理也不再劝高宁，只是一脸郑重地继续说道，"职场里的人分为人力、人手、人才、人物。所谓人力，只需要你在工作中卖力气就足够了；而人手，则需要你熟悉掌握工作，能应付突发事件；人才则需要你头脑灵活，能够在工作中提出创造性的方案；而人物就需要八面玲珑，用自己特有的方式为公司作出比较大的贡献。"经理说到这里顿了顿，高宁则聚精会神地继续听着。"年轻人，你在职场第几层？不同楼层不同高度的人，看到的风景、享受的待遇自然有很大的不同。我们不能因为自己在最底层，就怨天尤人，而是应该不停学习他人的经验，及时调整事业的方向。每个公司就是一座大厦，你如果只是不停地在各个大厦之间穿梭，而不是努力提高自己的本领，那你永远都只能在最下面的一层。"

那天晚上，躺在出租屋里的高宁想着经理的话辗转反侧，彻夜难眠。第二天，高宁又继续回到了自己的工作岗位，认真地做起了工作。

和经理谈完话之后，高宁像换了一个人似的，每天搬卸完货物之后，便在库房里仔细地清点着产品，把各种产品的型号、数量、出货量、入货量都牢牢记在心里。由于对库房的产品非常熟悉，因此有人来取货时，就大大地节省了时间。一晃几个月过去了，来库房取货的工人们都对高宁的办事效率赞不绝口。负责后勤的主管经常来突击检查库房，不过每次都让他非常满意。

工人们和主管的好评渐渐传到了经理的耳朵里。经过一段时间的观察之后，经理觉得高宁已经彻底熟悉了业务，便将他调到办公室里，专门负责管理公司产品的保管和运输。经理还半开玩笑地对他说道："好样的！这么短的时间，你就已经从人力变成人手了。"高宁不好意思地挠挠头，真诚地为经理那天的话道谢。

高宁调到办公室之后，比以前更加努力地工作了。不仅完成本职业务，还每天在工作之余努力学习电脑的硬件修理知识。只要一有机会，就利用休息时间帮着保修部门的同事修理电脑。时间一长，高宁不仅成了保修部门最受欢迎的人，而且自己也练就了过硬的维修电脑的本领。

高宁的变化，经理都看在眼里，他对这个聪明能干的小伙子也越来越有好感了。转眼之间，半年过去了，高宁的工作越来越顺利。一天午后，正在利用休息时间帮助保修部门修理电脑的高宁，偶然发现了一个客户遗落在公司里的钱包。高宁连忙和经理打了招呼并得到经理许可之后，便按照钱包里的名片和对方取得了联系，并且亲自送了回去。对方是一所高校的研究生，对送钱包来的高宁感激不尽，特意请高宁吃了顿饭。

吃饭的时候，高宁偶然间听研究生说起有很多刚刚考上研究生的人为了携带方便，想买笔记本电脑的事情，便悄悄记在了心上。接下来的几天里，高宁向经理建议，可以挖掘一下这个潜在市场。经理答应了他的请求。

在随后的日子里，高宁的公司在本市刚考上研究生的学生中卖出了不少电脑。高宁也得到了公司的奖励，不仅如此，他还在这次的销售中认识了不少朋友，这些人都成了他的客户。高宁的才能得到公司高层的赏识，他被调去做市场开发。

在原有客户的基础上，高宁又发展了不少新的客户，人脉越来越广。

在短短一年的时间里，高宁就成了公司里的销售明星，让大家佩服不已。不久之后，经理被任命为集团的副总，高宁也被他推荐到了副经理的位置。

在庆功会上，高宁端起酒杯，恭恭敬敬地敬了经理一杯："谢谢您当初的教诲！如果没有您，我可能一辈子都在职场最底层。"

分析：

高宁职场经历和职业发展的故事，很有代表性和典型意义，对职场新人很有教益，值得认真思考。

高宁在职场中，先从人力变为人手，后从人手变为人才，再从人才变为一个人物，从一个普通库房管理员当上公司副经理，实现职场"三步跳"的跨越，原因就在工作态度的变化，是工作态度决定了职场高度。

年轻的朋友，你处在职场第几层，是人力、人手、人才，还是人物？这要从工作态度几个方面来衡量：一是热爱工作，二是热情持久，三是努力勤奋，四是积极主动，五是思考创新。这五个方面你做到什么程度，根据具体情况就可以大致判断你现在处在职场第几层了。

世界是一个竞技场，无论你现在是处在职场第几层都必须参与竞争，成功的总是那些超越平庸、不安于现状的人。人的价值是一个变数。今天，你可能是一个价值很高的人，但如果你故步自封，满足于现状，那么明天，你的价值就会贬值，被一个又一个智者和勇者超越。今天，你也可能做着看似卑微的工作，人们对你不屑一顾，而明天，你可能通过知识的不断丰富和能力的不断提高，让世人刮目相看。

只有不断超越平庸，提升自己，永不安于现状，才会在职场上永立不败之地。

[案例 104]　　从洗车工走出来的公司老总

梁海，广西某中专学校 97 级营销专业的学生。缘于对汽车的热爱，2000 年毕业之际，他立志要进入汽车销售行业。于是他着力去应聘汽车销售员岗位。三年的专业学习，他具备了扎实的销售知识，但是想做汽车销售员更关键的是要具备丰富的汽车原理知识，这恰是他应聘条件里所缺乏的。经过多次面试失败后，依然没有磨灭他要进入汽车销售行业的热情与信心。他决定先从基础开始学习汽车方面的知识，于是他到康城汽车修理厂面试，想通过在修理厂的学习来弥补汽车专业的相关知识。

在修理厂他被安排到了洗车班工作。梁海毫无怨言，在洗车班一呆就是三年。他三年如一日，勤勤恳恳，无论寒冬还是酷暑，都会看到他穿着工服，洋溢着笑容抢着干累活脏活。看到车辆到来时，他就会主动地上前接待，如果车辆不是很多，他就会让其他师傅休息，他自己一个人认真地清洁。

梁海的表现让公司领导大为赞赏，认为这小伙子有很好的培养前途，2003 年底他被调到了发动机维修班工作。这时候梁海更珍惜近距离学习操作与维修知识的机会，更加努力工作与勤学好问。他一个人常钻到车底，让师傅在外面等着他把要修理的部件拆出来。经过两年多的磨炼，他已经可以独立完成发动机故障的排除，汽车的专业知识也更加日趋全面。

2006 年，康城总公司属下的桂林雪佛兰销售公司成立，总公司领导直接任命梁海担任副总经理。此时，梁海真正踏入了他一直努力进入的汽车销售行业之门。六年的汽车知识学习经验加上他的营销专业才能，以及他的自信与勤奋，桂林雪佛兰公司的销售业绩欣欣向荣。半年后，梁海就被总公司提升为销售公司的总经理。

分析：

梁海进入职场后，积极进取，善于学习，勤于思考，踏实肯干，勤学好问，不断调整、完善知识和能力结构，全面提升自己，成为一个懂技术、会经营、善管理的复合型人才，从最基层的洗车工当上公司总经理，走出一条职业发展成功之路，这个经验具有典型意义和现实意义。

杰菲逊说："一个人拥有了别人不可替代的能力，就会使自己立于不败之地。"是的，一个能在短时间内，把工作当做学习的第一课堂，主动学习更多有关工作领域的知识和技能，不单纯依赖公司培训，主动提高自身能力的人，就是公司不可替代的优秀员工。

一个员工要主动学习与实践，在超越自己的同时，一定要努力超越你的竞争对手。要超越竞争对手，就必须比竞争对手付出更多的努力和智慧，而这是以积极主动学习为前提的。在一定程度上，你的学习能力决定你在公司能走多远，做多久，因为任何工作都是需要学习才可以改进或者创新的。当一个人没有从外界学习新东西的能力或者兴趣时，当一个人不愿意或者没有时间思考时，当一个人排斥创新时，他的进步与成长之路也就停止了。不论你是在职业生涯的哪个阶段，学习的脚步都不能稍有停歇。要严格地进行自我监督，别让自己的知识和技能落在时代的后头。

未来的职场竞争不再是知识与专业技能的竞争，而是学习能力的竞争，一个人如果善于学习，他的前途必会一片光明。

相关链接

不断学习，自我完善

研究表明，大中专（职）学生在学校所掌握的知识，30％左右在工作中能用得上的，70％左右属于备用的知识，因此，毕业生在工作岗位上所用的知识大部分需要随时学习和补充。要根据职业的特点、性质、工作程序等要求，不断学习新知识，提高自身素质和能力，提高工作技能和业务水平，尽快熟悉并掌握有关的业务知识，完善知识和能力结构，才能更好地符合职业角色的要求，适应社会发展的要求。

当今科学技术飞速发展也要求毕业生不断地更新知识，开阔视野、推陈出新，瞄准世界科技前沿。随着知识、技能的更新越来越快，不通过学习、培训进行更新，适应性自然会越来越差，而老板又时刻把目光盯向那些掌握新技能，能为公司提高竞争力的员工。

知识、经济、学习型社会对员工提出不断发展的要求。今天不努力学习新事物，明天就跟不上时代的步伐。作为现代的职业人，不但要学习技术，还要善于学习管理、法律和经营方法等知识。更重要的是要善于将学习到的理论、知识、技能灵活地运用到实际工作中去，再用实践加以检验、完善、发展，更好地适应工作，适应时代的需要。

当然，在职场上奋斗的人在学习上有别于在校学生，因为他们缺少充裕的时间和心无杂念的专注，以及专职的培训人员。所以，积极主动的学习尤为重要。下面是几种适用于职场的学习方法。

1. 在工作中学习

工作是任何职业人员的第一课堂，要想在当今竞争激烈的职场中胜出，就必须从工作中吸取经验，探寻智慧的启发，获取有助于提升效率的资讯，提高或熟练工作技能。"处处留心皆学问"，要想在工作中学到东西，必须沉得下来，静得下来，安心本职工作，热爱岗位工作，刻苦钻研，精益求精，否则是学不到"真经"的，最多是学到一些皮毛的东西。

一些在工作岗位上工作多年、具有丰富的专业知识和实践经验的技术员、领导、师傅、同事都是很好的老师。职场新人只有放下架子，虚心学习，勤于思考，才能从他们身上学到观察问题、分析问题和解决问题的方法和能力，才能尽快熟悉并掌握有关的业务知识，完善知识结构，更好地适应岗位要求和职业生涯发展的需要。

2. 努力争取培训机会

多数用人单位都有自己的员工培训计划，培训的费用一般列入单位人力资源开发的成本开支。而且单位培训的内容与工作紧密相关，所以争取成为公司的培训对象是十分必要的。为此你要详细了解单位的培训计划，如培训周期、人员数量、时间的长短，还要了解公司的培训对象有什么条件，是注重资历还是潜力，是关注现在还是关注将来。如果你觉得自己完全符合条件，就应当主动向领导提出申请，表达渴望学习、积极进取的愿望。这样的员工是非常受领导欢迎的，同时知识技能的增长也是你晋升加薪的重要保障。

3. 自费进修

在单位不能满足你的培训要求时，也不要放松下来，可以自费进修一些课程。首选应是与工作相关的科目，还可以考虑其他一些热门的或自己感兴趣的科目，这类培训更多意义上被当做一种"充电"，在以后的职场中会增加你的"分量"。

大中专（职）毕业生如条件允许，最好一面工作，一面通过函授、自学考试等形式读大专或本科，提升自己的学历层次，这对今后的职业生涯发展也是十分必要的。

[案例105]　成败就在三分钟

一个人的成功，有时看似偶然，可是，谁又敢说，那不是一种必然呢？

戴金盈是我大学时的古汉语教授。他个子不高，瘦瘦的身材，但人很精神。给我们留下的最深刻的印象是他每次给我们上课都早来那么三分钟。他来到教室后，先从自己随身携带的皮包里拿出一块抹布，把桌子上上下下抹个干干净净。然后他掏出自己的讲义，按使用的顺序一一放置好。如果是黑板没有擦或者是擦得不净，他就拿起板擦一下一下地擦干净。干这些活时，他还和早来的同学打招呼，问些家长里短。等到大家都到齐了，他就开始从从容容地讲课，课程讲得有条不紊，有板有眼，有声有色。

其他的大学老师则不同，有的匆匆忙忙地赶来，要么是教具、讲义丢三落四，再打发班干部去取；要么是嫌讲桌或黑板不干净，责令值日生重来；要么是一脸的不高兴，好像是学生欠他几百块钱似的。讲课时不由自主地流露出怀才不遇、待遇不高、学生太差等想法，就没有他们顺心的时候。只有戴老师，那从容、乐观、豁达的人品，让我时时记在心中。因此，大学4年，我只记住了那个戴老师的名字，他的行为也不知不觉地影响着我的工作。

我的侄女初中刚毕业就去了北京，在一家对外餐馆打工。和她一起招进餐馆的共五个人，她们住在离餐馆三站地以外合租的房子里，每天上下班都坐公交车。她们拿的工资都一样，日子就这样过了两年。可是有一天老板给她们开会，决定给一个叫寒梅的山东女孩加薪，并提升为领班。会后，我的侄女不服气，向老板讨要说法。老板心平气和地说，你们发现没有，每次下班时，寒梅都晚走那么两三分钟，把你们没有放利落的东西再整理一番，有时还帮助我关好门窗，临走时从来不忘记问一句："老板，您还有事吗？"在我说没有事时，她才离开餐馆。而你们，每次下班，就像从监狱逃跑一样，一分一秒都不想停留，你们没有把这里当成家呀。这时，轮到我的侄女和另外几个孩子傻眼了。

三分钟能做多少事呢？可就是这三分钟，折射出一个人的人品、精神、思想、心态。天地之间有杆秤，人人心里也有一杆秤，你自己就是那定盘的星。一个人要建功立业，需要从一件件平平常常、实实在在的小事做起，正所谓"千里之行，始于足下"。那种视善小而不为，认为做善小之事属"表面化"与"低层次"的眼高手低的人，那种长明灯前懒伸手、老弱病残不愿帮的人，要想成就大业，难矣！

分析：

一个职业人只是全心全意尽职尽责地完成本职工作是不够的，还应该比自己分内的工作多做一点，比别人期待的更多一点，如此才可以吸引更多的注意，给自我的提升创造更多的机会。成功人士往往总比别人多做一点，先行一步，日积月累，他们身后便留下一串超越常人的值得骄傲的业绩。只有懂得这个道理，才会成功。

著名投资专家约翰·坦普尔顿通过大量的观察研究，得出一条很重要的定律——多一盎司定律。他指出，取得中等成就的人与取得突出成就的人所做的工作量并没有很大差别，他们所作出的努力差别也很小，如果一定要量化，那么可能只差"一盎司"。付出多少，就得到多少，这是一个众所周知的因果法则。也许，你的努力无法得到相应的回报，但也不要气馁，你应该一如既往地每天多做一点。那样的话，回报就可能在不经意间，以出人意料的方式出现。

用热情干好每一份工作。戴老师能坚持早来三分钟，寒梅能坚持下班晚走三分钟，除事业心外，还与他们的工作热情有关。充满工作热情的显著特征之一，就是工作中具有主动性。德国哲学家黑格尔说："没有热情，世界上没有一件伟大的事能完成。"对成功不利的所有因素，如迷惑、失望、恐惧、消极、颓废、猜忌、犹豫等都是由缺少激情而引起的，这些因素的存在使我们未老先衰，止步不前；而由激情带来的希望、果断、积极、主动、兴奋等，则可以使我们获得与困难搏斗的勇气和向目标迈进的力量。

热情高于能力，就像火柴高于汽油。一桶再纯的汽油，如果没有一根小小的火柴将它点燃，无论它质量再怎么好也不会发出半点光和热。而热情就像火柴，它能把你具备的多项能力和优势充分地发挥出来，给你的事业带来巨大动力。热情是战胜所有困难的强大力量，激励你去做内心渴望的事情。把热情带到工作中，让你的热情和工作结合在一起，那么你的工作将不会显得很辛苦和单调，你的身体将充满活力，能够抓住机遇最终实现自己的目标。松下幸之助说得好："不论你有多高的才能，有多渊博的知识，如果缺乏'热情'，那就等于纸上谈兵，终将一事无成。可是如果智能稍差，才能平庸，但是却认真奋斗、满腔热情，所谓'勤能补拙'，一定能产生很好的业绩。"

三、建立和谐的人际关系

［案例106］　先学会做人再做事

两个大学生

那年，我们公司进来两个大学生，一个是思，一个是玮。她们被安排在同一个部门，做同样的工作，在工作能力和工作业绩上也不相上下，但在待人接物方面，却有着天壤之别。

思是一个大嗓门女孩，见到人要么直呼其名，要么小刘、小许地喊。有一次，思的顶头上司张经理正在会议室接待客人，思突然出现在门口，大声喊："老张，你的电话。"刚刚35岁的张经理，竟被自己的部下喊"老张"，又是当着客人的面，张经理的脸突然阴沉下来，出去接电话时，看也不看思一眼。

而玮就不同了，她见到谁都毕恭毕敬的，小心翼翼地喊×经理、×主任；没有职务的，她就喊×大姐或×大哥；年龄稍长的职工，她就喊×师傅。

思只有上班时才来公司，下班就走人，与公司里的人也没有过多交往。玮就不同了，她下班以后，会留下来与人家聊聊天，说说闲话。谁有什么困难，她也会尽力帮助。当然，她有时也会向别人求助。有一次，她来到我的办公室，请我参谋参谋她弟弟高考填什么志愿好。我很认真地给她分析了近几年的就业形势，然后慎重地提了一个建议。玮千恩万谢地走了。后来，我偶然看到美国成功学家卡耐基一本谈成功之道的书，其中介绍一条赢得别人好感的方法，那就是请对方帮忙，让对方获得做重要人物的感觉。我不禁暗暗地惊叹，玮真是一个精明透顶的女孩啊！

后来，张经理手下的一个副经理调到别的部门主持工作去了，公司决定采用公开竞聘的方式选拔新的副经理。思和玮因为都是本科学历，又都是业务骨干，符合公司规定的竞聘条件，于是两人都报名竞聘。评委由公司中层以上干部和职工代表组成。竞聘结果，玮以绝对的优势击败了思，成为我们公司最年轻的中层干部。

此事给职场人士一个忠告：先做人，后做事，工作能力当然重要，做人技巧同样不可或缺。

一场酒会

年终了，公司照例要举办一场酒会。

到了饭店大厅，公司员工已经各就各位，等老总落座后，酒会正式开始。菜上五道，酒过三巡，场面开始热闹起来。我起身到二楼的洗手间一趟，出来后看到老总站在二楼的栏杆边，正全神贯注地看着一楼大厅，若有所思的样子，便也走了过去。老总见我过来，就指着大厅内的几个人对我说："你看，王成林这小子，见无人注意他，竟然用烟头烧饭店的窗帘。这种人不懂得爱惜别人的东西，以后不能让他接触到公司里的物品。刘子明，刚才我在时，一本正经的，现在看我走了，故意装成喝醉酒的样子，往女孩子身上靠，此人太轻浮，不可委以重任。郑风，刚才竟然吐酒了，此时躺在沙发上，一副无精打采的样子，此人缺乏自制力，不能干大事，不可重用。王平，喝了几杯酒后就坐到一边独自抽烟，他不善与人交往，看来他真的不能在销售部干了……"我听完老总的高论，不禁打了一个寒噤，想不到，老总在酒会上也不忘考察人。

我跟随老总从二楼下来，刚坐定，销售部经理徐前进就过来向老总敬酒。徐前进端着一个酒碗，对老总说："我敬总经理一碗酒，我喝一碗，您喝一杯就行了。"老总说："我们每人都喝一碗吧。"说完，接过徐前进手里的酒碗，一饮而尽。然后，让人把碗里重新倒满酒，叫徐前进喝，在众目睽睽之下，徐前进只好喝下去。不一会，徐前进就到洗手间吐酒去了。老总悄悄地对我说："刚才我喝下去的是水，这个徐前进竟敢在我面前要滑头。我最烦这样的人，不能喝，却要充大头，要好

225

看。"我暗暗惊叹，老总真是聪慧过人。然而，老总是怎么知道徐前进碗里的不是酒呢？这对我来讲，至今还是个谜。

分析：

职场无小事，要建立和谐的人际关系，工作上要好好努力，工作之外也要好自为之。

人们常说：一叶知秋，一滴水能折射太阳的光辉。人的品行是从一言一行中反映出来的，不能因"事小"而不为，也不能因为"恶小"而为之。要加强自我修养，在思想道德品质方面自我锻炼、自我改造和自我提高。要"活到老，学到老，改造到老"，经常进行"内省"，努力做到"慎独"。

学会做人，一个是人品问题，一个是人际关系问题，人品往往通过与人的交往中体现出来。求职者步入社会后，要与各种各样的人发生这样或那样的关系。能否建立和谐的人际关系，能否正确、有效地处理、协调好职业生活中人与人的各种关系，不仅影响一个人对环境的适应状况，而且影响工作的效能、心理的健康、生活的质量和事业的成败。求职者在刚刚走上岗位时，由于初谙世事，阅历较浅，缺少经验，往往在各种复杂关系面前茫然失措，苦于无法适应，常常感叹"工作好搞，关系难处"。因此，求职者自觉培养良好的人际交往能力非常重要。

中国有句老话，叫"三分知识，七分人情"。意思是说一个人的成功，三分靠知识，七分靠人际关系，可见人际关系的重要，一定要认真对待。

相关链接

冲浪职场的总原则

职场从来不相信眼泪，也没有绝对安全的避风港，即使有家人、父母、亲友的依靠与扶持，也只是暂时的。所以请大家牢记下列忠告。

四个字：自力更生。

两句话：领导不疑，同事不忌。

方式方法四留心：

一是留心谨守三三制。为人，当好第三者（局外人，不参与矛盾）；做事，踢好头三脚；说话，恪守三三制：交谈时间不超过三分钟，汇报范围归纳为三重点，闲聊内容有三不谈（不谈上司，不谈女人，不谈他人的隐私。当然，这只能是就大的、总的方面而言）；对上，无事常登三宝殿；同事相处，牢记一个好汉三个帮。

二是留心告别五性格：烦躁易怒、心窄记仇、忌妒、害羞、依赖。

三是留心相处五注意：注意相互感情（彼此尊重）；注意平衡关系（精诚协作）；注意避免是非（虚心学习、终身学习）；注意多做杂务（勤能补拙）；注意别与上级或一两个人靠得太近（避免小团体之嫌）。

四是留心十不要：言语不要狂（天外有天）；行事不要怪（人家不理解也不欢迎）；别事事插手（讨人嫌）；别心直口快（免妒忌，免他人搬弄是非）；别频繁跳槽（使人不敢相信）；别过于信书本（太机械死板）；别总想单干（无团队精神）；别只说不做（耍嘴皮子）；别忽视小事（或者说瞧不起小事，上司经常会拿小事来试你，小事做不好又怎能做大事）；行事、着装别太怪异（显得不合群）。

[案例 107]　　宁静的智慧

宁静是公司非常普通的一员，原来是不显山、不露水，只是公司一位重要领导时常过来找她聊天，宁静倒显得引人注目起来了。这位领导虽不直接领导宁静，但他是公司董事会的成员，他的意见可以直接影响到每一位员工的前途和命运。因此，宁静一直稳稳当当地做着一份别人无法顶替的工作。

后来，那位领导因为个人原因离开了公司，有些人便认为宁静的安稳日子到头了。而事实上，新领导仅仅上任 3 个月，便对宁静青睐有加，大会、小会一通表扬。宁静是聪明人，自从受到第一次表扬后，她总是能在楼道里、饭厅里与领导巧遇，看似不经意地说些工作上的想法什么的。

宁静工作上的成绩确实也是有目共睹的，当然是不是就真的到了领导表扬的那么杰出的程度不好说，反正宁静不仅得到了公司年度的最高奖励，而且领导有意让她升为中层领导，宁静没答应。一年后，这任领导也因为个人原因走了。第三任领导走马上任了，征求了一些人的意见，宁静就升上了部门主任。这第三任领导跟前两任一样，见了宁静就很高兴。有些人背后说，宁静能得到管理风格迥异的三任领导的共同喜欢是性格所致，因为宁静有"女人味"。这话背后的意思也许不那么高尚，但是那些不服的人却不得不承认：让所有的领导都喜欢，这就是智慧。谁都知道宁静业务不错，但不错的不止是她一个人，为什么领导偏偏信任她呢？这是因为她会审时度势，会制造机会让领导了解自己，进而信任自己。

分析：

性格决定命运，命运在于自己的把握，性格在于自己的培养。性格除了天生之外，后天的培养也很重要，好的性格会带来好机遇。

员工多与领导协调沟通绝不会是坏事，但要注意掌握沟通的尺度、方法与技巧。宁静在职场上如鱼得水，得到三任领导的喜欢、信任，这不仅是她的性格所致，也是她善于"审时度势""制造机会"的结果。要多学习、多实践，沟通和相处是需要技巧的，只有掌握更多的知识和经验，才能运用不同的方式与不同的人进行沟通交流。

相关链接

怎样和上司相处

与老板相处，是一门艺术。职场人士一定要善于运用好上司这个资源。不管在任何情况下，千万别去得罪上司，除非你早已有了更好的去处。因为上司无论在经验上，还是从人际关系上，都值得你尊重。你首先要记住他是老板，无论何时他都需要你百分之百的支持，尽量用尊重宽容的心态去面对他。

1. 依照上司的不同个性和爱好进行沟通交流。比如，对沉默型上司，你在平时得多留意，学会从他的只言片语中找到他的要求以及他对你的评价；外向型上司原则上一般不会给人小鞋穿，所以，你在尽力完成本职工作的时候，不用花很多时间去猜测上司是怎样一个人，因为一般他认为你做得不对的，他会随时提出来。

2. 要让上司充分地信任你，这种信任是建立在相互充分交流的基础上的，你要了解他，同时也要让他充分了解你！得到老板的信任是最重要的，只要得到老板的信任，就不用害怕老板身边小人的谗言了。建立了和老板良好的沟通关系，也要让老板看到你的过人之处，当你做得比别人好一点，而自己在老板心里又有良好的印象的时候，你就会得到老板的欣赏和青睐了。

3. 提高做事的效率，让老板看到一个精明的你，做事迅速、准确，老板赞赏你的办事能力，下次有事就会想着你。老板不是全能的，他也想要个得力的助手。

4. 你给老板的第一印象要好，你想在这个公司做下去，那么你就要注意给老板的印象问题。即使你的老板很难缠、很苛刻，你都要装扮好自己，给老板留下好的开头印象。你的老板也许不怎么样，但是他具有和大家一样的挑剔眼光。

5. 当你发现了和老板的障碍的时候，你应该采取主动，及时与老板沟通交流。放起来的问题总是问题，你应该在问题还没严重之前，和老板坐下来，讨论彼此的要求，先把问题解决掉。当然找老板谈事情也要采取一定的方式方法，不要在他忙碌或发火的时候，那样的环境谈话是没有效果的，他不仅听不进去，而且觉得你打断了他的思路。

6. 当上司表达出与你意见不相同时，你要仔细倾听，不要随意打断他的话。你要沉得住气，不能凭感觉和情绪处理问题，动辄争论或辩驳。自己错了或做得不够好，就要承认，并坚决改正。如果不是自己的问题，也要让上司把话讲完，然后心平气和地与之交换看法，以便化解矛盾，消除误会。

7. 不管做什么事都需要勤汇报。汇报时请记住：书面优于口头，面谈优于电话，还得讲清已做到领导交代的哪些要求，完成了哪些任务等。

8. 在你认为自己的某一想法比较成熟时，请采用一种你认为最委婉的方式向上司说明，尽量能让他支持你。不管什么情况，你的见解被上司采纳，都不要到处嚷嚷，宣扬这些本来是你的想法，你只要庆幸自己的目的达到了就行。

9. 千万不要触犯公司的制度。企业的规章制度都是为了保证企业的整体利益，你一旦触碰了，就会损伤企业的具体利益，你在老板心中的好感就会被降低，你也有了把柄被别人抓住，这样对自己的发展是很不利的。

10. 和老板谈加薪是需要勇气的，但是最重要的还是技巧，你如果和老板争执、吵架肯定是不行的，因为老板也是要面子的。一是要让自己的工作能力和工资等值；二是在私企不能像在国企，待遇是要靠自己争取的；三是吃透用工政策，工资部分不能与奖金等同；四是要学会找准时机，提工资是个严肃的事情，不能在饭桌和休闲场所谈，最好在工作时间坐在办公室谈；五是要让自己有能力有实力拿自己想拿的薪水。

11. 你也许可以成为老板的朋友，但朋友归朋友，工作是工作。请记住，在工作上你遭遇的是一个领导，绝不会是一个真正的知己。当你来到公司的时候，不要贸然抢着去给老板提供分外的帮助，不要觉得这样他就认识你了，因为无故去打扰老板也许会造成他的不快。

[案例108]　　小慧的苦恼

小慧可以说是幸运儿，美丽聪明的她一直是异性追逐的对象。也许是从小被宠坏的原因，她总有一种优越感。的确，无论在相貌上还是业务上她都是佼佼者。但她却很少有朋友，特别是在单位里，同事们表面上对她笑脸相迎，但实际上却敬而远之。因为，她的光环太耀眼，别人同她在一起会感到有压力和不自在。偏偏小慧也自恃有才有貌，一股从内心里透出来的优越感使她说话的样子都盛气凌人，而且她习惯以自我为中心，让同她相处的人感到格外的不舒服。本来她的优势就很让人嫉妒了，可她还不懂得如何收敛自己，总是我行我素、独来独往，像个孤家寡人。后来，她意识到这点，就主动亲近大家。然而，多年养成的习惯很难一下子改变，她做得总是那么不自然，反而有些适得其反。小慧很苦恼，但就是找不到解决的办法。

分析：

性格决定命运。小慧在职场上遇到人际交往与沟通方面的困难和阻碍，主要是其性格的缺陷所致。以我为中心、我行我素、恃才（貌）傲物的人，性格自负，别人肯定会敬而远之，自己只会落到孤家寡人的地步。

人无完人，每个人或多或少都存在性格弱点。我们知道了战胜性格缺陷的难度，就要树立改变性格缺陷的必胜决心。改变自己的性格缺陷不是一件容易的事。性格缺陷是慢慢形成的，它有一定的顽固性，不是一朝一夕可以改变的。就像小孩子学会走路要一到两年时间，初中要读三年，大学要读四年才能掌握一门专业一样。所以，改掉性格缺陷用去三四年时间很正常。小慧已意识到自己性格的缺陷，开始主动接近大家，只要她能以诚相待、平等待人、善解人意、将心比心，并持之以恒锻炼自己，一定能建立和扩大良好的人际关系，有助于自己工作进步和事业成功。

处理好同事之间的关系是件非常不容易的事，其中有很多学问。不要轻视办公室的小事情，别让它成为你的障碍，也不要看不起一些好像微不足道的人物，往往有些小人物正是助你上升或者拉你后腿的关键人物。我们对办公室的每一个人都应报以友好的态度，化解别人心里的死结，不要去和别人钩心斗角，也不要给别人小鞋穿，做一个正直的人，一个容易相处的人，一个受人欢迎的人。

相关链接

赢取同事之心七大招

如何赢取人心？人际关系对事业的发展有极大帮助，无论公司的制度有多完善，亦需要各同事配合。和睦的工作环境，同事间亲和融洽，上下一心，直接促成业务的成功。能否成功，关键在于能否跟同事打成一片，和睦共处，尽得人心。知道自己属于哪类人，就必须积极努力改正不足之处，与同事搞好关系。

合作和分享：多跟别人分享看法，多听取和接受别人的意见，这样你才能获得众人的接纳和支持，方能顺利开展工作。

微笑：无论他（她）是茶水阿姨、暑期练习生或总经理，时刻向人展示灿烂友善的笑容，必能赢取公司上下的好感。年轻的同事视你为大师哥（姐），年长的把你当儿（女）看待，如此亲和的人事关系必有利于事业的发展。

善解人意：同事感冒你体贴地递上药丸，路过饼店顺道给同事买下午茶，这些都是举手之劳，何乐而不为？有一个好人缘，在公司才不会陷于孤立无援之境。

不搞小圈子：跟每一位同事保持友好的关系，尽量不要卷入某个圈子，尽可能跟不同的人打交道，不搬弄是非，自能获取别人的信任和好感。

有原则而不固执：应以真诚待人，虚伪的面具迟早会被人识破的。处事手腕灵活，有原则，但却懂得在适当的时候采纳他人的意见。切勿万事躬迎、毫无主见，这样只会给人留下懦弱、办事能力不足的坏印象。

勿阿谀奉承：只懂奉迎上司的势利眼一定犯众憎。完全没把同事放在眼里，苛待同事下属，你无疑是在到处给自己树敌。

勿太严厉：也许你态度严厉的目的只为把工作做好，然而在别人眼里，却是刻薄的表现。你平日连招呼也不跟同事打一个，跟同事间的唯一接触就是开会或交代工作，试问这样的你又怎会得人心？

［案例 109］　职场应戒学生气

刚踏上工作岗位，涉世不深的"小职员"们要小心了，初出校门的你，身上总还带有在学校里养成的各种习惯。如果不注意，这些让你学生生活充满快乐的习惯，就会变成你职场上的"陷阱"。

习惯一：想法单纯

4 年前，安宁大学毕业，找到了一份看上去很不错的工作。然而，工作没多久，安宁就发现公司的工资水平非常低。但安宁想，现在工资低没关系，自己既有学历又有能力，将来一定可以升职加薪。于是，安宁每天都很努力地工作，也充分利用自己的专业能力为公司解决了一些难题。

一年过去了，很多水平比安宁差的同事都升职加薪了，但安宁却没份儿。安宁去找老板谈，老板说："我会考虑的。"但年复一年，安宁的薪资仍然一分钱没涨，而很多同事却加了不止一次。后来安宁才知道，公司遵循"论资排辈"的规则。

安宁就对老板说："既然如此，我辞职算了。"老板说："辞职可以，但你必须交违约金。"安宁说："是因为你言而无信才如此，为什么要我付违约金？"老板说："我只是说我会考虑，并没有答应给你升职加薪，怎么会是言而无信呢？至于违约金，劳动合同里约定得很清楚，我们按合同约定办。"安宁这时才领悟到，自己的想法太单纯了。

刚踏出学校大门，初入职场，总是抱着单纯的想法，认为付出总会有回报。看看安宁的经历，你就会知道，和学校里单纯的用功读书不同，办公室里的很多"潜规则"，需要你去琢磨。

习惯二：越级报告

李艳毕业于著名服装设计学院服装设计专业，应聘进了一家很大的服装公司。可是工作没多久，李艳觉得这里并不像自己原来想象的那么简单。一方面，这里的同事个个都特立独行，不喜欢沟通，搞设计时更是如此；另一方面，李艳发现部门主管赵原不但专业水平差，而且人品也很差，经常借机训斥下属，对上司却奴颜媚骨。

一次，李艳把自己的一份设计样稿拿给赵原，不料他却把这份设计样稿拿给了老板，并说是他自己设计的作品。李艳后来就直接去了老板办公室，老板听她说完后，笑了笑，说："我知道了，我很欣赏你的设计构思。不过，你应该学会尊重你的部门主管。"李艳顿时愣住了，难道反而是自己错了吗？

在办公室里，如果你越过直接领导去找他的上级，或许会弄巧成拙。记住，这个时候，你应该蓄势待发，找机会在上级面前表现出你的能力。如果你对上级斥责自己的直接领导，或许这个领导就是上级所提拔的，这无异于打了他一记耳光。

习惯三：不懂掩饰

胡萍萍由于日语棒，毕业后进了一家日本公司。一天，胡萍萍复印完文件回办公室时，发现公司那条长长的走廊边上有一片废纸片，看了觉得很难受。虽然胡萍萍手里有很多文件夹，但她还是很吃力地弯腰捡起废纸片，把它放进了垃圾桶。

第二天老板找胡萍萍谈话并告诉她，小纸片只是一个测试，目的是想找一个新的秘书，而胡萍萍通过了测试。从老板办公室出来，胡萍萍很开心地想要和大家分享一下喜悦。她还是像过去那样每天很开心地来上班，亲切地和每位同事打招呼。可是，大家和她的距离却越来越远，工作也常常会遇到以前没有过的麻烦。

有一次，胡萍萍在卫生间里偶然听到两个女同事在议论："你今早看到老板的新秘书了吗？就是那个捡废纸的女人……"胡萍萍愣住了，怎么会这样呢？

嫉妒是人之常情，尤其是面对这种看似轻松的升迁。胡萍萍错就错在不该把自己升迁的原因"大声宣布"。如果深沉一点处理，让人不知所以然，也许更能树立威严。顺便说一句：在办公室里，就算是以前的朋友，也不能说得太多，言多必失！

分析：

人家说商场如战场，其实职场也像一个战场，只是硝烟没有那么明显。你只要是职场的一员就会受到战争的波及，没有人躲得过。你能干，别人嫉妒你；你不能干，别人看不起你。

"林子大了什么样的鸟儿都有"，初入职场的毕业生面对形形色色的人，会碰到许多以前没有接触过的问题。职场的人际关系是很复杂的，同事之间的关系也是很微妙的，也许是朋友，也许是敌对的，还有利用你、暗算你的人，当然也有真心帮助你的人。什么样的人都有，磕磕碰碰是难免的，能做的就是戒掉幼稚的学生气，积极面对和正确处理各种人际关系矛盾，吃一堑长一智，学会分清人，学会职场交际，学会权衡事情的轻重利弊，赢得职场无硝烟之战。

相关链接

正确处理人际关系矛盾的方法

世界是充满矛盾的，没有矛盾就没有世界。从某种意义上说，工作就是发现矛盾、解决矛盾的过程。在一个群体中，可能因为各人性格和利益的差异，彼此之间难以协调一致，造成工作中的冲突并不少见。在集体内部原则问题上出现了分歧，一定要分清是非。但在解决人际关系矛盾时，必须从团结的愿望出发，学会克制，与人为善，以理服人，慎重处理各种人事矛盾。处理人际关系矛盾的正确方法是：

（1）矛盾不积累，及时解决。要善于发现和重视组织中的矛盾，善于分析矛盾的原因，积极主动地抓紧解决，不要躲躲闪闪，遮遮掩掩，更不能搞无原则的"和稀泥"。

（2）正视矛盾，不回避矛盾。回避不仅不能解决问题，反而会使问题复杂化，后患无穷。正视矛盾，就要真诚地拿起批评与自我批评的武器，大胆解决存在的各种矛盾。在批评时，要坚持实事求是，出于公心，有理有据，不能凭道听途说行事。

（3）复杂矛盾不急躁，善于等待。复杂矛盾的特点一是牵扯的人较多，二是各种矛盾交织在一起，从而使认识上差距拉大，难以统一。对于这种矛盾，只要情况允许，就要善于等待时机。要积极创造条件，抓紧时间，进一步调查分析，采取实际步骤，把复杂矛盾理顺、简化，等待恰当时机，着手解决。

（4）单一矛盾不扩大，注意个别解决。有的矛盾只是一两人之间或者仅属于某一个人的问题。对此类矛盾就不要扩大范围，应及时做工作，使矛盾迅速得到解决，不至于影响到集体。

（5）僵持矛盾不硬解，采取迂回办法解决。对于一些棘手的僵持矛盾，作一两次调解，仍难以奏效，可以改从别的途径，选好突破口，因势利导，采取迂回的方法解决。直径近，曲径远，但采取"以曲为直"的谋略往往是达到目的的最佳途径。

（6）矛盾不上交，立足于自身解决。一般的矛盾，能通过自己能力来解决的，尽量自己解决，上级插手有时反倒不利于问题的解决。但有些原则性或自身难以解决的矛盾就要求助于上级。立足于自身解决的关键是要增强自身解决问题和矛盾的能力。

［案例110］　职场不相信眼泪

那天，大刘忙得不可开交的时候，老板进了办公室，给大刘介绍了一个新的助手小梅。

第一眼见小梅，大刘就对他产生了良好的印象：他穿戴整洁，透着青春活力。小梅也热情而谦逊地说："按职场的规矩，我该叫您师傅。师傅，我能为您做点啥，就直说了吧！"在大刘的吩咐下，小梅没有让大刘失望，到底是业务能手，思路敏捷，才华横溢，电脑玩得飞转，与人交谈时也很得体，并把大刘杂乱无章的事务处理得井井有条。那天上午，大刘感到特别轻松惬意，庆幸老板给他配了一位得力助手。

有了小梅，大刘如虎添翼，上半年他们部门的业绩再攀公司新高。在成功的喜

悦中，大刘原来对小梅存有的一点戒心彻底烟消云散。

大刘的客户源、销售网络和供货渠道，大刘做生意积累起来的谈判技巧，都毫无保留地暴露在小梅的视野里。

一个半月后，公司派大刘和另一名同事到非洲去开发新市场。临走前，大刘把待办的事宜对小梅做了交代。在非洲各国，他们正赶上政局不稳和经济动荡，好多预期的合同都没有签成。

大刘疲惫不堪地回到公司，老板对大刘颇为不满，说你出一次国，那么大的开销，也没取得什么好的效益。看看小梅，一个月不到，就为公司签了10份合同，而且笔笔赚钱。真是应了那句老话，青出于蓝胜于蓝啊！

回到办公室后，大刘发现小梅已不在那个熟悉的座位上。一位同事悄悄告诉大刘，小梅已经把大刘所有的客户成功地"嫁接"到了他的名下。鉴于他在短期内取得了骄人的"业绩"，老板已经决定，再分出一个业务部来，相互间开展竞争。现在，小梅已经走马上任，成了新业务部的经理。

那一刻，大刘感到一盆冷水向他泼来，困惑、焦急、愤懑的心情交替上升。

大刘找到了老板，陈述了他的愤怒和无奈。老板耸耸肩，摊开手，不冷不热地说："我也知道小梅的某些做法不妥，但我们毕竟是企业，要以效益为中心。从今天起，仍由你带一个部和小梅的部一起比试，看谁做得大，做得好。当然，如果你底气不足，也不怕受'委屈'的话，可以当小梅的副手。"

当天，大刘向公司辞了职，到另一家公司开始了艰难的业务征程。这一职场失误让他痛悔不已，也使他开始重新审视人生，梳理那些被弄得明明暗暗、危情四伏的人际关系。

分析：

职场上，虽说以老带新属于正常现象，但不分情况不看对象，把你那些竞争的本钱和盘托出，一不小心就会把自己给"卖"了！因为竞争无常态，职场不相信眼泪和懊悔！

职场上，要看清楚自己和别人的关系，自己和同事的合作是建立在工作的关系上的，这就直接带来一种竞争关系。竞争就很容易让人想出很多的办法，包括很多不正当的东西。同事间的感情是必然会有的，但这种感情很薄弱，一到关键时候就见分晓了。

职场上，你不够聪明就不要去"玩"，至少你要做到不被别人出卖了，不要被别人利用了。我们不提倡去害人，但我们至少要学会防人，特别是防一些奸诈的小人。在工作中，对同事的帮忙应该看人看事，该说不的时候要勇敢说不。个人的职责要记清楚，这样即使出了事情也方便查证，是谁的错就是谁的错。要知道，不是每个人都是善良的，不是每个犯了错的人都会承认的。

在职场中，会有各种品质参差、性格各异的人。依照管理学家估计，每个公司至少有10%这样可怕的人，而70%的人则是无辜受害者，只有20%的人能够免遭其害。能辨别出可怕的人就是成功的一半，而另一半就是想法回避他们。所以，你要谨慎与小人同事相处，防止被他"玩"了。

（1）保持合理的距离。若即若离，哈哈照打，寒暄照道，心里话不掏，守定自己的原则，别让他抓住把柄。

（2）少与小人论是非。有些口蜜腹剑的小人会笼络人心，你得小心被他的"糖衣炮弹"所麻醉。比如他发单位领导的牢骚或议论别人的长短，即使引起你心中的共鸣，也不要接话茬，避免他节外生枝、栽赃陷害，而应及时把话题岔开。

（3）不要欠小人的人情。小人都是最计较利益得失的，算盘打得极精，善于从肉皮上刮油，万一你接受了小人的"帮助"，以后的"高利贷"可就难还了。

（4）要大度地吃些小亏。凡小人都会利用人，你难免会被他利用一两次，比如你们共同完成的任务却被他在领导面前抢了头功。头一次你就干脆忍了，以后注意别再与他合作，或者合作时多长个心眼就是了。

相关链接

练好社交"内功"，建立良好人际关系

初到一个新的工作环境，建立和扩大良好的人际关系，就要练好社交"内功"，需要培养和锻炼自己几个方面的素质和能力：

第一，表达能力是基础。没有口才的人，在一个新的环境中犹如一部发不出声音的留声机，虽然也在转动，却没法使周围的人对你感兴趣。所以，掌握一定的表达能力是每个人进行社交的基础。只有不断培养和锻炼自己的表达能力，才会使自己升华到更高的层次上去，获得更多的朋友和友谊。

第二，人品德行是前提。人与人之间相处不是一朝一夕的事，要经得起时间的考验，就要靠人格的力量，靠优秀品质才能赢得人心。人品好才能人缘好，而人缘好朋友就多。因此，一个人的人品好坏是在一个工作单位建立良好人际关系的前提。如果言行不一、搬弄是非、利欲熏心、损人利己，是不可能有真正的朋友的。

第三，活动能力是保证。一个人的活动能力是建立良好人际关系的动力，是一种社交意识和社交才干，是到一个新单位迅速打开局面的重要保证。性格过于内向和自我封闭的人，应该加强这方面的锻炼，提高自己的能力，不断增强社交活动能力。

第四，应变能力是条件。初到一个新环境，必须靠一定的应变能力来适应新的变化，不能只靠老经验、老办法行事。现在社会复杂多变，企事业间的合并、并购、整合、裁员等一些想不到的事情时有发生。企业要想保持竞争力并占有市场，就必须不断改进产品，提供更全面、周到的服务。时间就是效益，创造就是价值。那些灵活、能干、有创意、会解决新问题的人对企业是有价值的，而那些没有头脑，每月只会眼巴巴等着拿薪水的人只会被企业淘汰。

第五，心理素质是关键。一般来说，人们初到陌生的地方，总会有不同程度的怯场感。有的人有心理障碍，自卑感严重，不愿意与人接触，或接触起来不自然，久而久之也会造成一种自我封闭的心理状态。这时候，即使你人品好、知识多、能敬业、有创造力，但都会因为心理素质不好而派不上用场。要在一个新的社交圈子中做到潇洒自如、谈笑风生，关键是要不断加强心理修养，对人对事始终保持一种

乐观心态，平时注意参加一些有益的社会活动，多实践、多体验、多总结、多锤炼，就会逐步适应环境，增强信心，强化心理抗压能力，从而在新的环境中树立自己的良好形象，为职业生涯的成功奠定基础。

四、职业人身上要流淌道德的血液

[案例111]　职业的尊严

不管哪种职业，都有它的终极目标和尊严。我们在选择某一职业时，即是按照自己的人生目标和价值取向，在选择未来和希望。因此，当你从事自己心仪的职业时，就应全身心地投入，以本职为荣，以本职为乐，忠于职守，甚至不惜牺牲生命。

二战时，波兰华沙有一位老邮差在送信途中，被法西斯抓捕，关进犹太区里。他最为难过的是自己身上还有最后一封信没有送达。信是一位老人写给他结发妻子的。人家为此信望穿秋水，等了大半辈子。一想到此，老邮差很是不安。他趁黑夜出逃。在通过最后哨卡时，他被乱枪击断了双腿。为了送走身上的信，他奋不顾身地在雪地上爬行，当他敲开收信人的家门时，他垂下了头，却是一脸的安详。

这位老邮差，把送信看成自己的神圣职责。为送达最后一封信，他献出了生命。他的那种安详，来自对职业的敬畏，是一种忠于职守的执著和自豪。

世上从事各种职业的人，都有职业自豪感，有着职业的崇高理想和美好愿望，这就是职业的尊严。

我们常见铁匠铺门前挂有这样的对联："虽住两间烟熏火燎屋，却是一位千锤百炼人。"那些铁匠，以顶天立地的硬汉而顾盼自雄。又如木工行业的人，则以"一把曲尺能成方圆器，几根直线造就栋梁材"，以能打造器具，修建华堂而傲视世人。乐器行的制器师，以信奉儒雅之风而自鸣得意："白雪阳春传雅调，高山流水觅知音。"衡器厂的制秤师，以出众的才艺，语出惊人："轻重得宜大权在手，偏正不倚双纽关心。"还有不为世人看重的理发师，以彰显行业的高超技艺和气度，把理发说成是："干天下头等事业，做世间顶上功夫。"他们对自己职业的幽默和自我赞赏的乐观态度，守住了职业的尊严，不能不让人顿生敬意，高看一等。

分析：

社会的千行百业，是没有高下之别，贵贱之分的。七十二行，行行出状元。不管何种职业，都有它骄人的一面。光明行止，磊落襟怀。只要我们满怀自信，坚持职业操守，把它做好了，就会赢得社会敬重，就拥有傲视一切的霸气。

在人们围着金钱转的今天，很多人都把职业当成赚钱工具了。他们依托职业，沽名钓誉，赚取金钱，远离了职业操守。如很多显赫职业的行贿受贿，如没完没了的选美选秀，如演艺圈的骗钱骗色，如专写"下半身"的文字客，不能不说这是职业的异化。名与利，本是职业的衍生物，过分地依赖和疯狂，就违背了职业的良知，廉耻丧尽，又何来职业的道德和尊严。

每一职业，都有它的职业尊严，都值得我们去热爱，去追求，去奉献，去为之奋斗一生。像华沙那位老邮差那样，用生命去护卫职业的尊严，才是真正的职业人。

什么是敬业？"就是对事业专心致志。"专到什么程度？专到把事业当做生命的一部分。工作是上天赋予的使命，对于这种神圣大事，每个人都应当敬重和尊崇，这种精神就是敬业精神。同样是当服务员，有人把它当做一个饭碗、一个谋生手段；有人把它当做一种事业或学问，还有人把它当做生命的一部分。当做饭碗者，是为钱，自然觉得度日如年；当做事业或学问者，是为了自我价值的实现，于是便有欢喜和兴奋；当做生命的一部分者，从中找到心灵的安宁，当然会有来自生命最深处、从天性升起的一种安心和快乐。这种安心和快乐难以解释，却十分亲切。

华沙那位老邮差，视工作为神圣使命，敬畏和尊崇职业，坚持职业操守和良知，甚至用生命去捍卫职业的尊严，达到敬业的最高境界，真正体现了敬业的本质。

职业人身上流淌道德的血液，职业生涯才能闪耀绚丽的光彩！

相关链接

什么是职业道德

职业道德是人们在职业活动中所遵循的行为规范的总和。

职业道德的主要特点是：①行业性。总是与职业的行业特点紧密结合在一起，带有明显的行为特征。②广泛性。总是针对所有不同职业的从业人员而言的。③实用性。职业道德一般都从本行业的要求出发，提炼概括出十分明确具体的道德准则。④时代性。职业道德既随着社会的发展变迁，也随着职业的要求而变迁。

职业道德的基本要求：①爱岗敬业。具体指乐业、勤业、精益求精等。②诚实守信。具体指诚实为人、做事，诚信无欺，讲究质量，信守合同等。③办事公道。主要指能坚持原则，客观公正。④服务群众。主要指服务热情周到，满足顾客的合理要求。⑤奉献社会。主要是既正确处理个人、集体（或团队）与国家的关系，也正确处理好经济效益与社会效益之间的关系。

职业道德的具体要求则因行业而异，是共同道德标准的行业化和具体化。比如财会人员的一般职业道德规范为：①顾全大局，忠于职守；②实事求是，讲求效益；③遵纪守法，廉洁奉公；④精通业务，一丝不苟，等等。而护士的职业道德规则是：①热爱本职，勤业精业；②严守常规，细心负责；③和蔼可亲，关心体贴；④执行医嘱，全力配合；⑤坚持原则，不谋私利；⑥讲究卫生，保持整洁，等等。

[案例112]　最敬业的厕所清洁工和最忠于职守的内阁大臣

这个真实的故事发生在日本。故事主角，是一个利用假期到东京帝国饭店打工的女大学生。女大学生在这个五星级饭店里所分配到的工作是洗厕所。当她第一天伸手进马桶刷洗时，差点当场呕吐。勉强撑过几日后，实在难以为继，决定辞职。

但就在此关键时刻，女大学生发现，和她一起工作的一位老清洁工，居然在清洗工作完成后，从马桶里舀了一杯水喝下去。女大学生看得目瞪口呆，但老清洁工却自豪自在地表示，经他清理过的马桶，是干净得连里面的水都可以喝下去的！

这个举动令女大学生了解到所谓的敬业精神，就是任何工作，不论性质如何，都有理想、境界与更高的质量可以追寻；而工作的意义和价值，全在于从事工作的人能否把重点放在工作本身，去挖掘或创造其中的乐趣和积极性。

此后，再进入厕所时，女大学生不再引以为苦，却视为自我磨炼与提升的道场，每清洗完马桶，也总扪心自问：我可以从这里面舀一杯水喝下去吗？

假期结束，当经理验收考核成果，女大学生在所有人面前，从她清洗过的马桶里舀了一杯水喝下去！

这个举动震惊了在场所有的人，尤其让经理认为这名女大学生是必须延揽的人才！

毕业后，女大学生果然顺利进入帝国饭店工作。而凭着这样的敬业精神，三十七岁以前，她成为日本帝国饭店最出色的员工和晋升最快的人。

三十七岁以后，她步入政坛，得到小泉首相赏识，成为日本内阁邮政大臣。她的名字叫野田圣子，被认为是极有潜力角逐首相席位的内阁大臣，据说每次自我介绍时她总是说："我是最敬业的厕所清洁工和最忠于职守的内阁大臣！"

点评：

一个人不管做什么事情都要尽心尽责，做大事如此，做小事也是如此；为自己工作如此，为他人工作也是如此。爱岗敬业，其实就是一种积极向上的工作态度，热爱岗位工作，尽你所能力争把工作做得尽善尽美，这是一个人的事业心和责任感。

一个人的工作是他生存的基本权利，有没有权利在这个世界上生存，就看他能不能认真地对待工作。能力不是主要的，能力差一点，只要有敬业精神，能力会提高的。如果一个人的本职工作做不好，应付工作，最终失去的将是信誉，再找别的工作、做其他事情都不会有可信度。如果认真做好一个工作，往往还有更好的、更重要的工作等着你去做。这就是良性发展。正如野田圣子一样，只要你勤勤恳恳地把平凡的岗位工作做得比别人更迅速、更正确、更专注、更完美，调动起自己全部的智慧，全力以赴，就能及时地发现机遇，抓住机遇，直到推开通往成功的大门。

刚走上社会的大中专（职）学生们，无论你们身在如何平凡的职业中，身在如何低微的岗位上，只要你们有了强烈的爱岗敬业精神，你自然能得到重视，受到重用，得到提拔，为自己赢得更广阔的发展空间。

［案例 113］　　惊心动魄的"完美迫降"

2009 年 1 月 15 日，美国全美航空公司一架载有 155 人的 A320 客机，从纽约长岛拉瓜迪亚机场起飞后约 5 分钟时撞上飞鸟，两个发动机"瞬间死亡"。身为机长的切斯利·舒伦伯沉着应对，驾驶飞机在哈得孙河上成功实现了航空史上第一次大客机水面紧急迫降，机上人员全部获救。

有心理专家称，这次"完美迫降"给了身陷金融危机的美国人克服困难的决心和信心，它让人们明白，在任何时候都有绝处逢生的可能。

"闻到了鸟儿烧焦的味道"

1 月 15 日下午 15 时 26 分，空客 A320 从纽约拉瓜迪亚机场冲上蓝天，飞机很快爬升到约 1100 米的高度。突然，飞机颠簸了一下，像是有什么东西撞上了飞机。31 岁的克罗加看到机翼下的发动机着了火，立即觉得大事不妙。坐在克罗加附近的 37 岁的瓦莉·柯林斯也意识到将有不测发生，马上掏出手机给家人发短信："我乘坐的飞机正在坠落！"连"我爱你们"都没来得及加上去。从她家人收到短信的时间看，此时是下午 15 时 31 分，飞机起飞后 5 分钟。

克罗加与柯林斯的判断没错，这架飞机果然遇到了麻烦。一群黑褐色的大鸟以整齐的队形向飞机飞来，身为机长的切斯利·舒伦伯格本能地操纵飞机躲闪，但由于距离太近，飞机还是与飞鸟相撞了。舒伦伯格和副驾驶杰夫·斯吉尔斯似乎"闻到了鸟儿烧焦的味道"。随即，飞机左右两个发动机"瞬间死亡"。

机长舒伦伯格立刻和纽约空中交通控制中心联系。控制中心给出两个选择：返回拉瓜迪亚机场，或沿哈得孙河向北飞到新泽西，那里有个小型机场。但舒伦伯格觉得这两个方案均要飞经人口稠密的闹市，万一飞机不测，不仅机上人员无法逃生，还会给地面居民造成巨大伤亡。他决定：在哈得孙河上滑翔，找机会进行水面迫降。

"准备迎接撞击，我们要降落了"

就在舒伦伯格与地面商讨应急方案时，机上乘客已通过弥漫在机舱内的烟雾和烧焦的味道，得知飞机遇到了麻烦。

机长舒伦伯格通过广播告诉乘客，飞机发动机出现故障，将寻机在哈得孙河上迫降，请大家不要害怕。在舒伦伯格安抚乘客时，机组工作人员在有条不紊地工作，副驾驶杰夫·斯吉尔斯一直尝试让发动机重新工作，同时核对紧急降落的步骤；乘务人员想尽办法把机身的通风孔和其他洞堵上，以便飞机能更好地"防水"。

飞机从乔治·华盛顿大桥呼啸而过时，舒伦伯格找到了合适的迫降地点——码头附近。舒伦伯格告诉乘客："准备迎接撞击，我们要降落了！"

飞机在哈得孙河上空滑翔，慢慢贴近河面。在舒伦伯格的操纵下，飞机以低速与水面"亲密接触"，机身后部在河面上犁出一道数米高的水浪，如同水上飞行表演一般。最终，飞机平稳地降落在水面上。

"不要慌，女士和小孩先走"

飞机在水面迫降后，一边打转一边顺水漂流。当天的气温低至零下 7 摄氏度，冰冷的河水瞬间涌进了机舱，狭窄的机舱通道一时间"水满为患"。乘务人员马上进行疏导，引导逃生舱门的乘客到机翼上暂避。

柯林斯坐在机舱后部，由于机尾部分入水，河水从后舱门缝不断灌入，要不了多久，这扇门就可能被水冲开。柯林斯使出全身的力气支撑这扇门。一些乘客要求打开这扇门逃生，柯林斯大声喊道："这扇门不能开，你们赶快从前舱门出去吧，都到机翼上去。不要慌！"

在冰冷的河水刺激下，小孩哭了起来，一些乘客拎上行李匆忙逃生。马丁的妻子苔丝抱着 9 个月大的儿子坐在座位上，不知所措。这时，一位绅士来到他们面前说："需要我帮忙从安全门撤离吗？"有人在混乱中喊了一句"女士和小孩先走"，这话仿佛是黑暗中的一丝亮光，让大家有了行动指南，大家扶老携幼，逃出机舱。

"刚刚发生了一个小事故"

在机上乘客陆续从机舱内逃离的同时，纽约市消防部门赶到了现场，河对岸的新泽西州威霍肯市警方、消防队员和医护人员也在几分钟内到达。海岸警卫队等机构也出动人员进行救援。

第一艘赶来救援的"托马斯·卡坦扎罗"号船，当时正在执行日常运输任务，发现飞机迫降后，船长文森特·隆巴尔迪马上让驾驶员把船驶向事发地点。靠近后，船上的乘客帮船员一起向客机乘客投掷救生衣和绳索。这艘船每个月举行两次救生演习，因此船员知道该怎么做。据悉，这艘船共救起 56 名客机乘客。

很快，数十艘船赶来参与救援，一些船员将自己的外套让给冷得厉害的客机乘客。纽约警察迈克尔·德莱尼和罗伯特·罗德里格斯则从一架直升机上跳入哈得孙河，救起一名落入水中的客机乘客。

事发 12 分钟后，救援行动结束，机上人员全部获救。机长舒伦伯格在机舱内来回走了两遍，确认没有落下一个人，才最后一个离开机舱。上岸后，他到附近一个咖啡馆喝咖啡，就像什么都没发生过。即使给妻子打电话，他也只是说："刚刚发生了一个小事故。"

这次完美迫降让被金融危机困扰的美国人觉得，2009 年有一个好的开始。有心理专家称，金融风暴席卷美国后，破产、自杀、骗局等负面新闻充斥各大媒体，美国人一直被悲伤和郁闷紧紧追随，这次完美迫降给了人们克服困难的决心和信心，它让人们明白，在任何时候都有绝处逢生的可能。

分析：

"责任重于泰山，使命胜过生命。"机长舒伦伯格创造了惊心动魄的"完美迫降"奇迹，再一次向世人昭示职业的尊严、价值和道德。奇迹的产生，除飞行员具有极好的心理素质和丰富的驾驶经验外，更重要的是飞行员具有对乘客、对社会的高度责任感和无私奉献精神。"任何时候都有机会，坚持下去就有希望"，这个"完美迫降"的故事给世界上面临金融危机、就业"寒冬"的人们以巨大的力量和信心，鼓舞人们去战胜困难，共度时艰，去实现美好的职业生涯，这是人类一笔宝贵的精神财富。

松下幸之助曾说过："责任心是一个人成功的关键。对自己的行为负责，独自承担这些行为的哪怕最严重的后果，正是这种素质构成了伟大人格的关键。"对工作负责就是对自己负责。在工作和生活中，我们每个人都要养成负责任的好习惯。要坚信，只要你承担了自己承担的责任和义务，你就一定能获得成功和幸福。

相关链接

如何培养责任心

责任心是伟大人格的关键，是高尚职业道德的核心。责任心并不是与生俱来

239

的，而是在后天培养中形成的。培养责任心的常用方法有四个：

（1）通过承担家庭责任，学会负责。在家中做力所能及的事情，即是承担家庭责任。美国的小孩为什么自立性强？原因就是他们从小就学会承担家庭责任。有关资料统计，中国小孩平均每天家务劳动1～2小时，而美国小孩则有3～4个小时。

（2）在个人的独立生活中学会负责。真正的自立是通过努力提高能力和履行责任来实现的。在生活中养成不依赖他人的良好习惯，也正是培养充分自立的开始。

（3）在学习中学会负责。学习既要主动，又要钻研。主动就不会依赖或迷信他人，钻研就能发现他人没有发现或理解的东西。这既是一种独立，也是一种负责。

（4）在承担社会责任中学会负责。当我们置身于各种社会活动中，不再仅仅考虑自己的个人利益和需要，而是一门心思愿意为社会提供服务、奉献社会时，我们也就逐渐成为有社会责任感的合格公民了。

［案例114］　希尔顿饭店首任总经理的传奇故事

一天深夜，一对年老的夫妻走进一家旅馆，他们想要一个房间。但前台侍者回答说："对不起，我们旅馆已经客满了，一间空房也没有剩下。"看着这对老人疲惫的神情，侍者又同情地说："但是，让我来想想办法……"

后来，好心的侍者将这对老人引领到一个房间，说："也许它不是最好的，但现在我只能做到这样了。"老人见眼前是一间整洁干净的屋子，就愉快地住了下来。

第二天，当他们来到前台结账时，侍者却对他们说："不用了，因为我只不过是把自己的屋子借给你们住了一晚。祝你们旅途愉快！"原来如此，侍者自己一晚没睡，他就在前台值了一个通宵的夜班。

两位老人十分感动。老头儿说："孩子，你是我见到过的最好的旅店经营人。你会得到报答的。"侍者笑了笑，说这算不了什么。他送老人出了门，转身接着忙自己的事，把这件事忘了个一干二净。

没想到有一天，侍者接到了一封信函，打开看，里面有一张去纽约的单程机票，并有简短附言，聘请他去做另一份工作。他乘飞机来到纽约，按信中所标明的路线来到一个地方，抬眼一看，一座金碧辉煌的大酒店耸立在他的眼前。

原来，几个月前的那个深夜，他接待的是一位有亿万资产的富翁和他的妻子。富翁为这个侍者买下了一座大酒店，深信他会经营管理好这个大酒店。

这就是全球赫赫有名的希尔顿饭店首任经理的传奇故事。

分析：

服务公众，不论何时何地都要遵循基本道德准则。而要做好服务工作，首先要有爱心。

爱是人间最宝贵也最慷慨的东西，只要你全力付出，它便会最大地回报给你。希尔顿饭店首任经理的传奇故事再一次说明了这个道理。

每个人都有同情心和爱心，这是人的天性，但很多时候，因为忙碌，因为生存，我们往往忽视了它们的存在。同情心和爱心不是用来闲置的，而是用来付出的。谁付出了它们，谁就会收到好运的回报：用爱心引发爱心，心心相传，我们就会生活在爱的世界里。

同情心、善心和爱心是紧密联系在一起的。法国思想家卢梭说过，人在心中应该设身处地想到的，不是那些比我们幸福的人，而是那些比我们更值得同情的人。同情别人，最好的礼物就是爱。送一份爱给别人，比接受一份爱更快乐。

在被各种欲望包围时，我们的爱心往往被淹没，有时会变成一个麻木不仁的人。我们祈祷神灵能带来好运，殊不知，在这世界上，真正的上帝是人们的爱心。

联合国教科文组织把当今学校培育学生的目标定位为"学会学习、学会做事、学会合作、学会生存"。学生在学校里不能单纯强调专业知识和技能，还要培养适应能力、生存能力，还要有爱心，这才是新世纪的人才标准。

[案例 115]　小赢凭智，大胜靠德

1991 年夏，26 岁的毛头小伙朱富贵奔向城里，在一家空车配货公司当司机。

朱富贵供职的这家空车配货公司（现在叫物流公司）共有 4 辆厢式货车。介绍人说，老板姓刘，精明练达，是国内最早下海的"弄潮儿"。那一代人创业吃了不少苦，对事业、对人生的看法都很不一样。这种心态与经历，让老板在用人上遵循"品德第一，操守至上"这一规则。在他办公室的墙上，就挂有书写着这 8 个字的卷轴。

朱富贵的月薪是 1000 元，这在当时已经很高了。朱富贵领到第一个月工资 1000 元时，犹豫了半天才敲开老板的办公室，红着脸说账上怕是算错了吧，我一个月总共才出了 10 趟车，就给这么多钱，在农村老家，他眼见别人出外打工，每月也就七八百元那样，坚决要求退回去 200 元。

刘老板一声不响地盯着朱富贵，会心地笑了。他坚信自己当初极力辞退亲戚，换上朱富贵的做法没错。这是一个靠得住、心眼实诚的后生。

有了这件小事，刘老板没多久便放手让他跑单帮。那年临近春节，刘老板派他往湖南配送一批毛毯，再往回拉一批小电器。走时给他 1000 元盘缠，反复叮嘱："干咱们这行很苦，要吃好住好，别亏着自个儿。"

朱富贵在湖南卸货装货，办完繁琐的货讫手续后准备往回赶。一位和公司有业务往来的零售商找到朱富贵，请他帮一个朋友的忙，顺路把 18 件瓷器捎运到哈尔滨，条件是给朱富贵 540 元"劳心费"。按说，运这批货属额外业务，事先没有合同约定，只要朱富贵活动一下心思，540 元就轻松装入自己腰包，只要他不往外说，别人是难以知道的。

回来后，朱富贵主动把 540 元额外收入，外加一路上省吃俭用剩下的 476 元一并交到账上，并向老板说明原委，老板感动得唏嘘不已。朱富贵这时才如释重负，总算卸下沉甸甸的心灵负担。他是这么解释的："老板的钱也不是大风刮来的，能省就省点，再说老板待我不薄，我怎么能祸害人家呀。"从那月起，朱富贵的月工资升到 2000 元，公司的部分业务也全权委托朱富贵打理，老板对他是一百个放心。

8 年后，由于同行的竞争和商户的欺诈，公司的订单大大缩水，公司经营收益一度入不敷出。朱富贵体谅老板的难处，主动要求辞职。老板不依，拉着他的手说："你是我的好兄弟，别人走，你不能走，往后有我锅里的，就有你碗里的。"一

年多来，生意异常清淡，朱富贵无所事事，照例一分钱不少地拿工资，这让他极为过意不去，多次提出辞职。每逢这时，老板总是好言相劝。

2001年，老板瞄准市场动向，果断投资200多万元上马一条生产线，干起在东北前景看好的彩钢瓦生意。朱富贵被老板委任为企业办公室主任兼库房管理员。朱富贵怀着一颗"士为知己者死"的感恩心，尽职尽责地为老板当好参谋助手。几年来，经他手出库的货物价值900多万元，没有出现丁点儿差错。

2006年，朱富贵升为企业的副总经理，专职负责销售，年薪也达到12万元，这在那个经济欠发达的偏僻小城，已属高薪。年底，老板出资为朱富贵在市里一黄金地段买了一套78平方米的商品房，小孩也托人安排到市重点小学就读。

多少人一生努力追寻未果的目标，朱富贵达到了，很多人羡慕他有福气，遇见一个负责的贵人。但要看到，首先是朱富贵替别人负责，别人才能给予他高额回报。生活其实就这么简单而又功利。"小赢凭智，大胜靠德"，我们当谨记在心。

分析：

有许多人一生努力追寻未果的目标，而朱富贵达到了，个中原因不在于他能力有多强，而在于他有一颗金子般的心：责任心、感恩心、忠心和诚心。

"小赢凭智，大胜靠德"，德是赢得人心的最佳利器。财散人聚，财聚人散，成事者必先做人。人想赢两三回合，赢三年五年，有点智商就行；想一辈子赢，想一辈子富贵，没有德肯定不行。人生发展的规律，是由高尚的道德形成高尚的品格，由高尚的品格成就高尚的事业，由高尚的事业成就高贵的灵魂。不管怎样，请一定记住：职业人身上要流淌道德的血液，在心中要保留一颗高贵的诚实心。

五、理性对待职业再选择

[案例116]　第一次跳槽

大学毕业后，小强被幸运地分配到了北京。但不幸的是小强去的那家单位地处边远的郊区农村，交通十分不便，生活也单调乏味。转眼两年过去了，小强的工作却没有一点长进，整日无所事事。看着单位里那些悠闲的、上了一些年纪的同事整天喝茶、看报、聊天，小强似乎看到了自己的未来。"再也不能这样继续下去了。"小强告诫自己。于是，他萌生了跳槽的念头，并开始努力找工作。

刚开始的时候，小强连一份像样的简历也没有，而且也没有这方面的经验，所以求职信虽然发了不少，但每封信都是石沉大海，杳无音信。

后来，小强也学着制作了一份自己的简历，并开始参加大型招聘会。第一次参加招聘会时，他还不知道如何跟招聘单位交流，只是递给人家简历。然后回到单位盼望着面试通知的到来。但随后的等待是漫长的，也是毫无结果的，小强好像钻进了一个死胡同，找不到走出去的路。

好在小强是一个善于总结、不轻言放弃的人。他重新创意，精心制作了自己的简历，也学会了一些最基本的求职技巧。拾起信心，又去参加招聘会。这一次小强不再盲目地投递简历，而是仔细选择适合他的职位，并尽可能地与招聘单位负责人进行交流，从一开始就争取主动，以求获得初试的机会。功夫不负有心人，在那次招聘会结束后没几天，小强就接到一家房地产公司人事部的通知，让他第二天去参加笔试。当小强问清楚了公司的地址和乘车路线后，突然又试探着问了一句："请问这次笔试主要考哪方面的内容？"值得庆幸的是，小强得到了一个令人满意的答案。正是这勇敢的一问，让他在第二天的笔试中，顺利过关。

接下来给小强面试的人是公司人事部经理。她是一位非常干练的女士，留一头短发，隐隐能感觉到一种威严和权威。小强努力调整了一下自己的情绪，告诉自己尽量放松，并安慰自己："如果不成也无所谓，大不了还在原单位上班。"也许是看小强的笔试成绩不错吧，那位经理对小强的印象很好。一开始的谈话也都是一些简单的问答，比如什么学校毕业的，有什么爱好等等。到后来，这次面试竟变成了他们之间的交流和谈心。这时，小强不失时机地赞美了她一下，夸她长得很像当年《实话实说》节目里的那位女主持人，她听了当然非常高兴。此时，小强清楚自己又向成功迈近了一步。

果然没过多久，小强等到了参加最后一轮面试的通知，这一次是公司的总经理亲自面试。

随着这最后一次让人意外的总经理面试结束，小强成功地进入了这家房地产公司，完成了他的第一次跳槽。如今几年过去了，小强已经是一家高新技术企业的人力资源部经理，但他始终无法忘记当初的这一段跳槽经历。正是有了这一次艰难而富有戏剧性的跳槽，才有了他今后的成长与发展。

分析：

第一次跳槽是需要勇气的。由于自己工作环境不尽如人意，或者对自己的工作不太满意，许多人都在准备拼力一跳，从而跳到一块个人事业成功的坚实踏板上，觅得自己的理想工作和职位。有的人跳槽成功了，从"雪拥蓝关马不前"的困境，跳到"春风得意马蹄疾"的佳境。但也有许多人一跳，却是捡了芝麻丢了西瓜，跳得得不偿失，既失去了以前的工作，又没有跳到梦寐以求的理想的职位上来。

据一份《离职与调薪调查报告》显示，2008年全国全行业的离职率达到23.1%，比2007年有所升高，而2008～2009年企业加薪预期为6.1%，比去年同期出现明显下滑。在经济衰退期，人们找工作难，保住饭碗也不易。2009年，预计下岗失业人员增多，离职率会比上年下降。"不辞职、不跳槽、不转行、不创业"职场保守主义在这场金融风暴中成为主流舆论，这折射出职场一部分人的危机心态。这种舆论虽然保守，但也不能说是奇谈怪论，有它的合理因素。

跳槽，并不是一件简单事儿，有人跳出了一片自己的新天地，有的人却跳进了更不如意的旋涡中。自己该不该跳槽，该向哪跳槽，怎么个跳法？是在单位内部跳，还是跳到外单位？如何才能走好跳槽的这步棋，使自己这关键一跳能稳操胜券呢？这些是现代职业人必然会碰到的一些问题。一个人一辈子总待在一个单位、一个岗位上，恐怕是很少的，需要认真、谨慎、理性地对待和处理。

小强成功跳槽的故事，给我们一个重要启示："树挪死，人挪活。"工作不如意，工作环境不如意，可以跳槽，为自己争取理想的职业。只要我们勇于尝试并掌握跳槽的原则和诀窍，我们就一定能稳操胜券，给我们的人生跳出一片新天地！

相关链接

（一）如何调换工作

劳动者遇到下列情况可以考虑调换工作：

（1）对现有的工作条件、环境不适应。如条件过于恶劣，危险性大，人际关系过于复杂等。

（2）付出与回报逆差太大（出色的工作却拿不到理想的报酬），且短期内不可能改变。

（3）单位面临倒闭，或个人工作没有前途。

（4）违法的工作。

（5）自身素质提高了，原有的简单工作已经不适应自身健康发展的需要。

（6）个人职业兴趣发生了变化。

（7）年龄大了，适应不了现在的工作。

考虑调换工作时要注意四点：

（1）别和劳动合同期限冲突太大。因为单方面提前解除合同是要承担相应责任的，不能一想走就走。

（2）不要好逸恶劳或好高骛远。只看见现有工作的困难之处，一心想调换轻松、体面、待遇高的工作，恐怕永远难以如愿。

（3）不能唯利是图。只追求高收入却忽视自身将来的发展，得不偿失。

（4）不可随波逐流。频繁转行，跟着感觉走，往往是新技术没学会，老技能也荒疏了。

（二）试一试再跳

跳槽，要先做个尝试，不要偏信道听途说。跳到新单位或从事新工作前，你不妨找些机会以兼职或义务工作的形式尝试一下。

●做兼职。如有可能，你可以到你心仪的公司或类似公司做一份兼职，看看自己是否真的适合这样的工作，这将增强你跳槽的理性，减少跳槽的盲目性。

●做义工。如果不能兼职，你可以暂时做一份义工，大胆些。对于这种不付薪酬的义工，没有人会拒绝的。如果你有志做护士，可以先到医院去做志愿护理人员；如果你想做播音员，不妨试试到老年活动中心去，给视力不济的老人们朗读书报；如果你想做地产推销商，你可以不取薪酬，尝试着给地产公司拿回几份订单来。做义工，可以检验自己未来的工作能力，让你对未来的工作有所认识和体会。

●建立新的人际网络。在投身新行业前，你应该多结识该行业人士，和这些人士交朋友，建立新的人际网络，从他们中间获取该行业实际状况的信息，了解该行业的优势和劣势，做到知己知彼。这些人士，将来会成为你获取成功的可靠阶梯。

［案例117］ 中职毕业生你别急

2000年夏天，19岁的吕征从桂西北一所中职学校毕业，学的是电子技术应用专业。

在家乡就业无门，初出茅庐的吕征背负行囊到首府南宁打工，几经周折，才由亲戚介绍在一个电脑打印部做打字员，他在读中专时就对计算机情有独钟，在这里，每天都可以免费用电脑学习，虽然月薪只有400元，他也很满足。

此后的三年时间里，他显示出山里孩子的勤奋和韧性，边打工，边学习，考取电脑程序员证书，钻研电脑平面设计，不久跳槽到当地一家有影响的广告公司，由于能力突出，老板给他开出每月2000元的工资。

2003年，他羽翼渐丰，辞职南下深圳加入一家大型广告公司，凭着在学校文学社和广告公司练就的文学和平面设计功底，很快成为该公司出色的平面设计师和广告策划负责人。老板为防止其他公司挖角，除了高薪，还把公司5%的干股赠给他。

现在，27岁的他拥有了自己的房子和汽车，成为名符其实的"白骨精"（白领、骨干、精英）。2007年12月是母校建校30周年，他奉献了自己精心设计的精美铜鼓饰纹图案，被作为庆典活动的唯一标识，获得满堂喝彩。

点评：

当今社会人才辈出，大专、本科、硕士、博士生比比皆是，而中专生与之相比确实是学历不高。可是，千万不要因为你是一个中专生就感到茫然和自卑。

如果你的志向很大而目前力量很小，那么你就可以从下面这个故事中得到启示。

在美国，有一个花匠的儿子叫科波菲尔，他很喜欢打棒球，但他既没有钱，又没有受过职业训练。于是，他找到棒球队的教练员，说愿意为球队义务捡球，这个愿望当然实现了。这样，他从捡球做起，一步一步地成为美国著名的棒球运动员。

这个故事启示中职生，在再择业时不要急功近利，盲目跳槽，要从底层做起，一步一个脚印，等到水到渠成的时候，你就会发现你已经达到了你曾梦想的高峰。

中职生比起大学生来说，学历确实不占优势，这就需要中职生正视现实，从低期望值中走出一条属于自己的路，以自己的能力开创一个适合自身发展、创造和施展才华的天地。

相关链接

怎样进行职业再选择

（1）明确自己的终身计划与职业目标，有重新进行职业规划的能力。

（2）进行职业再选择的自我分析与决策，首先要认清自己的职业潜能。

（3）进行再择业的风险分析，做好两手打算的心理准备。

（4）了解再选择的成功途径，做好信息、材料、面试语言技巧等方面的充分准备。

（5）进一步提高能力素质，做好德、才、能储备，为成功实现新职业目标而努力，这是重新择业成功的关键。

（6）确定好新的职业发展行动战略，并认真思索论证。

（7）将新的职业构想付诸实施。

（8）在实施中跟踪评价，并不断修正。

这里要强调的是：职业再选择不一定能使人步入成功，不如意的原因主要仍在于个人自己的主观努力程度，真正尽了自己的最大努力，一般不愁不能把事情做好。

[案例118] 一边是职场漂泊，一边是事业有成

记者在招聘会上做了一番调查，做餐馆服务员是不少外地来邕打工者的第一选择。然而，即使是这样一份普通的工作，不同的心态也能指引求职者走出两条不同的道路。

一年"飘过"5家餐饮店

李力今年19岁，因为不喜欢读书也不喜欢在家做农活，所以就背上包袱来南宁打工。转眼一年过去了，除了先后在5家餐厅做服务员外，没有做过什么工作。他坦白地说："我没有学历，也不懂什么技术，服务员的工作门槛低，招聘的人数多，没有太大的竞争压力，我也只能做这工作。"说到频繁换工作，李力有点郁闷地说："服务员做得最长的是5个月，因为觉得没什么出息，所以就辞职了。每次一找不到工作，我又会想到去做我的服务员老本行。这种周而复始的想法，让我在服务员岗位上进进出出。"李力在感叹自己的"漂泊"生涯时，也显得很迷茫，不知道自己的路该往哪里走。

总经理从服务员起步

程满榜是贺州市一家沐足保健休闲中心的总经理，在记者眼前西装笔挺的他，让人无论如何也联想不到他曾经是一个农民工。程满榜告诉记者，在他生活的村子里，有不少和他一样中学毕业后务农或是在家无所事事的青年人。为了改变自身的环境，他选择外出打工。开始，他和很多人一样，选择了酒店服务员的工作。他把这份服务员工作当做是学习的开始，除了做好本职工作，他很留意酒店的经营管理，并向店内各岗位人员学习。虽然做服务员的工资并不高，但是他还是省下钱来买书籍，进夜校学习。5年的服务员生涯后，他大胆地向朋友借钱开店，并成功地从一个服务员向一个企业老板转型。2008年11月，程满榜和其余29名农民工一起代表广西去北京参加优秀农民工表彰大会。

分析：

李力和程满榜的就业故事告诉我们：两种不同的心态走出两条不同的职业路，一边是频繁跳槽自叹"职场漂泊"，一边是职场有心人成就一番事业。同样是服务员工作，是把它看成是"饭碗"还是"筷子"，结果会大不一样。李力就是把服务员工作看成是"饭碗"，解决最基本的吃饭问题；程满榜则把服务员的工作当做"筷子"，他用自己的眼光去"夹"自己需要的"食物"，然后再用这些"食物"去为自己造一个"饭碗"，这样他得到的就比别人更多，因为他是一个职场有心人，是一个创业者。李力把"服务生"作为他每次失业之后的唯一出路，自身的危机感不强，他的"饭碗"永远比别人少点东西，更不用说要他去造出一个"饭碗"来，这也是李力对待职业总是处于被动状态的原因。

[案例119]　路在何方

毕业后如何面对第一份职业？工作遇瓶颈是安于现状还是跳槽？今后职业发展的路在何方？看看下面的三个个案及专家的分析，也许对职场新人会有所启示。

个案一：毕业初涉社会感觉就业迷茫

求职者症结：工作不久就频繁更换工作

去年高校毕业的欧阳至今已更换了3份工作。第一份工作是经理助理，工作没多长时间，她就发现这份工作枯燥乏味，缺乏挑战性，与其所学专业风马牛不相及，最终，她选择了辞职。第二份工作是到桂林某旅行社做调度，就职后，她发现自己不喜欢旅游行业，于是干了没多久也以辞职告终。另一份工作做的时间最短，她只干了4天，发现与自己理想中的工作不相符合，就没有继续做下去。欧阳感觉自己对极具挑战性的销售行业比较有兴趣，但却不知道自己是否真的适合做销售。

[专家分析]

对待工作要化被动为主动

像欧阳这样毕业不久就频繁更换工作的例子有很多，很多大学生都是因为感觉第一份工作难以满足自己的职业愿望，而将目光转投向别的职业。其实，他们对自己究竟适合做什么工作并不十分了解，在这种情况下，应该在工作中摸索，而不应动不动就换工作。就算一定要换，也应工作一两年后再换。要知道，不同的工作岗位有不同的锻炼机会，既然做了这份工作，就应该学会主动学习，了解吸收该行业的各种知识，作为自己今后的职业资本。说不定，你最初的梦想职业并不是最适合你的，你现在的职业，才是能够最大限度体现你存在价值的职业。

个案二：工作10年寻求转型得当与否

求职者症结：工作遇瓶颈是否该选择放弃

小刘曾在一家规模不小的公司里担任办公室主任及人力资源部部长等职位，从事行政工作已有10年时间。最近，她感觉自己已逐渐失去工作热情。长期倦怠下，萌生了更换工作的念头，想转而从事一个与行政工作完全不同的工作——销售培训师。但能否实现完美转型，年近中年的她自己也没有把握。面对一个完全陌生的工作领域，她在困惑的同时，几乎无从探寻今后的路该怎么走。

[专家分析]

尝试短期规划与长期规划结合

一个成功的"销售培训师"，年龄一般在35岁至40岁之间，而且有6年以上的工作经验。小刘现在起步已经比别人"矮"了一截，而且她是从行政工作转型至销售工作，如此大的差距对她无疑是一大考验。其实，小刘不必对自己的职业选择有太多顾虑，既然选择从事销售工作，就应该鼓足勇气，为自己拟订一个2年左右的短期规划，看在这段时间内自己是否能够成功转型，如果不行，可以毅然选择重返自己熟悉的行政行业。从职业的长期规划来看，一个有销售经验的人力资源师是非常有市场前景的，这2年的营销经验，也许能为你的职业能力注入鲜活的资本。

个案三：择业方向是否以专业得到发展为目标

求职者症结：职业发展的前景越来越模糊

从大学毕业出来工作至今已有七八年的时间，学习国际贸易的小潘已经跳槽了4次，文职、营销、物流、媒体等岗位都有约两年的工作经验。但丰富的工作经验并没有给小潘带来个人事业上的满足，总是做着行业的基层工作，让她感觉自己职业发展的前景越来越模糊。而小宋是学人力资源专业的，从毕业开始，坚持专业发展道路就成了他职业发展的选择。七八年的专业发展，他已经成为人力资源行业中的佼佼者。两者对专业发展的不同选择，造成了如今两人事业上的大差距。

[专家分析]

自身专业得到发展、薪水的高收入、工作环境的舒适、一家可以遇到梦中白马王子或白雪公主的公司，大学毕业生在求职中，到底该如何选择呢？据中国大学生求职目标调查的结果显示，男生中有43％的人在选择职业时把专业的发展作为主要目标，女生注重专业发展的则只有37％。选择发展专业，在起步时，可能会遇到不少坎坎坷坷，收入等方面也没有预想中的好。但是随着专业水平的提高，内心和思想的成长，高收入、舒适的工作环境也将会随之而来。

分析：

三个个案中的求职者症结有一个共同性的问题，就是没有做好职业生涯规划，或缺乏执行职业生涯规划的能力，因而产生职业适应和职业发展方向的困惑、矛盾、冲突和挫折。

与传统的职业指导相比，职业生涯规划不仅仅关注某一职业问题的解决，获得某一份工作，而更多关注人的职业发展和精神世界。职业规划能力是就业、择业、创业的核心能力，要在学习与实践中注意培养、形成和提高。这种能力不是纸上谈兵的"一纸职业规划书"，而是科学、合理的职业规划的制订和实施能力。现在职场变化非常快，就算是有经验的人也会迷茫，不知道如何进行规划，更何况一个即将毕业的学生？但我们认为：有规划好过没有规划。这里给大中专（职）毕业生几点建议：第一，做好眼前事。当你迷茫或不知道做什么的时候，要把眼前的事情尽力做得最好；第二，对自己要有个清醒的认识，可以通过咨询其他人或一些测评工具，来客观地认识自己；第三，永远保持谦虚的态度，为自己以后打好基础；第四，一个人一般从20～30岁能够确定自己的事业，中间可以做无数次调整，但当决定了一辈子干什么以后，就要坚定不移地干下去，就不要随便地换。可以像一条河流一样越流越宽阔，但是千万不要再想去变成另外一条河或者变成一座高山。

职业发展方向和目标，是制订职业生涯规划的基础和关键环节。在就业、再择业时要结合自己的个性、专业和特长，看看自己究竟能做什么工作，这样你的职业生涯发展的空间才大。现在有些毕业生碰到什么做什么，随随便便找一份工作，做了一两年后就跳槽走人，把第一份工作当做跳板，你再选择第二份工作的时候，又得从零开始，增加职业适应和社会适应的成本，这样地来回折腾，是不划算的。

成功的经验总是有局限性的，别人的东西不一定适合你，专家的建议也只是一家之言，行不行得通还得靠你的分析和判断，最后决策还得靠自己做。

[案例 120] **巨大压力前，转行还是前进**？

文婷看上去很干练，她现在是省电视台一个栏目的编导。

学理工科的她，毕业后分到了一个专业对口的大型国企。她从小梦想当演员、歌唱家、主持人。1993 年，为了追逐梦想，她停薪留职去了珠海。在珠海的 6 年里，她先后做过销售、行政管理、广告策划等职位。

1999 年省电视台招聘，经朋友引荐，再加上个人努力，她最终如愿进了省电视台，成为记者、编导。在电视台工作的 8 年里，她的业务能力进步很快，成为频道中能干的记者和编导。为了提升职业竞争力，前几年她完成了新闻学在职研究生的学习，顺利拿到学位，现在她又在积极备考心理咨询师资格国家认证。

文婷告诉我，选择读新闻学研究生是为今后不做电视而转行当老师留条后路，考心理咨询师是希望能多一个发展的途径和领域。但是，随着日渐凸显的职业压力，她越来越感到困惑：是继续做电视还是转行？自己是否适合转行做教师？自己是否适合兼职做心理咨询师？

职业分析师建议她做职业锚测试，结果显示，一方面，安全与稳定是她选择职业时最基本也是最重要的需求。这种类型的人通常会选择提供终身雇佣、从不辞退员工、有良好的退休金计划和福利体系、看上去强大而可靠的组织；另一方面，她表现为追求自主和独立，不愿意受别人约束，也不愿受程序、工作时间等规范的制约。对比编导和教师后，她认为自己喜欢从事一种相对自主性强、能充分发挥自己的创造性的工作，所以做电视工作应该比做老师更适合她的自身发展。

根据她的性格特点，适合她的职业有人力资源开发、培训、招聘人员、人力资源人员、公共关系、职业顾问、策划。加上前面她选择的电视、教师、心理咨询师等，一共有 10 个职业比较符合她的性格特点。

职业分析师教她使用 SWOT 态势分析法先进行职业初选，最后剩下的还是电视编导和教师两个职业。我又教她使用生涯平衡单决策技术，指导她从个人、家庭物质方面和精神方面的得失入手，对这两个职位进行全面分析和对比。最后，文婷的选择是电视编导。

经过职业锚和性格等方面的自我探索，文婷真正明白了自己最喜欢、最擅长的职业是电视。那为什么在转行和继续做电视上又难以决策呢？我认为是她对自己的核心竞争力没有信心。职业分析师给了她一个建议：根据已经积累的知识和自身的人生阅历，考虑能否将电视编导、教师以及心理咨询师"三合一"进行综合考虑和分析，以更有效地提升核心竞争力。

第二次咨询后，文婷已经有了最好的决策：她准备将自己做记者、编导以及以往指导新员工、实习生等多年来积累的经验，总结成一套培训指导新员工业务技能的有效方法，配合人力资源部，建立标准化的"新员工业务指导和培训"模式；并计划在拿到职业咨询师资格证后，协助人力资源部，在电视台首创员工心理体检，筹建员工心理健康辅导中心。

不久前，文婷的工作又有了新的突破，她提交的"定期给员工进行心理体检"的建议，已经受到领导的高度关注，她正在积极筹办这件事。

分析：

职业转换是经常发生的事，文婷的例子告诉我们，当你面临职业转换时，第一，要明白在职业发展中自己最看重的东西是什么，你的职业锚在哪里；第二，要对自己的工作经验和知识积累进行全面回顾分析，看有没有进一步综合拓展的空间和机会。

职业适应是每一个职业人都必须面对的问题。面对新的环境、新的人际关系、新的工作职责和要求、新的机遇和挑战，你都需要去了解和适应，作出必要的调整，这是你能否迅速进入角色、能否做到职业成功的关键之一。职业人在工作中遇到压力、冲突、竞争、挫折，产生一时困惑、厌倦和消极情绪，都是难免的，也算是职业人生必然经历的一种"苦"与"难"。但正如《羊毛卷》一书所写："一切问题、沮丧、悲伤，都是乔装打扮的机遇之神。"在职业生涯发展的领域中也是一样，每一次的困惑与苦恼其实都预示着职业生涯的新开始，只是看你如何把握和应对。

文婷能够抓住"机遇之神"，将电视编导、教师以及心理咨询师"三合一"进行整体综合开发，有效地提升核心竞争力，拓展职业发展的新天地，步入职业生涯良性发展的轨道，这个经验很好，值得我们认真思考和借鉴。

六、创新与创业

［案例 121］　　"毛毛虫理论"——不创新，就灭亡

法国科学家约翰·法伯进行过一个著名的毛毛虫试验：他在一只花盆边缘摆放一些毛毛虫，让它们首尾相接围成一圈，与此同时在离花盆几英寸远的地方放了一些它们最爱吃的松叶。由于毛毛虫天生就有跟随的习性，因此它们一只跟着一只，盲目地绕着花盆一圈圈地爬行。连续七天七夜后，终于筋疲力尽而饿死。

法伯在自己的试验总结中写道：在那么多毛毛虫中，如果有一只与众不同，那么它就能改变命运。

世上的事情有时候就这么简单得让人难以置信：如果你墨守成规，等待你的只有失败；相反，如果你稍微动一下脑筋，逆转一下惯常的思维，从反面或侧面想问题，则往往能得出一些创造性的设想，就能获得成功。

同样的道理，毛毛虫理论不仅在自然界存在，在人类社会中也存在。

美籍华人王安最初采取独资企业的形式创业。1951 年王安实验室正式开业时只有 600 美元，是王安的个人积蓄。到 1955 年转为有限公司时公司资产为 2.5 万美元。1958 年，王安公司流动资金紧张，他接受了一位投资银行家的建议，与一家规模较大的公司——沃纳斯沃西公司建立股权投资与债务关系。沃纳斯沃西公司提供 15 万美元，其中 5 万美元为股权投资，每股作价 0.15 美元，获王安公司 25% 的股份，10 万元为有息贷款。王安公司 1966 年销售额为 380 万美元，1967 年增至 690 万美元，资本净额约 100 万美元。1967 年，王安公司以每股 12.50 美元的价格公开发售 20 万股，集资 250 万美元，但王安家族仍保持 65% 以上的股权。1967 年王安公司的股票在纽约证券交易所正式挂牌上市，开盘价为 38 美元。到年底时，

股票价格上涨到 120 美元。王安公司依靠机制创新、技术创新成为世界著名的信息技术公司。但是，当微软等公司大规模发展新一代计算机技术时，王安本人听不进专家建议，拒绝开发新一代产品。1995 年，王安公司失去原有的大部分市场，最后被迫宣布破产。

我们在竞争中要永远记住比尔·盖茨的想法：不创新，就死亡，企业离破产也只有 18 个月的时间。

分析：

创新是一个民族进步的灵魂，是国家兴旺发达的不竭动力。一个没有创新能力的民族，难以屹立于世界先进民族之林。

王安是华人创业的骄傲，从 20 世纪 50 年代到 60 年代，传奇般的创业经历和成就一直被人们传为佳话。但从案例中我们可以进行如下反思：

（1）王安的创业是以技术创新的实验研究为基础的，技术创新是王安创业发展的支柱。

（2）王安依托各种形式的融资，为创业提供强大的财务支持。此项企业机制的引入，是王安创新的一招"好棋"。

（3）王安家族式经营对企业是有绝对的支配、决策权，在创业初期产生过积极作用。但是，当创业发展到一定时期，家族式管理的弊端也就凸显出来，成为创业发展的严重障碍。

（4）当新技术到来之时，王安对技术发展方向的判断失误，并且听不进他人的建议，导致创业失败。

（5）王安并不是缺乏创新能力，而是没有适应历史潮流在技术变革的关键时刻继续发挥创造力。

王安创业成败的经验和教训再一次证明：今天不创新，明天就落后，后天就破产。或者说，今天的创新，是明天的市场，后天的财富。在创业路上没有永远的胜者，必须在一轮又一轮的技术进步催促下，不断创新体制，不断发明或引进新技术，才能保持自己的竞争优势。

相天链接

创新能力与创业活动

创新能力是人在创造活动中表现出来的一种新颖、独特的解决问题的能力，是人根据一定目的、任务，展开积极的思维活动，产生具有一定社会价值的新观点、新理论、新产品、新工艺的能力。开拓创新能力包括观念创新、技术创新、制度创新、产品创新、市场创新等创新能力，在创业的每一个方面都很重要。可以说，创业是创新的载体，创新是创业的灵魂。

创业主要指根据市场和社会需要，创办公司或经营企业，服务于社会，同时获得相应的经济效益和社会效益。创业活动具有综合性、复杂性、多变性的特点，所以创造性是创业的本质活动。创业体现创新，创新能力在创业中具有重要意义，创新永远伴随着创业的全过程。可以说，创业过程的核心就是创新，任何一个优秀的创业者一定是一个出色的创新人才。创业的创新内涵体现在创造创业机会、塑造创业心理能力、决断创业行动、把握创业过程、实现创业计划、获取创业成果等方面。

创新能力的心理基础是认知能力（智力），由创造性思维、创造性想象、创造性技能以及与之相联系的直觉、灵感等心理属性表现出来。吉尔福特认为，智力低下的人不可能有高创造性，但智商高的人也并不一定具有高创造性。

［案例 122］　定式思维：不要被老眼光束缚

魔术大师胡汀尼曾为自己定下一个富有挑战性的目标：要在 60 分钟之内，从任何锁中挣脱出来，条件是让他穿着特制的衣服进去，并且没有人在旁边观看。

有一个英国小镇的居民决定向伟大的胡汀尼挑战。他们特别打制了一个坚固的铁牢，配上一把看上去非常复杂的锁，请胡汀尼来看看能否从这里出去。

胡汀尼自信地接受了这个挑战。他穿上特制的衣服，走进铁牢中，小镇居民关上牢门后，就都远远走开了。胡汀尼从衣服中取出自己特制的工具开始工作。

很快过去了 30 分钟，胡汀尼没有打开锁。45 分钟过去了，一个小时过去了，胡汀尼头上开始冒汗，他的耳朵紧贴着锁，紧张地工作着。

两个小时过去了，胡汀尼始终听不到期待的锁簧弹开的声音。他精疲力竭地将身体往门上一靠，沮丧地坐在地上，结果牢门却顺势而开。原来，牢门根本没有上锁，那看似很厉害的锁只是个样子。

就这样，小镇居民成功地捉弄了这位逃生专家。

胡汀尼因陷入固定思维由"精"变"傻"，而一家饭店老板打破定式思维，由"傻"变"精"。

美国有一家颇有特色的饭店，饭店老板实施一种特殊的经营方式：凡来饭店就餐的顾客，都开具发票并记下顾客的地址、姓名，到了年底，老板进行年终核算时便把每位顾客在本年内在本店消费的累计总数核算出来，再从每位顾客消费带来的纯利润中抽出 10％作为回报，按顾客留下的地址、姓名返汇给顾客，并附简单说明。已经到手的利润再拱手送出似是蠢举，但实际上这才是真正的高明。此举可谓"感情投资"，人是一种高等的感情动物，收到返汇回来的钱后，顾客们先是大大出乎意外，继而又大受感动，便免不了把它当做新闻向亲戚朋友传播。这样，这家饭店既召回了回头客，又增加了新客源，从而财源滚滚，这比花大价钱去登广告强多了。

分析：

精到极处是愚蠢，傻到极致是精明。人们都习惯于某种思维定式，若能跳出这种思维习惯，变换一下观察事物的眼光来纵观事物的"全貌"，并以创造性思维分析和解决问题，得到的往往是另一种模样和另外一种结果了。

成功的经验有千万条，失败的主要原因往往只有一两个。人们从失败中学习，往往学得更快、更深刻。以前我们老喜欢看别人成功的例子，都喜欢学别人的东西。我们学习是没有错的，但是不要进入一个误区，觉得别人成功的经验都是"灵丹妙药"。要客观地看待问题，也许别人成功的案例已经是老问题，现在根本就不适合了。我们要谨记：一切从实际出发，适合自己就是最好的。

培养创造性的思维习惯

创造性思维是人类的高级心理活动，是在一般思维的基础上发展起来的，是后天培养与训练的结果，本质上是辐合思维与发散思维、直觉思维与分析思维的综合体现。我们可以运用心理上的"自我调节"，有意识地从以下几方面培养创造性思维。

1. 展开想象的翅膀

想象力是人类意识不断推陈出新的创造能力，在思维过程中，如果没有想象的参与，思考会发生困难，更谈不上创造。爱因斯坦说过："想象力比知识更重要，因为知识是有限的，而想象力概括着世界的一切，推动着世界的进步，并且是知识进化的源泉。"爱因斯坦的"狭义相对论"就是从他幼时幻想人跟着光线跑，并能努力赶上它开始的。世界上第一架飞机，就是从人们幻想造出飞鸟的翅膀而开始的。幻想不仅能引导我们发现新事物，而且能激发我们作出新的探索，去进行创造性劳动。

2. 培养发散思维

1979 年诺贝尔物理学奖获得者、美国科学家格拉肖说："涉猎多方面学问可以开阔思路……对世界或人类社会的事物形象掌握得越多，越有助于抽象思维。"比如，我们思考"砖头有多少种用途"，至少可以得出以下几种答案：造房子、砌院墙、铺路、刹住停在斜坡的车辆、做锤子、压纸头、代尺划线、垫东西、搏斗的武器……经常锻炼发散思维能保持你的创造活力，帮助你跳出狭隘的思维框架，为探求最有效的解决问题的方案打下坚实基础。在日常生活和工作中，你可以适当"放纵"自己的思维，暂时摈弃那些熟悉的思考方式，从严格的必然性中解放出来去面对无限的可能性。

3. 发展直觉思维

直觉思维是指不经过循规蹈矩的逻辑分析直接面对问题本身的领悟或理解，它是创造性思维活跃的一种表现，是发明创造的先导。物理学上的"阿基米德定律"是阿基米德在进入澡缸的一瞬间，发现澡缸边缘溢出的水的体积跟他自己身体入水部分的体积一样大，从而瞬间悟出了著名的比重定律。直觉思维在日常生活和工作中，有时表现为提出怪问题，有时表现为大胆的猜想，有时表现为一种应急性回答，有时表现为解决一个问题，设想出多种新奇的方法、方案等。

4. 培养思维的流畅性、灵活性和新异性

流畅性、灵活性、新异性是创造力的三个要素。流畅性是针对刺激能很流畅地作出反应的能力；灵活性是指随机应变的能力；新异性是指对刺激作出不寻常的反应，具有新奇的成分。20 世纪 60 年代美国心理学家曾采用急骤的联想或暴风雨式的联想来训练大学生们思维的流畅性。这种自由联想与迅速反应的训练，对于思维，无论是质量，还是流畅性，都有很大帮助，并可促进创造性思维的发展。

5. 培养强烈的求知欲

古希腊哲学家柏拉图和亚里士多德都说过，哲学的起源是人类对自然界和人类自己存在的惊奇。他们认为，积极的创造性思维，往往是人们感到惊奇时，在情感上激起对这个问题追根究底的强烈探索兴趣时开始的。要激发自己创造性学习的欲望，首先必须使自己具有强烈的求知欲。而人的欲求总是在需要的基础上产生的。没有精神上的需要，就没有求知欲。所以，我们要有意识地为自己出难题，或者去"啃"前人遗留下的不解之谜，激发自己的求知欲。求知欲会促使人去探索科学，把自己拖进创造性思维之中。

[案例123]　成功的秘诀——两则小故事

一个故事是一家建筑施工单位的董事长视察工地，向三个砌墙的员工提出了一个相同的问题："你在干什么?"第一个员工的回答是"我在砌砖"，第二个员工的回答是"我在挣钱，养家糊口"，而第三个员工的回答却是"我在用双手建造一件伟大的作品"。15年后，回答在砌砖的人仍然在砌着他的砖，回答挣钱养家的人当了经理，而回答用双手建造伟大作品的人却成为了一名伟大的建筑师。

另一个故事是民国初期，我国著名国学大师黎锦熙曾在湖南办报，当时帮他抄写文稿的有三个人。第一个抄写员沉默寡言，只是老老实实地抄写文稿，连错别字也照抄不误，后来他一直在抄写员的岗位上默默无闻地干着。第二个抄写员非常认真，对每份文稿都先进行检查，然后再抄写，遇到错别字、病句都要改正过来。后来，这个抄写员写了一首歌词，歌词经聂耳谱曲后被命名为《义勇军进行曲》，他就是田汉。第三个抄写员则更与众不同，他不但仔细查看每份文稿，而且还善于思考、琢磨，当发现与自己意见不符的文稿时，他总会将它们放在一边，认真推敲。后来，这个人成为了中华人民共和国的缔造者，他就是毛泽东。

这两则故事告诉我们：成功并不在于你从事什么职业，而在于你为什么而干，你将怎么干。

分析：

爱因斯坦曾说过："提出一个问题比解决一个问题更重要。"在工作中，勤奋必不可少，这是一种优秀的品质，但要获得成功，最大化地体现你的人生价值，还要多思考，无论看到什么，都要多问个为什么，把思考变成自己的习惯，用思想的力量拓展人生的光明面。这是案例中三个砌墙工和三个抄写员不同命运的故事给我们昭示的人生哲理。头脑的力量大，思考的力量更大。如果这世界上有传奇的四两拨千斤的力量，那么这种力量一定是头脑和思考的合力!

成功源于正确的思考习惯。要多开发思维，多想几步，多考虑几个因素，能够在工作中提出创造性的方案。事业成功首先是"想"出来的。只有敢"想"、会"想"、善于思考的人，才会是成功者的候选人。职场人应该善于思考，争取做到将别人难以办成的事办妥，把自己本来办不成的事办成。我们不仅要善于思考，还要扩展思维空间，突破思维的局限性，敢于思考更多与成功有关的事情。

人要聪明地工作，而不只是努力地工作。聪明的工作意味你要学会动脑，如果你一味地忙碌以至于没有时间来思考少花时间和精力的方法，过于为生计奔忙，那是很难成就事业的。自古房子出售，都是先盖好房，再出售。对此，霍英东反复问自己，"先出售，后建筑不行吗?"正是由于霍英东这一顿悟，使他摆脱定式思维，

走出了由一介平民变为亿万富豪的传奇般的创业之路，成为香港立倍建筑置业公司的创办人。力量的真正的源泉是一种永不变更的对未来的心态和思考。

[案例124]　小手工编织大梦想

张晴中专毕业后就和姐妹们南下打工去了。起早贪黑地在流水线上忙，工作没有什么技术含量，让人充满了疲惫，工资也仅能解决温饱问题。不久，公司的老板因她们做工速度慢，辞掉了她们。张晴回到了家，看到村里的中年妇女都在做手工活，有中国结、串珠子、糊纸盒，村里人在不忙农活的时候能挣个零用钱，一帮人在说笑中就完成了简单的工作。

张晴也跟着做了起来，觉得很自由，很轻松。张晴有双灵巧的手，她决定去学习剪纸，掌握技巧后就领材料回到家练习了。张晴第一次做成品的时候非常小心，因为二十张纸重叠在一起，刻刀歪一点都不行，成品坏了要自己付材料费，但是去交货的时候老板说不合格。张晴不服输，又继续学习了几天，磨刀不误砍柴工，以后的作品件件都是合格、优秀。她不满足于只会一样手艺，过一段时间就去学一样新技术，很多的手工活她都能熟练掌握，做得又快又好。她觉得手工活就像在编织自己美丽的梦，心想要是有自己的小作坊就好了。有一天，张晴将自己设计出的样品拿到了一个小作坊里，说明了自己的想法，正想找合作者的老板和张晴谈妥了条件，马上就投入了生产。张晴的手工小作坊开张了，邻村来了不少人，她的作坊只做她自己设计出来的作品，这让她信心十足，传授技术时更为容易。通过自己的努力，产品数量越来越多，特别是作坊特有的民族鞋垫最为抢手，因为外国商人很喜欢具有中国民族特色的手工艺品，现在已经有很多的小作坊与她合作开发新产品了。张晴的编织梦更加美丽了。

分析：

自主创业是毕业生走上社会的一种全新的、更高层次的就业形式。受国际金融危机影响，中国经济增速减缓，就业面临严峻的挑战。共渡就业难关，不仅需要政府出台积极的政策措施，还需要包括大中专（职）毕业生、下岗工人、返乡农民工等求职者在内的全社会的努力。求职者要转变择业观念，不能仅仅寄希望于"等、靠、要"就业岗位，而是要善于走出一条新路，更多地实现以创业带动就业。

有些岗位限制了性别，身为女性要善于挖掘自身的优势，挖掘自身存在的特有价值，努力适应社会带来的种种变化。女性有着独特的个性，如耐心、细心、灵巧，都是无形的优势和财富的来源。张晴着眼于广大的农村妇女，看到她们是一个庞大的廉价劳动力群体，并且手工活在她们中间可以引起共鸣，这是适合她的一条发展道路。只有找到适合自己的位置，才能创造出更美好的生活，才能充分体现自我别样的魅力。随波逐流有时并不能充分展现自我，要找到自己的人生起点，走自己独特的道路，真正体现个人价值。

[案例125]　平凡工作也能开启精彩的人生

钟青是一名师范学院毕业的大学生，毕业一年多一直没找到工作。2003年她到广州的一家四星级酒店当了一名普通的服务员。一天，她照例招呼几位客人入座，递上菜单，请客的人捧着菜谱翻来翻去，很是为难。他把钟青拉到一边，悄悄地

255

说："我给你10元钱，你帮我点一下菜。我今天请的都是重要客人，两点原则：一是六个人中有一位不能吃辣；二是价格控制在500元以内。你给我安排，既要好吃，又不丢面子。"

听罢，钟青对客人说："听口音，你们是东北人，我按东北菜系给你们配菜，四荤三素二汤：笋干拌鸡、黄金烧猪手、剁椒蒸鲩鱼、干豇豆烧鸭掌，素菜来个蟹黄豆花……"

菜上齐了，客人都吃得畅快淋漓，说在广州做了五六年生意，还没吃过这么好的菜，纷纷向请客的人表示感谢。最后结账，不过320元。

请客的人对钟青感谢万分，此次宴请，给他带来了好运气，与客户签下300万元的订单。以后，他每次来酒店请客，都请钟青点菜。

钟青上网查询发现：成都、上海、南京等地，都已出现了点菜师；我国未来的职业点菜师，市场需求量达50万人以上……钟青越看越兴奋，干脆辞掉服务员工作，专心研究起点菜来。她买了大量关于餐饮的书籍，凉菜拼盘、火锅烤涮、上海菜、东北菜、江南菜、粤菜……她都能说出其特色。对各式菜肴的来历、作料、营养，更是如数家珍。她还钻研调酒技巧，研究各种菜的搭配如何达到最佳效果。

钟青制作了介绍点菜重要性的宣传资料，一家家餐馆挨着敲门进行自我推销。终于，一家四星级酒店给她打来电话，请她去当职业点菜师。后来，钟青的点菜技能，又引起广州平安旅行社的注意，成为经常陪同游客的点菜师。

2005年1月，她创办了自己的点菜培训公司。她还和一个小学校取得联系，正式确定了培训基地，并精心设计课程，所有参加培训的人员，都要接受营养学、心理学以及英语口语等方面的培训。她还请广州大学社会学、心理学的老师授课，为职业点菜师打好基本功，并根据自己的经验，总结出点菜的窍门……

经过培训的点菜师，成了很多酒店争相聘请的对象，月薪从5000元到1万元不等。不到半年时间，钟青培训了几百名学员，自己也赚得盆满钵满。

分析：

大学生就业难是我们社会面临的共同问题，作为毕业生，要想在社会上找到自己的立足之地，关键要调整好心态，更新就业观念。目前，有相当多的毕业生在求职择业上还未能摆脱传统观念的束缚，走进了只想高谋不愿低就的误区，认为读了大学，手握文凭，就应进大公司、大企业，做个单位白领或公务员，其他岗位都不屑一顾。其实如今大学毕业生已是越来越多，未来几年数量仍会递增，不论你愿意做什么，适合做什么，能够做什么，最终都要取决于市场的需求，没有需求，一切都是空话。钟青第一份职业不仅是为了求生，更重要的是获得了机会。其实在任何平凡的职业中，都有可能蕴藏着巨大的机遇，机遇这个东西抓住它，你就可能成功。大学生不应该把自己看成是所谓的"天之骄子"，应适时调整自己的心态，勇于到平凡的工作岗位上工作，从平凡的小事做起，你会发现，随着你认认真真做好每一件小事，你会变得越来越自信，不知不觉，你就会走向成功，你就能像钟青一样在平凡的工作岗位上开启精彩的人生。

近30年来，我国先后出现返城知识青年创业、精英人物"下海"创业、"海归"创业等三次创业高潮。当前,在这次全球金融危机和就业危机"倒逼"机制下,第四次创业浪潮正在形成。从2008年至2009年2月,淘宝网上新开店铺每个月近20万家,每天有5000人在淘宝网上开店,网络创业热潮正扑面而来。创业型就业成了缓解沉重就业压力的一大创举。应当指出,我国自主创业的空间非常大。我国所有大中小型企业数量为3000多万个,与美国相当,美国只有3亿人,而我国是13亿人。与世界各国相比较,发达国家每千人企业数量平均在45个左右,发展中国家也有20~30个,而我国不到10个,我国的大学生创业率还不到1%,这和欧洲20%~30%的创业率来比还有很大的差距,提升空间很大。统计数据表明,以中小企业为主体的民营经济已经成为我国实现就业最广泛的渠道,在民营企业就业的人数占全国就业人数的75%。据测算,1个个体户至少可提供2个就业机会,1家私营企业可提供13个就业机会。自主创业实现了百姓的小康梦、农民工的城市梦和劳动者的创业梦。因此,我们需要进一步重视学生的创业教育,进一步转变择业观念,进一步加大对创业的扶持力度,主动引导第四次创业浪潮,让更多的人成为创业者。

[案例126] 温州仔2角5分钱绝处逢生

"我是广西人!"2月17日中午,在北京飞往南宁的航班上,脖子上挂着广西首枚"中国青年创业奖"奖牌的洪玉蕉自豪地对身旁的哈尔滨朋友说。年仅35岁的他,如今已是拥有五家优质企业、总资产达1.5亿元的广西南塑塑钢集团的董事长。但谁都不会相信,这位大老板,当年竟是以400元钱起步,靠2角5分钱翻身的。

19岁那年,洪玉蕉刚读了一年中专,父亲就突然去世了,看着疾病缠身的母亲和4个年幼的弟妹,身为家中长子的他毅然辍学,挑起了沉甸甸的生活重担。1991年夏天,洪玉蕉黯然走出校门,怀揣借来的400元钱,拿着一份印刷样板,踏上了艰难的推销员之路。

几经波折,从浙江温州老家一路辗转走过12个省份,洪玉蕉一单生意也没有做成。彷徨中,他来到柳州。

举目无亲的日子充满艰辛。洪玉蕉住着2.5元一天的便宜旅社,骑着租来的破旧自行车,开始了为期6年的业务推销生涯。他告诉记者:"有一次,为了谈成一单业务,我连续多次骑自行车到13公里外的郊区联系客户。"为了收集业务信息,一天跑大半个柳州城也早已成为常事。可一个多月过去了,洪玉蕉一笔业务也没有谈成,兜里也仅剩2角5分钱了。绝望之际,他无意中得知柳州市一家企业要印制"五一"表彰奖状。抱着一线希望,他找到这家企业的负责人,可对方并没有给他确切答复。"这是最后一个机会了,我不能放弃!"弹尽粮绝的洪玉蕉下定决心要坚持到底。每天一早,他起床匆忙洗漱完毕就直奔这家企业门口蹲守。连续蹲了6天时间。最后,这家企业的负责人终于被打动了,将这笔印刷生意给了他。

兜里只剩2角5分钱还能翻身,洪玉蕉从此信心大增。终于,在逐渐积累了丰富的工作经验、良好的人际关系网以及一笔资金后,1997年,他办起了自己的印刷厂。随着生意越做越大,他开始涉足其他产业。洪玉蕉说:"市场需要什么,我就做什么。"

现在，洪玉蕉已经把广西当做他的第二故乡，除了努力工作回报社会外，他还热衷于公益事业，并在企业内部招聘高校毕业生，以解决当前严峻的就业问题。

分析：

20世纪80年代，温州人带着"五把刀"（剪刀、菜刀、皮刀、剃刀、螺丝刀）闯开了天下。温州最早的"打工族"不仅是带着谋生的技艺，而且也是带着经商当老板的头脑出去的，这是温州人与其他地区打工族最大的不同。有着"中国犹太人"美称的温州商人，凭着吃苦耐劳、勤奋努力、商业智慧、敢为人先、敢冒风险，创造了一个个"温州奇迹""温州效应"。洪玉蕉"怀揣400元闯荡江湖，温州仔2角5分钱绝处逢生"的故事，又一次诠释了温州人的创业精神和奇迹。

创业难，但并不是难于上青天；创业有风险，但不一定都是高风险。创业有利有弊，机遇与风险并存，没有风险便没有利益，敢于冒险是创业者的必备心理素质之一。创业是一个可行的选择，是一种就业的新形式。你可以在创业中就业，也可以在就业中创业，边打工，边创业，一切由你自己做主。

当前世界金融危机既给我们带来巨大挑战，又给我们带来前所未有的机遇和创业新契机。美国钢铁企业的一位执行总裁麦克·莱文最近撰文说："历史很可能为这次金融危机产生的无意的后果而喝彩。""这场危机将在一些最具有才华的人们身上，无论是年轻人还是年长者，孕育出一种创业精神。这种创业精神才可能将我们带出低谷，重返经济发展的时代。"他认为美国过去的成功就在于鼓励个人创业。比尔·盖茨是在汽车库里迈出第一步的。英特尔、沃尔玛、苹果、家得宝在二三十年前都是名不见经传的小公司。他说："解决的办法绝不是冲动地干预和由政府大量地控制经济，而应是一套均衡的、精细的、有限的规则，用以控制过度的行为，同时又允许创新。"

相关链接

创业者的六大心理品质

1. 独立思考、判断、选择、行动的心理品质

创业既为社会积累物质财富和精神财富，又是谋生和立业。创业者首先要走出依附他人的生活圈子，走上独立的生活道路。因此，独立性是创业者最基本的个性品质。这种品质主要体现在：一是自主选择，在选择人生道路、选择创业目标时，有自己的见解和主张；二是自主行为，在行动上很少受他人影响和支配，能按自己的主张将决策贯彻到底；三是行为独创，能够开拓创新，不因循守旧，步人后尘。

2. 善于交流、合作的心理品质

创业活动尽管是个体的实践活动，但其本质是社会性活动，是人与人之间交往、配合、协调中发生、发展并且取得成功的。创业者的独立性不等于孤独，也不是孤僻。在创业道路上，必须摒弃"同行是冤家"的狭隘观念，学会合作与交往、沟通。通过语言、文字等各种形式与内外公众进行有效的交流与沟通，可以排除障碍，化解矛盾，增加信任度，提高工作效率，增加成功的机会。

3. 突破陈规、创新创造的心理品质

条条道路通罗马。罗马只有一个,但通往罗马的道路却不同。创业者的经历、环境、素质、所从事的行业领域各不相同,创业过程中遇到的矛盾和问题也不相同,必须靠当事人的创新与突破,才能开辟一方新天地。任何的创业,都是一种探索、一种冒险,绝没有一劳永逸的成功秘籍,也没有预先画好的地图。一切都因时、因地、因人、因事而异,离开创新和创造,创业就是一句空话。当今的世界信息瞬息万变、科技日新月异、消费者需求永无止境,唯有不停地创新创造,才能跟上时代步伐,才能在异常激烈的竞争中站稳脚跟,脱颖而出。

4. 坚持不懈、不屈不挠、顽强拼搏的心理品质

创业过程是一个长期坚持努力奋斗的过程,立竿见影、迅速见效的事是极少的。在方向目标确定后,创业者就要朝着既定的目标一步一步走下去,纵有千难万险,迂回挫折,也不轻易改变初衷,半途而废。

创业者需要百折不挠、坚持不懈的毅力和意志。能够根据市场的需要和变化,确定正确而且令人奋进的目标,并带领员工战胜逆境实现目标。

创业者必须有一颗持之以恒的进取心,三心二意,知难而退,或虎头蛇尾,见异思迁,终将一事无成。

创业者的恒心、毅力和坚韧不拔的意志,是十分可贵的个性品质。遇事沉着冷静,思虑周全,一旦做出行动决定,便咬住目标不放松,坚持不懈。

5. 居安思危、自省自警的心理品质

创业者在刚开始创业的时候,还具有比较强烈的拼搏进取精神,也比较能吃苦耐劳、勤俭节约。但等创业达到一定程度,企业有了一点成就之后,很多人便产生小富即安、贪图享受、不思进取的心理,有的甚至被小小的胜利冲昏头脑,变得忘乎所以,失去刚刚创业时期的那种敏锐和忧患意识。而真正的危机恰恰就在这时降临。为什么说民营企业的平均寿命只有3年?根源就在这里。创业者只有保持忧患意识,居安思危,不断自省自警,开拓进取,才能永葆事业的青春。

6. 正确面对失败、知错必改的心理品质

创业是一种冒险,是一种机遇与风险并存的社会实践活动。在创业过程中,我们要善于总结经验和吸取失败的教训,做出适当的调整和"退却",为将来的"进攻"积蓄力量。有过即改,及时从失误中学习,这样既有利于工作,也更能赢得团队的信任。创业者要与时俱进,不能把过去一些成功的做法加以固定僵化,不管时间条件变化与否,都当做经验教条、金科玉律来奉行,以免犯刻舟求剑的错误。

主要参考文献

1. （美）奥格·曼狄诺. 羊皮卷 [M]. 北京：世界知识出版社，2003.

2. 王峰. 如何找份好工作 [M]. 北京：中国华侨出版社，2007.

3. 剑琴. 你为什么找不到好工作 [M]. 北京：中国物资出版社，2007.

4. 童天，刘跃雄. 应聘成败——求职典型案例评析 [M]. 北京：知识出版社，2008.

5. 李卫平. 求职必知的 100 个故事 [M]. 北京：光明日报出版社，2006.

6. 汪岩. 改变求职命运的 100 个小故事 [M]. 北京：中国纺织出版社，2006.

7. 演讲与口才杂志社. 轻松求职全攻略 [M]. 长春：时代文艺出版社，2007.

8. 梅雨霖. 求职技巧一本全 [M]. 南宁：广西人民出版社，2008.

9. 宿春礼. 做好在职的每一天 [M]. 北京：经济管理出版社，2006.

10. 杨一波. 战胜职场——大学生就业指导 [M]. 北京：清华大学出版社，2007.

11. 高职高专"两课"教学研究协会. 大学生就业心理辅导 [M]. 广州：暨南大学出版社，2004.

12. 孟慧等. 职业心理学 [M]. 北京：中国轻工业出版社，2009.

13. 张文勇，马树强. 大学生职业规划与就业指导 [M]. 北京：科学出版社，2006.

14. 彭澎. 生涯规划实务 [M]. 北京：清华大学出版社，2008.

15. 陈敏. 大学生职业生涯发展与管理 [M]. 上海：复旦大学出版社，2008.